Z-335

Vew.:
Am - SB - IV
VB

KIELER GEOGRAPHISCHE SCHRIFTEN

Begründet von Oskar Schmieder

Herausgegeben vom Geographischen Institut der Universität Kiel
durch J. Bähr, H. Klug und R. Stewig

Schriftleitung: S. Busch

Band 89

RAINER WEHRHAHN

Konflikte zwischen Naturschutz und Entwicklung im Bereich des Atlantischen Regenwaldes im Bundesstaat São Paulo, Brasilien

Untersuchungen zur Wahrnehmung von Umweltproblemen und zur Umsetzung von Schutzkonzepten

KIEL 1994

IM SELBSTVERLAG DES GEOGRAPHISCHEN INSTITUTS
DER UNIVERSITÄT KIEL

ISSN 0723 - 9874
ISBN 3 - 923887 - 31 - 0

Die Deutsche Bibliothek — CIP-Einheitsaufnahme

Wehrhahn, Rainer:
Konflikte zwischen Naturschutz und Entwicklung im Bereich
des Atlantischen Regenwaldes im Bundesstaat São Paulo,
Brasilien : Untersuchungen zur Wahrnehmung von
Umweltproblemen und zur Umsetzung von Schutzkonzepten /
Rainer Wehrhahn. -Kiel : Geographisches Inst., 1994
    (Kieler geographische Schriften ; Bd. 89)
    Zugl.: Kiel, Univ., Diss., 1994
    ISBN 3-923887-31-0
NE: GT

Gedruckt mit Unterstützung des Ministeriums für Wissenschaft, Forschung
und Kultur des Landes Schleswig-Holstein

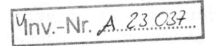

VORWORT

Die vorliegende Dissertation wurde angeregt durch private Kontakte in Brasilien, die aus der Zeit der Examensarbeit herrührten, sowie durch das Interesse an Fragen im Spannungsfeld zwischen Mensch und Natur. Dankenswerterweise förderte der Deutsche Akademische Auslandsdienst einen Aufenthalt in Brasilien von Oktober 1990 bis Oktober 1991. Im Rahmen meiner Tätigkeit im DFG-Projekt zum Küstenraum von São Paulo sowie privater Reisen konnten ergänzende Studien zu diesen Feldarbeiten durchgeführt werden.

Zu größtem Dank bin ich Herrn Professor Dr. Jürgen Bähr verpflichtet, der die Arbeit betreute und sie in vielfältiger Weise förderte. Für zahlreiche Diskussionen und Anregungen sowie die praktische Unterstützung bei der Durchführung der Untersuchungen in Brasilien wie in Deutschland möchte ich ganz besonders Dr. Christian Wagner und Florian Dünckmann danken.

Eine Arbeit über den Naturschutz in Brasilien ist nicht möglich, ohne die große Hilfsbereitschaft zahlreicher Persönlichkeiten vor Ort. An erster Stelle möchte ich Herrn Prof. Dr. Felisberto Cavalheiro des Geographischen Intituts der Universidade de São Paulo nennen, der mir nicht nur das Kennenlernen der Schutzgebiete erleichterte, sondern auch bei der Bewältigung einiger bürokratischer Hürden behilflich war. Dank gebührt ebenfalls den *professores* Sueli Ângelo, Dieter Heidemann, Ana Marangomi und dem Direktor des Geographischen Intitutes Francisco Scarlato. Auch die Professorinnen Iandara Alves Mandes und Maria Ines Pagani der Universidade Estadual de Rio Claro sowie deren StudentInnen haben großen Anteil an der Durchführung der Befragungen in Peruíbe und Campos do Jordão.

Mit besonderem Interesse und vielfältiger Unterstützung verfolgten zahlreiche Mitarbeiter des Umweltministeriums São Paulo den Fortgang der Arbeit. Danken möchte ich insbesondere der (damaligen) Direktorin des Parque Estadual de Campos do Jordão, Maria de Jesus Robim, sowie den Mitarbeitern der Arbeitsgruppe Litoral Sul Paulista Fausto Pires de Campos, Ítalo Matarrazzo, Ana Lúcia Mendonça, Rosely Alves Sanches und Ricardo Russo, die mir bereitwillig jegliches Material zur Verfügung stellten und immer für Fragen offen waren.

Für das Gelingen der Arbeit waren auch meine Freunde Marlene, Paulo, Ivã und Sérgio von großer Bedeutung, die immer für ein Gespräch (oder beizeiten auch für eine Caipirinha) zur Verfügung standen.

Schließlich wäre die Fertigstellung der Arbeit nicht gelungen, wenn nicht einige Mitarbeiter und Hilfskräfte des Geographischen Instituts der Universität Kiel hilfreiche

Dienste geleistet hätten: Für die Endherstellung bzw. Reinzeichnung der Abbildungen danke ich Gabriele Ehrhardt, Ulrich Jäger, Hartmut Peters und Stefan Schukat. Für das Korrekturlesen bin ich Florian Dünckmann, Daniele Kühl, Anke Matuschewski und Dr. Christian Wagner zu Dank verpflichtet. Herrn Steffen Bock möchte ich für seine stete Hilfsbereitschaft bei Computerfragen und insbesondere für die Unterstützung bei der Satellitenbildauswertung danken.

Rainer Wehrhahn

INHALTSVERZEICHNIS

TABELLENVERZEICHNIS

X

ABBILDUNGSVERZEICHNIS

1. EINFÜHRUNG IN DAS THEMA

1.1. Naturschutz und Entwicklung: Wandel der Schutzstrategie auf internationaler Ebene

Naturschutz wurde lange Zeit als eine vom sozioökonomischen Entwicklungsprozeß losgelöste oder diesem sogar entgegenstehende Konservierung eines Zustandes angesehen. Obwohl bereits mit der Einrichtung des Yellowstone Nationalparks 1872 deutlich wurde, daß die Nationalparkidee durchaus auch den Nutzen für den Menschen - hier in Form des Tourismus - im Auge hatte, so sollte es noch mehr als 100 Jahre dauern, bis in der internationalen Naturschutzdiskussion der entscheidende Schritt zur Verbindung des Naturschutzes mit den Zielen der Entwicklung vollzogen werden konnte. Zwar stand der gesellschaftliche Nutzen von Schutzgebieten schon bei den beiden Weltkonferenzen über Nationalparke 1962 und 1972 auf der Tagesordnung (HENKE 1990, S. 108), doch erst mit der federführend von der IUCN (International Union for Conservation of Nature and Natural Resources) erarbeiteten "World Conservation Strategy" von 1980 (IUCN 1980, ALLEN 1980) gelang es, die gerade für die Akzeptanz des Naturschutzes in Entwicklungsländern unabdingbare Verbindung von Umwelt und Entwicklung in einer Schutzstrategie festzuschreiben. Dabei wird die Nutzung von natürlichen (lebenden) Ressourcen sogar als Bestandteil von "conservation" angesehen, allerdings im Sinne eines "sustainable development" (ALLEN 1980, S. 18; TALBOT 1980, S. 259). Der damalige Director-General der IUCN, Lee Talbot, definiert "conservation of living resources" als "due guidance of the human use of the Biosphere, such that it will yield the greatest sustainable benefit to present human generations while maintaining its potential to meet the needs and aspirations of future generations" (TALBOT 1980, S. 259). Er kommt damit der allgemeinen Definition von "sustainable development" des sog. Brundtland-Berichtes sehr nahe (HAUFF 1987, S. 46): "Dauerhafte Entwicklung ist Entwicklung, die die Bedürfnisse der Gegenwart befriedigt, ohne zu riskieren, daß künftige Generationen ihre eigenen Bedürfnisse nicht befriedigen können".

Auf dem dritten Internationalen Nationalparkkongreß auf Bali 1982, der unter dem Leitthema "The Role of Protected Areas in Sustaining Society" stand, wurde die Suche nach einer neuen Standortbestimmung des Naturschutzes innerhalb des sozialen und wirtschaftlichen Entwicklungsprozesses fortgesetzt (vgl. McNEELY & MILLER 1984). Zentrales Ergebnis der Konferenz war die Erkenntnis, daß Naturschutz nicht unabhängig von Armut und Landhunger betrachtet werden kann und daß er somit langfristig nur zu verankern ist, wenn die Bevölkerung, insbesondere in den Dritte-Welt-Ländern, aus dem Schutz der Natur auch einen Nutzen ziehen kann (MILLER 1984). Trotz der Vielzahl oft gegensätzlicher Positionen - sie reichten von "Schutzgebiete müssen ein 'lebendes Museum' ohne menschliche Beeinflussung darstellen" über "Naturschutz muß als Instrument der Flächennutzung betrachtet werden" bis hin zu "Naturschutz ist ein zu großer Luxus für arme Länder" - konnten am Ende des Kongresses 20 Empfehlungen verabschiedet werden, die schließlich in den "Bali Action Plan" mündeten. Dieser Plan beinhaltet neben der Vorgabe, das Schutzgebietssytem auf weltweiter wie nationaler Ebene räumlich und inhaltlich auszudehnen und zu verbessern, auch das Ziel, Richtlinien und Instrumente zur Förderung der Verbindung von Schutzgebietsmanagement mit "sustainable development" zu entwickeln (MILLER 1984). So sind beispielsweise die Nutzung der Kenntnisse von Schutzgebietsbewohnern und deren Eingliederung in das Management des Gebietes zu prüfen sowie angepaßte Formen der Freizeit- und Tourismusnutzung zu entwickeln. Auch die Wechselbeziehungen zwischen Schutzgebieten und ihrer Umgebung sollen sowohl in ökologischer Hinsicht (z.B. Funktion als Pufferzone) als auch im Hinblick auf umweltverträgliche Nutzungsformen untersucht werden (MILLER 1984, GARRATT 1984). Vor allem wird darauf hingewiesen, daß Schutzgebiete nicht mehr als Inseln und Schutzgebietsmanager nicht mehr als isolierte Personen anzusehen sind, die unabhängig von gesellschaftlichen Faktoren und von lokalen Bewohnern und Organisationen funktionieren können.

Als einschneidende Veränderung im Verhältnis von Naturschutz zu sozialer und wirtschaftlicher Entwicklung ist also zum einen der Wandel von Aufgabenstellung und Strategie des Naturschutzes zu sehen. Dieser Wandel vollzog sich primär aus der Schutzbewegung selbst heraus, mit der IUCN sowie auch der UNESCO und dem WWF als wichtigen Impulsgebern auf internationaler Ebene, nachdem im wissenschaftlichen Bereich mit dem Programm "Man and the Biosphere" (MAB) bereits seit den 70er Jahren Denkanstöße zur rationalen Nutzung der Ressourcen gegeben worden waren (ISHWARAN 1991, S. 152f). In Biosphärenreservaten sind menschliche Aktivitäten, die langfristig tragfähig sind, sogar ausdrücklich mit einzubeziehen (FRANZ 1991). Von zentraler Bedeutung erwies sich die Erkenntnis, daß nur mit dem Menschen, und zwar mit dem informierten, problembewußten und vor allem auch ökonomisch abgesicherten Menschen, die natürlichen Ressourcen dauerhaft zu bewahren sind.

Als zweite gewichtige Veränderung ist die Einbeziehung des Naturschutzes als Bestandteil des Komplexes "Umwelt" in das neue Entwicklungskonzept des "sustainable development" zu sehen. Auch wenn die dauerhafte Nutzung auf kleinräumiger Ebene keineswegs eine neue Erfindung ist - jede (autarke) traditionelle Dorfgemeinschaft wußte beispielsweise, ihre Ressourcen nachhaltig zu verwenden -, so gelang der internationale Durchbruch dieser Idee doch erst mit dem zitierten Brundtland-Bericht. Er benennt die Erhaltung von Artenvielfalt und Ökosystemen als eine der sechs zentralen Herausforderungen für eine dauerhafte Entwicklung neben dem Bevölkerungswachstum, der Welternährung, Energiesicherung, industriellen Produktion und der Urbanisierung (HAUFF 1987). Dabei ist es für die Gutachter "heute nicht mehr die Frage, ob Naturschutz eine gute Idee ist, sondern vielmehr, wie er im nationalen Interesse und mit den verfügbaren Mitteln in jedem Land verwirklicht werden kann" (HAUFF 1987, S. 149).

2

Die Berücksichtigung von Umweltbelangen in Entwicklungsprojekten ist mittlerweile - formal - Realität geworden. Auch ist der Naturschutz in den vergangenen Jahren selbst zum Gegenstand von Entwicklungsprogrammen avanciert (KfW & GTZ 1992, ELLEN-BERG 1993), wobei der Nutzen, beispielsweise des "Tropical Forestry Action Plan", allerdings zum Teil sehr umstritten ist. Am Beispiel Brasilien wird sich zeigen, daß jedoch allein schon die internationale Diskussion um Naturzerstörung und Umweltverschmutzung Bewegung in die nationale Umweltpolitik gebracht hat (vgl. Kap. 3). Die Verknüpfung von Umwelt- und Entwicklungsproblemen hat seit Mitte der 80er Jahre Niederschlag in zahlreichen internationalen, bilateralen und nationalen Forschungsprojekten, Programmen und Abkommen gefunden und gipfelte vorerst in der UN-Konferenz für Umwelt und Entwicklung in Rio de Janeiro 1992.

Welche Aufgaben hat nun dieser gewandelte, moderne Naturschutz in Entwicklungsländern zu erfüllen, und mit welchen Mitteln können die neuen Schutzziele umgesetzt werden?

Als übergeordnete Ziele des Naturschutzes sind zu nennen (MacKINNON et al. 1986, LEDEC & GOODLAND 1988, PLACHTER 1991):
- der Schutz gefährdeter Arten und besonders bedrohter Ökosysteme,
- der Erhalt repräsentativer Beispiele aller wichtigen Ökosystemtypen,
- die Sicherung der Biodiversität,
- der Erhalt der genetischen Ressourcen und
- der Schutz der abiotischen Ressourcen Wasser, Luft und Boden.

Neben ethischen, ästhetischen und rein wissenschaftlichen Motiven sprechen auch handfeste ökonomische Gründe für den Naturschutz, die gleichzeitig seine Aufgaben weiter umreißen: Mit dem Verlust von (meist noch nicht einmal bekannten) genetischen Ressourcen gehen beispielsweise unschätzbare künftige Nutzungschancen verloren, der Schutz von Wasserscheiden und Böden ist unabdingbar für die Wasserversorgung der Bevölkerung und der Landwirtschaft, der Erhalt des Bodens verhindert Erosion und damit finanzielle Verluste in den Erosionsgebieten selbst wie auch in den durch erhöhte Sedimentfracht beeinträchtigten Gebieten. Darüber hinaus kann die Unterschutzstellung von Naturräumen nicht nur den Freizeitwert für die einheimische Bevölkerung erhöhen, sondern auch das touristische Nutzungspotential der Region sichern oder steigern. Die Reihe der Beispiele ließe sich ohne weiteres fortsetzten. MacKINNON et al. (1986, S. 74ff) erläutern insgesamt 16 Argumente für den möglichen ökonomischen Nutzen eines Schutzgebietes in tropischen Ländern, von der Wasserrückhaltefunktion eines natürlichen Waldes bis hin zur Förderung des regionalen oder lokalen Stolzes auf das Schutzgebiet.

Die skizzierten Ziele gelten nun nicht nur für bereits unter Schutz gestellte Gebiete, sondern für die gesamte Fläche einer näher zu definierenden Region. Als Orientierung für die Umsetzung der Zielvorgaben bietet sich ein vierstufiges Modell nach ERZ (1987, vgl. PLACHTER 1991, S. 13f) an: Die oberste Stufe nehmen strenge Naturschutzgebiete ein, in denen keinerlei Nutzungen erlaubt sind. Die unterste Stufe bilden die Flächen mit der höchsten Nutzungsintensität, auf denen jedoch begleitende Naturschutzmaßnahmen ein Mindestmaß an Lebensraumvielfalt garantieren sollen. Die dazwischenliegenden Ebenen werden von Schutzgebieten mit Naturschutz als Vorrangfunktion bzw. Nutzflächen mit Auflagen und Beschränkungen eingenommen. Die jeweiligen Flächenanteile an der Gesamtregion nehmen bei den Stufen von oben nach unten stark zu, wobei die Übergänge fließend bleiben.

Zur Umsetzung der Ziele stehen verschiedene direkte und indirekte Instrumente bzw. Möglichkeiten zur Verfügung. Verbreitetste Maßnahme ist die Ausweisung von Schutzgebieten, die je nach Status differenzierte (oder gar keine) Nutzungen zulassen. Pauschale Schutzbestimmungen stellen bestimmte Arten (z.B. Araukarien), Ökosystemtypen (z.B. Mangroven) oder geographische Regionen (z.B. Küsten oder Höhen über 2.000 m) unter Schutz. Nutzungsbeschränkungen betreffen beispielsweise den Einsatz von Pestiziden oder die Ausübung des Brandrodungsfeldbaus. Auch das Berücksichtigungsgebot von Umwelt- und Naturschutzbelangen in der regionalen Entwicklungsplanung zählt zu den direkt wirksamen Schutzbestimmungen. Indirekte Maßnahmen zur Förderung des Naturschutzes sind beispielsweise die Unterstützung von Forschungsprojekten zu umweltverträglichen Landnutzungsformen, die Durchführung von Informations- und Bildungsveranstaltungen für Besucher von Schutzgebieten, die Förderung des Umweltbewußtseins bei politischen Entscheidungsträgern oder die Einbindung des Naturschutzes in die Lehrpläne der Schulen und Hochschulen.

Insbesondere die zuletzt genannten Bereiche nehmen in jüngerer Zeit zunehmenden Raum in der Naturschutzplanung in Entwicklungsländern ein. Internationale Organisationen wie die IUCN, der WWF und auch die Weltbank legen in ihren Handlungsanleitungen zum Naturschutz (vgl. MacKINNON et al. 1986 und LEDEC & GOODLAND 1988) und in Workshops (vor allem durch den WWF) inzwischen großen Wert auf die Berücksichtigung der örtlichen Sozialstruktur, die Zusammenarbeit mit Bewohnern von Schutzgebieten, die Information der Besucher, die Verbesserung der Öffentlichkeitsarbeit der Naturschutzverwaltungen und die Möglichkeiten der Integration von Schutzgebieten in die regionale Raumplanung (vgl. neben den zitierten Handbüchern z.B. auch WWF-Journal 1/1993, S. 12-15 und 4/1994, S. 10-22).

Trotz dieser Fortschritte liegen für die Realisierung von Naturschutzmaßnahmen, insbesondere für die Einrichtung von Schutzgebieten, noch zahlreiche Hindernisse im Wege (zusammengefaßt nach EYRE 1990, HOUGH 1988, MacKINNON et al. 1986, BUDOWSKI & MacFARLAND 1984 sowie diversen Fallstudien aus Entwicklungsländern, z.B.: HEINEN 1993, ARAYA & CUNAZZA 1992, MWALYOSI 1991, S. und T.

AMEND 1990):

- allgemeine politische, finanzielle, administrative oder planungstechnische Probleme, z.B. fehlender politischer Wille, mangelhafte Durchsetzungskraft der Verwaltungen oder unzureichende (raum-)planerische Erfahrungen und Instrumente zur Implementierung eines Schutzsystems,

- nicht an die lokalen Verhältnisse angepaßte Schutzkonzepte, z.B. "Überstülpen" von westlichen Konzepten oder Kategorien auf ländliche Räume in stark unterentwickelten Gebieten oder Einrichtung von Luxushotels in Nationalparks, von denen die lokale Bevölkerung nicht profitieren kann,

- mangelnde Information über Hintergründe von Schutzmaßnahmen, über Verbote und Restriktionen, was zu zusätzlichen Konflikten führt,

- Unklarheit über die Ziele eines Schutzgebietes und Unsicherheit über die künftigen Entwicklungsmöglichkeiten der Region und die Entfaltungsmöglichkeiten der Bevölkerung, z.B. Unklarheit über weitere Nutzungsbeschränkungen oder Umsiedlungen,

- fehlende Beteiligung der lokalen Bewohner am Planungs- und Durchführungsprozeß,

- gestörtes Vertrauensverhältnis und Kommunikationsschwierigkeiten zwischen Bewohnern und Verwaltung eines Schutzgebietes, oftmals verstärkt durch unterschiedlichen soziokulturellen Hintergrund der Beteiligten,

- Konflikte zwischen verschiedenen Interessengruppen, zusätzlich zur "Park-Bewohner-Ebene", so z.B. zwischen lokalen Eliten, verschiedenen Unternehmensinteressen (Bau-, Forst-, Landwirtschaft etc.), politischen Parteien vor Ort und auf staatlicher Ebene.

Abgesehen von den bereits zitierten ökonomischen Problemen der betroffenen Bevölkerung - bei fehlenden Ausgleichsmaßnahmen zerstören Schutzbestimmungen oftmals die Existenzgrundlage der ländlichen Bewohner - gilt als Ursache für viele der genannten Hindernisse das mangelnde Bewußtsein und damit verbunden die fehlende Akzeptanz von Schutzmaßnahmen, und zwar nicht nur in der Bevölkerung, sondern auch bei den politischen Entscheidungsträgern. Das Problembewußtsein ist entscheidend verantwortlich für die tatsächliche politische Durchsetzung und die effektive finanzielle Unterstützung des Naturschutzes, sei es aus Überzeugung der Regierungsverantwortlichen oder indirekt über den Druck der Bevölkerung auf die Politik (vgl. MacKINNON et al. 1986, S. 120ff). Für die lokale Bevölkerung sind auch die geschilderten Konflikte häufig ein Grund für mangelnde oder weiter sinkende Akzeptanz. Dabei ist die Vermittlung ethischer, ästhetischer oder edukativer Schutzgründe nur eine Möglichkeit der Akzeptanzsteigerung.

Hilfreich ist es auch, den ökonomischen Nutzen der Maßnahmen, sofern er denn auch tatsächlich vorhanden oder absehbar ist, gezielt zu vermitteln, also wiederum die Aufklärungsarbeit zu verbessern. Als dritte Möglichkeit der Akzeptanzerhöhung bietet sich gegebenenfalls die Demonstration des Gebietes als (kulturell, traditionell, religiös etc.) wertvoller Bestandteil der Region oder des Ortes an. Wie diese Anleitungen in der Praxis auszugestalten sind, wird sich im weiteren Verlauf der vorliegenden Untersuchung zeigen.

Aufgrund dieser Argumente wird deutlich, warum die Förderung des Umweltbewußtseins im weiteren Sinne, d.h. beispielsweise unter Einschluß traditioneller Werte, einen zentralen Platz in der Liste der dringend notwendigen Schutzmaßnahmen einnimmt. So stand das Umweltbewußtsein z.B. schon auf der Bali-Konferenz an erster Stelle auf der Prioritätenliste für die zukünftige Naturschutzpolitik in der Neotropis (DOUROJEANNI 1984, S. 624). GUIMARÃES führt die künftige Stärkung des Umweltbewußtseins auch für Brasilien als einen entscheidenden Faktor für den Erfolg des Naturschutzes an, wobei er allerdings hervorhebt, daß gerade hierbei noch das größte Forschungsdefizit auf umweltpolitischem Gebiet besteht (GUIMARÃES 1991, S. 194; vgl. Kap. 3).

1.2. Umweltzerstörung als Folge von Entwicklung: Brasilien und der Bundesstaat São Paulo

Die Auswirkungen des landwirtschaftlichen und industriellen Entwicklungsprozesses in Brasilien sowie die damit einhergehenden Probleme der Verstädterung, Energiesicherung und Verkehrserschließung sind mittlerweile hinlänglich bekannt und sollen an dieser Stelle nur schlaglichtartig in Erinnerung gerufen werden. Die größte Gefahr für den Naturraum geht heute - flächenmäßig betrachtet - zweifelsohne von dem Erschließungsprozeß in Amazonien und im Mittelwesten aus. Eine zusammenfassende Darstellung der Problematik findet sich in KOHLHEPP (1989 und 1992). Er führt die Zerstörung des amazonischen Regenwaldes auf mehrere Ursachenkomplexe zurück: Infrastrukturmaßnahmen, land- und forstwirtschaftliche Großprojekte, Rinderweidewirtschaft und kleinbäuerliche Massenkolonisation, Industrie-, Bergbau- und Energiegewinnungsprojekte sowie von städtischen Kernen ausgehende Entwicklungen. Viele der Prozesse wurden und werden noch von staatlicher Seite aus initiiert, andere nehmen ungelenk und unkontrolliert ihren Lauf.

Anhand der Sammelbände von KOHLHEPP & SCHRADER (1987a), BRITO (1990), ANDERSON (1990) oder ARAGÓN (1994) kann ein Überblick über die Einzelprobleme der Region gewonnen werden. Detailliertere Studien zum Mensch-Umwelt-Verhältnis in Amazonien ("Ecologia Humana") wurden z.B. von MORÁN (1990) vorgenommen, ALLEGRETTI (1990) und HOMMA (1993) befassen sich mit der Problematik der Sammelwirtschaft ("Extrativismo") und VALVERDE (1989) untersucht das Grande Carajás-

6

Projekt.

Neben diesem Schwerpunkt finden mittlerweile auch andere Problembereiche Beachtung, z.B. Gefährdungen durch agroindustrielle Produktionsweisen, speziell in Nordost-, Südost- und Südbrasilien, oder Umweltbelastungen in urban-industriellen Komplexen, insbesondere entlang der gesamten Küste von Nordostbrasilien bis Porto Alegre sowie in São Paulo, Belo Horizonte oder Curitiba. Jeweils kurze Zusammenfassungen zu den verschiedenen Umweltproblemen in Brasilien finden sich beispielsweise in CALCA-GNOTTO (1987 und 1990), LUTZENBERGER & SCHWARTZKOPFF (1988), WÖHLCKE (1989, S. 102-115), FRANCO (1991) oder BRESSAN Jr. (1992).

In Südostbrasilien führen zum einen die großen urbanen Zentren mit ihrer industriellen Produktion, dem Verkehr und ihren vielen Millionen unter prekären Wohnbedingungen lebenden Menschen zur Belastung von Wasserläufen und Küstengewässern und zur Verschmutzung der Luft mit Folgen bis hin zu Erscheinungen des Waldsterbens. Besonders betroffen sind die Metropolitanregionen São Paulo, Rio de Janeiro und Belo Horizonte sowie der Großraum Santos-Cubatão und Teile der Industrie- und Verkehrsachse Rio-São Paulo (vgl. JOURNAUX 1987, GUTBERLET 1991, BRESSAN Jr. 1992, WEHR-HAHN 1994).

Der Bundesstaat São Paulo steht nicht nur durch die hohen Belastungen infolge der Verstädterung und Industrialisierung innerhalb Brasiliens an vorderer Stelle bei der Umweltverschmutzung und Naturzerstörung. Für die großflächige Vernichtung der natürlichen Vegetation zeichnen vielmehr andere Faktoren verantwortlich: Bereits vor der Jahrhundertwende begann die wirtschaftliche "Inwertsetzung" des Raumes durch die Anlage von Kaffeeplantagen sowie die Ausweitung der Viehzucht in Teilen des Bundesstaates (vgl. Abb. 1). Im Laufe des 20. Jahrhunderts mußte der Wald immer weiter der fortschreitenden landwirtschaftlichen Nutzung weichen, zuletzt durch die Ausdehnung des Zucker-rohr-, Soja- und Zitrusfruchtanbaus, der bis zum heutigen Zeitpunkt auch die 1973 noch verbliebenen Reste der natürlichen Vegetation im Landesinneren weitgehend verschwinden ließ.

Bei dem Erschließungsprozeß ist nicht allein von Bedeutung, daß die Flächen von einer Natur- in eine Kulturlandschaft umgewandelt wurden. Aus Sicht des Naturschutzes spielt vielmehr auch die hohe Intensität der Nutzung eine entscheidende Rolle: Die Landwirtschaft ist in dieser Region hochgradig mechanisiert, und im Bundesstaat São Paulo setzt beispielsweise ein doppelt so hoher Anteil der landwirtschaftlichen Betriebe Pestizide ein wie im übrigen Brasilien. Auch wurden hier 1985 64,4% des brasilianischen Alkohols (aus Zuckerrohr) produziert (SEADE 1988, S. 31ff), was nicht nur aufgrund des Anbaus in Monokulturen, sondern auch wegen der besonders umweltverschmutzenden Alkoholherstellung in hohem Maße Auswirkungen auf die Natur, vor allem auf die Wasserqualität

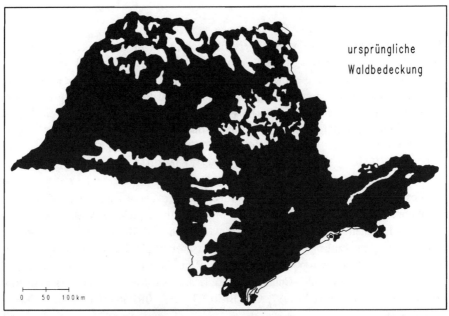

ursprüngliche
Waldbedeckung

0   50   100km

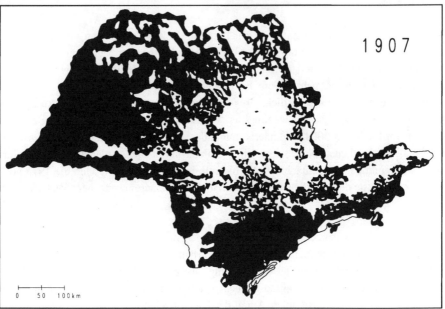

1907

0   50   100km

Abb. 1: Entwicklung des Waldbestandes im Bundesstaat São Paulo
Quelle: VICTOR 1975, verändert

8

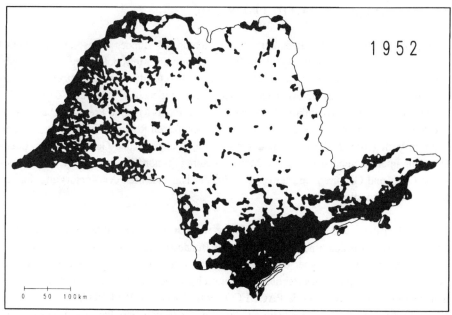

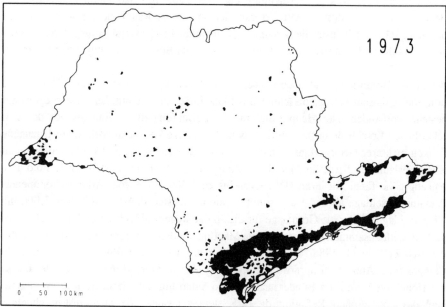

der Flüsse, hat (CALCAGNOTTO 1987, S. 203).

Abb. 2 zeigt die hohe Nutzungsintensität im Inneren des Bundesstaates. Der Hauptent-
wicklungsstrahl der modernen Agroindustrie führt, von der Metropolitanregion São Paulo
ausgehend, nach Nordwesten und hat inzwischen bereits die Landesgrenzen zu Mato
Grosso do Sul und Minas Gerais erreicht. Während sich die Zuckerrohr- und Zitrusfrucht-
anbaugebiete vorwiegend entlang der Leitachsen São Paulo-Ribeirão Preto und São Paulo-
São José do Rio Preto finden, überwiegen in den peripheren Regionen im Westen, Norden
- und in geringerem Maße auch im Osten - (noch) Viehzucht und Getreideanbau. Ebenfalls sehr intensiv genutzt ist der die Metropolitanregion nördlich und westlich umschlie-
ßende Obst- und Gemüsebaugürtel (*greenbelt*), der hauptsächlich der Versorgung der 15-
Millionen-Metropole dient.

Die Bevölkerungs- und Siedlungsentwicklung weist in den 80er Jahren gleichfalls über
Campinas und Sorocaba hinaus ins *interior* des Bundesstaates, nachdem vorher Groß-São
Paulo sowie die Ostachse über den Großraum São José dos Campos in Richtung Rio de
Janeiro den Schwerpunkt des Bevölkerungszuwachses wie auch der industriellen Entwicklung gebildet hatten (CANO & PACHECO 1991, BÄHR & WEHRHAHN 1994). Zugleich findet eine weitere Verdichtung des *greenbelts* von São Paulo hinsichtlich der
Bevölkerung und Industrie statt, so daß sich in diesem Raum die typischen Umweltprobleme städtisch-industrieller Komplexe, namentlich Flächenversiegelung durch Siedlungen, Verkehr und Industrie sowie Luft-, Wasser- und Bodenverschmutzung, verstärken.

Allein im Küstenraum sind noch nennenswerte Flächen der ursprünglichen Waldvegeta-
tion, die in diesem Fall hauptsächlich aus Mata Atlântica (Atlantischer Küstenregenwald)
besteht, vorhanden. Der Hauptgrund für die Bewahrung dieses Raumes vor der wirtschaftlichen Erschließung liegt in der bis in die heutige Zeit noch wirksamen Unzugäng-
lichkeit mehrerer Gebirgszüge, von denen die überaus steile, ca. 300 km lang parallel zur
Küste verlaufende Serra do Mar die wirkungsvollste Barriere darstellt (vgl. Foto 1 im
Anhang). Sie fängt mit ihren Höhen von bis zu 1.200 m die vom Atlantik kommenden
Passatniederschläge ab und weist somit an ihren höchsten Punkten weit über 3.000 mm
Niederschlag auf, der die Grundlage für die üppige Regenwaldvegetation bildet. Die Serra
do Mar stellt zusammen mit der Serra da Mantiqueira den Kernbereich der Mata Atlântica
dar (RIZZINI et al. 1988, S. 49). Letztere zieht sich von nördlich von São José dos
Campos (vgl. Abb. 2) in nordöstliche Richtung über mehrere Hundert Kilometer bis auf
die Höhe von Vitória im Bundesstaat Espírito Santo hin. Die Serra do Mar ist zugleich
auch das letzte größere Refugium dieses Küstenregenwaldes, der sich einst durchgehend
von Rio Grande do Norte bis nach Paraná erstreckte. Heute sind insgesamt nur noch
minimale Reste dieses Waldtyps vorhanden. Genauere Angaben sind jedoch zum einen
wegen der nicht einheitlichen Definitionen von Mata Atlântica und zum anderen aufgrund
der äußerst schwierigen Erfassung der sich über mehrere Tausend Kilometer ausdehnen-

den potentiellen Standorte des Küstenregenwaldes nicht möglich. Auch Satellitendaten liefern wegen der schwierigen bis unmöglichen Differenzierung einzelner Waldtypen und der Unterscheidungsprobleme zwischen Primärwald und älterem Sekundärwald keine exakten Ergebnisse (POR 1992, S. 83ff).

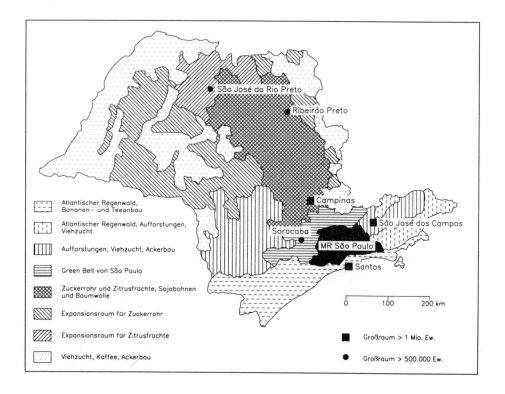

Abb. 2: Landnutzungsformen im Bundesstaat São Paulo
Quelle: SMA 1992h, ergänzt

Trotz der topographischen Verhältnisse und damit verbunden der relativ schlechten Verkehrsinfrastruktur sind die Mata Atlântica-Bestände auch im Bundesstaat São Paulo mittlerweile stark gefährdet. In diesem Bundesstaat wird die verbliebene Fläche des Küstenregenwaldes auf ca. 5 % der ursprünglichen Ausdehnung geschätzt (vgl. Kap. 3.2). Ein bereits erwähnter, räumlich allerdings eng begrenzter Faktor für die Waldvernichtung ist der Industriepol Cubatão in Verbindung mit der Doppelstadt Santos-São Vicente, denen schon ein großer Teil der Mangroven- und Mata Atlântica-Vegetation in der sog. Baixada Santista - der Niederung von Santos - zum Opfer gefallen ist. Eine stärkere Bedrohung geht momentan jedoch von der Ausdehnung der landwirtschaftlichen Nutzfläche vor allem im Südwesten, aber auch im nördlichen Küstensaum aus (vgl. Abb. 2), wo traditionelle

11

Kleinbauern, neu zuwandernde Landbesetzer und auch Großgrundbesitzer immer neue Täler und Hänge der Serra da Paranapiacaba und anderer Höhenzüge mit Bananen (und Tee) bepflanzen. Der Landhunger von Migranten wie auch der einheimischen, in diesen ländlichen Gebieten noch überdurchschnittlich stark anwachsenden Bevölkerung verstärkt den Druck auf die verbliebenen Waldbestände. Ein dritter Grund, der für die Vernichtung und die weiterhin bestehende Gefährdung der natürlichen Vegetation im gesamten Küstenstreifen verantwortlich ist, besteht in der enormen Ausdehnung der Siedlungsflächen für den Tourismus. Einfamilienhäuser und Apartmentkomplexe, einschließlich der dazugehörigen Infrastruktur, nehmen bereits weite Flächen im Litoral Paulista ein. Die Fallstudien (Kap. 4-6) werden weiteren Aufschluß über die Bestimmungsfaktoren und das Ausmaß der Vegetationszerstörung auf kleinräumiger Ebene bringen.

2. ZIELE UND DATENGRUNDLAGEN DER ARBEIT

2.1. Ziele und Hypothesen

Brasilien zählt zu den Ländern, deren Wirtschaftsstil in den vergangenen Jahrzehnten zu großflächigen Umweltzerstörungen geführt hat. Betroffen sind davon allerdings nicht nur die Regenwälder des Amazonasgebietes, die bislang in der wissenschaftlichen Literatur wie auch in der brasilianischen und internationalen Öffentlichkeit im Vordergrund standen, sondern durchaus auch andere Großökosysteme, allen voran der Atlantische Küstenregenwald (Mata Atlântica), dessen letzte Überreste nun vorrangiges Aufgabenfeld der Naturschutzpolitik des Bundesstaates São Paulo darstellen (vgl. Kap. 3). Anhand zweier Beispielräume in der Serra do Mar sowie der Serra da Mantiqueira im Bundesstaat São Paulo soll die Umsetzungsproblematik der Schutzpolitik evaluiert werden (Kap. 4 bis 7).

Übergeordnete Ziele der vorliegenden Arbeit sind es, zu untersuchen, in welcher Form der auf globaler Ebene erfolgte Wandel der Schutzstrategien Eingang in die brasilianische Naturschutzpolitik gefunden hat, welche Probleme in ausgewählten Beispielräumen aus der Umsetzung von Schutzmaßnahmen resultieren und, mit dieser Frage eng verbunden, inwieweit Umweltprobleme von der Bevölkerung wahrgenommen sowie Naturschutzmaßnahmen angenommen oder abgelehnt werden. Den abschließenden vierten Zielbereich bilden die Fragen nach den praktischen Lösungsvorschlägen für die Realisierung von Schutzkonzepten sowie allgemein die Abschätzung der künftigen Chancen des Naturschutzes in Brasilien.

Die vier Leitziele werden durch eine Reihe von Einzelfragen konkretisiert:

Bereich 1: Wandel der Naturschutzpolitik
Welche rechtlichen, politischen und institutionellen Entwicklungen sind im Naturschutz zu verzeichnen? Ist in Brasilien, und speziell im Bundesstaat São Paulo, ein Wandel vom Reservat- und Artenschutz hin zu flächendeckendem Biotopschutz im Sinne eines umfassenden Ökosystemschutzes zu erkennen? Inwieweit sind räumliche Konzepte im Flächenschutz (Zonierung von Schutzgebieten, Pufferfunktionen, Vernetzungsstrukturen etc.) entwickelt und umgesetzt worden? Hat die Einbeziehung des Menschen Eingang in die Schutzkonzepte gefunden? Werden die besonderen sozioökonomischen Bedingungen bei der Erarbeitung und Durchsetzung von Schutzmaßnahmen berücksichtigt? Wo sind Umwelt- und Naturschutzbelange in die kommunale und regionale Entwicklungsplanung aufgenommen worden?

Bereich 2: Umsetzungsproblematik: Konflikte zwischen Schutz und Nutzung
Mit welchen Mitteln wird versucht, Schutzkonzepte oder Einzelmaßnahmen durchzuset-

zen? Wo ergeben sich besonders konfliktträchtige Situationen durch Schutz-Nutzungs-Konkurrenzen? Wie reagieren lokale Entscheidungsträger und Bewohner innerhalb wie außerhalb von Schutzgebieten auf neue Bestimmungen? Welche Maßnahmen werden vor Ort unterstützt und welche nicht? Bestehen Mechanismen oder Konzepte zur Konfliktentschärfung? Wie steht es um die Aufklärung der Bevölkerung bezüglich der Schutzziele? Welche Rolle spielt Partizipation, und welche Kommunikationsstrukturen sind vorhanden bzw. vonnöten? Welchen Einfluß üben Umweltorganisationen auf die Umsetzung von Schutzmaßnahmen aus?

Bereich 3: Wahrnehmung von Umweltproblemen und Akzeptanz von Schutzmaßnahmen
Welche Art von Umweltproblemen wird von der Bevölkerung wahrgenommen und welche nicht? Erkennen Verursacher von Umweltschäden (z.B. Touristen) ihre eigene Rolle im Schädigungsprozeß? Beeinflußt die Art des Schutzkonzeptes (z.B. der Einschluß von Sensibilisierungsmaßnahmen) die Problemwahrnehmung und die Akzeptanz? Welche Rolle spielen sozioökonomische Faktoren (Bildungsstand, Herkunft etc.) für die Wahrnehmung von Umweltschäden? Welche Funktion üben Umweltverbände für die Bewußtseinsbildung aus?

Bereich 4: Lösungen und Chancen
Die Fragen für diesen Komplex ergeben sich im wesentlichen erst aus den Ergebnissen der anderen Bereiche. Hauptzielrichtung sind Fragen bezüglich der Relevanz von Umweltbewußtsein, der Einbeziehung der betroffenen Bevölkerung in die Schutzstrategien und der planerischen Verbindung von Schutzgebieten mit dem Umland.

Den Untersuchungen liegen die allgemeinen **Hypothesen** zugrunde, daß auf seiten der politischen Entscheidungsträger und der ausführenden Behörden erst wirkungsvoll gehandelt wird, wenn Umweltbedrohungen und -zerstörungen auch tatsächlich als Probleme wahrgenommen werden, und daß auf seiten der von Umweltschäden sowie von Schutzmaßnahmen Betroffenen eine Akzeptanz oder sogar eine Befürwortung von Naturschutzbestimmungen erst einsetzt, wenn das Wissen um die Probleme und das "ökologische Bewußtsein" stark genug ausgeprägt sind. Von besonderem Interesse waren hierbei auch die Wahrnehmung und die Reaktionen von Touristen und Zweitwohnungsbesitzern, die in den Beispielräumen sowohl selbst in erheblicher Weise zu Umweltproblemen beitragen als auch in der Folge von diesen Problemen selbst betroffen sind.

Die Einzelhypothesen seien wie folgt formuliert:

- Die sozioökonomische Entwicklung Brasiliens hat zu gravierenden Veränderungen und Zerstörungen des Naturraumes geführt.

- Die ökologischen Folgen des Wachstums sind erkannt, und es wurden Gegenmaßnah-

14

men zum Schutz der natürlichen Ressourcen eingeleitet. Die politisch-administrativen Rahmenbedingungen für den Naturschutz sind gegeben.

- Moderne Konzepte und Strategien haben Eingang in die brasilianische Naturschutzpolitik gefunden.

- Das Umweltbewußtsein in der Öffentlichkeit ist gestiegen. Maßnahmen des Naturschutzes werden grundsätzlich akzeptiert.

- Die Umsetzung von Schutzmaßnahmen trifft auf lokaler Ebene häufig auf erheblichen Widerstand.

- Die Entwicklung und Durchführung akzeptanzsteigernder Maßnahmen vor Ort ist defizitär.

- Mittelfristig ist die Umsetzung moderner Naturschutzkonzepte möglich.

Eine weitere Ausführung der Fragestellung erfolgt in den betreffenden Kapiteln.

2.2. Auswahl der Fallstudien

Natürlich können nicht alle der angeführten Fragen umfassend beantwortet werden, jedoch soll versucht werden, anhand der Fallstudien zumindest für den Bereich der Mata Atlântica/Bundesstaat São Paulo gültige Aussagen zu treffen. Da bereits bei der Auswahl der Fallstudien wie auch bei deren Bearbeitung und bei der Darstellung im Text darauf geachtet wurde, möglichst verallgemeinerungsfähige Themen zu erfassen und zu behandeln, sollte die Übertragbarkeit zumindest der zentralen Ergebnisse der Arbeit auf andere Räume mit ähnlicher Problematik gewährleistet sein, sei es in Brasilien oder in anderen Entwicklungsländern mit vergleichbaren Voraussetzungen.

Innerhalb des Bundesstaates São Paulo wurden zwei Räume ausgewählt, in denen exemplarisch die Probleme der Umsetzung von Schutzmaßnahmen und die Fragen zur Umweltwahrnehmung untersucht wurden: Der Raum Peruíbe - Estação Ecológica de Juréia-Itatins und das Gebiet Campos do Jordão - Parque Estadual de Campos do Jordão (Abb. 3). Beiden Räumen gemeinsam ist die hohe Entwicklungsdynamik bei gleichzeitiger Nähe zu größeren Naturschutzgebieten, die Restflächen der Mata Atlântica vor der Erschließung bewahren sollen. Der Schutzwürdigkeit der Beispielräume steht die Bedrohung durch Landnutzungsinteressen entgegen, und zwar nicht nur innerhalb der strengen Schutzgebiete, sondern auch innerhalb der direkten Einflußzone der städtischen Entwicklung.

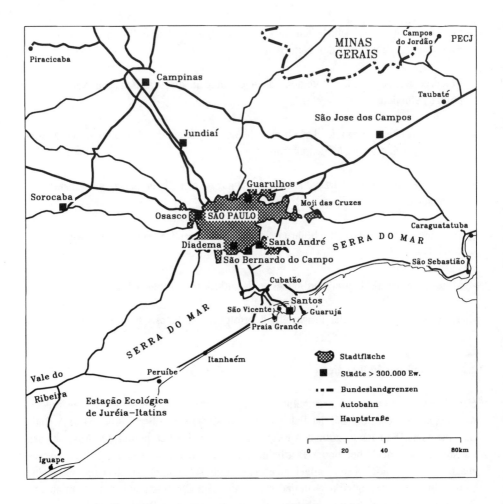

Abb. 3: Übersichtskarte zur Lage der Untersuchungsgebiete

Diesen Gemeinsamkeiten der Untersuchungsgebiete stehen einige wesentliche Unterschiede gegenüber:

Peruíbes Entwicklung ist gekennzeichnet durch einen exzessiven Flächenverbrauch im Küstenstreifen infolge einer für das südliche "Litoral Paulista" typischen Bebauung mit Einfamilienhäusern, die als Ferienwohnsitz für mittlere Einkommensschichten der Agglomeration São Paulo dienen. Zusätzlich findet eine stetige Ausdehnung der landwirtschaftlichen Nutzfläche in diesem Raum statt. Beide Erschließungsformen bedrohen auch das sich südlich an den Ort Peruíbe anschließende Gebiet der Juréia, einen einzigartigen Naturraum, dessen Küstenregenwald-, Mangroven- und Dünenvegetationsbestände bislang weitgehend von der Expansion der beiden dominanten Landnutzungsformen ausgenommen

16

waren. Diese Flächen wurden erst 1986 als Estação Ecológica de Juréia-Itatins (EEJI) unter Schutz gestellt. Aufgrund der Tatsache, daß das Gebiet bereits besiedelt war, sowie als Folge des allgemeinen Siedlungsdrucks liegen die Hauptprobleme des Naturschutzes in der Sicherung des Gebietes gegen Außeneinflüsse sowie in der Lösung von Konflikten zwischen Siedlern und Schutzgebietsverwaltung. Die EEJI gilt zudem als Test- und Vorzeigeobjekt für die Einrichtung eines großflächigen Schutzgebietes und steht zusätzlich aufgrund eines großen Interesses der Öffentlichkeit unter Erfolgsdruck.

Der andere Beispielraum liegt auf 1.500-2.000 m Höhe in der Serra da Mantiqueira, also in dem zweiten Refugium der Mata Atlântica, wobei die vorherrschende Vegetation des Araukarienwaldes eher als spezielle Ausprägung des Küstenregenwaldes zu bezeichnen ist (POR 1992, S. 31). Die Stadt Campos do Jordão ist ein Luftkurort und Feriendomizil für die Oberschicht São Paulos mit sehr langer Tradition. Aktuelle Umweltprobleme ergeben sich vornehmlich aus der starken Zersiedelung des Munizips sowie der völligen Über-lastung der städtischen Infrastruktur durch den Tourismus. Dabei steht zu vermuten, daß gerade die intakte Natur einen entscheidenden Faktor für die zukünftigen Entwicklungs-chancen des Ortes bildet, denn der gehobene Tourismus und der Bau von Feriensitzen der obersten Kategorie basieren im wesentlichen auf der Schönheit der Landschaft, der "guten Luft" und der Ruhe und Abgeschiedenheit des Gebietes. Konflikte zwischen Schutz der Natur und verschiedenen Nutzungsformen innerhalb des Ortes ergeben sich auch daraus, daß die gesamte Region als Landschaftsschutzgebiet (APA) ausgewiesen ist.

Der angrenzende Parque Estadual de Campos do Jordão (PECJ) ist ebenfalls bereits sehr alt. Er wurde im Jahre 1941 als einer der ersten Parke im Bundesstaat gegründet. Für die vorliegende Untersuchung ist er vor allem aus zweierlei Gründen von Interesse: Zum einen dient er der Überprüfung der Beziehungen zwischen Stadt und Schutzgebiet hin-sichtlich der gegenseitigen Bedeutung und der möglichen raum- und umweltplanerischen Integration. Zum anderen können hier aufgrund des langen Bestehens und der relativ guten Ausstattung des Parks die Chancen des Naturschutzes, insbesondere was den Umweltbildungsbereich angeht, abgeschätzt werden. Interessant ist dabei vor allem auch der Vergleich mit dem weit jüngeren Schutzgebiet der EEJI.

2.3. Datengrundlagen

Die Untersuchungen sind auf vier Säulen aufgebaut: der Analyse von Schriftquellen und Karten (a), der Interpretation von Satelliten-, Luftbildern und eigenen Kartierungen (b), der Durchführung von Expertengesprächen mit Entscheidungsträgern und von gelenkten Interviews mit betroffenen Personen (c) sowie - als umfangreichste Säule und zeitauf-wendigste Arbeit - der eigenen Durchführung von annähernd 1.200 Einzelinterviews mittels standardisierter Fragebögen und der Auswertung von 360 vom Umweltministerium

São Paulo erhobenen Fragebögen (d).

a) Die Literatur- und Kartenauswertung erfolgte in den einschlägigen Bibliotheken, insbesondere in den verschiedenen Instituten der Universität São Paulo (Geographie, Biowissenschaften, Soziologie, Wirtschaft und Verwaltung, Ozeanographie etc.), und den Bibliotheken verschiedener Ämter (u.a. *Instituto Brasileiro de Geografia e Estatística* - IBGE, *Instituto Geográfico e Cartográfico* - IGC, *Empresa Metropolitana de Planejamento* - EMPLASA). Von entscheidender Bedeutung war die Auswertung der "grauen Literatur" (Berichte, Arbeitspapiere und interne Statistiken, Pläne, Zeitungen) in diversen Abteilungen des Umweltministeriums São Paulo (vor allem *Instituto Florestal* - IF, *Companhia de Tecnologia de Saneamento Ambiental* - CETESB, *Coordenadoria de Planejamento Ambiental* - CPLA), im Planungsministerium sowie in den Verwaltungen der Estação Ecológica de Juréia-Itatins und des Parque Estadual de Campos do Jordão. Auch die Archive der Umweltorganisationen *SOS Mata Atlântica, Associação em Defesa da Juréia* und FEDAPAM in São Paulo, der Tageszeitung Folha de São Paulo sowie die Unterlagen der Stadtverwaltung von Campos do Jordão stellten eine große Hilfe dar.

b) Anhand von Luftbildern aus den Jahren 1962, 1973 und 1980 sowie Satellitenbilddaten von 1992 konnte der Landnutzungswandel, insbesondere die Auswirkungen der Siedlungsentwicklung auf die natürliche Vegetation, im Raum Peruíbe-Estação Ecológica de Juréia-Itatins nachvollzogen werden. Luftbilder lagen leider jeweils nur für Teilräume und zudem in unterschiedlichen Maßstäben vor. Die aktuelle Situation konnte in Ermangelung neuerer Luftbilder nur mittels Satellitendaten (Landsat TM) erfaßt werden. Für den Gesamtraum zeigten sich die Ergebnisse der Satellitenbildauswertung als ausreichend, auf kleinräumiger Ebene wurde beispielhaft anhand eigener Detailkartierungen die derzeitige Landnutzung aufgenommen, um die für die Schutzproblematik relevanten Prozesse aufzuzeigen.

Die Erfassung der Umweltschäden in Campos do Jordão war mittels Luftbildern nicht möglich, da die jüngsten einsehbaren oder käuflich zu erwerbenden Bilder von 1977 stammen. Die Nutzung von Satellitendaten erschien nicht sinnvoll, da die Veränderungen sowohl im städtischen Gebiet als auch im Parque Estadual de Campos do Jordão auf zu kleinräumiger Ebene stattfinden und zudem das stark reliefierte Gelände die Auswertung unverhältnismäßig erschwert, wenn nicht gar unmöglich gemacht hätte. Da außerdem der Schwerpunkt dieser Fallstudie auf der Wahrnehmung von Umweltproblemen an eng umgrenzten Einzelstandorten sowie auf den Fragen der Umweltbildung liegt, bot sich die einführende Darstellung der Umweltproblematik anhand von Fotos an.

c) Sowohl für die Bewertung der Naturschutzpolitik im Bundesstaat São Paulo als auch für den Fragenkreis der Umsetzungsproblematik in den Fallstudien spielten Interviews mit politischen Entscheidungsträgern und anderen lokalen und regionalen Akteuren (z.B.

18

Verwaltungsangestellte, Immobilienhändler) eine wichtige Rolle. Oftmals waren allerdings offizielle Interviews schon allein aus rechtlichen Gründen (z.B. bei Behörden) nicht möglich, oder es zeigte sich bereits in Vorgesprächen, daß Unterhaltungen mit informellem Charakter einen besseren Informationsfluß gewährleisten würden. Letzteres gilt insbesondere für "Interviews", bei denen es nicht um die Eigendarstellung einer Politik oder die Erläuterung bestimmter Programme oder Projekte ging, sondern um die Bewertung von Maßnahmen, um Positionen von beteiligten und betroffenen Personen, beispielsweise im Schutzgebiet, oder um die Darstellung und Bewertung von Konflikten.

Befragt wurden Vertreter und Mitarbeiter des Umwelt- und Planungsministeriums São Paulo, insbesondere zahlreiche Mitarbeiter der Abteilungen *Equipe Litoral Sul*, *Planejamento Ambiental*, *Macrozoneamento do Litoral Paulista* und *Coordenadoria de Ação Regional*. Jeweils mehrfache Gespräche wurden geführt mit den Schutzgebietsleitern der EEJI und des PECJ, namentlich Ítalo Matarrazzo und Maria de Jesus Robim, mit zahlreichen Angestellten der Schutzgebietsverwaltungen, insbesondere mit Parkwächtern und Mitarbeitern der Umwelterziehung in beiden Gebieten sowie der Agrarprojektplanung in der EEJI. Die Teilnahme als Referent an einer 3-tägigen Fortbildungsveranstaltung für Naturschutzgebietsleiter des Bundesstaates São Paulo (im März 1991 in Campos do Jordão) bot dem Verfasser zudem die Möglichkeit zur Kontaktaufnahme und zur Informationsgewinnung bezüglich der spezifischen Probleme (und Erfolge) des Naturschutzes auch in anderen Gebieten des Bundesstaates.

Gelenkte Gespräche erfolgten ebenfalls mit Bewohnern der EEJI in den Siedlungen Barra do Una, Perequê, Itinguçu und Despraiado und des PECJ sowie - über die im folgenden Abschnitt erläuterten standardisierten Interviews hinausgehend und zu deren Absicherung - mit Besuchern der Orte Peruíbe und Campos do Jordão und der beiden Schutzgebiete. Gelegenheit zu diesen Interviews und Gesprächen bot sich zunächst während eines 13-monatigen Aufenthaltes von Oktober 1990 bis Oktober 1991 sowie bei den anschließenden kürzeren Aufenthalten in den folgenden Jahren, bei denen die Untersuchungsgebiete jeweils wieder aufgesucht wurden. Da während des Untersuchungszeitraumes (Ende 1990 bis Anfang 1994) keine wesentlichen Veränderungen hinsichtlich der Gesamtfragestellung zu verzeichnen waren, erübrigen sich umfangreichere zeitliche Vergleiche zu den einzelnen Untersuchungsschwerpunkten. Lediglich in der EEJI ergaben sich einige Veränderungen in bezug auf die Situation der Bewohner des Schutzgebietes, die im entsprechenden Kapitel erläutert werden.

Diese als dritte "Säule" bezeichneten qualitativen Erhebungsmethoden wurden gerade auch für die Bewertung von sozialen Prozessen wie dem Umgang mit Konflikten zwischen Mensch und Umwelt sowie zwischen verschiedenen Bevölkerungsgruppen (Bewohner - Besucher - Entscheidungsträger - Mitglieder von Organisationen etc.) als notwendig erachtet (vgl. SEDLACEK 1989, LENTZ 1992, ZICHE 1992). Mit Hilfe von Gesprächsprotokollen, die gleich im Anschluß an die "inoffiziellen" Interviews angefertigt wurden, versuchte der Verfasser, die größtmögliche Objektivität bei der Darstellung der Ergebnisse zu wahren bzw. herzustellen. Eine möglichst breite Streuung der Interviews innerhalb der Gruppe der potentiellen Gesprächspartner und der Abgleich mit den Ergebnissen aus den insgesamt vier größeren Fallstudien sowie zusätzlich einzelnen Gesprächen mit Akteuren und Betroffenen in anderen Gebieten (Picinguaba/Litoral Norte, Parque Estadual da Cantareira, Núcleo de Santa Virgínia/Parque Estadual da Serra do Mar) dienten ebenfalls diesem Ziel. Unterstützt wurde das "Einlassen" auf die Problematik vor Ort auch dadurch, daß der Verfasser mehrfach über längere Zeiträume in den Unterkünften für Parkwächter und Wissenschaftler der beiden Schutzgebiete wohnen konnte und sich auf diese Weise weitere Kontakte zur örtlichen Bevölkerung ergaben.

d) Die qualitativen Methoden wurden mit der vierten Säule der Arbeit ergänzt durch quantitative. Von den vier bereits erwähnten eigenen Befragungsserien erfolgten zwei in den Orten Peruíbe und Campos do Jordão und zwei in den angrenzenden Schutzgebieten EEJI und PECJ. Die Erhebungen im städtischen Bereich dienten der Erfassung von Problemwahrnehmung und Umweltbewußtsein der Besucher und Bewohner Peruíbes bzw. der verschiedenen Besuchergruppen von Campos do Jordão. Sie sollten die Einschätzung der Akzeptanz sowie des möglichen ökonomischen Nutzens von Schutzmaßnahmen für die betreffenden Gemeinden unterstützen. In Peruíbe wurden 392, in Campos do Jordão 284 Personen erfaßt (vgl. Fragebögen im Anhang). Die Fragebögen wurden, soweit dies inhaltlich möglich war, so konzipiert, daß die Vergleichbarkeit zwischen den beiden Orten in den wichtigen Fragen gegeben ist.

Die beiden Befragungsserien in den Schutzgebieten konzentrierten sich neben der Erfassung der allgemeinen Besucherstruktur, zu der bislang keine Erhebungen vorlagen, auf die Überprüfung des Kenntnisstandes zum Naturschutz und zum Schutzgebiet, wobei wiederum die Wahrnehmung der Verhältnisse im Schutzgebiet im Vordergrund stand. Auch die Meinung zur künftigen Entwicklung der Besucherinfrastruktur, die Akzeptanz von einschränkenden Regelungen sowie die Chancen für Umweltbildungsmaßnahmen wurden in beiden Gebieten untersucht, so daß Vergleiche zwischen den beiden Befragungen möglich sind. In der EEJI wurden insgesamt 160, im PECJ 308 Personen befragt. Die - jedenfalls im Vergleich zum Umfang der anderen Serien - geringe Probandenzahl in der EEJI ist auf die ungleich schwierigeren Befragungsumstände zurückzuführen (vgl. Kap. 5). Nähere Erläuterungen zu Zielsetzung, Methodik und Durchführung der Befragungen erfolgen in den jeweiligen Kapiteln.

In Ergänzung zu den eigenen Erhebungen konnten die Rohdaten einer freundlicherweise von der *Equipe Litoral Sul* des Umweltministeriums São Paulo zur Verfügung gestellten Totalerhebung der ca. 360 Familien der EEJI ausgewertet werden. Die Befragung datiert von Ende 1990. Sie hatte die Bestandsaufnahme der sozioökonomischen Grunddaten der

Juréia-Bewohner zum Ziel und diente dem Verfasser zusammen mit den erwähnten eigenen qualitativen Erhebungen als wesentliche Grundlage für die Bearbeitung der Problematik von Schutzgebietsbewohnern.

Die Feldarbeitsphase erstreckte sich auf mehrere Perioden: Der längste Aufenthalt fand von Oktober 1990 bis Oktober 1991 statt. Es folgten weitere Aufenthalte im Rahmen des DFG-Projektes zu den Auswirkungen des sozioökonomischen Strukturwandels auf die Umwelt im Küstenraum von São Paulo im Juli/August 1992, Februar bis Mai 1993 sowie eine weitere Reise im März 1994 zur abschließenden Vervollständigung des Materials, insbesondere zur Aktualisierung der Literatur und zur Ergänzung der Gespräche mit Behördenvertretern.

2.4. Aufbau der Arbeit

Die Arbeit gliedert sich in vier Hauptteile. Nachdem in der Einführung bereits die Erläuterung der allgemeinen Grundlagen zu Forschungsstand und Fragestellung erfolgt ist, werden im ersten Hauptteil (**Kapitel 3**) die Grundzüge der auf Brasilien, und speziell auf den Bundesstaat São Paulo bezogenen Naturschutzpolitik vorgestellt. Im Vordergrund stehen die Fragen des Bereiches 1, die anhand von Literaturanalysen und Expertengesprächen beantwortet werden sollen. Aus der Bewertung der aktuellen Schutzstrategien und ihrer Probleme sowie dem derzeitigen Stand des Umweltbewußtseins ergeben sich die neuen, detaillierteren Untersuchungsfelder, die Gegenstand der folgenden Ausführungen sind.

In **Kapitel 4** geht es zunächst um die Folgen einer rasanten, durch einen boomenden Freizeitsektor ausgelösten Entwicklung für die Umweltbedingungen im Küstenraum von Peruíbe/São Paulo. Gefragt wird nach den Bestimmungsfaktoren und den Gegenmaßnahmen auf lokaler Ebene sowie nach den Problemwahrnehmungsmustern von Bewohnern, Zweitwohnungsbesitzern und Urlaubern des Ortes Peruíbe. Auch das folgende **Kapitel (5)** beschäftigt sich im wesentlichen mit den Fragen der Zielbereiche 2 und 3, also der Umsetzungsproblematik von Naturschutzbestimmungen sowie der Wahrnehmung und Reaktion der Betroffenen. Am Beispiel des sich an den Ort Peruíbe anschließenden Schutzgebietes Estação Ecológica de Juréia-Itatins werden die Auswirkungen dieses Schutzprojektes auf die Bewohner als Hauptbetroffene untersucht. Die Beziehungen der Besucher zum Schutzgebiet sowie die Möglichkeiten der Realisierung von Naturschutzzielen im Bereich der Umweltbildung bilden einen zweiten Schwerpunkt innerhalb dieser Fallstudie.

Der vierte Hauptteil (**Kapitel 6**) besteht aus zwei größeren Abschnitten. Der erste behandelt am Beispiel der Stadt Campos do Jordão Fragen der Problemwahrnehmung durch verschiedene soziale Gruppen, und der zweite greift erneut die Realisierung von Schutzzielen innerhalb von Schutzgebieten auf. Sowohl in der Stadt als auch im Park von Campos do Jordão bestehen allerdings gänzlich andere Voraussetzungen und anders gelagerte Probleme als in Peruíbe und in der EEJI, so daß die Ausführungen dieses Kapitels vor allem auf den Vergleich der Untersuchungen in den beiden Räumen abzielen. Sie bilden die Grundlage für die abschließende Bewertung der Untersuchungen in **Kapitel 7**, das zusammenfassend die wichtigsten Hindernisse für eine effektive Naturschutzpolitik darstellt und zugleich Wege und Chancen für eine künftig erfolgversprechendere Schutzstrategie aufzuzeigen versucht. Hierunter fällt auch die Zusammenschau der beiden Studien zu Peruíbe und der EEJI hinsichtlich der Möglichkeiten einer integrierten Umweltplanung auf Regionalebene.

3. ENTWICKLUNG DES NATURSCHUTZES IN BRASILIEN UND IM BUNDES-STAAT SÃO PAULO

3.1. Naturschutz in Brasilien

3.1.1. Die Entwicklung bis zum *Código Florestal* von 1965

Erste Initiativen zum Schutz der Natur in Brasilien datieren bereits aus der frühen Koloni-alzeit. Moritz von Nassau äußerte sich beispielsweise im 17. Jahrhundert über das Ab-holzen der brasilianischen Wälder und ließ erste Maßnahmen ergreifen, um zu vermeiden, daß "die natürlichen Ressourcen eines Tages der Bevölkerung nicht mehr zur Verfügung stünden". Auch in der 1797 verfaßten "Carta Regia" der portugiesischen Königin wird vor der Zerstörung der Wälder gewarnt und auf die Notwendigkeit der Erhaltung der Natur hingewiesen sowie der Statthalter des Kapitanats Paraíba dazu verpflichtet, die "Brand-stifter und Zerstörer der Wälder" strengstens zu bestrafen (CARVALHO 1966, zitiert nach FUNATURA 1989, S. 5; PÁDUA & COIMBRA FILHO 1979, S. 9).

Im Jahre 1821 tauchte erstmals die Idee auf, einen eigenen Verwaltungsapparat für "Wälder und Gehölze" ("matas e bosques") zu schaffen, und 1879, sieben Jahre nach der Einrichtung des Yellowstone Nationalparks, machte der Ingenieur André Rebouças Vorschläge zur Gründung zweier brasilianischer Nationalparke: der Ilha do Bananal am Rio Araguaia und Sete Quedas, dem Gebiet, wo sich heute der Stausee von Itaipú befindet. Die Realisierung der Nationalparkidee - an anderer Stelle - ließ allerdings noch 61 Jahre auf sich warten: Erst 1937 wurde der Parque Nacional (PN) de Itatiaia eingerich-tet, zwei Jahre später dann der PN do Iguaçú und der PN da Serra dos Órgãos. Zuvor-gekommen war der Union in dieser Hinsicht nur der Bundesstaat São Paulo mit der Ausweisung des Parque Estadual (PE) da Cidade im Jahre 1896, dem heutigen PE da Serra da Cantareira (vgl. Kap. 3.2.1; FUNATURA 1989, S. 6; SMA 1989a).

Die ersten in Form eines Gesetzes formulierten Gedanken zum Thema Ökologie und Naturschutz finden sich in dem Decreto 8.843 von 1907, das eine Fläche von 2,8 Mio. ha im heutigen Bundesstaat Acre unter Schutz stellen sollte. Der Präsident der Republik der Vereinigten Staaten von Brasilien begründet die Unterschutzstellung "mit den Aus-wirkungen der unkontrollierten Waldzerstörung auf die klimatischen Verhältnisse und damit zusammenhängend auf die Niederschläge und die hydrologischen Bedingungen in verschiedenen Regionen, wobei in Acre wie auch in Amazonien nicht zuletzt wegen der Aufrechterhaltung der Schiffbarkeit der Flüsse besonders dringend Gegenmaßnahmen zu ergreifen seien" (zitiert nach CARVALHO 1991, S. 105). Leider wurde dieses Gesetz wie so viele später folgende nicht in die Praxis umgesetzt.

Die Initiierung und Weiterentwicklung gesetzlicher Grundlagen für den Natur- und

Umweltschutz erfolgte vornehmlich in den brasilianischen Umbruchphasen der 30er und der 60er Jahre. Der Schutz der natürlichen Schönheiten sowie der historischen und künstlerischen Monumente wurde erstmals in die Verfassung von 1934 sowie in das Gesetz 25/37 aufgenommen. Auch die Zuständigkeit der drei Verwaltungsebenen Union, Bundesstaaten und Munizipien für den Naturschutz wurde bereits 1937 festgeschrieben. Zum anderen erließ die brasilianische Regierung eine Forstverordnung (*Código Florestal*), eine Jagd- und Fischerei- sowie eine Wasserverordnung (*Código de Caça e Pesca, Código de Águas*) und richtete die drei bereits erwähnten Nationalparke ein. Die Bedeutung des *Código Florestal* (Decreto 23.793 vom 23.1.1934) liegt vor allem in der erstmaligen Limitierung der Waldnutzung sowie in der konkreten Benennung der möglichen Gesetzesverstöße einschließlich ihrer Strafmaße (MAGALHÃES 1982, S. 49).

Auf der Basis dieser Bestimmungen traten dann drei Jahrzehnte später neue Gesetzesverordnungen in Kraft, von denen der Neue *Código Florestal* (Lei 4.771 vom 15.9.1965) und die Gesetze zum Schutz der Fauna (*Lei de Proteção à Fauna Nº 5.197* vom 3.1.1967) sowie zur Fischerei (*Decreto-Lei de Proteção e Estímulos à Pesca Nº 221* vom 28.2.1967) besonders hervorzuheben sind. Der *Código Florestal* und das *Lei de Proteção à Fauna* fordern in ihren jeweiligen Artikeln 5 zur Einrichtung von weiteren "Parques e Reservas Biológicas Nacionais, Estaduais e Municipais" auf, mit der Zielsetzung, den Schutz von Flora, Fauna und natürlichen Schönheiten mit der erzieherischen, wissenschaftlichen und rekreativen Nutzung in Einklang zu bringen. Der neu auftretende Gedanke der Umwelterziehung wird in den Artikeln 42 und 43 des *Código Florestal* näher ausgeführt, indem z.B. festgelegt wird, daß spätestens zwei Jahre nach Inkrafttreten des Gesetzes keine Schulbücher mehr zugelassen werden können, die keine Texte zur "Walderziehung" enthalten. Zudem wird eine jährliche "Woche des Waldes" deklariert sowie eine wöchentliche, mindestens 5-minütige obligatorische Berichterstattung zum Thema Wald in allen Radio- und Fernsehsendern gefordert.

Neben den bereits genannten Schutzgebieten werden im *Código Florestal* (ähnlich wie im deutschen BNatSchG §20 c) bestimmte Areale zu "permanenten Schutzzonen" (*preservação permanente*) erklärt (Art. 2), wie z.B. Uferstreifen entlang von Wasserläufen, Seen oder Stauseen, Flächen mit einer Hangneigung von mehr als 45°, Bergkuppen oder Dünen- und Mangrovenvegetation. Bei der landwirtschaftlichen Nutzbarmachung ist zu beachten, daß je nach Region nur 50% (Amazonien) bzw. 20% der Besitzfläche gerodet werden dürfen (Art. 15, 16 und 44), und auch die Wiederaufforstung nach industrieller Nutzung des Waldes wird für die jeweiligen Unternehmen zur Verpflichtung erhoben (Art. 20 und 21). Zugleich listet der *Código Florestal* eine ganze Reihe von Vergehen gegen die o.g. Schutzbestimmungen auf (insbes. Art. 26), die mit Strafen von bis zu einem Jahr Haft zu ahnden sind.

Die Umsetzung der im *Código* von 1965 verankerten Schutzbestimmungen gestaltete sich

24

in der Praxis jedoch aufgrund gesetzesimmanenter Probleme sowie der allgemeinen politischen Zielvorstellungen der brasilianischen Regierung als äußerst schwierig. So enthält der *Código Florestal* neben einigen formaljuristischen Fehlern (CARVALHO 1991, S. 108) auch entscheidende inhaltliche Lücken. Es fehlen etwa wichtige Definitionen, regionale Abgrenzungen und vegetationsspezifische Differenzierungen in den Bestimmungen. Dies hatte zur Folge, daß riesige Gebiete, z.B. als *areas de preservação permanente* (Art. 2 und 3), ad hoc unter Schutz gestellt wurden, ohne daß dies jemals kontrolliert werden könnte. Ausbleibende Sanktionen bei Verstößen - sofern der Schutzstatus auf lokaler Ebene überhaupt bekannt ist - vermindern den Respekt vor den Bestimmungen, verstärken das Mißtrauen in Polizei und Justiz und führen zu weiterem Ignorieren von Gesetzen. Andere Bestimmungen, wie z.B. die Pflicht zur Wiederaufforstung genutzten Waldes (Art. 20 und 21), werden noch nicht einmal von den staatseigenen Betrieben eingehalten, geschweige denn von Privatunternehmen oder -personen (VALVERDE 1989, S. 140; KOHLHEPP 1989, S. 94), zumal sich die Strafmaße in einem "lächerlichen" Rahmen bewegen (DOTTI 1978, zitiert in CARVALHO 1991, S. 109). Auch das Abholzungsverbot eines bestimmten Prozentsatzes des Landbesitzes konnte leicht durch den Verkauf des Restwaldbestandes und die darauffolgende Abholzung durch den Neubesitzer umgangen werden (CARVALHO 1991, S. 110; KOHLHEPP 1991a, S. 2).

Andere Einschränkungen von Schutzbestimmungen waren bereits im *Código* selbst enthalten: Sobald beispielsweise Baumaßnahmen oder andere Projekte von öffentlichem oder "sozialem" Interesse eingeleitet werden sollen, kann der Bund nach Artikel 3 (§1) die partielle oder auch vollständige Abholzung von Waldgebieten der Kategorie *preservação permanente* genehmigen. Zudem können Primärwälder in Wirtschaftswälder - auch in Forstmonokulturen - umgewandelt werden (Art. 19), wofür sogar noch staatliche Kredite in Anspruch genommen werden konnten (KOHLHEPP 1991a, S. 2). Der maßgebliche Grund für die mangelnde Berücksichtigung von Naturschutzinteressen gerade auch in der Zeit nach dem Erlaß des *Código Florestal* ist in den wirtschaftspolitischen Grundsätzen jener Zeit zu sehen. Die wirtschaftliche Entwicklung Brasiliens genoß uneingeschränkte Priorität gegenüber allen ökologischen wie auch sozialen Belangen, so daß die Anwendung der bereits bestehenden Gesetze politisch nicht durchsetzbar war (CALCAGNOTTO 1990; GUIMARÃES 1991; KOHLHEPP 1991a). Trotzdem war Brasilien in der Zwischenzeit bereits der Washingtoner Konvention beigetreten (1948) und hatte bis 1961 12 weitere Nationalparke ausgewiesen. Zusätzlich wurden etliche *Reservas Florestais* geschaffen, eine Schutzgebietskategorie, für die zu jener Zeit allerdings noch keine rechtliche Grundlage bestand (FUNATURA 1989, S. 7).

3.1.2. Der Aufbau eines Schutzgebietssystems

Zur Durchführung der Aufgaben laut *Código Florestal* und dem Gesetz zum Schutz der Fauna wurde 1967 das IBDF (*Instituto Brasileiro de Desenvolvimento Florestal* - Brasilianisches Forstentwicklungsinstitut) als Nachfolginstitut des *Serviço Florestal do Brasil* (Decr. 4421/21) geschaffen, ein dem Landwirtschaftsministerium unterstelltes Organ, das für die erneuerbaren natürlichen Ressourcen sowie für die Verwaltung der Schutzgebiete (zu jener Zeit *Parques Nacionais, Reservas Biológicas* und *Parques de Caça Federais)* zuständig war. Doch war das IBDF - wie der Name des Instituts bereits deutlich macht - auch und vor allem für die Entwicklung und damit die Förderung und Nutzung des Waldbestandes, d.h. für die Forstwirtschaft, verantwortlich.

Sechs Jahre nach Gründung des IBDF und ein Jahr nach der Umweltkonferenz in Stockholm, bei der Brasilien wegen seiner Umweltpolitik heftig kritisiert wurde, schuf die brasilianische Zentralregierung 1973 ein weiteres Verwaltungsorgan, das gleichfalls mit Naturschutzaufgaben betraut wurde: Die *Secretaria Especial do Meio Ambiente* (SEMA), die als Spezialabteilung für Umweltbelange dem Innenministerium angeschlossen war. Somit bestanden fortan zwei staatliche Organe mit ähnlicher Aufgabenstellung, was naturgemäß zu Kompetenzstreitigkeiten und ab 1981 auch zu einem unkoordinierten Nebeneinander zweier Schutzgebietssysteme auf Unionsebene führte. Die zudem bis heute bestehende Möglichkeit, auch auf bundesstaatlicher und kommunaler Ebene gesetzliche Bestimmungen zum Naturschutz bis hin zur Ausweisung neuer Schutzgebiete erlassen zu können, trägt gleichfalls nicht zur Vereinheitlichung und zur Transparenz der Naturschutzpolitik bei. Als positiver Effekt dieser Situation ist allerdings die formale Unterschutzstellung eines großen Landesteiles in Form verschiedenartiger Schutzgebietskategorien zu verzeichnen (vgl. folgender Abschnitt).

Der wichtigste Schritt in bezug auf den Flächenschutz seit der Aufnahme der Nationalparkidee in den 30er Jahren und der Ausweisung zahlreicher Nationalparke ist das 1977 von der SEMA erarbeitete "Programm ökologischer Schutzstationen" (*Programa de Estações Ecológicas;* SEMA 1977), in dessen Rahmen von 1981-88 zahlreiche Stationen mit einer Gesamtfläche von 3,5 Mio. ha dekretiert wurden (Tab. 1 und Abb. 4). Hauptziele dieses Programmes waren der Schutz repräsentativer Ökosystemtypen sowie die Schaffung der Voraussetzungen für vergleichende Studien zwischen den Schutzgebieten und deren benachbarten, anthropogen beeinflußten Zonen. Inzwischen sind Beispielräume aller Hauptvegetationstypen Brasiliens in den *Estações Ecológicas* oder anderen höherrangigen Schutzgebieten präsent, wobei allerdings die Probleme der Wirksamkeit des Schutzes, der Größe des Gebietes und sonstige Störfaktoren im jeweiligen Einzelfall betrachtet werden müssen. Auch sind bestimmte Ökosystemtypen nach SCHENKEL & KANIAK (1992, S. 112) noch deutlich unterrepräsentiert. Dies sind insbesondere verschiedene Formen der Caatinga des Nordostens, aber auch Steppen- und Savannentypen sowie Sümpfe und Araukarienwälder.

Abb. 4: Nationalparke, *Reservas Biológicas* und *Estações Ecológicas* unter nationaler
Verwaltung in Brasilien (Erläuterung vgl. Tab. 1)
Quelle: IBGE 1988 und 1993

27

Tab. 1: Nationalparke, *Reservas Biológicas* und *Estações Ecológicas* unter nationaler Verwaltung in Brasilien

Quelle: IBGE 1988 und 1993

Nr.	Nationalpark	Jahr der Ein-richtung	Fläche (ha)	Bundesstaat
1	Itatiaia	1937	30.000	RJ, MG
2	Iguaçú	1939	170.086	Paraná
3	Serra dos Órgãos	1939	11.460	RJ
4	Araguaia	1959	562.312	Tocantins
5	Aparados da Serra	1959	10.250	RS, SC
6	Ubajara	1959	563	Ceará
7	Emas	1961	131.868	Goiás
8	Chapada dos Veadeiros	1961	65.515	Goiás
9	São Joaquim	1961	49.300	SC
10	Brasília	1961	28.000	DF
11	Caparaó	1961	26.000	ES, MG
12	Monte Pascoal	1961	22.500	Bahia
13	Sete Cidades	1961	6.221	Piauí
14	Tijuca	1961	3.200	RJ
15	Serra da Bocaina	1971	110.000	RJ, SP
16	Serra da Canastra	1972	71.525	MG
17	Tapajós (früher: Amazônia)	1974	1.000.000	AM, PA
18	Pico da Neblina	1979	2.200.000	AM
19	Pacaás Novos	1979	764.801	Rondônia
20	Serra da Capivara	1979	100.000	Piauí
21	Jaú	1980	2.272.000	AM
22	Cabo Orange	1980	619.000	Amapá
23	Lençóes Maranhenses	1981	155.000	Maranhão
24	Pantanal Matogrossense	1981	135.000	Mato Gr.
25	Marinho dos Abrolhos	1983	91.300	Bahia
26	Serra do Cipó	1984	33.800	MG
27	Chapada Diamantina	1985	152.000	Bahia
28	Lagoa do Peixe	1986	34.367	RS
29	Marinho de Fernando de Noronha	1988	11.270	Pernambuco
30	Serra do Divisor	1989	605.000	Acre
31	Monte Roraima	1989	116.000	Roraima
32	Grande Sertão Veredas	1989	84.000	MG
33	Chapada dos Guimarães	1989	33.000	Mato Gr.
34	Superaguí	1989	21.000	Paraná

Nr.	Reserva Biológica Nacional	Fläche (ha)	Bundesstaat
35	Abufari	288.000	Amazônas
36	Ubatumã	560.000	Amazônas
37	Campina (INPA)	900	Amazônas
38	Guaporé	600.000	Rondônia
39	Jaru	268.150	Rondônia
40	Rio Trombetas	385.000	Pará
41	Tapirapé	103.000	Pará
42	Lago Piratuba	357.000	Amapá
43	Gurupi	341.650	Maranhão
44	Pantanal Arenoso	600	Mato Grosso do Sul
45	Atol das Rocas	36.249	Rio Grande do Norte
46	Guaribas	4.322	Paraíba
47	Saltinho	548	Pernambuco
48	Serra Negra	1.100	Pernambuco
49	Pedra Talhada	4.469	Pernambuco/Alagoas
50	Santa Isabel	2.766	Sergipe
51	Una	5.585	Bahia
52	Augusto Ruschi	3.600	Espírito Santo
53	Comboios	833	Espírito Santo
54	Sooretama	24.000	Espírito Santo
55	Córrego do Veado	2.392	Espírito Santo
56	Córrego Grande	1.505	Espírito Santo
57	Poço das Antas	5.000	Rio de Janeiro
58	Tinguá	26.000	Rio de Janeiro
59	Marinha do Arvoredo	17.600	Santa Catarina

Nr.	Estação Ecológica Nacional	Fläche (ha)	Bundesstaat
60	Juami-Japurá	572.650	Amazônas
61	Anavilhanas	350.018	Amazônas
62	Maracá	101.312	Roraima
63	Niquiá	286.600	Roraima
64	Caracaraí	80.560	Roraima
65	Maracá-Jipioca	72.000	Amapá
66	Jari	227.126	Pará
67	Rio Acre	77.500	Acre
68	Cuniã	104.000	Rondônia
69	Iquê	200.000	Mato Grosso
70	Serra das Araras	28.700	Mato Grosso
71	Taiamã	11.200	Mato Grosso
72	Uruçuí-Una	135.000	Piauí
73	Aiuaba	11.525	Ceará
74	Seridó	1.166	Rio Grande do Norte
75	Itabaiana	289	Sergipe
76	Cocô-Javaés	37.000	Tocantins
77	Pirapitinga	1.090	Minas Gerais
78	Piraí	4.000	Rio de Janeiro
79	Tamoios	70	Rio de Janeiro
80	Tupinambás	28	São Paulo
81	Tupiniquins	43	São Paulo
82	Guaraqueçaba	13.638	Paraná
83	Carijós	11.296	Santa Catarina
84	Aracuri-Esmeralda	272	Rio Grande do Sul
85	Taim	33.815	Rio Grande do Sul

Parallel zum Programm der Schutzstationen rief die SEMA die Kategorie der *Áreas de Proteção Ambiental* (APA) ins Leben, die einen erheblich niedrigeren Schutzstatus genießen und in etwa dem deutschen Landschaftsschutzgebiet entsprechen (vgl. Tab. 2). 1981 wurde in ganz Brasilien eine Fläche von 1,2 Mio. ha als APA (unter nationaler Verwaltung) ausgewiesen (SEMA 1987, FUNATURA 1989, S. 8).

Neben diesen beiden Programmen der SEMA erlangte der *Plano do Sistema de Unidades de Conservação do Brasil* des IBDF/FBCN (1979) und insbesondere die 1982 nachgeschobene "zweite Etappe" (IBDF & FBCN 1982) entscheidende Bedeutung für die Weiterentwicklung des Schutzgebietssystems. Mit diesem Plan wurden erstmalig, auch in Anlehnung an internationale Vorgaben (MacKINNON et al. 1986), wissenschaftliche Kriterien für die Auswahl der Nationalparke und Biologischen Reservate angewandt (FUNATURA 1989, S. 9). Hauptziele des Planes waren (SILVA & FORNASARI FILHO 1992, S. 6):
- der Erhalt repräsentativer Teile brasilianischer Ökosysteme sowie der biologischen Vielfalt,
- der Schutz seltener und bedrohter Arten und von Biotopen, geologischen oder geomorphologischen Formationen sowie Landschaften von herausragender Schönheit,
- die Sicherung der Wasserressourcen und Kontrolle der Bodenerosion,
- die Bewahrung der genetischen Ressourcen,
- der Erhalt kultureller, historischer und archäologischer Werte,
- die Unterstützung von Forschung und Umweltbildung und die Förderung von Freizeitmöglichkeiten,
- die Initiierung einer integrativen Regionalentwicklung und Förderung einer umweltverträglichen Ressourcennutzung
- sowie die vorsorgliche Sicherung größerer Gebiete bis zur endgültigen Funktionsbestimmung.

Die Klassifizierung in Tab. 2 stellt einen Versuch dar, die wichtigsten brasilianischen Schutzgebietstypen den vom IUCN anerkannten internationalen Kategorien zuzuordnen. Die Entsprechung ist nicht immer eindeutig, zumal z.T. die Funktionen einzelner Schutzgebietsklassen in Brasilien noch nicht gesetzlich definiert sind. Die ausführliche Erläuterung der verschiedenen Klassen erfolgt am Beispiel der im Bundesstaat São Paulo vorkommenden Kategorien in Kap. 3.2.1. In den folgenden Jahren entstanden auf der Grundlage dieses Planes eine Vielzahl von *Parques Nacionais* und *Reservas Biológicas*, wobei letztere eine ähnliche Funktion wie die von der SEMA betreuten *Estações Ecológicas* innehaben (Tab. 2). Bis zur Auflösung des IBDF im Jahre 1988 wurden 8,8 Mio. ha als Nationalpark und 2,36 Mio. ha als Biologisches Reservat ausgewiesen. Hinzu kamen 3,6 Mio. ha unter bundesstaatlicher Verwaltung stehende Schutzgebiete unterschiedlicher Kategorien, deren tatsächlicher Schutz allerdings nicht nachprüfbar ist (FUNATURA 1989, S. 10).

Tab. 2: Klassifikation wichtiger brasilianischer Schutzgebiete

Bezeichnung	ungefähre Entsprechung nach IUCN-Kriterien	Schutzgrad	Hauptfunktionen /-ziele[2]	anthropogene Nutzungsmöglichkeiten
Reserva Biológica / Estação Ecológica[1]	Strict Nature Reserve / Scientific Reserve (I)	integraler Schutz	Schutz und Forschung	eingeschränkt Umwelterziehung
Parque Nacional	National Park (II)		Schutz, Forschung, Umweltbildung, Freizeit	kontrollierter Besuch
Monumento Natural	Natural Monument (III)		Schutz abiotischer Elemente oder auch größerer Gebiete, Forschung, Umweltbildung, Freizeit	kontrollierter Besuch
Refúgio de Vida Silvestre	Wildlife Sanctuary / Nature Conservation Reserve (IV)		Schutz des Ökosystems oder einzelner Arten	Zugang nur in Ausnahmefällen
Reserva de Recursos Naturais	Resource Reserve (VI)	vorläufiger integraler Schutz	vorsorglicher Schutz bis zur endgültigen Klassifizierung	Nutzung durch traditionelle Bevölkerung möglich
Area de Proteção Ambiental	Protected Landscape (V)		Einschränkung der Nutzung zum Schutz der natürlichen Elemente, der kulturellen Güter und der Landschaft insgesamt, Förderung umweltschonender Regionalentwicklung	verschiedenartige Nutzungen, z.T. eingeschränkt
Reserva de Fauna / Floresta Nacional	Multiple Use Management Area (VIII)	partieller Schutz	Nachhaltige Nutzung bestimmter Tierarten bzw. des Waldes, Forschung, Förderung umweltschonender Regionalentwicklung	geregelte Nutzung der natürlichen Ressourcen, Umweltbildung, Freizeit
Reserva Extrativista	Anthropic Reserve (VII)		Schutz der Natur und Nutzungsmöglichkeit für Jäger und Sammler	Nutzung bestimmter Tier- und Pflanzenarten

[1] Der wesentliche Unterschied besteht darin, daß in der EE im Gegensatz zur RB 10% der Fläche für Forschungszwecke genutzt und beeinflußt werden kann
[2] Die Ziele und Funktionen sind nicht in jedem Fall gesetzlich geregelt

Quelle: MacKINNON et al. 1986, FUNATURA 1989, SILVA & FORNASARI FILHO 1992

31

Trotz der genannten Erfolge in der (formalen) Ausweisung von Naturschutzgebieten erlangte die SEMA nie wirklichen umweltpolitischen Einfluß auf Regierungsebene. Sie blieb immer eine zweitrangige, einem Ministerium untergeordnete Behörde mit vorwiegend naturwissenschaftlich ausgerichteten Mitarbeitern, so daß Umweltbelange nach GUIMARÃES (1991, S. 162) von der Regierung regelrecht "entpolitisiert" werden konnten. Zudem wurden alle - nicht nur ökologische - Fragen spätestens ab 1963 durch das Sieb der "internationalen Sicherheitsinteressen" gefiltert (op.cit. S. 163), so daß hierin, neben den vorrangigen Wirtschaftsinteressen, ein weiteres Mittel zur Marginalisierung der Umweltpolitik bestand. Im übrigen lag die Hauptaufgabe der SEMA nach eigener Darstellung gar nicht im Schutz der Natur bzw. der natürlichen Ressourcen, sondern vielmehr in der Kontrolle der Umweltverschmutzung, also einem Bereich, in dem diese Behörde nicht einmal die Verfügungsgewalt besaß, denn zum Schließen von verschmutzenden Industriebetrieben war sie nicht ermächtigt (KOHLHEPP 1991a, S. 3). 1986 resignierte der angesehene Umweltschützer und langjährige Leiter der SEMA Paulo Nogeira Neto, zwei Jahre später gab auch sein Nachfolger, Roberto Messias Franco, wegen des Fehlens des "politischen Willens der Regierung zur Umweltpolitik" sein Amt auf (GUIMARÃES 1991, S. 200). Insgesamt ist die Gründung der SEMA eher als eine Reaktion der brasilianischen Regierung auf internationale Kritik an ihrer Umweltpolitik zu sehen, denn als eine echte politische Entscheidung zugunsten der Umwelt, und so kommt GUIMARÃES zu dem Schluß, daß Brasilien nie über eine wirkliche Umweltpolitik verfügte. Trotzdem gilt wohl der brasilianische Spruch "mit der SEMA läuft es schlecht, doch noch schlechter liefe es ohne sie" (GUIMARÃES 1991, S. 163).

3.1.3. Neuere Entwicklungen und Probleme der Umwelt- und Naturschutzpolitik

In den 80er Jahren erfolgten dennoch einige maßgebliche Entscheidungen in Richtung einer fortschrittlichen Umweltpolitik, wie aus der Übersicht (Tab. 3) deutlich wird. Mit der Neuformulierung und gesetzlichen Absicherung der "Nationalen Umweltpolitik" wird 1983 als höchstes Organ des Nationalen Umweltsystems SISNAMA (*Sistema Nacional do Meio Ambiente*) der Nationale Umweltrat CONAMA (*Conselho Nacional do Meio Ambiente*) eingerichtet, der in der folgenden Zeit wichtige Entscheidungen zugunsten des Natur- und Umweltschutzes trifft. So werden beispielsweise die Funktionen von *Estações Ecológicas* und *Áreas de Proteção Ambiental* definiert und vor allem auch die Einführung von Umweltverträglichkeitsprüfungen (EIA - *Estudo de Impacto Ambiental* - und RIMA - *Relatório de Impacto Ambiental*) beschlossen. EIA und die Kurzfassung RIMA werden somit für alle größeren Projekte, wie z.B. den Bau von Straßen mit zwei und mehr Spuren, für Eisenbahnlinien, Häfen und Flughäfen, Mülldeponien oder größere landwirtschaftliche oder industrielle Projekte vorgeschrieben (CONAMA 1992, JUCHEM 1992, S. 184). Inzwischen sind Anleitungen zur Durchführung von EIAs beispielsweise vom Forschungs- und Technologieinstitut IPT (São Paulo) ausgearbeitet und Umweltver-

Tab. 3:   Übersicht zu den bedeutsamsten naturschutzrelevanten Ereignissen und Bestimmungen in Brasilien

1879	erstmals Idee der Einrichtung eines Nationalparks (André Rebouças)
1896	Gründung des Parque Estadual da Cidade, São Paulo (D 335 10/2/1896)
1907	erstmals konkrete Begründung der Schutzbedürftigkeit Amazoniens in einem Gesetzestext
1934/37	Aufnahme des Schutzes von *patrimônio histórico e natural* in die Verfassung und Erläuterung in einem Gesetz (DL 25/379)
1934	*Código Florestal* (D 23.793/34), *Código da Pesca, Código da Caça, Código de Águas* (D 24.643/34)
1937	Gründung des Parque Nacional de Itatiaia
1948	Unterzeichnung der Washingtoner Konvention
1965	*Novo Código Florestal* (L 4.771)
	Schaffung verschiedener Schutzgebietskategorien (z.B.: *Parque Estadual, Reserva Florestal*)
1967	*Lei de Proteção à Fauna, Lei de Proteção e Estímulos à Pesca*
	Gründung des Forstentwicklungsinstituts IBDF (*Instituto de Desenvolvimento Florestal*)
	Gründung des Nationalen Rates zur Kontrolle der Umweltverschmutzung (*Conselho Nacional de Controle da Poluição* (DL 303/67)
1973	Einrichtung eines Umweltbundesamtes SEMA
1977	Programm zur Einrichtung von *Estações Ecológicas* (Ausweisung der Gebiete ab 1981)
1979/82	Programm für ein Schutzgebietssystem (*Plano de Unidades de Conservação do Brasil*)
1981/83	Einrichtung von *Estações Ecológicas* und *Áreas de Proteção Ambiental* (L 6.902/81 und D 88.51/83)
1981/83	Nationale Umweltpolitik wird gesetzlich geregelt (L 6.938/81) (tritt mit dem D88.851/83 in Kraft)
	Einrichtung von SISNAMA und CONAMA
1985	Definition von *Reservas Ecológicas* (RC 004/85; vgl. L 4.771/67 und L 6.938/81)
1986	Einführung von Umweltverträglichkeitsprüfungen (RIMA und EIA) für alle Projekte, die mit Eingriffen in den Naturhaushalt verbunden sind (RC 001/86)
1987	Regelung von Ausgleichsmaßnahmen für Umweltschäden bei Großprojekten (RC 010/87)
1988	Aufnahme des Umweltschutzes in die neue Verfassung (Art. 225)
	Schaffung der gesetzlichen Grundlage für einen Nationalen Küstenmanagementplan (*Plano Nacional de Gerenciamento Costeiro* - L 7.661/88)
	Regelung der Zonierung von APAs (RC 010/88)
1990	Genehmigungspflicht für Nutzungen im 10-km-Gürtel um Schutzgebiete herum (RC 013/90)

D = Decreto, DL = Decreto-Lei, L = Lei, RC = Resolução CONAMA

Quelle: Zusammenstellung nach CARVALHO 1991, CONAMA 1992, FELDMANN 1992, KOHLHEPP 1991a, MACHADO 1990 und MACHADO 1992

träglichkeitsprüfungen durchgeführt worden (BITAR u.a. 1990). Allerdings wird die gesetzliche Pflicht zur Durchführung der Prüfungen bei Großprojekten selbst von Spitzenpolitikern wie dem Bürgermeister von São Paulo, Paulo Maluf, noch nicht ernst genommen (SOUZA 1993). Die Öffentlichkeit ist jedoch zumindest in den städtischen Zentren mittlerweile sehr aufmerksam gegenüber solchen Gesetzesmißachtungen geworden, und die Presse greift derartige Themen immer öfter auf, wie z.b. auch in diesem erwähnten Fall eines großflächigen Infrastrukturprojektes in São Paulo, das ohne Umweltverträglichkeitsprüfung im Schnellverfahren realisiert werden sollte (Folha de São Paulo, 8.3.1993).

Die neue Verfassung von 1988 und die Neuordnung der brasilianischen Umweltpolitik unter Collor ab 1990 führte zunächst zu einigen wesentlichen formalen Verbesserungen im Umweltbereich. So wurde zunächst der Umweltschutz in Art. 225 der Verfassung als eines der sozialen Grundrechte verankert. Auch wenn viele Vorschläge des Vorentwurfs zur Verfassung ("anteprojeto constitucional", 1986) sowie der von der Vorbereitungskommission 1987 vorgelegten Fassung letztendlich in der verfassunggebenden Versammlung gekippt oder entschärft wurden, wie z.B. Regelungen zum Vorrang des Umweltschutzes vor dem Privateigentum oder Abschnitte aus dem Bereich des Umweltstrafrechts, so ist mit der neuen Verfassung dennoch ein wichtiger Beitrag zum Schutz der Umwelt geleistet worden (vgl. u.a. BOTHE 1990, S. 114 und FELDMANN 1992). Die UN betrachtet die Verfassung sogar als eine der fortschrittlichsten der Welt in bezug auf den Umweltschutz (GUIMARÃES 1991, S. 200). BOTHE (1990, S. 106-107) übersetzt einige wichtige Passagen des Art. 225, die im folgenden wiedergegeben seien:

> "Alle haben ein Recht auf eine ökologisch ausgeglichene Umwelt, ein Gut, das dem Volke zum Gemeinbrauch zusteht und wesentlich für gesunde Lebensqualität ist. Die öffentliche Gewalt und die Allgemeinheit sind verpflichtet, es zu schützen und zu erhalten für gegenwärtige und zukünftige Generationen.
>
> § 1 Um die Wirksamkeit dieses Rechts zu sichern, obliegt es der öffentlichen Gewalt:
>
> I.   wesentliche ökologische Prozesse zu erhalten und wiederherzustellen und für den ökologischen Umgang mit Arten und Ökosystemen zu sorgen;
>
> [...]
>
> IV.   nach Maßgabe des Gesetzes für die Errichtung von Werken und Aktivitäten, die eine erhebliche Verschlechterung der Umwelt hervorrufen können, eine vorgängige Prüfung der Umweltbelange mit Öffentlichkeitsbeteiligung vorzuschreiben;
>
> [...]
>
> VI.   die Umwelterziehung auf allen Schulstufen und die Bildung eines öffentlichen Bewußtseins für die Erhaltung der Umwelt zu fördern;

VII. Fauna und Flora zu schützen, wobei nach Maßgabe des Gesetzes alle Praktiken verboten sind, die ihre ökologische Funktion gefährden, die Vernichtung von Arten herbeiführen oder Tiere grausamer Behandlung aussetzen.

[...]

§ 4 Der brasilianische Urwald im Amazonas, die Mata Atlântica, die Serra do Mar, der Pantanal im Mato Grosso und die Küstenzone (Zona Costeira) stellen ein nationales Erbe dar. Ihre Nutzung geschieht nach Maßgabe des Gesetzes unter Bedingungen, die die Erhaltung der Umwelt sicherstellen, auch bei Ausbeutung von Naturschätzen."

Diese hochgesteckten Vorgaben zu erfüllen, obliegt dem Gesetzgeber. Die Schwierigkeiten bei der Umsetzung des Verfassungstextes beginnen jedoch bereits damit, daß die im letzten der zitierten Paragraphen aufgeführten Großregionen bislang nicht genauer definiert und räumlich abgegrenzt sind. Noch größere Probleme entstehen dann allerdings, wenn die Verfassungsvorgaben in Gesetzen oder Verordnungen konkretisiert werden, die nicht nur undurchführbare Bestimmungen enthalten, sondern die zudem auch noch anderen Paragraphen der Verfassung widersprechen, somit also selbst verfassungswidrig sind. Dies ist offensichtlich der Fall bei dem *Decreto CONAMA* 99.547/90, in der das Abholzen und jegliche anderweitige Nutzung der Mata Atlântica ohne Ausnahme verboten werden. Dieses faktische "Einfrieren" der Mata Atlântica entlang fast der gesamten Küste Brasiliens steht im Widerspruch zu dem Recht auf Eigentum, insbesondere, da keinerlei Entschädigung für die ausgefallene Nutzung des Eigentums vorgesehen ist (ROSA 1991). Von dieser *resolução* betroffen sind vor allem diejenigen Bevölkerungskreise, die Teile des Küstenregenwaldes - traditionell oder nicht - landwirtschaftlich nutzen und auf diese Einkünfte zur Existenzsicherung angewiesen sind. ROSA (1991, S. 40) zitiert als Beispiel Subsistenzlandwirte aus den Staaten Rio de Janeiro und Espírito Santo, die durch die Bestimmung in ihrer Existenz gefährdet sind. Selbst das IBAMA (s.u.) als Überwachungsbehörde für die Einhaltung der Resolutionen des CONAMA habe die Nichtdurchführbarkeit dieser *resolução* de facto anerkannt, da sie im Staate Paraná die Abholzung von Mata Atlântica-Beständen genehmigt habe.

Auf diese grundlegende und schwerwiegende Problematik der Umsetzung von Schutzbestimmungen in besiedelten Gebieten sowie auf die psychologische Wirkung derartiger nicht praktikabler Regelungen wird am Beispiel des Schutzgebietes Estação Ecológica de Juréia-Itatins (Kap. 5) zurückzukommen sein.

1989 erfolgte abermals eine Umstrukturierung der Umwelt- und Naturschutzverwaltung, indem SEMA, IBDF, SUDEPE (Fischereibehörde) und SUDHEVEA (Kautschukbehörde) zu dem neuen Institut für Umwelt und erneuerbare Ressourcen IBAMA (*Instituto Brasilei-*

ro do Meio Ambiente e dos Recursos Naturais Renováveis) zusammengefaßt wurden. Ein Jahr später wurde unter Präsident Collor de Mello dieser Behörde noch ein eigenes Umweltsekretariat SEMAM (*Secretaria do Meio Ambiente*) übergeordnet, das selbst wiederum direkt dem Präsidenten unterstellt war. Dem IBAMA kommen somit die Aufgaben der Koordinierung und der Ausführung der nationalen umweltpolitischen Maßnahmen sowie die Unterhaltung und Überwachung aller nationalen Schutzgebiete zu.

Noch 1989 rief Präsident Sarney unter beträchtlichem propagandistischen Aufwand ein Umweltprogramm "Nossa Natureza" ins Leben, in das neben den in der Verfassung festgeschriebenen Schutzzielen u.a. auch die Bereiche Umweltbildung/Umweltbewußtsein und die Zonierung Brasiliens nach ökologischen Gesichtspunkten wie auch unter der Zielsetzung der Nutzbarmachung der natürlichen Ressourcen eingearbeitet wurden. Allerdings fehlte Sarney nach KOHLHEPP (1991a, S. 7) für die Implementierung des Maßnahmenkataloges von "Nossa Natureza" außer den finanziellen Ressourcen wiederum auch der politische Wille, was sich u.a. in der Ausschlagung von externen Mitteln für den Schutz des Regenwaldes ausdrückte. Die Rolle des Militärs, das die Gefahr der Internationalisierung Amazoniens als nationale Bedrohung heraufbeschwor und noch heute an die Wand malt, darf bei der Nicht-Umsetzung von umweltpolitischen Maßnahmen ebenfalls nicht unterschätzt werden (Folha de São Paulo, 23.7.1991; KOHLHEPP 1991a, S. 6).

Der als Nachfolger von Sarney gewählte Präsident Collor nahm in seinen beiden ersten Amtsjahren einige Veränderungen in der Umweltpolitik vor. Als das bedeutsamste politische Zeichen ist zweifelsohne die Berufung des Ökologen und bis dahin schärfsten Kritikers der brasilianischen Umweltpolitik, José Lutzenberger, als Staatssekretär für das SEMAM anzusehen (vgl. LUTZENBERGER & SCHWARTZKOPFF 1988; Folha de São Paulo, 18.3.1990). Für den Naturschutz interessante Ankündigungen Collors stellen insbesondere die Prämisse dar, daß wirtschaftliche Entwicklung in Zukunft nicht mehr losgelöst vom Umweltschutz gesehen werden darf, sowie die Zielvorgaben der Stärkung der Umweltorgane auf Landes- und Munizipebene und die Einbeziehung und Einbindung von nichtstaatlichen Organisationen in die Umweltarbeit (vgl. dazu ausführlich KOHLHEPP 1991a, S. 8ff). Auch das *zoneamento agro-ecológico*, insbesondere das der Amazonasregion, stand wieder auf dem Programm. Ergebnisse dieser Ankündigungen und der Zonierung wären planmäßig ab 1994 zu erwarten gewesen. Angesichts der extrem schwierigen wirtschaftlichen Situation Brasiliens sah KOHLHEPP bereits 1991 keine Realisierungschancen für die angestrebten Maßnahmen Collors mehr. Die Skepsis gegenüber den Durchsetzungsmöglichkeiten von tragfähigen Schutz- und Nutzungskonzepten wächst angesichts der verbalen Attacken von Militärstrategen im Verbund mit amazonischen Regionalpolitikern gegen umweltpolitische Maßnahmen von seiten der SEMAM und IBAMA (Folha de São Paulo, 25.7.1991; KOHLHEPP 1992, S. 61).

36

Tab. 4: Flächenanteile wichtiger Schutzgebiete in Brasilien 1992

Verwaltung	Status	Zahl	Fläche (ha)[1]	Anteil an Staatsfläche (in %)
national	Parque Nacional (PN)	34	9.733.480	1,15
	Reserva Biológica (RB)	25	3.040.269	0,36
	Estação Ecológica (EE)	26	2.360.898	0,28
	Reserva Ecológica (RE)	7	558.866	0,07
	Floresta Nacional (FN)	9	12.377.976	1,46
	Reserva Extrativista(REx)	9	2.204.755	0,26
Summe		110	30.276.244	3,58
bundes-staatlich	Parque Estadual (PE)	56	878.246	0,10
	Reserva Biológica (RBE)	36	120.768	0,01
	Floresta Estadual (FE)	30	149.208	0,02
	Reserva Ecológica (REE)	45	9.457	-
	Estação Ecológica (EEE)[2]	?	?	?
Summe		167	1.157.679	0,14
Summe der Kategorien mit dem höchsten Schutzstatus (PN, PE, RB, EE, RE, RBE, REE)		229	16.851.192	1,98
Summe einschließlich FN, FE und REx		277	31.583.131	3,72

1) insgesamt 6 Schutzgebiete ohne Flächenangabe
2) keine Angabe. Im Bundesstaat São Paulo ca. 0,01% der Staatsfläche

Quelle: IBGE 1988 und 1993

Trotz dieser vielfältigen Schwierigkeiten gelang es, bis 1989 insgesamt über 14,3 Mio. ha in Form von Nationalparks, *Reservas Biológicas* und *Estações Ecológicas* in ganz Brasilien unter Schutz zu stellen. Hinzu kommen noch 2,7 Mio. ha an *Reservas Ecológicas*, *Florestas Nacionais* und APAs sowie 3,6 Mio. ha unter der Verwaltung der brasilianischen Bundesländer stehende Schutzgebiete (Tab. 4 und Abb. 4). Dies entspricht insgesamt ca. 2,4% der Gesamtfläche Brasiliens. Zu berücksichtigen ist allerdings, daß der Großteil dieser Gebiete noch über keinerlei Infrastruktur verfügt und daß nur bei 42% der

Schutzfläche die Frage des Grundbesitzes geklärt ist (FUNATURA 1989, S. 12). Im Falle des ersten brasilianischen Nationalparks Itatiaia besteht dieses Problem z.B. noch für 60% des Gebietes, da nach wie vor Mittel zum Ankauf dieser Flächen fehlen (FELDMANN 1992, S. 149). Zudem kann die Mehrzahl der Gebiete aufgrund der hoffnungslos schlechten personellen und überwachungstechnischen Ausstattung des IBAMA (vormals des IBDF und der SEMA) nur völlig unzureichend betreut werden. So standen 1988 für sämtliche nationalen Schutzgebiete nur 772 Angestellte zur Verfügung, im Mittel also eine Person für 23.000 ha, was bedeutet, daß in der Realität etliche Gebiete nur auf dem Papier bestehen. Dies betrifft insbesondere die Parke und Reservate des Amazonasgebietes. Der Bundesstaat Amazonas verfügte z.B. bei mehr als vierfacher Fläche der alten Bundesrepublik nur über 19 ausgebildete Forstbeamte, wovon allein 10 in der Hauptstadt Manaus Dienst taten (SCHIPULLE 1989, S. 27). Der Direktor der Abteilung "Ecossistemas" des IBAMA, Celso Schenkel, beklagt in einem Interview (Jornal do Brasil, 29.7.90) die gleichen Defizite, nämlich die fehlende Regulierung der Besitzverhältnisse und die mangelhafte personelle Ausstattung der Behörde. So stünden z.B. für die 97 nationalen Schutzgebiete nur 55 Angestellte mit einem höheren Abschluß ("nível superior") zur Verfügung. Ähnliche Kritik findet sich in SCHENKEL & KANIAK (1992, S. 113).

Ein weiteres Problem besteht darin, daß laut FUNATURA (1989, S. 12f) zum gleichen Zeitpunkt 54% der Nationalparke, 67% der *Reservas Biológicas* und keine der *Estações Ecológicas* einen Managementplan besaßen. Die vorhandenen waren jedoch meist ohne fundierte Datengrundlage erstellt worden oder sind inzwischen völlig veraltet. Dabei ist angesichts der Vielzahl der Schutzgebiete, die in mehr oder weniger großen Teilbereichen besiedelt sind, die Aufstellung eines Managementplanes besonders notwendig, um frühzeitig potentielle Probleme mit den Bewohnern zu diskutieren und zu entschärfen und um Managementlösungen zu finden, die einen Dauerkonflikt mit der lokalen Bevölkerung vermeiden helfen. Es sind also vor allem Schutzkonzepte gefragt, die auch die Interessen der derzeitigen Nutzer des Gebietes berücksichtigen. Im Rahmen des Managementplanes sind dies die Belange der Schutzgebietsbewohner sowie möglichst auch die der Bevölkerung der umliegenden Munizipien, zumindest aber der Bevölkerung in der *buffer zone* (Mac-KINNON et al. 1986, S. 90ff). Die Regionalplanung hätte dann idealerweise die Einbindung des Schutzgebietes samt *buffer zone* in die Entwicklungsplanung der Region zur Aufgabe.

In Amazonien als dem Gebiet, das bislang als Schwerpunkt der Beschäftigung mit dem Naturschutz in Brasilien gilt, ist die Praxis von diesem Zustand weit entfernt. Die dortigen - von der Zentralregierung - ausgewiesenen Schutzgebiete sind in der Regel nicht nur nicht in die Region eingebunden, sie stoßen vielmehr häufig sogar auf Ablehnung nicht nur bei der lokalen Bevölkerung, sondern auch bei der Regierung des Bundesstaates, wie im Falle des Staates Amazonas (KOHLHEPP 1992, S. 61). Auch das Konzept des *zoneamento ecológico-econômico* stößt vor Ort auf Widerstand, was wesentlich darauf zurückzuführen ist, daß riesige Gebiete - als Zielvorstellung das gesamte Amazonasgebiet - in Zonen von starker bis geringer Nutzungsintensität untergliedert werden, ohne daß die lokalen Behörden, geschweige denn die Bewohner, in irgendeiner Form an diesem Raumordnungsprozeß beteiligt werden (LEITE 1991; NITSCH 1993b und 1994). Fraglich ist vor allem auch, ob es überhaupt sinnvoll ist, derart große Flächen zentral zu verplanen, oder ob es nicht erfolgversprechender ist, auf kleinräumiger Ebene Flächennutzungsplanung zu betreiben und die Naturschutzplanung wegen der per se weniger am Schutz großer Flächen interessierten lokalen oder regionalen Entscheidungsträger besser den nationalen Behörden zu überlassen (vgl. NITSCH 1994a). Ob sich im Bundesstaat São Paulo, der in vielerlei Hinsicht für Brasilien eine Vorreiterrolle übernimmt, bereits Ansätze einer umweltverträglichen und vor allem einer praxisnahen, durchsetzbaren Raumplanung finden lassen, wird sich anhand der Fallstudien zeigen.

3.2. Naturschutz im Bundesstaat São Paulo

3.2.1. Das Schutzgebietssystem: Entwicklung, Kategorien und Schwerpunkte

Im Bundesstaat São Paulo ist die Natur bereits seit über 100 Jahren in besonderem Maße durch die wirtschaftliche Entwicklung bedroht: zunächst durch den Kaffeeanbau und die allgemeine Erschließung des ländlichen Raumes, dann durch die Expansion des Zuckerrohrs und der Sojapflanzungen sowie die außergewöhnlich starke und rasche Urbanisierung und Metropolisierung seit den 60er Jahren. Die Ausweitung der Industrie- und Verkehrsflächen trug gleichfalls zur Vernichtung der natürlichen Vegetation bis auf einige wenige Restbestände bei (vgl. Kap. 1.2).

Auf der anderen Seite setzte auch die Beschäftigung mit den natürlichen Ressourcen und deren Schutz in diesem Bundesstaat bereits sehr früh ein: 1886 wurde an der Stadtgrenze São Paulos das *Instituto Florestal* gegründet, das sich im Laufe seines Bestehens weit über den Bundesstaat hinaus einen guten Ruf als forstwissenschaftliche Einrichtung erworben hat. Neben der Forschungstätigkeit in diesem Bereich war es von Beginn an zuständig für den Naturschutz, einschließlich der Verwaltung der Schutzgebiete. 1896 wurde der erste *Parque Estadual* ausgewiesen, der heute unter der Bezeichnung Parque Estadual da Serra da Cantareira das weitere Vordringen der urbanen Fläche São Paulos in die nördlich angrenzende Gebirgskette gleichen Namens verhindert. Von 1939 bis 1952 folgten zwei weitere Parke sowie zwei *Reservas Florestais* (Forstreservate) und zwei *Reservas Biológicas*. Waren diese ersten Reservate auch zunächst noch sehr klein oder dienten sie vornehmlich dem Erhalt von Wirtschaftswäldern, so hatte die Regierung doch bereits klar den Nationalparkgedanken - hier in Form der bundesstaatlichen Parke (*Parques Estaduais*) - aufgegriffen und ein erstes Zeichen für den ernsthaften Aufbau eines Schutzgebietssystems mit abgestuften Schutzkategorien gesetzt. Gleichfalls wurde hiermit deutlich, daß der Bundesstaat parallel zu den von der brasilianischen Zentralregierung Ende der 30er Jahre ins Leben gerufenen Nationalparken eine eigenständige Naturschutzpolitik betreiben würde.

Schon um die Jahrhundertwende wurden im übrigen in São Paulo erste Stimmen von Naturschützern laut, die den Erhalt der Primärwälder, unter anderem aus Erosionsschutzgründen, forderten. 1902 setzte sich der erste Direktor des Botanischen Gartens, Alberto Lofgren, für die gesetzliche Verpflichtung zur Wiederaufforstung ein, und 0zwar vorzugsweise mit Mischwald - und nicht mit den zu damaliger Zeit aufkommenden Eukalyptuspflanzungen. Ihm folgten andere Paulistaner Persönlichkeiten, wie z.B. der Direktor des *Instituto Botânico*, der bereits 1927 davor warnte, dem Beispiel anderer Länder zu folgen, die, nachdem der natürliche Wald abgeholzt sei, nun bestrebt wären, die ursprünglichen Bedingungen wiederherzustellen, ohne allerdings jemals Erfolg zu haben (zitiert nach DEAN 1985, S. 57ff).

Als wichtiger Schritt für den Fortgang des Naturschutzes ist das *Lei Estadual* 6.884 von 1962 anzusehen, das die Einrichtung von *Reservas Florestais* und vor allem auch von *Parques Estaduais* regelt. In den nachfolgenden 15 Jahren richtete das *Instituto Florestal* zahlreiche *Parques Estaduais* (PEs) ein, darunter die beiden größten Schutzgebiete des Bundesstaates, den PE Jacupiranga mit 150.000 ha (1969) und den PE Serra do Mar mit 310.000 ha (1977). Die Schutzziele eines *Parque Estadual* gestalten sich dabei analog zu denen eines *Parque National*, und auch die im nachfolgenden Zeitraum von der Regierung in São Paulo ausgewiesenen Gebiete, wie *Estações Ecológicas*, APAs und *Reservas Biológicas* orientieren sich an den von der Union erlassenen Gesetzen und Bestimmungen (s.u.).

Waren bis 1970 noch landschaftliche Schönheit und andere Einzelmotive der Hauptgrund für die Unterschutzstellung kleinerer Gebiete, so änderte sich dies im Laufe der 70er Jahre mit dem "Konzept" der Verbindung dieser kleineren Flächen zu einem größeren Verbund. Speziell der PE Serra do Mar, der allein 14 Schutzgebiete in seine Ausdehnung mit einschließt, ist ein gutes Beispiel hierfür. In den 80er Jahren kamen weitere ökologische Aspekte, z.B. der notwendige Schutz bestimmter Arten (SMA - Equipe Litoral Sul 1989a; SMA 1989a), hinzu, die die Ausweisung von Schutzgebieten förderten. Die aufkommende Umweltbewegung, deren Einfluß am Beispiel der Estação Ecológica de Juréia-Itatins in Kap. 5 näher untersucht wird, unterstützte über den politischen Druck, den sie ausüben konnte, ebenfalls die Weiterentwicklung des Schutzgedankens in São Paulo.

Die wichtigsten im Bundesstaat São Paulo vorkommenden Schutzgebietstypen werden im folgenden kurz charakterisiert (vgl. auch Tab. 2). Nähere Angaben zu den ausgewiesenen Gebieten sind in Tab. 5 zusammengestellt, und die räumliche Verteilung ist der Abb. 5

zu entnehmen. Die Angaben beruhen auf den im Text zitierten Gesetzen, Dekreten und Quellen sowie allgemein auf SILVA & FORNASARI FILHO (1992) sowie SMA (1989a und 1992c).

Parques Estaduais (PEs) sowie ein *Parque Nacional* (PN) bilden in São Paulo die bedeutendste Kategorie für den Flächenschutz. Sie wurden nicht nur bereits sehr frühzeitig eingerichtet, sondern stellen mit annähernd 640.000 ha auch den weitaus größten Teil der strenger geschützten Gebiete. Zudem weisen die einzelnen PEs meist eine relativ große Fläche auf, was für den Schutz von Ökosystemtypen wie auch für einzelne Arten (z.B. größere Säugetiere) von prinzipieller Bedeutung ist. PEs dienen wie PNs vornehmlich dem Schutz der natürlichen Ökosysteme und in zweiter Linie auch wissenschaftlichen, umwelterzieherischen und freizeitrelevanten Zwecken. Die drei letztgenannten dürfen dabei jedoch nur maximal 1% der Gesamtfläche in Anspruch nehmen. Jegliche Nutzung der natürlichen Ressourcen - biotischer wie abiotischer - ist verboten, es sei denn für die wissenschaftliche Forschung. Dies bedeutet, daß neben bergbaulicher, land- oder forst- wirtschaftlicher Nutzung auch der Extraktivismus (Sammelwirtschaft), etwa das Sammeln von Früchten oder anderen Pflanzenteilen, untersagt ist und somit auch für traditionelle Bevölkerungsgruppen in diesen Gebieten keinerlei Nutzungsmöglichkeiten bestehen. PEs dienen neben der Umweltbildung auch dem Tourismus. Sie sollen damit weniger entwik- kelten Regionen Möglichkeiten der (eingeschränkten) Nutzung ihrer Ressourcen im Rahmen integrierter Entwicklungsprogramme bieten.

Voraussetzung für die Einrichtung eines PE ist das Bestehen natürlicher oder zumindest in wesentlichen Teilen nicht anthropogen veränderter Bedingungen in einem Gebiet von großer Ausdehnung. Der zu erstellende Managementplan hat sich nach der international üblichen Zonierung (vgl. LEDEC & GOODLAND 1988) zu richten, d.h. nach Nutzungs- bzw. Schutzintensität abgestufte Zonen festzulegen. Eventuelle Veränderungen oder Beeinflussungen des Ökosystems müssen durch den Managementplan gedeckt sein. Eingriffe in den Geltungsbereich des Parks, die von übergeordnetem öffentlichen oder sozialen Interesse sein müssen, dürfen die Integrität der schutzwürdigen Elemente sowie den Park als Ganzen nicht gefährden und müssen durch Umweltverträglichkeitsstudien (EIAs - *Estudos de Impacto Ambiental*) abgesichert sein. Die Parkfläche muß sich zudem vollständig im Besitz des Staates bzw. Bundesstaates befinden. Zuständig für die PEs ist das *Instituto Florestal* des Umweltministeriums (*Secretaria do Meio Ambiente* - SMA). Der Parque Nacional Serra da Bocaina wird vom IBAMA, das Zweigstellen in den einzelnen Bundesländern unterhält, verwaltet.

Aufgrund bislang fehlender gesetzlicher Bestimmungen und Definitionen für *Parques Ecológicos* gelten für sie dieselben Kriterien wie für *Parques Estaduais*.

Tab. 5: Schutzgebiete unter nationaler und bundesstaatlicher Verwaltung im Bundesstaat São Paulo 1992 (F = national, E = bundesstaatlich, M = munizipal)

Nr.	Status	Schutzgebiet	Jahr der Einrichtung	Größe (ha)
1	Estação Ecológica (F)	Tupiniquins	1986	43
2	Estação Ecológica (F)	Tupinambás	1987	28
3	Estação Ecológica (E)	Paulo de Faria	1981	436
4	Estação Ecológica (E)	Jataí	1982	4.532
5	Estação Ecológica (E)	Itirapina	1984	2.300
6	Estação Ecológica (E)	Mogi-Guaçu	1984	981
7	Estação Ecológica (E)	Santa Bárbara	1984	4.372
8	Estação Ecológica (E)	Ribeirão Preto	1984	154
9	Estação Ecológica (E)	Angatuba	1985	1.394
10	Estação Ecológica (E)	Itapeva	1985	107
11	Estação Ecológica (E)	Santa Maria	1985	113
12	Estação Ecológica (E)	Juréia-Itatins	1986	79.830
13	Estação Ecológica (E)	Caetetus	1987	2.179
14	Estação Ecológica (E)	Chauás	1987	2.700
15	Estação Ecológica (E)	Bananal	1987	884
16	Estação Ecológica (E)	Bauru	1987	288
17	Estação Ecológica (E)	Ibicatu	1987	76
18	Estação Ecológica (E)	Itaberá	1987	180
19	Estação Ecológica (E)	Itapeti	1987	89
20	Estação Ecológica (E)	São Carlos	1987	75
21	Estação Ecológica (E)	Valinhos	1987	17
22	Estação Ecológica (E)	Xitué	1987	3.095
23	Parque Nacional	Serra da Bocaina	1971	120.000[1]
24	Parque Estadual	Serra da Cantareira	1896	5.647
25	Parque Estadual	Jaraguá	1939	489
26	Parque Estadual	Campos do Jordão	1941	8.172
27	Parque Estadual	Turístico do Alto Ribeira (PETAR)	1958	36.910
28	Parque Estadual	Ilha do Cardoso	1962	22.500
29	Parque Estadual	Capital	1968	174
30	Parque Estadual	Jacupiranga	1969	150.000
31	Parque Estadual	Fontes do Ipiranga (ex-Água Funda)	1969	549
32	Parque Estadual	Vassununga	1970	1.484
33	Parque Estadual	ARA	1973	64
34	Parque Estadual	Ilhabela	1977	27.025
35	Parque Estadual	Ilha Anchieta	1977	828
36	Parque Estadual	Serra do Mar	1977	309.938
37	Parque Estadual	Carlos Botelho	1982	37.644
38	Parque Estadual	Morro do Diabo	1986	34.441
39	Parque Estadual	Porto Ferreira	1987	612
40	Parque Estadual	Furnas do Bom Jesus	1989	1.404
41	Parque Ecológico (E)	Tietê	1976	1.400
42	Parque Ecológico (E)	Monsenhor Emílio José Salim	1987	110
43	Parque Ecológico (E)	Nascentes do Tietê	1988	135
44	Parque Ecológico (E)	Guarapiranga	1989	?

45	APA (F)	Bacia do Rio Paraíba do Sul	1982	367.000[2]
46	APA (F)	Cananéia-Iguape-Peruíbe	1984	209.000
47	APA (F)	Serra da Mantiqueira	1985	94.000[3]
48	APA (E und M)	Campos do Jordão	1983/84	26.900
49	APA (E und M)	Silveiras	1983/84	42.700
50	APA (E und M)	Tietê	1983	45.100
51	APA (E)	Corumbataí-Botucatu-Tejupá	1983	642.600
52	APA (E)	Cabreúva	1984	26.100
53	APA (E)	Cajamar	1984	13.400
54	APA (E)	Jundiaí	1984	43.200
55	APA (E)	Serra do Mar	1984	488.865
56	APA (E)	Atibaia	1986	1.018
57	APA (E)	Ibitinga	1987	69.400
58	APA (E)	Várzea do Rio Tietê	1987	65.000
59	APA (E)	Ilha Comprida	1987	17.527
60	APA (E)	Bacia dos rios Piracicaba e Juqueri-Mirim	1987	387.927
61	APA (E)	Haras de São Bernardo	1987	35
62	APA (E)	Morro de São Bento	1988	2
63	APA (E)	Parque e Fazenda do Carmo	1989	868
64	Reserva Florestal (E)	Lagoa São Paulo	1942	13.344
65	Reserva Florestal (E)	Águas da Prata	1952	48
66	Reserva Florestal (E)	2ª Perímetro de São Roque	1978	23.900
67	Reserva Florestal (E)	Morro Grande	1979	10.700
68	Reserva Biológica (E)	Alto da Serra de Parana-piacaba	1938	336
69	Reserva Biológica (E)	Mogi-Guaçú	1942	469
70	Reserva Biológica (E)	Vila Facchini	1965	70
71	Reserva Biológica (E)	Sertãozinho	1985	720
72	Reserva Biológica (E)	Andradina	1985	168
73	Reserva Biológica (E)	Pindorama	1986	538
74	ARIE (F)	Matão de Cosmópolis	1985	173
75	ARIE (F)	Santa Genebra	1985	252
76	ARIE (F)	Ilha Queimada Grande	1985	23
77	ARIE (F)	Ilha Queimada Pequena	1985	10
78	ARIE (F)	Ilha do Ameixal	1985	400
79	ARIE (F)	Cerrado Pe-de-Gigante	1989/90	o.A.
80	ARIE (F)	Buriti de Vassununga	1990	o.A.
81	ARIE (E)	Pedra Branca	1987	636
82	ARIE (E)	Zona de Vida Silvestre da APA Ilha Comprida	1989	15.447
83	ASPE (F)	Juréia	1986	o.A.
84	ASPE (E)	CEBIMAR	1987	o.A.
85	ASPE (E)	Costão do Navio	1987	o.A.
86	ASPE (E)	Costão do Biossucanga	1987	o.A.
87	ASPE (E)	Chácara Baronesa	1987	34
88	ASPE (E)	Roseira Velha	1987	84

1) Flächenangabe für die Bundesstaaten São Paulo und Rio de Janeiro
2) Flächenangabe nur für den Bundesstaat São Paulo
3) Flächenangabe nur für den Bundesstaat São Paulo (zus. mit Rio de Janeiro und Minas Gerais ca. 500.000 ha)

Quelle: SMA 1989a, SILVA & FORNASARI FILHO 1992, IBGE 1993

43

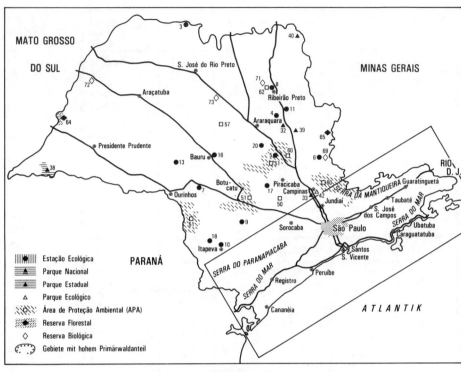

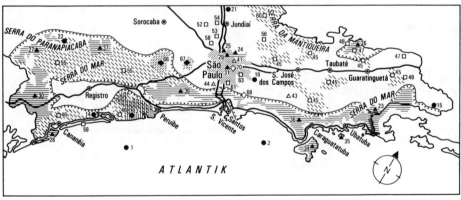

Abb.5: Lage der Schutzgebiete unter nationaler und bundesstaatlicher Verwaltung im Bundesstaat São Paulo 1992

Quelle: SMA 1989a und IBGE 1993

Eine *Estação Ecológica* hat primär zum Ziel, einen repräsentativen Ausschnitt eines Ökosystemtyps wirkungsvoll zu schützen. Mindestens 90% des Schutzgebietes stehen unter integralem Schutz (*Lei* 6.902/81, Art. 1; MACHADO 1992, S. 424). Auf den verbleibenden Flächen darf Forschung und Umweltbildung betrieben werden, wobei wissenschaftliche Untersuchungen neben den üblichen grundlegenden Zielen auch dazu dienen sollen, mittels eines Vergleichs der Entwicklung anthropogen beeinflußter Nachbarregionen mit dem Schutzgebiet den Planungsinstanzen Vorschläge umweltverträglicher Nutzungsmöglichkeiten der natürlichen Ressourcen zu unterbreiten. Die angewandte Forschung ist also explizit in den Kriterienkatalog mit aufgenommen worden. Normaler Tourismus ist in EEs im Gegensatz zu PEs nicht erlaubt. Auch für EEs sind jedoch Managementpläne aufzustellen, die für alle Flächen des Gebietes eindeutige Funktionszuweisungen treffen, d.h. insbesondere auch für die 10%, auf denen bestimmte Nutzungen erlaubt sein sollen. Die gesamte Fläche einer EE hat sich wie bei den PEs laut Gesetz im Besitz des Staates zu befinden. Auf die nicht so ohne weiteres einleuchtende besondere Bedeutung dieser Bestimmung für die praktische Einrichtung einer EE wird anhand der Fallstudie (Kap. 5) noch zurückzukommen sein.

Der Bundesstaat São Paulo hat seit dem Gesetzeserlaß im Jahr 1981 eine Reihe von *Estações Ecológicas* ausgewiesen, von denen die Estação Ecológica de Juréia-Itatins (EEJI) die mit Abstand größte Einheit darstellt (vgl. Tab. 5). Auf nationaler Ebene sind in der Amazonasregion allerdings ähnlich ausgedehnte oder sogar noch weitaus größere EEs eingerichtet worden (vgl. Tab. 1). Für die Administration der bundesstaatlichen EEs ist das *Instituto Florestal* der SMA zuständig, für die nationalen wiederum das IBAMA in Brasília.

Reservas Biológicas erfüllen ähnliche Aufgaben wie EEs, mit dem Unterschied, daß jegliche Nutzung, auch die der Umweltbildung, verboten ist. Somit stellt diese Kategorie eine noch striktere Unterschutzstellung dar als die der beiden vorgenannten. In São Paulo sind fünf kleinere Einheiten dieses Typs ausgewiesen, der auf den beiden nationalen Gesetzen 4.771/65 (= *Código Florestal*) und 5.197/67 (= *Lei de Proteção à Fauna*) beruht. Die administrative Zuständigkeit liegt nicht bei der SMA, sondern je nach Hauptgrund der Unterschutzstellung bzw. Eigentum der Fläche bei verschiedenen Instituten (*Instituto de Botânica, Instituto Agronômico, Instituto de Zootecnia*).

Áreas de Proteção Ambiental (APAs) sind Schutzgebiete mit deutlich geringerem Schutzstatus als die vorgenannten. Ihre gesetzliche Basis findet sich im *Lei Federal* 6.902/81, im *Decreto Federal* 89.336/84 und der *Resolução CONAMA* 10/88. Sie verfügen über einen ähnlichen Status wie die deutschen Landschaftsschutzgebiete oder die portugiesischen *parques naturais*. APAs schützen Landschaften oder Ökosysteme mit den Zielen des Erhalts der Umweltqualität sowie der Verbesserung der Lebensbedingungen der lokalen Bevölkerung. Im Unterschied zu den bisher erläuterten Kategorien werden die Bevölkerung und deren Entwicklungschancen mittels einer umweltverträglichen Regionalentwicklung ausdrücklich mit einbezogen. Um die Verbindung von Schutz und Nutzung zu gewährleisten, sind allerdings unter anderem folgende Voraussetzungen zu erfüllen:

- Es muß eine "ökologisch-ökonomische Zonierung" *(zoneamento ecológico-econômico)* für das gesamte Gebiet vorgenommen werden, die die ökologischen Bedingungen und die verschiedenen Nutzungsformen (Siedlungen, Landwirtschaft, Extraktivismus etc.) erfaßt und reglementiert. Jede APA hat auch über eine *zona de vida silvestre* zu verfügen, die ausschließlich den Schutz der Natur zum Ziel hat.

- Wenn in einer APA Landwirtschaft betrieben wird, so hat dies innerhalb der *zona de uso agropecuário* zu erfolgen. Verboten sind Formen der Landnutzung, die die Umwelt nachhaltig schädigen, so z.B. der Einsatz von Agrotoxika oder die Erosion begünstigende Intensivformen der Viehhaltung.

- Anderen Nutzungsformen, wie z.B. bergbaulichen Aktivitäten oder dem Betrieb potentiell umweltgefährdender Industrieanlagen, müssen Umweltverträglichkeitsstudien und anschließend spezielle Genehmigungen vorausgehen.

- Eingriffe in den Naturhaushalt, wie z.B. die Anlage von Kanälen, Erdbewegungen von mehr als 100 m³ oder das Fällen bestimmter Baumarten, sind ebenfalls genehmigungspflichtig.

- Für die Anlage von Siedlungen (*"urbanizações"*) sind wiederum zahlreiche Bedingungen zu erfüllen: Die Vereinbarkeit mit dem ökologisch-ökonomischen Zonierungsplan der APA, die Installation eines Abwasserentsorgungsnetzes und -behandlungssystems, der Erosionsschutz bei der Anlage von öffentlichen Wegen, die Bepflanzung der Grünflächen mit einheimischen Arten, die maximale Steigung bei Straßen und anderen öffentlich zugänglichen Flächen von 10% etc. Auch Privateigentümer sind von den Regelungen betroffen, denn auf ihren Grundstücken müssen beispielsweise mindestens 20% der Fläche mit Bäumen bestanden sein.

Ein bedeutsamer Unterschied zu anderen Schutzkategorien besteht in der Möglichkeit, auch Flächen, die sich nicht in öffentlichem Besitz befinden, in die APA zu integrieren. Diese Bestimmung ist insofern wichtig (und notwendig), als in anderen Schutzgebieten oftmals erst langwierige und vor allem teure Enteignungsprozesse eingeleitet werden müssen, bevor das Gebiet effektiv geschützt werden kann.

APAs können sowohl von der Union und den Bundesstaaten als auch von den Munizipien ausgewiesen werden. In São Paulo richteten Bundesstaat und Union insgesamt 19 APAs ein, davon fünf sehr großflächige mit mehreren 100.000 ha (Tab. 5). Zusätzlich wiesen einige Munizipien APAs aus, die Teilgebiete der bereits durch den Bundesstaat geschützten Flächen umfassen, wie z.B. in Campos do Jordão. Als eine der neuesten und gleichzeitig größten munizipalen APAs kann die APA Santos Continente gelten, die seit 1992 große Mata Atlântica-, Restinga- und Mangrovengebiete des Munizips Santos bzw. des seit 1993 aus Santos ausgegliederten Munizips Bertioga im Litoral Norte Paulista unter Schutz stellt. Diese APA Municipal verfügt aufgrund des außergewöhnlichen Engagements der Präfektur Santos in Umweltfragen bereits über einen Zonierungsplan (Prefeitura Municipal de Santos 1992).

Die Zuständigkeit für die bundesstaatlichen APAs liegt bei der CPLA (*Coordenadoria de Planejamento Ambiental* - Abteilung für Umweltplanung) der SMA. Aufgrund mangelnder finanzieller und personeller Ressourcen war diese Abteilung bislang kaum in der Lage, die APAs Estaduais angemessen zu betreuen. Für die APA Ilha Comprida ist allerdings bereits ein erster Zonierungsplan aufgestellt, da das Gebiet Teil des Lagunen-Ästuar-Komplexes Cananéia-Iguape bildet, für den von einer anderen Sektion des Umweltministeriums zur Zeit exemplarisch für den Bundesstaat ein Teil-Küstenmanagementplan erstellt wird (SMA 1990a; vgl. Kap. 3.2.2).

Ähnliche Schwierigkeiten bestehen für die APAs Federais unter Zuständigkeit des IBAMA/Brasília, das z.B. für die über 500.000 ha umfassende APA da Mantiqueira (Bundesstaaten Rio de Janeiro, Minas Gerais und São Paulo) bislang weder ein *zoneamento* erarbeitet, noch eine anderweitige Umsetzung der gesetzlichen Bestimmungen in die Wege geleitet hat (MENDES Jr. et al. 1991, S. 18). Auf weitere Einzelheiten der Umsetzungsproblematik wird am Beispiel der APA Campos do Jordão (Kap. 6) zurückzukommen sein.

Eine weitere Schutzkategorie, die im Bundesstaat São Paulo unter dem Gesichtspunkt des Flächenschutzes zu nennen ist, bildet die *Reserva Florestal*. Sie ist gedacht als vorläufige Schutzeinheit, die bis zur endgültigen Bestimmung - etwa dem strengeren Schutz oder aber der forstwirtschaftlichen Nutzung - den status quo sichern soll. Die vier noch bestehenden *Reservas Florestais* befinden sich bereits seit langem in diesem Schutzzustand, andere jedoch wurden schon in neue Schutzgebiete integriert, wie z.B. die Reserva Florestal Serra dos Itatins von 1958 in die 1986 gegründete Estação Ecológica de Juréia-Itatins (EEJI).

Die Bedeutung der *Área de Interesse Especial* (ARIE) erstreckt sich auf den Schutz außergewöhnlicher natürlicher Verhältnisse oder seltener Exemplare der regionalen Fauna oder Flora und umfaßt in der Regel nur kleine Flächen (meist Inseln, Felsformationen o.ä.). Die Flußinsel Ilha do Ameixal (Nr. 78 in Tab. 5) wurde beispielsweise schon vor Einrichtung der EEJI als ARIE geschützt. Innerhalb von APAs bilden ARIES die dortigen *zonas de vida silvestre*, so z.B. auf der Ilha Comprida. Sie können somit mitunter auch größere Gebiete umfassen (vgl. Nr. 82 in Tab. 5). Forschung und Umwelterziehung zählen nicht zu den ausdrücklichen Zielen einer ARIE, und andere Nutzungen sind verboten.

Áreas sob Proteção Especial (ASPEs) sind ebenfalls meist kleine Gebiete, die allerdings aufgrund einer besonderen (akuten) Bedrohung durch menschliche Aktivitäten in einem raschen Verwaltungsakt unter Schutz gestellt werden. Dies sind z.B. Flächen innerhalb von Städten, Felsvorsprünge oder kleine Inseln. In einigen ASPEs sind umwelterzieherische Maßnahmen erlaubt.

Die Regierung von São Paulo verfügt noch über eine Reihe anderer Schutzkategorien, die allerdings aus Naturschutzsicht von untergeordneter Bedeutung sind. Vor allem ist hier noch die *Área Natural Tombada* (ANT) zu nennen, die insgesamt 25 Gebiete unterschiedlichster Größe - von wenigen ha bis hin zur ANT Serra do Mar e de Paranapiacaba mit 1,5 Mio. ha Ausdehnung - umfaßt. Schutzmotive können das besondere öffentliche Interesse an dem Gebiet oder Monument aufgrund seines historischen, natürlichen, archäologischen, geologischen, touristischen oder landschaftlichen Wertes sein. Bestehende oder bereits in Planung befindliche Nutzungen sind von der Unterschutzstellung nicht betroffen. Ebensowenig sind Eingriffe in die Rechte der Grundeigentümer beabsichtigt. Zuständig für die Ausweisung der ANTs ist der CONDEPHAAT (*Conselho de Defesa do Patrimônio Histórico, Arqueológico, Artístico e Turístico do Estado* - Rat zum Schutz des historischen, archäologischen, künstlerischen und touristischen Erbes des Bundesstaates).

Die Kategorie der *Estação Experimental* dient, wie der Name schon sagt, der botanischen, zoologischen, land- oder forstwirtschaftlichen Forschung und (Re-)Produktion. Die 21 im Bundesstaat unter Verwaltung des *Instituto Florestal* bestehenden *Estações Experimentais* wurden 1988 zusätzlich zur *Reserva de Preservação Permanente* erklärt (*Lei Estadual* 6.150/88). Eine ähnliche Funktion erfüllen die 11 *Florestas Estaduais* sowie ein *Floresta Nacional*, die unter der Administration des Instituto Florestal bzw. des IBAMA auf der Grundlage des *Código Florestal* von 1965 vornehmlich forstwirtschaftlichen und -wissenschaftlichen Zwecken dienen.

In Anbetracht der in Tab. 5 und Abb. 5 aufgelisteten und dargestellten Schutzgebiete ist zunächst festzuhalten, daß der Bundesstaat São Paulo bereits einen großen Beitrag zum Flächenschutz in seinem Zuständigkeitsbereich geleistet hat. Dies gilt sowohl für die Zahl und die Größe der Schutzgebiete als auch für das Bemühen, mittels höherrangiger Schutzkategorien, wie PEs und EEs, die noch vorhandenen natürlichen Waldbestände möglichst wirksam vor dem menschlichen Zugriff zu bewahren. Aufgrund der im Einführungskapitel erläuterten Zweiteilung des Bundesstaates in einen noch vergleichsweise reichlich mit natürlichem Wald ausgestatteten südlichen und einen sehr viel größeren, intensiv genutzten nördlichen Landesteil (vgl. Abb. 2 und 5) hat sich der Flächenschutz in der Wahl der

Schutzkategorien natürlich diesen Gegebenheiten anzupassen.

Die Restbestände der Mata Atlântica im Bereich der Serra do Mar und der südwestlich gelegenen Höhenzüge unterliegen mittlerweile restriktiven Schutzbestimmungen. Die EEJI schließt dabei neben dem Küstenregenwald als einziges größeres strengeres Schutzgebiet auch umfangreiche Mangroven- und Restingaflächen mit ein und umfaßt somit alle drei für den südwestbrasilianischen Küstenraum charakteristischen größeren Ökosystemtypen. Das sich südlich anschließende Lagunen-Ästuar-Insel-Gebiet zwischen Iguape und Cananéia (Abb. 5) ist zwar nur als APA geschützt, die jedoch wiederum mit einer ausgedehnten *zona de vida silvestre* als ARIE (auf der Ilha Comprida) ausgestattet ist. Aus diesem und aus zwei weiteren Gründen kann das ökologisch sehr wertvolle Gebiet die wichtige Funktion als Bindeglied zwischen EEJI und dem PE Ilha do Cardoso sowie dem ausgedehnten PE Jacupiranga an der Grenze zu Paraná ausfüllen: Insgesamt hält sich die Besiedlung, insbesondere im Vergleich zu den nördlich der EEJI gelegenen Küstenabschnitten, noch in Grenzen, und zum zweiten besteht bereits ein vom Umweltministerium ausgearbeiteter Entwurf zur umweltverträglichen Entwicklung dieses Küstenstreifens im Rahmen des bundesstaatlichen wie auch des nationalen Küstenmanagementplanes (SMA 1990a). Mit Hilfe dieser Instrumente soll künftig die unkontrollierte Expansion von Siedlungen und Landwirtschaft in diesem Gebiet ausgeschlossen werden.

Der Bundesstaat São Paulo verfügt in seinem Küstenabschnitt außerdem über mehr als 100 Inseln, die mit Ausnahme von sechs Inseln in irgendeiner Form unter Schutz gestellt sind. Die meisten von ihnen, insbesondere die größeren, bilden entweder eigenständige Schutzgebiete (als EE, PE oder APA), oder sie sind mindestens mit der Kategorie APA einem festländischen Schutzgebiet angeschlossen (ÂNGELO 1989, S. 39-42). Die kleineren Inseln und auch große Teile der Inseln Anchieta, Ilhabela, do Cardoso (alle PEs) sind noch weitgehend intakt. Am stärksten zerstört sind die Inseln im Raum São Vicente-Santos-Guarujá sowie, in geringerem Maße, die Ilha Comprida.

Neben dieser vielfältig geschützten Südwestregion Vale do Ribeira und den Inseln im gesamten Litoral Paulista finden sich zwei weitere kleinere Schwerpunkte der Naturschutzbestrebungen im Litoral Norte mit einigen PEs zum Schutz der Mata Atlântica sowie der nördlich des Paraíbatales bzw. der Autobahn São Paulo-Rio de Janeiro gelegenen Serra da Mantiqueira. Dort gilt der Schutz wiederum dem Küstenregenwald, und zwar insbesondere auch der bereits erwähnten *special variety* des Araukarienwaldes (POR 1992, S. 31; CÂMARA 1990, S. 161), der in den oberen Höhenstufen mit stärker ausgeprägten jahres- und tageszeitlichen Temperaturschwankungen wächst und vor allem mit niedrigeren Temperaturen (auch leichtem Frost) und geringeren Niederschlägen als der "eigentliche" Küstenregenwald auskommt.

Im Landesinneren des Bundesstaates, das weitgehend durch Landwirtschaft und zum Teil

auch durch Aufforstungen - meist mit Pinus- und Eukalyptusarten - gekennzeichnet ist, finden sich nur vereinzelt Schutzgebiete mit höherem Status. Sie beschränken sich dann zudem mit Ausnahme des ganz im Westen an der Grenze zu Paraná gelegenen PE Morro do Diabo auf sehr kleine Flächen (vgl. Tab. 5 und Abb. 5). Nur APAs sind in bedeutendem Umfang vorhanden, jedoch ist ihr tatsächlicher Schutzeffekt, abgesehen vom geringen Status, nicht zuletzt wegen ihrer ungeheuren Ausdehnung sehr fraglich. Dies betrifft vor allem die APAs Bacias dos Rios Piracicaba e Juqueiri-Mirim und Corumbataí-Botucatu-Tejupá, für die ein erstes Zonierungskonzept zur Zeit noch in Arbeit ist (vgl. auch SMA 1992a).

3.2.2. Andere Schutzbestimmungen

Neben dem Flächenschutz mit der üblichen Form der Schutzgebietsausweisung verfügt der Gesetzgeber in São Paulo - in Anlehnung an die bzw. in Ausführung der gesetzlichen Bestimmungen der Union (vgl. Kap. 3.1) - über eine Reihe weiterer Möglichkeiten, den Schutz der Natur zu gewährleisten und voranzutreiben. Zunächst betreffen die im *Código Florestal* 1965 erlassenen Bestimmungen auch einen großen Teil des Paulistaner Territoriums, denn grundsätzlich wurden dort alle Mangroven-, Restinga- und Dünengebiete als *Área de Preservação Permanente* (APP) vor dem unerlaubten, d.h. nicht genehmigten Zugriff bewahrt. Ebenso schränkt der Artikel 16c des *Código Florestal* die Nutzung der Araukarienwälder (*Araucaria angustifolia*) erheblich ein. Besonders geschützt sind zudem grundsätzlich alle Uferrandstreifen (je nach Breite des Flusses zwischen 30 und 500 m beiderseits des Gewässers), Quellbereiche, Bergkuppen, Hänge mit einer Neigung über 45° etc. (Art. 2).

Nach mehrmaliger Ergänzung und Änderung des *Código Florestal* (vor allem *Lei* 6.001/73 und *Lei* 7.511/86) ist heute an dessen Anlehnung für den Bundesstaat São Paulo zunächst der Artikel 197 der eigenen Verfassung (Constituição do Estado de São Paulo 1989) maßgeblich für die *Áreas de Preservação Permanente*. Er weist folgende Gebiete als solche aus:
- Mangrovenflächen,
- Quellen, Quellgebiete und Galeriewälder,
- Gebiete, die seltene Exemplare der Flora oder Fauna aufweisen oder die als Rast- oder Brutgebiet (oder sonstige Reproduktionsgebiete) für ziehende Tierarten dienen,
- Ästuarflächen,
- besondere Landschaften und
- natürliche Höhlen.

Hinzu kommen Gebiete, die nach der *Resolução CONAMA* 4/85 und dem *Lei Federal* 7.803/89 als sog. *Reservas Ecológicas* (vordem als APP bezeichnet) ausgewiesen sind, namentlich (nach SILVA & FORNASARI FILHO 1992, S. 27ff):

- Restingaflächen von der Hochwasserlinie mindestens 300 m ins Landesinnere hinein,
- Dünengebiete,
- Bergkuppen,
- Hänge mit mehr als 45°,
- Ränder von Tafelbergen und sonstigen Steilabfällen sowie
- zahlreiche andere Sonderbestimmungen in kuppigem Gelände, bei Binnengewässern und in Metropolitanregionen.

Unter besonderem Schutz stehen des weiteren die Mata Atlântica aufgrund der *Resolução CONAMA* 84/91 (die Schwierigkeiten bei der Umsetzung dieser Norm wurden bereits diskutiert; vgl. Kap. 3.1.4) sowie ein 10 km breiter Streifen um *Estações Ecológicas* herum (*Lei* 6.902/81, Art. 3 und *Decreto* 88.351/83, Art. 30; CARVALHO 1991, S. 258 und 254). In diesem als Pufferzone (*buffer zone*) fungierenden Streifen unterliegt jegliche Aktivität, die die Natur in irgendeiner Weise schädigen könnte, den Bestimmungen des CONAMA. 1990 wurden diese Einschränkungen in der Pufferzone auch auf andere Schutzgebietstypen ausgeweitet und mit der *Resolução CONAMA* 13/90 verfügt, daß die jeweilige Verwaltung des Schutzgebietes selbst zusammen mit dem für die Lizensierung von Nutzungen zuständigen Organ - im Bundesstaat São Paulo die Abteilung DEPRN innerhalb des Umweltministeriums - definiert, was im Einzelfall als schädigend ein-zustufen ist. Die Erlaubnis für Eingriffe innerhalb der 10-km-Zone wird schließlich von der betroffenen Schutzgebietsverwaltung erteilt (RC 13/90, Art. 2), was eine ganz erhebliche Aufwertung der Schutzgebiete und deren Administration bedeutet. Allerdings ist auch bei dieser Bestimmung fraglich, ob sie in der Praxis jemals Bestand haben wird, denn die Beeinträchtigung der Entscheidungsbefugnisse der Munizipien ist angesichts des großflächigen Gürtels als außergewöhnlich groß zu bezeichnen.

Auf die besonderen Bestimmungen in der Küstenzone wurde bereits hingewiesen. Die Umsetzung des Nationalen Küstenmanagementprogrammes PNGC (*Plano Nacional de Gerenciamento Costeiro*) ist in São Paulo mit der Aufstellung eines Teilplanes in die Wege geleitet worden. In vier Abschnitten (Litoral Norte, Baixada Santista, Litoral Sul und Baixada do Ribeira) werden für die bereits in weiten Teilen aufgrund der geschilder-ten Bestimmungen zur Mata Atlântica, zu den Inseln und den APPs gesetzlich geschützten Küstenzone Teilpläne für eine umweltverträgliche Entwicklung erarbeitet. Die Erstellung der Pläne läuft unter der Bezeichnung *macrozoneamento* in der Abteilung Umweltplanung (CPLA) im Umweltministerium São Paulo. Ein erster Entwurf ist 1990 für den Raum Iguape-Cananéia erschienen (SMA 1990a). Er basiert auf dem schon 1987 noch unter der Leitung der damaligen SUDELPA (*Superintendência de Desenvolvimento do Litoral Paulista*) veröffentlichten "plano básico de desenvolvimento auto-sustentado para a região lagunar de Iguape e Cananéia", also einem "Basisplan zur eigenständigen nachhaltigen Entwicklung" dieser Region (SUDELPA 1987). Für den Naturschutz ist der Planentwurf von 1990 insofern von wegweisender Bedeutung, als er zum einen die in der Region vorhandenen Schutzgebiete höherer Ordnung (in diesem Fall EE und PE) in Zonen einbettet, in denen in der Regel nur eingeschränkte Nutzungen, z.B. Sammelwirtschaft, erlaubt sind. Er sorgt auf diese Weise für eine Abpufferung der Schutzgebiete. Zum zweiten wurde bei diesem Konzept auf eine integrierende Vorgehensweise geachtet, d.h., daß nicht nur die naturräumliche Ausstattung und die sozioökonomische Flächennutzungsstruktur berücksichtigt wurde, sondern auch die Interessenlage der lokalen Bevölkerung untersucht und die örtlichen Entscheidungsträger in den Planungsprozeß mit einbezogen wurden. Insofern scheint dieses Planungskonzept - bei aller Vorsicht in der Beurteilung dieses noch längst nicht abgeschlossenen Projektes - vielversprechender als andere sog. Regionalpläne (z.B. der "plano regional do litoral"; Secretaria de Economia e Planejamento do Estado de São Paulo 1978) oder als das überaus großflächige *zoneamento ecológico-econômico* des Amazonasgebietes zu sein. Bei tatsächlicher Verabschiedung und Implementierung des Planes könnte dieser durchaus eine Vorbildfunktion für die künftige Umweltplanung im Bundesstaat São Paulo und darüber hinaus ausüben.

3.2.3. Naturschutzverwaltung und -politik

1986 wurde mit der *Secretaria do Meio Ambiente* (SMA) ein bundesstaatliches Umweltministerium eingerichtet, das ein Jahr später seine Funktion aufnahm. Bis 1992 wurde es soweit umstrukturiert und vervollständigt, daß sich die Verwaltungsstruktur wie folgt darstellt: Dem Umweltminister und seinem Staatssekretär sind die vier Hauptabteilungen CINP, CPRN, CPLA und CEAM mit deren angeschlossenen Instituten sowie die dezentralen Behörden CETESB und *Fundação Florestal* untergeordnet. Über die zentrale Verwaltung stehen andere Abteilungen, wie die Rechts-, Haushalts-, Personal- und Presseabteilung, zur Verfügung. Die CINP (*Coordenadoria de Informações Técnicas, Documentação e Pesquisa Ambiental*) ist dafür zuständig, die technischen und wissenschaftlichen Abläufe bzw. Aktivitäten zum Schutz der natürlichen Ressourcen zu planen, zu koordinieren und zu kontrollieren. Ihr unterstehen das *Instituto Florestal*, das im wesentlichen für die Schutzgebiete, die Wiederaufforstungsprogramme sowie für Forschungen im forstwissenschaftlichen und zoologischen Bereich verantwortlich ist, sowie das Botanische und das Geologische Institut (*Instituto de Botânica* und *Instituto Geológico*)

Die CPRN (*Coordenadoria de Proteção de Recursos Naturais*) ist für technische und administrative Fragen des Naturschutzes zuständig. Sie vergibt z.B. Lizenzen für potentiell umweltschädigende Aktivitäten in der Land- und Forstwirtschaft, Industrie oder im Bauwesen und überwacht die Einhaltung von Schutzbestimmungen. Von der bereits erwähnten Umweltplanungsabteilung CPLA (*Coordenadoria de Planejamento Ambiental*) werden Studien und Maßnahmen zur umweltverträglichen Entwicklungsplanung durch-

52

geführt, u.a. zur Zonierung der APAs. Die vierte große Abteilung des Umweltministeriums, die CEAM (*Coordenadoria de Educação Ambiental*) hat die Planung, Entwicklung und Förderung von Aktivitäten zur Umwelterziehung zur Aufgabe, beispielsweise die Unterstützung des ökologisch verträglichen Tourismus oder die Durchführung von Umwelterziehungsprogrammen in Schulen.

Die weitaus größte, ebenfalls dem Umweltministerium unterstellte Behörde ist die CETESB (*Companhia de Tecnologia de Saneamento Ambiental*), deren über 2.000 Mitarbeiter für den technischen Umweltschutz im Bundesstaat zuständig sind. Die *Fundação Florestal*, die ähnlich wie die CETESB noch über eine gewisse Unabhängigkeit gegenüber dem Ministerium verfügt, unterstützt den Bundesstaat bei allen forstwissenschaftlichen und -wirtschaftlichen Fragen und begutachtet beispielsweise die Schutzwürdigkeit oder die Nutzungsmöglichkeiten von Waldflächen.

Zwei weitere Einheiten beraten das Umweltministerium in seiner Politik: der Bundesstaatliche Umweltrat CONSEMA (*Conselho Estadual de Meio Ambiente*), der sich aus 36 Repräsentanten verschiedener Ministerien, Behörden und Organisationen zusammensetzt, sowie das CODEL (*Comitê de Defesa do Litoral*), in dem Vertreter von 11 Behörden und Munizipien Vorschläge zur Verbesserung des Naturschutzes oder zur Vorsorge gegen umweltschädigende Unfälle im Küstenraum unterbreiten.

Mit diesem administrativen Unterbau verfügt das Umweltministerium São Paulo über den größten bundesstaatlichen Verwaltungsapparat im Umwelt- und Naturschutz in Brasilien, wobei die CETESB einen wesentlichen Anteil daran hat. Insgesamt arbeiteten 1991 4.824 Angestellte in diesen Behörden und damit annähernd dreimal mehr als in den Bundesstaaten Rio de Janeiro (1.752 Mitarbeiter) und Minas Gerais (1.539 Mitarbeiter)(SMA 1992g, S. 44). Der Etat des Umweltministeriums betrug allerdings in den Jahren 1991-1993 nur 0,5 - 0,7% des Landeshaushaltes, womit der Stellenwert der Umweltpolitik im Bundesstaat unbeschadet der geschilderten positiven Entwicklungen etwas relativiert wird (SMA 1992g, S. 43; unveröff. Haushaltsbericht der SMA 1992).

Das Hauptziel der Umweltpolitik im Bundesstaat besteht nach eigener Darstellung (in Veröffentlichungen, Informationsbroschüren und Erklärungen des Umweltministeriums) zu Beginn der 90er Jahre in dem Streben nach einer "ökologisch nachhaltigen Entwicklung" unter Berücksichtigung der besonderen sozialen und wirtschaftlichen Probleme des Landes. Fünf Leitlinien werden für die Verwirklichung dieses Zieles herausgestellt:

- der Erhalt der Flora und Fauna sowie der natürlichen Ökosysteme im allgemeinen, insbesondere der Mata Atlântica, der Küstenökosysteme und der Binnengewässer,
- die Verbesserung der städtischen Umweltqualität, insbesondere in den großen Zentren, mittels Kontrolle der stationären und der mobilen Verschmutzungsquellen,

- die Verbesserung der Lebensbedingungen der ärmsten Bevölkerungsschichten, speziell an der urbanen Peripherie und im ländlichen Raum, mittels Wohnungsbau-, Sanierungs- und Gesundheitsprogrammen,
- die Sicherung und Überprüfung der Art der Energieversorgung und
- die Förderung der Eigenverantwortlichkeit für Umweltbelange mittels Umweltbildungs- maßnahmen in Schulen und sozialen Organisationen und Bewegungen.

Als ein weiteres Ziel wird mitunter auch die Unterstützung wissenschaftlicher und techni- scher Forschung im Umweltschutz und -sanierungsbereich genannt.

Wie aus den Leitlinien deutlich wird, liegt die Verwirklichung eines *desenvolvimento sustentado* nicht allein in den Händen des Umweltministeriums, sondern greift, wie bei dem Aspekt "Wohnungsbau für untere Einkommensgruppen", in den Kompetenzbereich anderer Ministerien (Wohnungsbau, Transport und Verkehr, Energie etc.) ein. Der engere Bereich der Naturschutzpolitik befindet sich allerdings allein in der Verantwortung der SMA und ihrer angegliederten Institute.

Der naturschutzpolitische Schwerpunkt der SMA liegt in der flächenhaften Sicherung des Küstenregenwaldes und der assoziierten Ökosysteme sowie in dem Aufbau der techni- schen, personellen und administrativen Infrastruktur zur effektiven Implementierung der Schutzgebiete. Diese offizielle Politik ging bereits deutlich aus den Ausführungen zum Schutzgebietssystem und zu den anderen Schutzmaßnahmen hervor (Kap. 3.1 und 3.2).

Bei den Schutzgebieten stand dabei zum einen der PE Serra do Mar im Mittelpunkt, in dem insgesamt neun *núcleos de desenvolvimento* ("Entwicklungskerne") als Basen für die Verwaltung, Überwachung, Forschung, Umwelterziehung und für den Tourismus auf- und ausgebaut werden sollten. Der über 300.000 ha große Park ist zudem Ziel einiger For- schungs- und Renaturierungsprojekte, unter anderem auch zur Wiederherstellung der durch Waldvernichtung und/oder Erosion geschädigten Hänge der Serra do Mar im Raum Cubatão (SMA 1990b; CETESB 1992). Den zweiten Schwerpunkt bildet die Realisierung der 1986 ausgewiesenen EEJI, die mittlerweile aufgrund ihrer Größe, der besonderen Schwierigkeiten sowie des Bekanntheitsgrades in der Öffentlichkeit zu einem Gradmesser der Durchsetzungsfähigkeit des Naturschutzes in São Paulo geworden ist. Sofern die endgültige Aufstellung eines Managementplanes und dessen Umsetzung gelingt, kann die EEJI als Vorbild für die Einrichtung eines Schutzgebietes auch unter erschwerten Bedin- gungen gelten (vgl. Kap. 5). Andere Gebiete, wie z.B. der PE Jacupiranga, harren allerdings schon seit 20 Jahren ihrer Umsetzung vom Papier in die Praxis. Ihnen werden sicherlich erst nach gelungener Absicherung der beiden Schwerpunktgebiete höhere Aufmerksamkeit und vor allem mehr Mittel zuteil werden.

Neben der Erweiterung und Verbesserung des Flächenschutzes bildet der Ausbau der

Abteilung für Umweltplanung (CPLA) ein weiteres Teilziel der Naturschutzpolitik. Der Etat dieser Abteilung wurde in den Jahren 1991-93 jeweils in etwa verdoppelt, ist allerdings mit 7,8 Mio. US $ (1993) noch immer völlig unzureichend. Besonders naturschutzrelevante Programme der CPLA sind die Etablierung der APAs sowie des Küstenmanagementprogrammes. Auch aufgrund ihrer Zuständigkeit für die Durchführung von Umweltverträglichkeitsprüfungen spielt diese Abteilung eine große Rolle für die Umsetzung der Schutzziele im Bundesstaat.

Die Bedeutung der CETESB mit ihrer Verantwortlichkeit für die eher dem technischen Umweltschutz zuzurechnenden Bereiche der Kontrolle der Luft-, Wasser- und Bodenverschmutzung ist gleichfalls nicht zu unterschätzen. Insbesondere ihr großer Etat sowie die im Vergleich zu anderen lateinamerikanischen Umweltbehörden hohe Zahl an gut ausgebildeten Fachkräften weisen sie als zentralen Akteur im Schutz zumindest der abiotischen natürlichen Ressourcen aus. Da die CETESB bereits 18 Jahre vor dem Umweltministerium gegründet wurde (1968), definierte sich die Umweltpolitik lange Zeit über die Zielsetzung und Aufgabenstellung dieser Behörde, neben dem sehr viel kleineren *Instituto Florestal*, das für den klassischen Naturschutz zuständig war.

Eines der Hauptprogramme der CETESB neben dem bereits erwähnten Luftreinhaltungsprogramm in Cubatão besteht in der Sanierung des Rio Tietê, der, nachdem er kurz nach seinem Ursprung die Metropolitanregion São Paulo durchquert hat, mit einer in höchstem Maße giftigen Fracht den gesamten Bundesstaat durchfließt und u.a. die Trinkwasserversorgung ganzer Regionen gefährdet (CETESB 1991 und 1992). Die Bedeutung dieses Projektes für die aquatische Fauna und Flora und damit auch für den Naturschutz liegt auf der Hand.

Für die Realisierung des Zieles einer dauerhaften Entwicklung ist die Einrichtung der APAs und der Küstenmanagementpläne von vordringlicher Bedeutung, da bei der hierfür notwendigen Zonierung der Flächen (das sog. *zoneamento ambiental*) eine genaue Abwägung der Nutzungsinteressen erfolgen muß. Die bei diesem noch in der Anfangsphase befindlichen Prozeß gemachten Erfahrungen sollen in das bislang noch unklare Konzept der "nachhaltigen Entwicklung" einfließen. Der im Mai 1992 noch amtierende Umweltminister Alaôr Caffé Alves hob diesen Versuchscharakter einer ersten Zonierung diverser APAs explizit hervor (SMA 1992a, S. 7).

Für die Ernsthaftigkeit der Bestrebungen des Umweltministeriums, neue Wege in Richtung einer dauerhaften Entwicklung zu beschreiten, spricht die Organisation von Seminaren zu diesem Thema. 1989 wurde eine erste Tagung ("Seminário de Desenvolvimento Sustentado"; SMA 1991) durchgeführt, bei der verschiedene Ansätze vorgestellt und diskutiert wurden, die nachfolgend als Schwerpunkte ausgebaut werden sollten. Es handelt sich zum einen um die Möglichkeiten des Extraktivismus in Form der Nutzung von

Palmenherzen, *caxeta* (eine Holzart, die vor allem für die Bleistiftherstellung verwendet wird) oder medizinischen Pflanzen in der Region Vale do Ribeira und zum zweiten um die Entwicklungschancen der nachhaltigen Fischereiwirtschaft an der Küste von Iguape und Cananéia (vgl. Abb. 3). Als dritter Ansatz wurde nach den Nutzungsmöglichkeiten in Form von Landwirtschaft und Tourismus innerhalb von Schutzgebieten gefragt. Eines der zentralen Ergebnisse des Seminars für die zukünftige Naturschutzpolitik bestand in der Forderung nach einem kritischen Überdenken der bisherigen Schutzgebietspolitik im Hinblick auf die Bewohner dieser Gebiete. Vorgeschlagen wurde, die bestehenden Konflikte im Einvernehmen mit den Interessen der Bewohner zu lösen und bei künftigen Schutzgebietsausweisungen mögliche Probleme mit der Bevölkerung bereits im Vorfeld zu untersuchen und gegebenenfalls zu entschärfen.

Den räumlichen Schwerpunkt für die Weiterentwicklung von Konzepten zur dauerhaften Entwicklung im Agrarbereich sollte die Region Vale do Ribeira bilden (vgl. Abb. 3). Zudem wird in dieser Region, die sich von der EEJI bis an die Grenze zu Paraná erstreckt, zur gleichen Zeit vom Umweltministerium das Küstenmanagementprojekt entwikkelt und außerdem läuft seit Ende der 80er Jahre ein umfangreiches Programm zur Erforschung und zum Schutz von Feuchtgebieten ("Programa de Pesquisa e Conservação de Áreas Úmidas no Brasil") an der Universität São Paulo zusammen mit der Ford-Stiftung und der IUCN, zu dem von der SMA aus gute Kontakte bestehen (vgl. DIEGUES 1988 und 1993; OLIVEIRA CUNHA & ROUGEULLE 1989).

Parallel zu diesem Schwerpunktprogramm arbeitet eine andere Abteilung an dem *macro-zoneamento*, also dem Zonierungsplan im Rahmen des Küstenmanagementplanes, im Litoral Norte. Dort besteht bereits seit längerem eine Arbeitsgruppe, die sich am Beispiel des Ortes Picinguaba an der Grenze zum Bundesstaat Rio de Janeiro in einem Pilotprojekt zur Untersuchung der Vereinbarkeit von Naturschutzzielen mit der wirtschaftlichen Nutzung der Mata Atlântica durch traditionelle Bewohner der Küstenregion beschäftigt (SMA 1989b, ÂNGELO 1992). Auch dieses Projekt zielt auf die konkreten Umsetzungsmöglichkeiten des abstrakten Begriffes der nachhaltigen Entwicklung ab. Die Durchführung weiterer interner Seminare im Umweltministerium São Paulo, zuletzt mit einer internationalen Tagung über die Problematik von Bewohnern innerhalb von Schutzgebieten im März 1994, und die Organisation von Kongressen, wie dem 2. Nationalen Kongreß über die Nutzung und Bewahrung der heimischen Ressourcen im März/April 1992, der in einen vier-bändigen Tagungsband mündete (Anais do 2° Congresso Nacional 1992), bekräftigen das Interesse an diesem Thema.

Die zitierten Beispiele machen deutlich, daß die Umweltpolitik des Bundesstaates die Suche nach alternativen Nutzungsformen unterstützt. Sie konzentriert sich dabei auf die Regionen, in denen besonders offensichtliche Konflikte zwischen den Folgen ihre bisherigen Naturschutzpolitik, nämlich der Ausweisung großflächiger Schutzgebiete in besiedel-

56

ten Gebieten, und den davon betroffenen Bewohnern bestehen. Da in diesen (küstennahen) Regionen aus naturschützerischer Sicht gleichzeitig auch die wertvollsten Naturräume zu bewahren sind, ist die Wahl dieses Schwerpunktes gerade auch angesichts der noch relativ jungen umweltpolitischen Strukturen im Bundesstaat und der engen finanziellen Vorgaben gerechtfertigt. Daß dabei die Schutzpolitik in anderen, intensiv genutzten Landesteilen zu kurz kommt, ist unvermeidlich.

3.3. Umweltbewegung und Umweltbewußtsein in Brasilien

VIOLA (1988), VIOLA & LEIS (1992) und GUIMARÃES (1991) haben die Entstehung und Entwicklung der Umweltbewegung in Brasilien sowie ihren Einfluß auf die nationale Umweltpolitik ausführlich nachgezeichnet und analysiert. Der Soziologe VIOLA unterscheidet dabei drei Phasen: die erste von 1974-81, die er als rein umweltorientiert bezeichnet, dann die Übergangsphase von 1982-85 und schließlich die dritte Phase ab 1986, in der sich ein Großteil der Umweltbewegung für eine politisch aktive Rolle entschieden hat und beginnt, auch auf parlamentarischer Ebene zu wirken.

Nach der Gründung der ersten Umweltorganisation FBCN (*Fundação Brasileira de Conservação da Natureza*) 1958 in Rio de Janeiro wurde 1971 mit der Einrichtung der AGAPAN (*Associação Gaúcha de Proteção ao Ambiente Natural*) in Porto Alegre der entscheidende Grundstein für die brasilianische Umweltbewegung gelegt. Diese Organisation stand unter der agilen Führung von José Lutzenberger, und es gelang ihr, nach dem Beginn einer gewissen politischen Liberalisierung ab 1974 eine Vorbildfunktion für andere im Aufstreben befindliche regionale und nationale Bewegungen einzunehmen. Solche Gruppen bildeten sich beispielsweise gegen den Bau von Atomanlagen (1977-85) oder die Überflutung des Nationalparks Sete Quedas infolge der Errichtung des Itaipú-Kraftwerks und -Staudammes (VIOLA & LEIS 1992, S. 83). Diese erste Phase war hauptsächlich gekennzeichnet durch die Mobilisierung in kleinerem Rahmen gegen derartige Entwicklungsprojekte und gegen städtische Umweltbelastungen sowie durch die Übernahme einer "Aussteigerlebensweise" aus Nordamerika und Europa durch kleine Gruppen, die sich in relativ autarke ländliche Lebensgemeinschaften zurückzogen (VIOLA 1988, S. 215). Beide Richtungen bezeichneten sich in den 70er Jahren selbst noch als apolitisch. Die Größe der Gruppen, die Umweltprobleme auf regionaler und gegen Ende dieses Zeitraumes auch auf nationaler Ebene anprangerten, bewegte sich zwischen 10 und 20 aktiven und 50 bis 200 passiven Mitgliedern bzw. Sympathisanten (VIOLA 1988, S. 215).

In der Übergangsphase von 1981-85 weitete sich die Bewegung zahlenmäßig wie auch räumlich - von den südlichen Bundesstaaaten auf ganz Brasilien - aus. Die urbanen Bewegungen wuchsen mit den ländlich orientierten Gruppen zusammen, erweiterten so ihre jeweilige Perspektive zu einer umfassenderen Sichtweise ökologischer wie gesellschaftlicher Probleme, und, was als ganz bedeutender Schritt angesehen wird, sie engagierten sich erstmals auch auf politischer Ebene, was durch die allmähliche politische Öffnung unter der Militärregierung erleichtert wurde. Für die Wahlen der Länderparlamente 1982 wurden vereinzelt auch ökologisch ausgerichtete Kandidaten der PT (*Partido Trabalhista*) und der PMDB (*Partido do Movimento Democrático Brasileiro*) in Rio de Janeiro, São Paulo und Rio Grande do Sul von der Umweltbewegung unterstützt (VIOLA 1988, S. 219). Drei Jahre später war bereits die Mehrheit der *ecologistas* davon überzeugt, aktiv in die Politik eingreifen zu müssen: Eine zwischenstaatliche Organisation für die verfassunggebende Versammlung wurde mit Vertretern der sechs südlichen und südöstlichen Bundesländer gegründet, und im Januar 1986 entstand die *Partido Verde*.

In der ersten Hälfte der 80er Jahre hatte sich auch bereits das allgemeine Interesse der Bevölkerung an Umweltfragen entwickelt. Ökologische Probleme gewannen zunehmend Raum in den Massenmedien (VIOLA 1988, S. 221), was sich z.B. auch in dem Erscheinen der beiden neuen nationalen Zeitschriften "Outro" und "Vida e Cultura Alternativa" 1985 ausdrückte. Das wachsende Interesse an derlei Fragen und das über den harten Kern der *ecologistas* hinausgehende Engagement ist nicht nur mit den gestiegenen Umweltbelastungen in Brasilien sowie den in zunehmendem Maße auf internationaler Ebene diskutierten ökologischen Problemen zu begründen, sondern ist auch im Zusammenhang mit der Liberalisierung am Ende der Militärdiktatur und der damit verbundenen politischen Mobilisierung der Mittelklasse zu sehen.

In der zweiten Hälfte der Dekade schritt der Öffnungsprozeß voran, mit dem Ergebnis, daß sich nach VIOLA & LEIS (1992, S. 85) bereits fünf Sektoren herauskristallisierten, die sich mit Fragen der Umweltzerstörung und -politik befaßten:
- Umweltgruppen und -verbände,
- Umweltbehörden,
- NGOs, deren Themenspektrum weiter gefaßt ist als das der Umweltgruppen, z.B. bei sozialen, kirchlichen oder gewerkschaftlichen Gruppen (*socioambientalismo*),
- wissenschaftliche Einrichtungen sowie
- vereinzelt auch Unternehmer und andere Führungskräfte, die umweltpolitisch tätig sind.

Gefördert wurde die Diskussion von Umweltfragen auch durch eine Umstrukturierung der SEMA, die ab 1986 den CONAMA "aktiviert" (vgl. Kap. 3.1), die Thematisierung der Umweltproblematik auch in anderen Bundesstaaten unterstützt, die Debatte um "Umwelt und Entwicklung" initiiert sowie den Gedankenaustausch zwischen Universitäten, Instituten und Umweltgruppen mittels Seminaren unter dem Titel "Universität und Umwelt" fördert (VIOLA & LEIS 1992, S. 87). Im Verlauf der Regierungszeit Sarney wird diese aktive Funktion der SEMA in Richtung der Bewußtseinsbildung in der Bevölkerung allerdings wieder eingeschränkt.

Der Einfluß der unter dem Begriff *socioambientalismo* zusammengefaßten Gruppen auf die Ausweitung des Umweltbewußtseins wird von VIOLA & LEIS (1992, S. 88ff) als äußerst bedeutsam eingeschätzt. Ihr Wirkungskreis reicht von dem Syndikat der Kautschukzapfer (*seringueiros*), zu dem auch der 1989 ermordete Chico Mendes zählte, über *indígena*-Bewegungen, kirchliche, studentische und pazifistische Gruppen bis hin zu Teilen der Gewerkschaften, die die Verbindung von sozialen mit ökologischen Problemen im Sinne einer integrierten, sozial- und umweltverträglichen Entwicklung fordern.

Im selben Zeitraum läßt sich eine starke Zunahme der wissenschaftlichen Beschäftigung mit ökologischen Fragen feststellen, was sich leicht an der enorm gestiegenen Zahl an wissenschaftlichen Tagungen zu den verschiedenen Themenstellungen, von den Auswirkungen der städtischen Luftverschmutzung auf die Mortalität/Morbidität bis zu Fragen der ökologisch angepaßten Forstwirtschaft, ablesen läßt. Entsprechend groß ist die Fülle an Veröffentlichungen, und zwar nicht nur von naturwissenschaftlicher Seite aus, sondern gerade auch von Soziologen, Politikwissenschaftlern, Sozialgeographen und zu geringeren Teilen auch von Juristen und Ökonomen, die sich für die gesellschaftlichen Ursachen und Folgen der Umweltproblematik interessieren und sich auf die Suche nach Lösungswegen für eine nachhaltige Entwicklung im brasilianischen Kontext begeben (vgl. dazu den Sammelband von HOGAN & VIEIRA 1992, insbes. VIOLA & LEIS 1992 und VIEIRA 1992).

Das gestiegene öffentliche Interesse an Umweltfragen sei auch dokumentiert durch die Ergebnisse der Auswertung des Pressearchivs der größten überregionalen Tageszeitung São Paulos, der Folha de São Paulo: Fielen im Mittel der Jahre 1980-82 nur 36,3 Artikel in die Kategorie "Meldungen zu Umwelt/Ökologie von überregionalem Interesse", so waren es von 1989-91 bereits 101,7 Artikel (Tab. 6). Das Jahr 1992 wurde aufgrund der besonders intensiven Umweltberichterstattung im Zusammenhang mit dem Umweltgipfel in Rio de Janeiro im Juni des Jahres nicht mit in die Auswertung einbezogen.

Tab. 6 : Entwicklung der Anzahl umfangreicherer Artikel in den größten überregionalen brasilianischen Tageszeitungen zum Thema Umwelt/Ökologie mit nationalem oder internationalem Bezug 1980-91

Jahr	Anzahl	Jahr	Anzahl
1980	26	1989	83
1981	45	1990	112
1982	38	1991	110

Quelle: Eigene Auswertung von Folha de São Paulo, O Estado de São Paulo, Folha da Tarde, Jornal da Tarde, Jornal do Brasil, O Globo und Gazeta Mercantil

Bei den in den Tageszeitungen erörterten Themen handelt es sich meist um Fragen der nationalen Umweltpolitik, wie z.B. Personal- oder Strategiewechsel in IBAMA oder SEMAM, neue Leitlinien des Naturschutzes, Ausweisung von Schutzgebieten oder Berichte zur Umweltpolitik einzelner Parteien. Ein zweiter Themenkreis behandelt die Luft- und Wasserverschmutzung in städtisch-industriellen Komplexen, insbesondere in São Paulo und Cubatão. Einen besonderen Schwerpunkt in der Presse bildet seit 1990 wieder die Streitfrage um Schutz bzw. Entwicklung der Amazonasregion, ein Thema, dessen Konfliktträchtigkeit hervorragend in den konträren Positionen des Umweltstaatssekretärs Lutzenberger (bis 1992) und des Gouverneurs des Bundesstaates Amazonas, Gilberto Mestrinho, zum Ausdruck kommt. Letzterer kämpft unverdrossen für die rückhaltlose Nutzung der Region und wehrt sich im Verbund mit den brasilianischen Militärstrategen vehement gegen jegliche Beschränkung des Erschließungsvorgangs, und erst recht gegen Vorgaben, die von außerhalb, z.B. im Zusammenhang mit der internationalen Kreditvergabe, an Brasilien herangetragen werden (vgl. Folha de São Paulo vom 3.3.90, 4.8.91, 11.8.91, 28.8.91, 23.9.91, 4.10.91 und O Estado de São Paulo vom 28.10.91).

Auch die beiden bedeutendsten nationalen wöchentlichen Nachrichtenmagazine VEJA und ISTOÈ SENHOR erhöhten bis Anfang der 90er Jahre ihren Anteil an Umweltberichterstattung ganz erheblich. So wurden insbesondere während der Vorbereitungsphase für die Konferenz für Umwelt und Entwicklung in Rio unter den Rubriken "Umwelt" ("Meio Ambiente") und "Ökologie" ("Ecologia") zahlreiche Artikel zu diesem Themenfeld veröffentlicht und Interviews mit international renommierten Fachleuten aus der Umweltforschung und -politik abgedruckt.

Als ein weiteres Zeichen für das gestiegene Interesse an Umweltthemen ist die Gründung der Zeitschrift Horizonte Geográfico (1988 in São Paulo) zu sehen, die neben allgemeinen geographischen Beiträgen regelmäßig Umweltprobleme aufgreift, Naturschutzgebiete vorstellt und Informationen zu dem Bereich Umweltbildung bringt. Seit 1991 erscheint zudem die Monatszeitschrift Ecologia e Desenvolvimento, die mit einem stärker umweltpolitischen Konzept Themen im Spannungsfeld "Ökologie und Entwicklung" behandelt (Erscheinungsort: Rio de Janeiro). Beide Zeitschriften sind als einzige dieses Spektrums überregional und auch an Zeitungskiosken erhältlich.

Die ausführliche Diskussion in der Presse, vor allem in den Printmedien, um die Folgen des wirtschaftlichen Wachstums, des Bevölkerungsanstiegs oder der Ausdehnung und intensiveren Nutzung der landwirtschaftlichen Nutzfläche für die Umwelt und für die Gesundheit der Menschen, aber auch Meldungen zu Erfolgen des Natur- und Umweltschutzes belegen also insgesamt das Interesse der brasilianischen Öffentlichkeit an diesem Themenbereich. Andererseits ist auch die Rolle der Presse als Auslöserin für das steigende Umweltinteresse nicht zu verkennen, wie LEAL FILHO (1992) anhand einer Studie aus dem Bundesstaat Bahia belegt. OLIVAIS (1984) kommt in einer Untersuchung zum

Einfluß der Presse auf die kommunale Umweltpolitik in Cubatão zu dem Ergebnis, daß mittels regelmäßiger Information der Bevölkerung über bestehende Umweltprobleme das Bewußtsein und nachfolgend auch der Druck auf die lokalen Behörden derart zunahmen, daß die politischen Entscheidungsträger sich gezwungen sahen, Maßnahmen gegen die Verschmutzung zu ergreifen. Der frühere Leiter der SEMA und jetzige Professor am *Instituto de Geociências der Universidade Federal de Minas Gerais*, Roberto Messias Franco, stellt gleichfalls ein gestiegenes Umweltbewußtsein in der brasilianischen Bevölkerung wie auch in dem Bereich Verwaltung und Politik fest (FRANCO 1991, S. 177).

Umfragen zum Stellenwert der Umwelt in der Bevölkerung bestätigen tendenziell diese Entwicklung eines zunehmenden Problembewußtseins. Allerdings ist die direkte Vergleichbarkeit der Befragungen, die vereinzelt bereits seit 1975 durchgeführt werden, aufgrund der unterschiedlichen Ziele, Methoden und Umfänge der Untersuchungen nur schwer möglich. Daß selbst die Mittelschicht zur Zeit weit von einem wirklichen Bewußtsein der Umweltproblematik entfernt ist, kann - unter Berücksichtigung der genannten Einschränkung - eine Untersuchung belegen, die mit 400 Männern und 400 Frauen der Mittelklasse in sieben brasilianischen Großstädten durchgeführt wurde. Danach halten zwar 79% der Befragten "ecologia" wegen der Bedeutung der Natur für die Zukunft für sehr wichtig, wenn es aber um das Erkennen der Ursachen für Umweltverschmutzung oder um Maßnahmen geht, die, wie z.B. das Autofahren, den eigenen Aktionsraum betreffen, so zeigt sich deutlich ein sehr geringer Kenntnisstand der eigentlichen Probleme sowie vor allem eine äußerst eingeschränkte Bereitschaft, selbst zur Verminderung der Belastungen beizutragen (Jornal do Brasil, 21.9.91).

Die Ergebnisse einer im Juni 1991 durchgeführten Befragung gehen in eine ähnliche Richtung: Von 1.100 Befragten im Großraum São Paulo konnten 87% keine einzige Organisation benennen, die sich mit "ecologia" beschäftigt. 82% kennen keinerlei Behörde, die für die Umwelt zuständig ist, und nur 6% haben schon einmal etwas von dem IBAMA gehört. Fast drei Viertel der Befragten gaben an, ihr eigenes Verhalten im Hinblick auf Umweltprobleme in keiner Weise geändert zu haben, und dies, obwohl 77% Amazonien vor der Zerstörung bewahrt sehen wollen und sich immerhin 42% von der Luftverschmutzung in São Paulo belästigt fühlen (Folha de São Paulo, 30.7.91 und 31.7.91). Auch diese Befragung scheint also deutliche Hinweise auf ein eher "rhetorisches" Umweltbewußtsein zu geben.

JACOBI (1993) kommt in einer Studie zum Umweltbewußtsein von Stadtbewohnern in São Paulo zu ähnlichen Ergebnissen. Er stellt fest, daß die Wahrnehmung von Umweltproblemen zwar insgesamt sehr stark ausgeprägt ist, daß jedoch das Bewußtsein (noch) nicht so weit ausgebildet ist, daß die eigenen Handlungsmöglichkeiten zur Verbesserung der Umweltbedingungen erkannt würden. Stärker als die Besinnung auf die eigene Verantwortung zur Vermeidung oder Beseitigung dieser Probleme sei der Ruf nach einer staatlichen Autorität, die Maßnahmen ergreifen müsse.

GUIMARÃES (1991, S. 193f), der sich seit Beginn der 80er Jahre wissenschaftlich mit der brasilianischen Umweltpolitik befaßt, kommt - im Bewußtsein der Schwierigkeiten bei der Interpretation der Befragungen - zu dem Ergebnis, daß die Aufmerksamkeit der Bevölkerung gegenüber Umweltproblemen bis zum Ende der 80er Jahre signifikant gestiegen sei. Allerdings sagten Befragungsresultate wie "54% der Brasilianer messen dem Umweltschutz eine gleich große Bedeutung bei wie der Entwicklung des Landes" oder "zwei Drittel der Bevölkerung nennen die Abholzung in Amazonien als zweitwichtigstes Problem nach der Lohnpolitik" noch nichts über den tatsächlichen Informationsstand der Bevölkerung über die Umweltproblematik aus.

Die Diskrepanz zwischen der geäußerten "Betroffenheit" über bestimmte Zerstörungen einerseits und dem Wissen, dem Bewußtsein und der Bereitschaft andererseits, selbst aktiv in das Geschehen einzugreifen, ist ein Problem, das sich ganz deutlich in dem geringen Mobilisierungsgrad der Bevölkerung in Umweltgruppen sowie in dem Fehlen einer bedeutsamen nationalen Umweltbewegung ausdrückt. So ist die Mitgliederzahl in der größten Naturschutzorganisation *Fundação SOS Mata Atlântica* in São Paulo zwar bis 1989 auf 3.000 und bis 1992 auf 4.000 angestiegen (O Estado de São Paulo, 15.10.89 und Angaben der *SOS Mata Atlântica* 1992), aber, davon abgesehen, daß diese vergleichsweise gut funktionierende Organisation nur regional tätig ist, sind 4.000 Mitglieder für einen Einzugsraum von über 30 Mio. Einwohnern natürlich sehr wenig. Die nächstgrößeren bekannten Gruppen in São Paulo zählen nur 1.500 (*Associação em Defesa da Juréia*) bzw. 500 (OIKOS) Mitglieder.

Dafür, daß sich insgesamt jedoch verhalten positive Entwicklungen hinsichtlich des Umweltbewußtseins abzeichnen, sind zusammengefaßt folgende Faktoren als förderlich anzusehen:
- der gewachsene Raum der Umweltorganisationen in der Öffentlichkeit,
- die Stärkung der Bundesstaaten und Munizipien in bezug auf eigenverantwortliches Handeln im Umweltbereich,
- die zunehmende Umweltbelastung als Chance für die Mobilisierung der Bevölkerung,
- die Infragestellung des Entwicklungsmodells, auch angesichts der immensen Auslandsverschuldung, die zu neuen Wertmaßstäben führen kann,
- die Bereitschaft von Wissenschaftlern, sich in die umweltpolitische Debatte einzuschalten und neue Forschungsperspektiven zu entwickeln,
- der Einfluß internationaler Organisationen auf die Diskussion von Umweltzerstörungen und -belastungen sowie auf die Berücksichtigung von Umweltbelangen bei der Durchführung von Projekten und
- die modernisierte Umweltgesetzgebung.

Offen bleiben allerdings eine Menge von Fragen, so z.B., welche Probleme konkret in einer bestimmten Situation wahrgenommen werden und welche nicht, ob die unterschiedlichen Wahrnehmungsmuster in Abhängigkeit zu den Lebensbedingungen der Befragten, deren Umwelt und den realen Umweltproblemen stehen oder welche Rolle beispielsweise Erfahrungen mit Umweltorganisationen spielen. Auch die Frage nach dem Erkennen der eigenen Verantwortung ist für die Akzeptanz von Schutzmaßnahmen, die ja direkt in den eigenen Lebensbereich eingreifen können, von großem Interesse.

3.4. Zusammenfassung der Ergebnisse

Auf nationaler Ebene lassen sich beachtliche Erfolge für den Naturschutz festhalten: Die neue Verfassung von 1988 ist hinsichtlich der Aufnahme von Natur- und Umweltbelangen eine der modernsten der Welt, und auch die ergänzenden Gesetze und Bestimmungen sowie die von der Regierung verkündeten Programme zur Umweltpolitik versprechen für die Zukunft eine deutlich stärkere Berücksichtigung von Umweltinteressen bei der Entwicklung des Landes. Das Schutzgebietssystem ist formal nach internationalen Kriterien ausgerichtet und umfaßt zahlreiche Kategorien von der APA, die in Teilräumen explizit anthropogene Nutzungen zuläßt, bis hin zu streng geschützten Reservaten, wie den *Parques Nacionais*, *Estações Ecológicas* oder *Reservas Biológicas*. Aufgrund der föderativen Struktur Brasiliens können Munizipien und Bundesstaaten parallel zur Union Schutzgebiete ausweisen und somit innerhalb ihres Territoriums den Flächenschutz sowie auch die pauschalen Schutzbestimmungen ergänzen oder vervollständigen. Insgesamt sind seit den 80er Jahren in allen brasilianischen Landesteilen mit Schwerpunkt in der Amazonasregion große Gebiete unter Schutz gestellt worden. Sie umfassen Beispiele aller größeren Ökosystemtypen, wobei rein flächenmäßig betrachtet der amazonische Regenwald die ausgedehntesten Schutzgebiete aufweist.

Diese positiven Entwicklungen können allerdings nicht darüber hinwegtäuschen, daß in vielen Bereichen Naturschutzinteressen noch keine Berücksichtigung gefunden haben. Vor allem aber bestehen im Zusammenhang mit der Verwirklichung der Zielvorstellungen und Gesetze zum Naturschutz und der effektiven Implementierung der ausgewiesenen Schutzgebiete eine Reihe von gravierenden Defiziten und Problemen. Aufgrund fehlender finanzieller Ressourcen, unzureichender Ausstattung der Naturschutzverwaltung mit Fachkräften sowie insbesondere mangelndem politischen Willens zur Durchsetzung von Schutzmaßnahmen wird die Umsetzung der Bestimmungen fortwährend hinausgeschoben oder ganz verhindert. Politische und administrative Diskontinuitäten sorgen zudem für einen ständigen Wandel der Zielvorgaben, Programme und der Direktiven an die ausführenden Organe. Für die einzelnen Schutzgebiete hat dies in der Regel zur Folge, daß zum einen die dringend notwendige Regulierung der Besitzverhältnisse nicht in die Wege geleitet werden kann. Zum zweiten ist die Sicherung der Außengrenzen gegen unerlaubtes

Eindringen, z.B. von Siedlern und Wilderern, nicht gewährleistet. Dieses Problem stellt sich ausdrücklich nicht nur im Amazonasgebiet, sondern in ganz Brasilien. Zum dritten wird die Aufstellung von Managementplänen, die erst die endgültige Bestimmung der Teilräume des Schutzgebietes mittels eines Zonierungsplanes festlegen, beständig verzögert, so daß die jeweilige Schutzgebietsverwaltung an der Einleitung konkreter Maßnahmen gehindert wird. Aktuelle Managementpläne liegen nur für wenige Schutzgebiete vor, und bei den älteren stellt sich meist das Problem mangelnder Modernität des Schutzkonzeptes. Dabei ist vor allem die Frage von Bedeutung, ob die Interessen der Bewohner der unter Schutz gestellten Flächen sowie der angrenzenden Gebiete angemessen berücksichtigt sind, ob also die Schutzmaßnahmen Aspekte einer nachhaltigen Entwicklung im Sinne der "world conservation strategy" beinhalten. Auf der bislang verfolgten Analyseebene, d.h. im wesentlichen der Auswertung von Literatur, Berichten und Pressemeldungen, muß diese Frage noch mit "nein" beantwortet werden. Die Fallstudien im Bundesstaat São Paulo werden im Einzelfall näheren Aufschluß geben.

Der Bundesstaat São Paulo nimmt, was den Flächenschutz und den Aufbau einer Naturschutzverwaltung angeht, innerhalb Brasiliens eine führende Position ein. Die noch verbliebenen natürlichen Waldbestände unterliegen weitgehend strengen Schutzbestimmungen. Die Mata Atlântica, die Mangroven- und Restingagebiete sind gesetzlich meist sogar in zweifacher Form geschützt: über die pauschalen Schutzbestimmungen, die mittlerweile alle drei Ökosystemtypen vor dem menschlichen Zugriff bewahren sollen, sowie über die zahlreichen Schutzgebiete, die schwerpunktmäßig in dieser Region - dem Küstenraum und den angrenzenden Gebirgszügen - ausgewiesen wurden. Der Bundesstaat verfügt über mehr als 100 Schutzgebiete unter nationaler, bundesstaatlicher und munizipaler Verwaltung, von denen die Regierung des Bundesstaates São Paulo allein 75 Gebiete eingerichtet hat. Von den höherrangigen bundesstaatlichen Schutzflächen umfassen sieben zwischen 10.000 ha und 100.000 ha und zwei mehr als 100.000 ha.

Trotz prinzipiell besserer finanzieller, personeller und administrativer Rahmenbedingungen spiegeln sich jedoch die wesentlichen Probleme der Umsetzung von Schutzmaßnahmen auf nationaler Ebene im Bundesstaat São Paulo wider. Auch hier behindern ungeklärte Besitzverhältnisse, mangelhafte Überwachungsmöglichkeiten und fehlende Managementpläne die erfolgreiche Realisierung der vorhandenen Schutzbestimmungen. Ebenso sind innerhalb der Regierung und des Umweltministeriums in São Paulo in den vergangenen Jahren häufigere Richtlinienwechsel vollzogen worden, meist in Verbindung mit dem Austausch der leitenden Kräfte im Ministerium und den untergeordneten Behörden, was mitunter zu einer völligen Umorientierung der Arbeit einer ganzen Abteilung führte.

Positiv zu bewerten sind jedoch die programmatischen Ansätze in Richtung einer nachhaltigen Entwicklung, die auf mehreren Ebenen der bundesstaatlichen Naturschutzpolitik diskutiert wird und Eingang in Projekte des Naturschutzes gefunden hat. Die Entwicklung eines Küstenmanagementplanes für die Ästuar-Lagunen-Region von Iguape und Cananéia sowie die in der Planungsphase befindlichen Zonierungskonzepte für die APAs des Bundesstaates gelten als erste erfolgversprechende Schritte für die Verbindung von Naturschutz mit lokalen und regionalen Entwicklungsinteressen. Da bislang allerdings noch keiner dieser Pläne in die Praxis umgesetzt wurde, ist eine Evaluierung der Konzepte und Maßnahmen noch nicht möglich. Inwieweit für die im Vergleich zu anderen brasilianischen Bundesstaaten positiven Entwicklungen im Bundesstaat São Paulo auch auf den Einfluß des in der Öffentlichkeit gestiegenen Umweltbewußtseins sowie die Gründung von Umweltorganisationen in São Paulo zurückzuführen ist, kann noch nicht abschließend beurteilt werden. Fest steht jedoch, daß die aufkommende Umweltbewegung zumindest in wichtigen Einzelfällen die politischen Prioritäten zugunsten des Naturschutzes, beispielsweise für die Einrichtung von Schutzgebieten, verschieben konnte. Auch diesen Fragen zur Rolle des öffentlichen Bewußtseins und zum Einfluß umweltpolitischer Verbände wird in den folgenden Fallstudien nachgegangen.

4. UMWELTZERSTÖRUNG UND UMWELTWAHRNEHMUNG IM RAUM PERUÍBE / LITORAL SUL PAULISTA

Wie sich im vorangegangenen Kapitel bereits zeigte, treffen im südlichen Litoral Paulista zwei gegengerichtete Entwicklungen in besonders konfliktträchtiger Weise aufeinander: Zum einen hat die ökonomische "Inwertsetzung" des Küstenraumes große Flächen erfaßt und bewegt sich, von Santos ausgehend, weiter Richtung Süden, zum anderen sind hier ökologisch besonders wertvolle Gebiete mittlerweile beispielhaft unter Schutz gestellt worden. Diese befinden sich gegenwärtig nicht nur im Prozeß der eigenen (internen) Konsolidierung, sondern müssen zudem vehement gegen die vorrückende "Pionierfront" verteidigt werden.

Im folgenden werden diese beiden Vorgänge unter dem Blickwinkel verschiedenartiger, sich insgesamt ergänzender Fragestellungen untersucht. Einführend werden Bestimmungs-faktoren, Art und Ausmaß des Erschließungsprozesses im Litoral Sul Paulista sowie die Funktionsänderungen im Munizip Peruíbe unter dem Einfluß des sozioökonomischen Strukturwandels der Region vorgestellt (4.1). Die konkreten Auswirkungen des Landnut-zungswandels auf die Umwelt sowie die Fragen nach der Rolle der Flächennutzungs-planung und gegebenenfalls anderer Eingriffe der öffentlichen Hand für den Entwick-lungs- wie auch den Schutzprozeß schließen sich an (4.2). Nach der Bewertung der Reaktionen von öffentlicher Seite auf Umweltveränderungen und -probleme wird die Beurteilung der Situation durch die Bewohner und die Besucher des Raumes untersucht (4.3). Im Mittelpunkt stehen dabei die Fragen, ob und auf welche Weise Umweltprobleme von den verschiedenen Beteiligten (Bewohnern, Zweitwohnungsbesitzern und Besuchern) wahrgenommen werden und welche Schlüsse daraus für die zukünftige Entwicklung des Ortes und der Umgebung von den Beteiligten gezogen werden.

4.1. Kontext: Der Raum Peruíbe im Entwicklungsprozeß des südlichen Litoral Paulista

4.1.1. Bevölkerungsentwicklung

Der südliche Küstensaum des Bundesstaates São Paulo war bei der Ankunft der ersten Europäer bereits seit langem punkthaft von einigen indianischen Gruppen besiedelt. Eine erste urkundliche Erwähnung des Ortes Peruíbe durch den Jesuitenpater Anchieta stammt aus dem Jahre 1533, doch einen nennenswerten Entwicklungsschub erfuhr der Ort erst rund 400 Jahre später. Vorher, im 18. und 19. Jahrhundert, waren neben den traditionel-len, von Fischfang und in geringem Maße auch von der Subsistenzlandwirtschaft lebenden *caiçaras* (traditionelle Bewohner des Küstenraumes) dort nur wenige Bananen, Maniok und Reis anbauende kleinere *fazendeiros* (Bauern) und *posseiros* (Landbesetzer) ansässig.

Etwas weiter südlich, im heutigen Munizip Iguape, ist auch die Existenz einiger Groß-grundbesitzer mit z.T. mehreren hundert Sklaven bezeugt, jedoch betrug die Bevöl-kerungszahl im gesamten Raum von Mongaguá bis Itariri um 1800 nur knapp 1.300 Personen und bei der Volkszählung 1872 immer noch lediglich 1.586 Einwohner (ARAÚ-JO FILHO 1950, S. 35). In den heutigen Munizipien Peruíbe, Itanhaém und Mongaguá wird die Einwohnerzahl für 1940 mit zusammen 4.418 angegeben. Der leichte Bevölke-rungsanstieg in diesem Gebiet zu Beginn des Jahrhunderts wird vor allem auf den Bau der Eisenbahn Santos-Juquiá um 1914 zurückgeführt (ARAÚJO FILHO 1950, S. 46), der zunächst die Holzgewinnung für den Bahnbau selbst und nachfolgend die Ansiedlung von Bauern und Händlern sowie aufgrund der verbesserten Absatzchancen dann auch die Errichtung von Bananenplantagen förderte. Eine andere Folge der Inbetriebnahme der Eisenbahnlinie, die sich in der zweiten Hälfte des Jahrhunderts in extremer Weise ausweiten sollte, war die bereits zu jenem Zeitpunkt einsetzende Bodenspekulation in Peruíbe wie im gesamten Litoral Sul Paulista (JAHNEL 1986, S.42; PETRONE 1966, S. 93).

Tab. 7 : Bevölkerungsentwicklung im mittleren und südlichen Küstenraum von São Paulo
1950-1991

Munizip	1950	1960	1970	1980	1991
Santos	203.562	265.753	345.630	416.681	428.526
São Vicente	28.614	69.811	118.485	193.002	254.718
Cubatão	11.803	25.166	50.906	78.630	88.731
Guarujá	13.203	40.790	94.021	151.121	203.386
Praia Grande	3.070	7.597	19.704	66.011	122.104
Mongaguá	1.386	2.386	5.214	9.927	18.527
Itanhaém	5.749 [1]	7.385	14.515	27.464	33.207
Peruíbe	-	3.426	6.966	18.407	32.959
Iguape	15.093	15.298	19.211	23.373	27.877
Pedro de Toledo	4.549	4.508	6.098	6.058	7.782

[1] einschließlich Peruíbe

Quelle: Zensusdaten 1950-1991

Der Küstensaum in den Munizipien Guarujá, Praia Grande und z.T. auch in Itanhaém wurde bereits in den 50er und 60er Jahren großflächig für den Einfamilienhausbau und in Guarujá zusätzlich in Form von mehrstöckigen Apartmentkomplexen erschlossen. Die

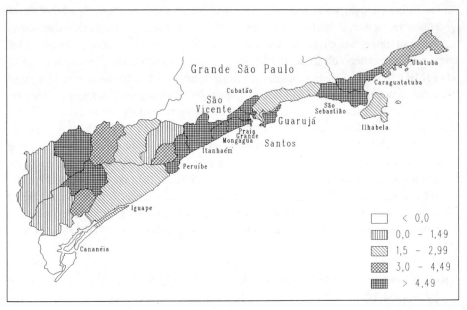

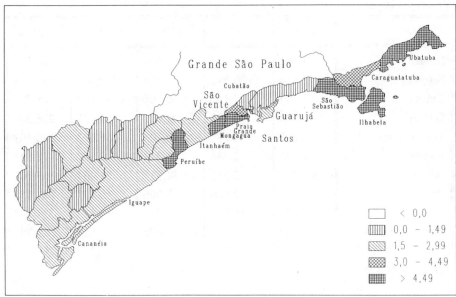

Abb. 6: Bevölkerungsentwicklung im Küstenraum von São Paulo 1960-1970 (oben) und
1980-1991 (unten) (jährliche Zuwachsrate in %)
Quelle: Eigene Berechnung nach Zensusdaten

Städte Santos und São Vicente sowie der Industriepol Cubatão verzeichneten ab 1950 ebenfalls außergewöhnlich hohe Zuwachsraten (Tab. 7 und Abb. 6). Der Ferienhausbau beschränkte sich in dieser Zeit allerdings aufgrund der mangelhaften Verkehrsanbindungen weiter entfernt gelegener Munizipien noch auf die zentralen Bereiche um Santos herum. Mit Beginn der 70er Jahre jedoch erfolgte neben dem weiterhin sehr starken Bevölkerungszuwachs in Praia Grande, São Vicente und Guarujá zunehmend auch ein enormer Anstieg der Einwohnerzahlen in Itanhaém und Peruíbe, nachdem die Asphaltierung der Küstenstraße 1975 den Ortskern von Peruíbe erreicht hatte. Während Itanhaém dann von 1980-1991 nur noch einen leichten Zuwachs verzeichnete, erfolgte in Peruíbe während dieser Dekade eine weitere Verdoppelung der Bevölkerung. Die Bebauung des Küstenbereichs war hier noch nicht so weit vorangeschritten wie in Itanhaém, und die Bautätigkeit nahm im Gegensatz zum Nachbarmunizip sogar noch zu.

4.1.2. Wandel der Wirtschaftsstruktur

Mit dem in Peruíbe in den 70er Jahren einsetzenden Entwicklungsschub erfolgte ähnlich wie vordem bereits in Praia Grande, Guarujá und São Vicente eine Tertiärisierung der Wirtschaftsstruktur, ein Prozeß, der, vom Raum Santos ausgehend, über Itanhaém und Peruíbe beständig weiter in Richtung Süden voranschreitet. In Peruíbe sinkt die absolute Zahl der in der Landwirtschaft Tätigen im Gegensatz zu den unter Flächenmangel leidenden Munizipien im Großraum Santos allerdings noch nicht. Die *zona rural* (ländliches Gebiet des Munizips) fungiert hier noch als Auffangraum für diejenigen Zuwanderer, die im Bausektor keine Arbeit (mehr) finden. Entsprechend stieg die Zahl der *população rural* von 1970 bis 1991 von 903 auf 1.462 Personen (Censo Demográfico 1970 und 1991). Auch die landwirtschaftliche Nutzfläche erhöhte sich im Munizip Peruíbe in den beiden vergangenen Dekaden noch beständig, wohingegen sie sich in den Munizipien um Santos herum und auch bereits in Itanhaém verringerte. Die Anbaufläche der mit Abstand wichtigsten *cash crop*, der Bananen, nahm beispielsweise noch von 1980-90 um gut 80% auf 2.066 ha zu (IBGE 1992). Die Tertiärisierung der Wirtschaftsstruktur wirkt sich in Peruíbe, anders als in den nördlich gelegenen Orten, absolut gesehen also noch nicht negativ auf die Landwirtschaft aus.

Für das Munizip insgesamt ist dennoch ein Wandel vom landwirtschaftlich geprägten Dorf zu einem Freizeit- und damit allgemein zu einem Dienstleistungsort festzustellen, was sich auch an dem steigenden Anteil an Zweitwohnungen ablesen läßt (Tab. 8). Die Werte für Peruíbe nähern sich mittlerweile denen Itanhaéms sowie der klassischen Ferienorte des Litoral Norte Ubatuba und Caraguatatuba. In den bereits in der Phase der "decadência" befindlichen, von unteren Sozialschichten "bevorzugten" Orten São Vicente und Praia Grande vollzieht sich, nachdem diese die Hochphase der Funktion als Zweitwohnsitz bereits in den 60er und 70er Jahren durchlaufen haben, ein gegenläufiger Prozeß: Bei absolut noch sehr hohen Bevölkerungszuwächsen sinkt in den beiden letzten Dekaden der Anteil der Zweitwohnungen an der Gesamtzahl der Wohnungen. Im Fall von São Vicente gleicht sich der Prozentsatz demjenigen der Nachbarstadt Santos an, im südlich anschlie-ßenden Praia Grande liegt er zwar noch immer sehr hoch, hat jedoch bereits um 17 Prozentpunkte abgenommen. In Mongaguá zeichnet sich eine ähnliche Tendenz ab, und in Itanhaém hat ebenfalls eine gewisse Konsolidierung eingesetzt. Der sinkende Anteil an Zweitwohnungen in Praia Grande und Mongaguá sowie die relativ hohen Anteile der im sekundären Sektor arbeitenden Bevölkerung deuten darauf hin, daß diese beiden Munizi-pien nicht nur beginnen, eine eigene Industriestruktur neben dem Handel und dem Dienstleistungssektor aufzubauen, sondern zugleich auch, ähnlich wie Guarujá und São Vicente, eine Schlafstadtfunktion für Cubatão und Santos zu übernehmen (Secretaria de Economia e Planejamento 1978). Im 90 km von diesem Wirtschaftszentrum entfernten Peruíbe ist diese Entwicklung allerdings bislang noch nicht abzusehen.

Tab. 8: Anteil der Zweitwohnungen an den gesamten Wohnungen im Küstenraum von São Paulo 1970 und 1991 (in %)

Munizip	1970	1991
Santos	28,2	25,9
São Vicente	40,8	24,0
Guarujá	30,0	45,6
Praia Grande	87,4	70,1
Mongaguá	77,0	73,9
Itanhaém	59,9	62,9
Peruíbe	47,2	58,7
Litoral Norte:		
Caraguatatuba		61,8
Ubatuba		61,4
São Sebastião		56,6
Ilhabela		46,3

Quelle: Secretaria de Economia e Planejamento 1978 und vorläufige Zensusdaten von 1991

Tab. 9 gibt einen Überblick über den Umfang der genehmigten Wohnbebauung im südli-chen Litoral. Da in der amtlichen Statistik nicht nach Einfamilienhäusern und größeren Wohnanlagen unterschieden wird, ist die Aussagekraft der Tabelle zwar eingeschränkt, doch läßt sich an der Größe der Objekte zumindest die ungefähre Relation von mehrstöckigen Wohnhäusern (die in Santos aufgrund des akuten Flächenmangels sehr häufig sind) zu kleineren Einfamilienhäusern ablesen. In Cubatão ist die durchschnittliche Größe der Gebäude wegen des großen Anteils an Genehmigungen für kleine und kleinste Arbeiterhäuser erwartungsgemäß am geringsten. Peruíbe liegt, entsprechend der Entwicklung der Einwohnerzahlen, inzwischen mit Itanhaém fast gleichauf, was sowohl die Zahl der Baugenehmigungen als auch die ausgewiesene Gesamtfläche angeht. In beiden Munizipien werden gemäß den Restriktionen für den Bau von mehrstöckigen Gebäuden hauptsächlich Ferienhäuser und kleinere Häuser/Hütten für die einheimische Bevölkerung zugelassen.

Tab. 9: Baugenehmigungen für Privatwohnungen im Küstenraum von São Paulo 1987/88

Munizip	Anzahl der Objekte	Durchschnittliche Größe der Objekte in m²	Gesamtwohnfläche in m²
Santos[1]	141	1.332	187.819
Cubatão[3]	319	79	25.169
Guarujá[2]	334	728	243.317
Praia Grande[1]	673	417	280.847
Mongaguá[3]	298	169	50.229
Itanhaém[3]	750	201	150.665
Peruíbe[3]	636	200	126.787

[1] 1987
[2] 1988
[3] arithm. Mittel der Jahre 1987 und 1988

Quelle: SEADE 1989 und 1991

Als Indikator für die rege Bautätigkeit kann auch gelten, daß allein in Peruíbe annähernd 50 Immobilienbüros und mehrere große Baustoffhandlungen gezählt wurden (eigene Kartierung). Die touristische Infrastruktur ist jedoch, abgesehen von mehreren Hotels und Pensionen, als sehr dürftig zu bezeichnen. Es gibt kein Programm für die Besucher des Ortes, auch nicht in der Saison von Dezember bis März, keine Hotel- und Gaststättenverzeichnisse und außer einem sonntäglichen Markt, einigen Bars, "Spielhöllen" und einem kleinen (unattraktiven) Shopping-Center keinerlei Anziehungspunkte für Touristen. Die beiden potentiellen Sehenswürdigkeiten, die Estação Ecológica de Juréia Itatins (EEJI) und eine Ruine aus dem 17. Jahrhundert, sind weder besonders ausgeschildert, noch für einen Besuch vorbereitet. Wie die Nachfrageseite dieses Angebot beurteilt und wie die Besucherstruktur zu charakterisieren ist, wird anhand der Befragungsergebnisse in Kap. 4.3 untersucht.

4.2. Auswirkungen des sozioökonomischen Strukturwandels auf die Umwelt

4.2.1. Der Einfluß von Landnutzungswandel und Raumplanung auf die natürliche Vegetation

Wurde das südliche Litoral Paulista zu Beginn des 20. Jahrhunderts wegen seiner äußerst sporadischen Besiedlung mit *posseiros* und wenigen größeren Landbesitzern noch als "Amazônia Paulista" bezeichnet (JAHNEL 1986, S. 39), so änderte sich dies rasch mit der "Inwertsetzung" des Litorals als Industriestandort (Cubatão/Santos) und Freizeitraum. Bereits in den 50er Jahren waren in Peruíbe große Flächen von Immobilienhändlern und/oder Bodenspekulanten aufgekauft und Teile davon für die Bebauung vorbereitet worden. Zu jener Zeit lag es noch in der Verantwortung des Munizips, die Erschließung vorzunehmen, was bis 1962, dem Jahr der ersten flächendeckenden Überfliegung des Gebietes zur Aufnahme von Luftbildern, bereits zu erheblichen Eingriffen in den küstennahen Raum geführt hatte. Die Landnutzungsklassifikation von 1962 (Abb. 7) läßt die einsetzende Siedlungserweiterung vom Ortskern am Rio Negro aus erkennen. Etliche *loteamentos* (ausgewiesene oder bereits planierte Erschließungsflächen mit Straßennetz) waren in ihrer Grundstruktur schon angelegt, ohne daß diese Flächen zu jenem Zeitpunkt allerdings bebaut waren. Kleine Weiler und Einzelsiedlungen von Kleinbauern und *caiçaras* finden sich nur im Strandbereich im östlichen Drittel der abgebildeten Fläche. Der größte Teil des unmittelbaren Küstensaumes war von Büschen und niedrigem Restingawald bzw. Gras bestanden und z.T. auch als Weideland genutzt. Diese Nutzung deutet sich im Luftbild durch eine Vielzahl kleiner Pfade vor allem im Bereich der östlichen Kleinsiedlungen an. Größere landwirtschaftlich genutzte Flächen finden sich hauptsächlich im nördlichen Teil der Gemeinde an den Hängen der Serra do Bananal sowie an der Straße nach Pedro de Toledo. Die kleingekammerte Struktur spiegelt die weite Streuung von Einzelhöfen, in der Regel von *posseiros* (JAHNEL 1986), wider.

Das Straßennetz beschränkte sich zu jener Zeit noch auf wenige befahrbare Sandwege im Kernbereich der Siedlung sowie dessen unmittelbarer Umgebung, jedoch war Peruíbe bereits von Santos sowie von Pedro de Toledo im Süden aus mit dem Auto erreichbar und somit zum Durchgangsort geworden. Auch deuteten sich zu diesem Zeitpunkt schon die weitere Entwicklungsrichtung, nämlich entlang der Straße nach Santos, sowie die Art der Erschließung - in Form von *loteamentos* - an. 1962 war ein Großteil dieser Wege innerhalb der neuen Erschließungsflächen allerdings noch nicht befahrbar, wie das Originalluftbild erkennen läßt. Das fast völlige Fehlen von Häusern außerhalb des Orts-

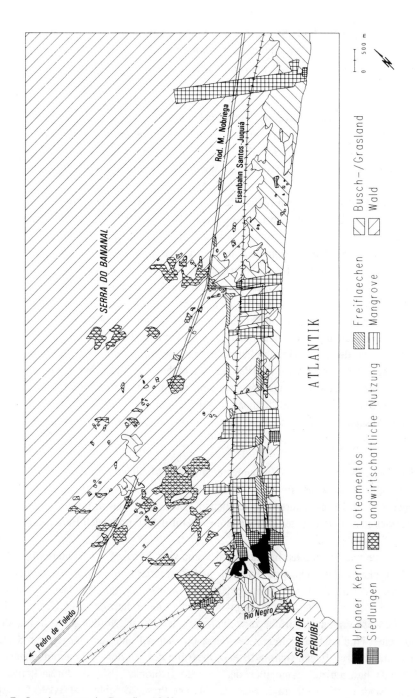

Abb. 7: Landnutzung in Peruíbe 1962
Quelle: Eigene Auswertung von Luftbildern (1:25.000) von 1962

73

kerns (und einiger Weiler in Strandnähe östlich der Hauptsiedlung) zeigt, daß sich Peruíbe zu Beginn der 60er Jahre am unmittelbaren Anfang eines rasanten Entwicklungsprozesses befand. Insgesamt zeigt die Landnutzungskartierung von 1962, daß weite Teile noch von Mata Atlântica und im Küstensaum auch von Restingawald und Dünenvegetation (in der Abbildung unter Gras- und Buschland zusammengefaßt) sowie kleinere Flächen mit Mangrovenwald bestanden waren. Die tatsächlich bebaute Fläche beschränkte sich noch auf wenige Prozentanteile des Kartenausschnitts. Die *loteamentos* befanden sich erst in der Entstehungsphase, d.h., daß erst die Trassen für die entstehenden Straßen und Wege freigeräumt waren und mit der Bebauung noch nicht begonnen wurde.

Die vorgezeichnete Expansion realisierte sich mit dem Ausbau des Straßennetzes bereits bis Anfang der 70er Jahre, wie Luftbilder von 1973 erkennen lassen. Ein beträchtlicher Teil des innerörtlichen Straßennetzes, insbesondere südlich der Avenida Padre Anchieta, wurde in den 70er Jahren asphaltiert bzw. gepflastert, und auch die nördliche Umgehungsstraße, die Rodovia Manoel Nobriega, die den Großraum Santos mit Südbrasilien verbindet, ist geschlossen und geteert, nachdem auf dem Luftbild von 1962 noch deutlich die Baumaßnahmen erkennbar waren. Der Straßenanschluß und die Asphaltierung auch der innerörtlichen Hauptstraße in Peruíbe, der über 7 km langen Avenida Padre Anchieta, wird von dem damaligen Präfekten und heutigen kommunalen Abgeordneten Dr. Jorge - der im übrigen der größte Immobilienmakler am Ort ist - noch heute als ganz entscheidender Schritt für die Entwicklung Peruíbes angesehen. Auf diese Weise konnten finanzkräftigere Käuferschichten angezogen werden, die die im Vergleich zu den nördlichen Orten etwas ruhigere Lage bevorzugten und denen mit der Straßenasphaltierung auch ein weiterer Ausbau der Infrastruktur in Aussicht gestellt wurde (Interview mit Dr. Jorge, 4.5.93).

In den 70er Jahren wurden die planungsrechtlichen Grundlagen für die weitere Erschließung Peruíbes geschaffen. Der *plano diretor* (Stadtentwicklungsplan) von 1979 sowie die in jener Zeit initiierten naturschutzrechtlichen Voraussetzungen in Form der Einrichtung einiger Schutzgebiete regelten den weiteren Ablauf der kommunalen Entwicklung.

Das Munizip wurde zunächst in eine "rurale" und eine "urbane" Zone unterteilt (Abb. 8). Innerhalb der ruralen Zone sind nur land- und forstwirtschaftliche Tätigkeiten sowie die Ausführung der durch übergeordnete gesetzliche Maßnahmen gestatteten bzw. geforderten Tätigkeiten, wie z.B. Sand- und Kiesgewinnung oder der Schutz der Natur, erlaubt. Diese ländliche Zone umfaßt in Peruíbe zum einen vor allem die im Norden gelegenen landwirtschaftlichen Nutzflächen zwischen der Serra do Bananal und den Hängen der Serra do Mar. Zum anderen finden sich in dieser Zone Teile der seit den 70er Jahren eingerichteten Naturschutzgebiete, namentlich der Estação Ecológica (EE) de Juréia-Itatins, des Parque Estadual (PE) da Serra do Mar, der Área de Proteção Ambiental (APA) Cananéia-Iguape-Peruíbe, des Indianerschutzgebietes Reserva Indígena Serra do Itariri. Hinzu

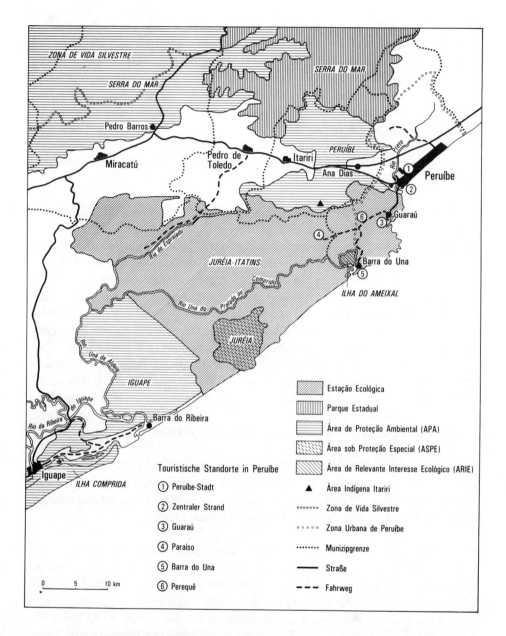

Abb. 8: Schutzgebiete und Verwaltungsgliederung im Raum Peruíbe-Estação Ecológica de Juréia-Itatins

Quelle: Eigene Zusammenstellung nach topographischen Karten und Angaben der Secretaria do Meio Ambiente São Paulo

kommen die im Atlantik gelegenen Inseln Ilhas Queimada Grande und Pequena, die als *Áreas de Relevante Interesse Ecológico* (ARIE) ausgewiesen sind, und schließlich die Estação Ecológica Nacional de Tupiniquins (vgl. Abb. 5). Andere Bereiche dieser Schutzgebiete sind allerdings administrativ sogar der urbanen Zone zugeteilt, was, nebenbei bemerkt, deutlich macht, daß die Unterteilung der Bevölkerung in "urbane" und "rurale" Bewohner mitunter nur sehr wenig über deren tatsächliche Wohnsituation aussagt. Innerhalb der Schutzgebiete (in den zu Peruíbe gehörigen Teilen) lebten 1991 immerhin 1.543 Personen (= 4,7% der Gesamtbevölkerung des Munizips), davon allein 802 im PE da Serra do Mar und 503 in der EE de Juréia-Itatins (unveröffentlichte Daten des Censo Demográfico 1991).

Flächenmäßig wie auch vom Schutzstatus her ist die 1986 ausgewiesene EE Juréia-Itatins das bedeutendste dieser Schutzgebiete. In ihr ist prinzipiell jegliche menschliche Nutzung, die nicht wissenschaftlichen oder umwelterzieherischen Zwecken dient, verboten. Zudem liegt die Verfügungsgewalt über das Gebiet bei dem Umweltministerium São Paulo und nicht mehr bei dem Munizip, so daß die Fläche als potentielle Steuereinnahmequelle für Peruíbe wie auch für die anderen Munizipien ausfällt. Gleiches gilt für den unter bundesstaatlicher Verwaltung stehenden PE da Serra do Mar und die unter Kontrolle der Union befindlichen Inseln Ilhas Queimadas Grande und Pequena (ARIES) und die EE Tupiniquins. Die APA Cananéia-Iguape-Peruíbe ist erheblich weniger stark geschützt (vgl. Kap. 3.2.1). Hier können laut Gesetz Maßnahmen zur regionalen und/oder kommunalen Entwicklung durchgeführt werden, solange sie im Einklang mit der Natur stehen. Die aktuellen Nutzungen werden in der APA kaum eingeschränkt, wohl aber unterliegen neu hinzukommende wirtschaftliche Aktivitäten der Genehmigungspflicht durch die entsprechende Abteilung (DEPRN) des Umweltministeriums São Paulo.

Die bereits in Kapitel 3 erläuterten Bestimmungen zum Küstenmanagement und zum Schutz der Vegetationsformen der Mata Atlântica, Restinga und Mangrove (*Áreas de Preservação Permanente*) gelten natürlich auch für Peruíbe. Sie sind, da nationales Recht, bei der Flächennutzungsplanung des Munizips zu berücksichtigen.

Im Vergleich mit den beiden in der *zona rural* befindlichen landwirtschaftlich geprägten bzw. durch dünn besiedelte Schutzgebiete gekennzeichneten Teilräumen nimmt die *zona urbana* einen sehr viel höheren Stellenwert im Entwicklungsprozeß der Gemeinde ein. Innerhalb dieser Zone wurde eine weitere Zonierung durchgeführt, die zunächst nur darin bestand, den gesamten Küstensaum in *loteamentos* zu unterteilen sowie im Abschnitt von der Strandlinie bis zur Hauptstraße Avenida Padre Anchieta keine mehrstöckigen Bauten zuzulassen. Der mit leichten Veränderungen bis heute gültige Flächennutzungsplan von 1979 (Abb. 9) bildete somit die rechtliche Grundlage für den "Verkauf" des gesamten Küstenstreifens von dem Bergmassiv im Süden fast bis zur Grenze nach Itanhaém für den Bau von Ferienhäusern. Dieser Streifen ist auf einer Länge von 10 km und einer Breite von über 1 km von der Strandlinie ausgehend für die extensive Bebauung mit Einfamilienhäusern und in Ausnahmefällen auch für Apartmentwohnanlagen reserviert. Die Zonen 1 und 2 sehen ausschließlich Wohnnutzung mit geringer Bevölkerungsdichte vor. Die südlich des Stadtkerns ebenfalls direkt am Strand gelegene Zone 3 umfaßt "vorwiegende Wohnnutzung mit mittlerer Bevölkerungsdichte" (Prefeitura Municipal de Peruíbe 1979).

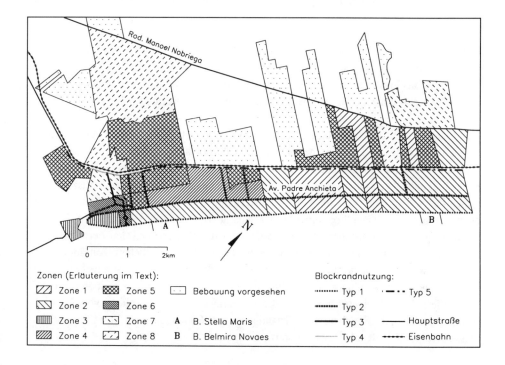

Abb. 9: Flächennutzungsplan der Stadt Peruíbe von 1979

Quelle: Prefeitura Municipal de Peruíbe (1979)

Der nordöstlich anschließende Teil des Küstenstreifens (außerhalb des Kartenausschnitts) ist mit weiteren 4 km Länge bis nach Itanhaém für die touristische Nutzung in Form von Hotels, geschlossenen Wohnanlagen und sog. "villages" mit "hohem Niveau" vorgesehen (*zona de reserva especial*), wobei nach diesem bereits vorliegenden, allerdings noch nicht rechtskräftigen (d.h. von der Munizipsversammlung verabschiedeten) Ergänzungsplan dort nur jeweils 30 % der Grundfläche bebaut werden dürfen. In Zone 4 und 5 (Abb. 9) ist Mischnutzung bei höherer bzw. höchster Bevölkerungsdichte vorgesehen, und die Zone 6 umgrenzt mit dem alten Stadtkern das Hauptgeschäftsviertel Peruíbes. Die Nutzung der

Zonen 7 und 8 ist noch nicht näher bestimmt, doch wird in diesen Bereichen, insbesondere in den Abschnitten nordwestlich des Zentrums, bereits gebaut. Auch in dem am nordwestlichen Kartenrand als Zone 7 gekennzeichneten Gebiet leben schon seit langem Bewohner der Unterschicht in einfachen Häusern und Hütten. In dem in Abb. 9 als "Bebauung vorgesehen" bezeichneten Abschnitt scheint aufgrund der Einzeichnung des Straßennetzes im Flächennutzungsplan ebenfalls künftige Wohnnutzung anvisiert zu sein.

Die fünf Typen der Blockrandnutzung zeigen in der Reihenfolge der Darstellung die erlaubten Aktivitäten von der eingeschränkten Dienstleistung (Typ 1: Strandstraße) über verschiedene Einzelhandelsarten (Typ 2: Hauptstraße Padre M. Anchieta, Typ 3: Hauptgeschäftsstraße im Zentrum) bis hin zur Zulassung von Großhandelsunternehmen (Baustoffhandlungen u.a.) an der parallel zur Eisenbahnlinie verlaufenden Umgehungsstraße.

Der Flächennutzungsplan Peruíbes macht die ausschließliche Orientierung der Gemeinde auf den Tourismus und hier wiederum fast ausnahmslos auf den Bau von Ferienhäusern für die Mittel- und Oberschicht São Paulos deutlich. Zwar sind kleinere Flächen für den Bereich Handel/Dienstleistungen vorgesehen, jedoch basiert dieser Wirtschaftszweig im wesentlichen auf dem Verkauf von Baumaterialien und Konsumgütern und ist damit ebenfalls vom Tourismus/Freizeitwohnen abhängig. Besonders bezeichnend ist die vollständige Freigabe des gesamten Küstenstreifens für den Bau von privaten Ferienhäusern, abgesehen von den wegen der Steilhänge nicht bebaubaren südlichen Teilräumen des Munizips, denen die heute unter Naturschutz stehende EE Juréia-Itatins angehört. Auch der attraktive Standort Guaraú (vgl. Abb. 8), ein 8 km vom Zentrum inmitten der Berghänge dieses Schutzgebietes gelegener Ortsteil Peruíbes, wurde in seinem von Restingawald bestandenen Tieflandbereich vollständig für die Wohnnutzung in Form von Ferienhäusern verplant (vgl. folgendes Kapitel).

Bis 1992 (Abb. 10) sind die *loteamentos* von 1962 bis auf eine Ausnahme (die Erschließungsfläche an der Grenze zu Itanhaém) erwartungsgemäß komplett in die urbane Fläche integriert worden. Die im Flächennutzungsplan von 1979 als Zonen 1-6 ausgewiesenen Gebiete und zum Teil auch die Zone 7 sind, wie aus dem Satellitenbild ersichtlich, fast vollständig bebaut. Dabei ist auf dem Falschfarbenbild innerhalb der rosarot dargestellten urbanen Fläche die Struktur des (weißen) Straßennetzes noch deutlich zu erkennen. In diese Zonen fällt der gesamte zentrale Küstenstreifen des Ortes von 10 km Länge und mehr als 1 km Breite, der mit Einfamilienhäusern und in Ausnahmefällen auch mit Apartmentwohnanlagen überbaut wurde (vgl. Foto 2). Das nordöstliche Drittel dieses Streifens bis zur Munizipgrenze von Itanhaém, wo sich die Bebauung fortsetzt, ist bislang weitgehend freigeblieben. Die dort zu erkennenden, etwas dunkler raso gefärbten Streifen kennzeichnen die Vegetationsschäden, die der Abbau von Sand in diesem unter nationaler Verwaltung stehendem Areal hinterlassen haben.

Abb. 10: Landnutzung in Peruíbe 1992: Falschfarbenkompositbild der ersten drei Haupt-
komponenten (Landsat TM5 vom 19.4.1992)(Erläuterung im Text)

An die urbane Fläche schließen sich nördlich *loteamentos* an. Diese Landnutzungsart ist anhand der Satellitendaten allerdings nicht immer eindeutig von Gras-/Buschland zu unterscheiden. Der Grund für die minimale spektrale Differenz liegt darin, daß *loteamento*-Flächen häufig nur vorläufig "gesäubert", d.h. durch Abbrennen oder Planieren von Wald, einzelnen Bäumen und Büschen befreit, aber anschließend gleich wieder mit Vegetation überdeckt werden (vgl. Foto 3). Dieser Sekundärbewuchs einschließlich stehengelassener Bäume oder Baumgruppen unterscheidet sich nur unwesentlich von niedriger Restingavegetation oder von Busch- und Grasland, welches auch als Weide genutzt wird. Ein Erkennungsmerkmal ergibt sich allerdings aus der Textur, die bei *loteamentos* durch Wege, Straßen und meist rechtwinklige Begrenzungslinien bestimmt wird. Dies wird z.B. deutlich bei den zwischen der Eisenbahnlinie und der Rodovia Manoel Nobriega gelegenen *loteamentos* (vgl. Abb. 7, 9 und 10).

Infolge der massiven Besiedlung des Küstenstreifens ist die natürliche Vegetation - Restingawald (in Abb. 10 hellgrün), Mata Atlântica (gelb-braun) und Dünenvegetation - fast vollständig verschwunden. Auch die im Küstensaum nördlich an die urbane Fläche anschließenden Mata Atlântica-Bestände sowie einzelne Mangrovengebiete sind durch die geplante Erweiterung der touristischen Nutzung bis an die Munizipgrenze heran bedroht. Einzig die größere Mangrovenfläche (dunkelgrün) des Rio Negro im südwestlichen Anschluß an den alten Stadtkern ist erhalten geblieben. Die Zerstörung der Vegetation stand dabei im eklatanten Widerspruch zum nationalen *Código Florestal* von 1965, dessen Artikel 2 sämtliche Mangroven-, Dünen- und Restingagebiete Brasiliens als *Área de Preservação Permanente* pauschal unter Schutz stellt. Dieses Gesetz wurde allerdings in Brasilien so gut wie nie bei der gemeindlichen Flächennutzungsplanung berücksichtigt. Erst in jüngster Zeit, unter dem Einfluß der gewandelten öffentlichen Meinung in bezug auf Umweltprobleme sowie im Zuge der Umsetzung der neuen Verfassung von 1988, in die der Natur- und Umweltschutz mit aufgenommen wurde, beginnen auch die Munizipien, bestehende Umweltgesetze ernst zu nehmen. Die Stadt Peruíbe übernimmt in dieser Hinsicht allerdings keine Vorreiterrolle; im Gegenteil, die Umweltabteilung der städtischen Verwaltung wurde nach den letzten Wahlen im Januar 1993 sogar wieder aufgelöst. Umweltbelange werden jetzt wieder von dem Amt für Tourismus "miterledigt", wie der Tourismussekretär - ein städtischer Bauunterneh-mer - in einem Interview bekanntgab.

Verantwortlich für die Vegetationszerstörung ist zum einen die Erschließung des Küstenstreifens für den Freizeitsektor in Form von Ferienhaussiedlungen. Zum anderen führte die Verdrängung der Landwirtschaft aus den angestammten Gebieten in Küstennähe in Verbindung mit der Zuwanderung neuer Siedler in die Randbereiche des Munizips, d.h. vor allem an die Hänge der ursprünglich geschlossen mit Wald bedeckten Serra do Mar und Serra do Paranapiacaba, zur großflächigen Vernichtung von Mata Atlântica-Beständen (vgl. Abb. 7 und 10). Betroffen sind insbesondere die nordwestlichen Bereiche des Munizips, in denen neben Bananenplantagen auch neue kleinbäuerliche Siedlerstellen entstanden. Im weiteren Verlauf der Straße nach Pedro de Toledo wurde die natürliche Vegetation durch die Ausweitung der landwirtschaftlichen Nutzfläche - hier in der Hauptsache für Bananenplantagen - gleichfalls in großem Umfang zerstört. Das Schutzgebiet EEJI ist somit von allen drei Seiten von intensiver landwirtschaftlicher Nutzung umgeben, denn von Iguape im Süden aus nähert sich die "Nutzungsfront" ebenfalls der Grenze des Schutzgebietes.

Nach Peruíbe zugewandert sind allerdings in den vergangenen 30 Jahren nicht nur Kleinbauern, sondern in weitaus größerem Maße auch einfache Arbeiterfamilien, die im Baugewerbe oder übrigen vom Tourismus abhängigen Dienstleistungssektor ihr Einkommen suchen. Sie sorgen für eine beständige Ausdehnung der urbanen Fläche in vormals landwirtschaftlich genutzte Gebiete sowie nördlich der Umgehungsstraße auch in Primär- oder Sekundärwaldgebiete. Betroffen sind hiervon wiederum der Küstenregenwald und die Restinga.

Zusammenfassend ist festzuhalten, daß sich die von Praia Grande Richtung Süden voranschreitende Zerstörung der natürlichen küstennahen Vegetation mittlerweile bis in die Mitte des Munizips Peruíbe fortgesetzt hat. Die Dünenvegetationsformen fallen dabei meist vollständig der Bebauung mit Zweitwohnungen zum Opfer, die Mata Atlântica ist zusätzlich durch die Expansion der Landwirtschaft bedroht.

4.2.2. Problemfeld zusätzlicher Flächenverbrauch durch Spekulation

Ein weiterer gravierender Problembereich wird bei der Untersuchung der Intensität der Flächennutzung und der Art und Weise des Erschließungsvorgangs deutlich. Die Karten des Landnutzungswandels vermittelten aufgrund des hohen Generalisierungsgrades den Eindruck, daß das gesamte als Stadtfläche ausgewiesene Gebiet vollständig überbaut sei. Daß dies nicht der Fall ist, zeigt eine Detailkartierung des Ortsabschnitts Balneário Stella Maris, der sich direkt östlich an den kleinstädtischen Kern Peruíbes anschließt und aus diesem Grund bereits in den 60er Jahren die Bebauungsphase erreichte, nachdem 1948 eine Immobiliengesellschaft die gesamte Fläche von fünf Familien aufgekauft hatte (Abb. 11). Selbst in diesem zentralen städtischen Bereich sind 30 Jahre nach Einsetzen der Erschließung noch 27% der Parzellen frei, und dies obwohl die Steuer für unbebaute Grundstücke 8 mal höher ist als für bebaute (Information der *Prefeitura Municipal de Peruíbe*). Der Verdacht auf Bodenspekulation wird erhärtet durch die Tatsache, daß auffällig viele zusammenhängende Grundstücke noch nicht genutzt werden. Offensichtlich wurden diese Blöcke von Einzelpersonen oder Immobilienhändlern erworben, die nicht die Absicht hatten, dort gleich zu bauen, und es vorzogen, in Erwartung eines Preisanstiegs die Steuern zu zahlen (oder auch nicht), statt die Parzellen weiterzuverkaufen. Die relativ geringe Bebauungsdichte ist also zu einem erheblichen Teil nicht darauf zurückzuführen,

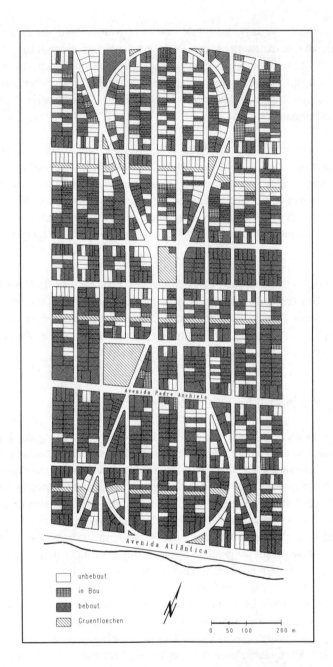

Abb. 11: Bebauungsdichte im Stadtteil Balneário Stella Maris, Peruíbe (Lage vgl.
Abb. 9)
Quelle: Eigene Kartierung, März 1993

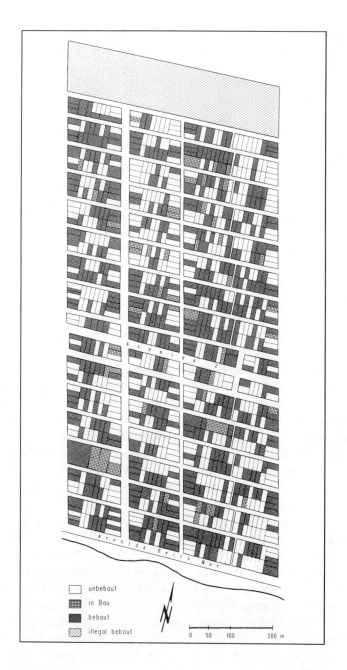

Abb. 12: Bebauungsdichte im Stadtteil Balneário Belmira Novaes, Peruíbe (Lage vgl.
 Abb. 9)
Quelle: Eigene Kartierung, März 1994

daß Mitglieder unterer Einkommensgruppen nach dem Erwerb des Grundstücks aus Geldmangel zunächst auf die Bebauung verzichten mußten. Dieses Argument wird von offizieller Seite wie auch von Immobilienhändlern häufig angeführt, um eine gesetzliche Festschreibung des Bauzwanges innerhalb einer bestimmten Frist nach Kauf der Parzelle aus angeblich sozialen Gründen zu verhindern.

Die für den An- und Weiterverkauf des größten Teils der Grundstücke und Häuser von Stella Maris zuständige Immobiliengesellschaft bestätigte in einem Interview (16.3.93) die These der Spekulation. Nahezu alle Parzellen seien bereits seit längerem von der Gesellschaft verkauft worden, und der größte Teil der noch freien Fläche werde von den derzeitigen Besitzern, meist Personen oder Unternehmen aus Guarujá und São Paulo, aus den besagten Gründen noch nicht zum Wiederverkauf angeboten. Die Grundsteuer sei zudem viel zu niedrig, um Spekulation mit den Grundstücken verhindern zu können - eine Ansicht, die auch von Vertretern der Präfektur geteilt wird (Interviews am 15.3.93).

Mit der Entfernung vom Zentrum nimmt auch der Anteil der freien Parzellen beständig zu. Am östlichen Ortsrand sind nur noch 50 % der Grundstücke bebaut, wie die Kartierung des Stadtteiles Belmira Novaes zeigt (Abb. 12). In den weiter vom Strand entfernt gelegenen Bereichen liegt der Anteil noch erheblich darunter. Trotzdem gibt die Präfektur immer neue Flächen zur Erschließung, d.h. zunächst einmal nur zum Abholzen und Planieren, frei. Die "Rodungsfront" schreitet inzwischen in den nördlich der Eisenbahnlinie liegenden Gemeindeflächen kräftig voran und damit in Gebiete, die aufgrund der Distanz und der äußerst dürftigen Verkehrsverbindungen zum Strand (Hindernis ist die Eisenbahnlinie ohne Fahrzeugübergänge) für den Interessentenkreis der wohlhabenderen Zweitwohnungsbesitzer nicht mehr in Frage kommen (vgl. Abb. 10). Um auch diese Flächen noch verkaufen zu können, werden auf Betreiben der Immobiliengesellschaften an den Wochenenden ganze Busladungen von potentiellen Käufern aus São Paulo nach Peruíbe gebracht. Nach Auskunft der Makler handelt es sich dabei um Mitglieder der städtischen Arbeiterschicht, die sich ein drei- bis viermal so teures Grundstück in Strandnähe nicht leisten können und deshalb auf diese ungünstigen Standorte zurückgreifen müssen. Eine zweite, in geringerem Umfang auftretende Käuferschicht stellen Personen dar, die nicht eine Zweitwohnung suchen, sondern die sich in Peruíbe als einfache Arbeiter niederlassen wollen. Der damit verbundene (bereits angedeutete) Prozeß der Entstehung von ausgedehnten *squatter settlements* befindet sich in Peruíbe zwar erst in der Anfangsphase, im Nachbarmunizip Itanhaém werden jedoch bereits große Flächen entlang der ca. 1 km im Landesinneren verlaufenden Küstenstraße von derartigen Siedlungen in Anspruch genommen. Auch diese Entwicklung hat sich, von São Vicente ausgehend, Richtung Süden fortgesetzt und macht zur Zeit in Peruíbe vor dem Schutzgebiet Estação Ecológica de Juréia-Itatins halt.

Ein weiteres Beispiel soll die für das Litoral typischen Abläufe und möglichen Probleme bei der Erschließung und dem Verkauf von Grundstücken verdeutlichen. Es handelt sich um den ca. 8 km vom Stadtkern Peruíbe entfernten Ortsteil Guaraú, der bis in die 60er Jahre hinein nur von einigen Bauern bewohnt war (Foto 4). Der größte Teil der Tiefebene um den Fluß Guaraú war mit Mangrovenvegetation, Restingawald und an der Küstenlinie mit Dünen bedeckt. Mitte der 60er Jahre kaufte die Immobiliengesellschaft Garça Vermelha diese Flächen auf und bereitete die Erschließung vor. Ein Plan mit umfangreichem Straßennetz wurde erstellt, die Wege und Straßen freigeräumt und anschließend der Verkauf der Grundstücke in Angriff genommen. Abb. 13 zeigt das geplante und zum größten Teil damals auch freigeräumte Straßennetz des *loteamento* sowie die 1993 tatsächlich vorhandenen Wege und bebauten Grundstücke der Siedlung. Bis 1993 wurden fast alle Parzellen verkauft, auch die offensichtlich nicht zugänglichen Grundstücke inmitten des Waldes (Auskunft der Immobiliengesellschaft und Einschätzung der Präfektur im Mai 1993).

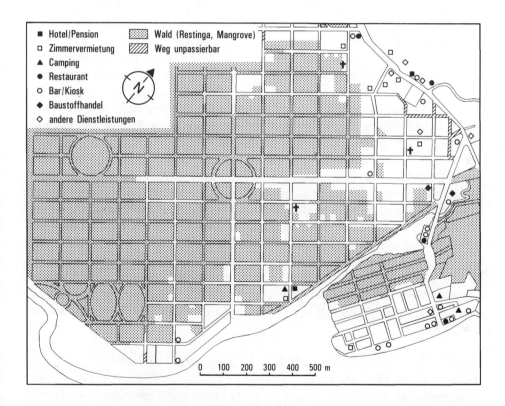

Abb. 13: Guaraú/Peruíbe: Ursprünglich geplante (bzw. vorbereitete) und heutige Bebauung (Erläuterung im Text)
Quelle: Eigene Kartierung, Mai 1993

Der Bericht einer Käuferin dokumentiert die aktuelle Problemlage für die Grundstücks-besitzer (Interview im März 1993): "Mein Mann und ich haben vor gut zwei Jahren hier ein Grundstück gekauft. Der Makler in São Paulo hat uns auf einem Plan das Grundstück gezeigt. Es sah so aus, als ob hier alles erschlossen wäre, alle Straßen waren eingezeich-net und die *lotes* (Grundstücke) eingetragen. Jetzt sind wir schon das zweite Wochenende hier und laufen mit dem Buschmesser im Wald herum und versuchen die Grundstücks-grenzen zu finden und wenigstens einmal freizuschlagen ...". Die Straße zu dem betref-fenden *lote* ist seit Jahren bereits wieder zugewachsen, das Grundstück selbst liegt irgendwo mitten im 20 m hohen Sekundärwald versteckt. An jedem halbwegs regenfreien Wochenende suchen hier mehrere Käufer nach ihrem *lote*, das sie in São Paulo erworben haben, ohne sich jemals die Situation vor Ort angesehen zu haben. Viele der Parzellen wurden auch von vornherein ohne jegliche Bauabsicht, nur als Geldanlage erworben, so z.B. von einem am selben Tag dort angetroffenen Herrn aus Guarujá, der 1987 ein Grundstück kaufte, das inzwischen ebenfalls wieder völlig zugewachsen ist.

Die Präfektur von Peruíbe, die heute eigentlich für die Instandhaltung der Infrastruktur zuständig ist, sieht sich nicht in der Verantwortung, diese Leistung auch zu erbringen, da erstens die von der Immobiliengesellschaft vorgenommene Erschließung unzureichend war und es zweitens zu "Unregelmäßigkeiten" bei dem Grundstücksverkauf, d.h. vor allem zu Mehrfachverkäufen desselben *lotes* und fehlenden Grundbucheintragungen, gekommen war. Angesichts dieser Umstände weigert sie sich, quasi für die Immobiliengesellschaft im Nachhinein Infrastrukturleistungen (Straßenbau, Elektrizität, Wasser) zu erbringen, zumal es für die Stadtverwaltung zur Zeit viel einträglicher ist, sich auf die Erschließung neuer Flächen in zentraleren Bereichen nördlich der Eisenbahnlinie durch *loteadoras* (Erschließungsgesellschaften) zu konzentrieren und dann von den Neubesitzern Grund-steuer zu erheben. Einer Erschließung und Abholzung der Restinga-(Primär- und Sekun-därwald)gebiete in Guaraú steht allerdings auch in Zukunft nichts im Wege, da das Areal schon im Flächennutzungsplan von 1979 zur *zona urbana* erklärt wurde und die *lotes* zudem bereits verkauft sind. Aufgrund dieses Status' als *zona urbana* ist auch ein Ein-greifen der Umweltbehörden in São Paulo bzw. Santos (DEPRN) nicht möglich, obwohl das Gebiet innerhalb der 10 km-Zone um eine *Estação Ecológica* liegt (vgl. Schutz-bestimmungen Abschnitt 3.2.2) und es außerdem als *Área de Preservação Permanente* geschützt wäre.

Guaraú ist ein Beispiel für die radikale Erschließung eines Restingagebietes durch eine Immobilienfirma und nachfolgende "unfreiwillige Renaturierung" aufgrund mangelhafter Abstimmung und rechtlicher Probleme zwischen Erschließungsunternehmen und Präfek-tur. Deutlich wird auch, daß die Ausweisung von *loteamentos* oftmals eher auf dem Handel bzw. der Spekulation mit Grundbesitz, denn auf tatsächlicher Bauabsicht oder gar Mangel an Bauland begründet ist. Der Flächenverbrauch wird dadurch im Küstenraum völlig unnötig in die Höhe getrieben. Ist ein Gebiet schließlich erst einmal als *loteamento* ausgewiesen, ist es äußerst schwierig, diese Flächen nachträglich dem Naturschutz zuzuführen, selbst wenn es offensichtlich nicht als Bauland genutzt (und benötigt) wird. Neben besitzrechtlichen Verquickungen und mit der juristischen Praxis verbundenen Problemen (Überlastung von Gerichten, Verschleppung von Verfahren etc.) sind fehlende Mittel für Entschädigungsleistungen als weiterer und oftmals entscheidender Hinderungs-grund für die Nicht-Einleitung eines derartigen Verfahrens anzusehen.

4.2.3. Problemfeld Gewässerverschmutzung

Der rasante Bevölkerungsanstieg im Munizip Peruíbe beeinflußte ganz erheblich die Qualität der Binnen- und Küstengewässer in diesem Raum. Aus Abb. 14 wird deutlich, daß die Belastung der Küstengewässer in Peruíbe zwar geringer ist als in den übrigen, nördlich gelegenen Badeorten des Litoral Sul und insbesondere als in den Städten der Baixada Santista (Santos, São Vicente, Guarujá, Praia Grande). Doch ist gerade an den zentralen Stränden des Badeortes die Güte oftmals nicht ausreichend für die CETESB-Kategorie "zum Baden geeignet", die den Klassen sehr gut bis befriedigend in Abb. 15 entspricht. So wurde 1992/93 der meistbesuchte Strandabschnitt an der Avenida São João bei nahezu einem Drittel der Messungen, die jeweils für eine ganze Woche Gültigkeit haben und in den Tageszeitungen publiziert werden, als stark verschmutzt eingestuft (Abb. 15). Betrachtet man nur die Hochsaison von Mitte Dezember bis Mitte März, so fallen sogar 42% der Wochen in diese Klasse. An den drei weiteren städtischen Meß-stationen Icaraíba, Parque Turístico und Balneário São João Batista werden ähnliche Konzentrationen an Fäkalkoliformen erreicht, wobei die Prozentwerte der zum Baden ungeeigneten Wochen innerhalb der Sommersaison z.T. sogar doppelt so hoch sind wie im gesamten Zweijahreszeitraum. Nur die beiden südlich des Ortes gelegenen Strände Prainha und Guaraú verzeichnen noch durchweg akzeptable Werte, wenngleich in Guaraú Beeinträchtigungen der Wasserqualität durch Einleitungen ungeklärter Abwässer über den Rio Guaraú während der Saison bereits deutlich spürbar sind (CETESB 1994).

Bei der Interpretation der CETESB-Daten ist allerdings zu berücksichtigen, daß sich die Ergebnisse der seit 1992 mittlerweile an allen sechs Standorten wöchentlich durchgeführ-ten Messungen nicht direkt in den vier Klassifikationsstufen widerspiegeln. Vielmehr werden für die Bestimmung der Wasserqualität einer Woche jeweils zusätzlich die Daten der vorangegangenen vier Wochen nach dem in Tab. 10 dargestellten Schema integriert. Diese Ergebnisse werden im übrigen regelmäßig in den größeren Tageszeitungen ver-öffentlicht.

Diese Klassifizierungsmethode hat zwar zur Folge, daß vereinzelt auftretende hohe Belastungen in vielen Fällen nicht an die Öffentlichkeit weitergegeben werden - etwa "Ausreißer" nach Starkregenereignissen -, andererseits jedoch bei einer Häufung von

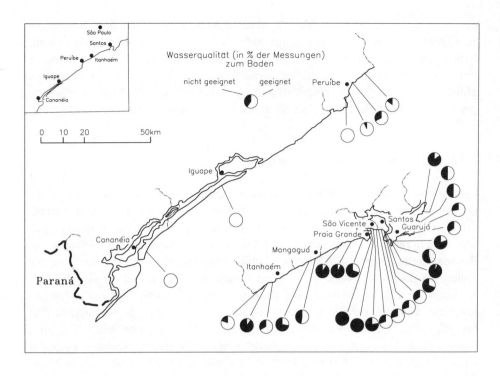

Abb. 14: Koliformbelastung der Küstengewässer im mittleren und südlichen Küstenraum
von São Paulo 1992
Quelle: CETESB 1993

hohen Konzentrationen innerhalb eines 5-Wochen-Zeitraumes diese Periode dann auch durchgehend als *imprópria* eingestuft wird. Dieses Vorgehen bewirkt in der Regel eine etwas häufigere Einstufung der Strände in die Kategorie "schlechte Wasserqualität", insbesondere während der Hochsaison, im Vergleich zu den tatsächlich gemessenen Werten. Die Grundaussage einer höheren Kolikonzentration während dieser Zeit bleibt jedoch auch nach Analyse der Rohdaten bestehen.

Tab. 10: Qualitätsstufen des Badewassers an der Küste des Bundesstaates São Paulo

Klassifikation		Maximum an Fäkalkoliformen (NML/100 ml)
sehr gut	(*excelente*)	250 in mindestens 4 Proben
gut	(*muito boa*)	500 in mindestens 4 Proben
befriedigend	(*satisfatória*)	1.000 in mindestens 4 Proben
schlecht	(*imprópria*)	> 1.000 in mehr als 1 Probe

Quelle: CETESB 1993, S. 2

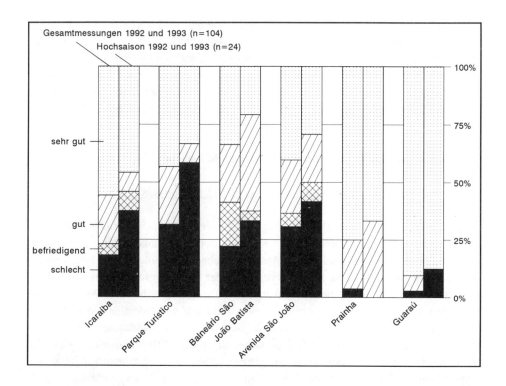

Abb. 15: Wasserqualität an den Stränden Peruíbes 1992/93
Quelle:　unveröffentlichte CETESB-Daten

Als Ursache für die Gewässerverschmutzung in Peruíbe ist die mangelhafte Abwasserentsorgung im Munizip anzusehen. Nur 7% der Haushalte verfügen über einen Anschluß an das öffentliche Kanalisationsnetz (SMA 1992f, S. 62), über das die Abwässer nach ihrer Klärung (Stufe I) in den Rio Preto (vgl. Abb. 8) geleitet werden. Die übrigen Haushalte müssen laut Vorschrift der Gemeinde eine Sickergrube einrichten, doch hat die Munizipverwaltung nach eigenen Angaben keinerlei Überblick darüber, wieviele Bewohner tatsächlich direkt in die Bäche, Flüsse und den Vorfluter Rio Negro entwässern und ob die bestehenden Klärgruben auch regelmäßig gereinigt werden. Die CETESB (1993, S. 77) jedenfalls führt mangelhafte Funktionsfähigkeit und Wartung der Sickergruben als einen Hauptgrund für die hohe Koliformbelastung der Gewässer an. Vor allem nach starken Regenfällen, die im übrigen vorwiegend in den Monaten der Hochsaison auftreten, werden Fäkalien und andere organische Substanzen aus den im westlichen Teil der Gemeinde gelegenen Unterschichtvierteln in die Flüsse sowie in die küstennahen Ferienhaussiedlungen mittels der zahlreichen kleinen offenen Kanäle über den Strand direkt in das Meer befördert (Foto 5).

Da eine größere Zahl der bestehenden Sickergruben aufgrund des hohen Grundwasser-spiegels nach ausgiebigen Niederschlägen unweigerlich vollläuft, ist zur Verbesserung der Gewässergüte im Munizip vor allem in den niedriger gelegenen Ortsteilen, wo über 90 % der Bevölkerung leben, der Ausbau des Kanalisationsnetzes sowie der Abwasserklärung unabdingbar. Kurzfristig brächten allerdings eine Kontrolle der Sickergruben und die Unterbindung der illegalen Einleitungen in die Flüsse und Kanäle bereits erste Erfolge.

4.3. Zur Wahrnehmung von Umweltproblemen in Peruíbe

4.3.1. Ziele, Methodik und Durchführung der Befragung von Bewohnern und Besuchern

Nach den Ergebnissen der Untersuchung zur Umweltsituation in Peruíbe werden die gravierendsten Umweltschäden durch Tourismus- und Freizeitaktivitäten, insbesondere durch den Bau von Ferienhäusern und Apartmentwohnanlagen sowie deren Folgewirkun-gen, hervorgerufen. Es zeigte sich, daß von seiten der Munizipverwaltung bislang keiner-lei Interesse daran bestand, die Umweltsituation in Peruíbe zu verbessern. Weder wurden besondere Initiativen ergriffen, um die bundesstaatlichen und federalen Umweltgesetze wirkungsvoll umzusetzen, noch leiteten die lokalen Politiker Maßnahmen zur Gewähr-leistung der für die Gemeinde als Badeort notwendigen Umweltstandards ein, etwa in den Bereichen Gewässer- und Strandreinhaltung oder im Rahmen der Flächennutzungsplanung. Obwohl auf der Titelseite des von Zeit zu Zeit neu aufgelegten Touristeninformationsfalt-blattes zwar mit "Peruíbe - O Portal da Juréia" ("Das Tor zur Juréia") geworben wird, ist die Bedeutung der natürlichen Ressourcen, vor allem sauberen Wassers und einer at-traktiven Umgebung, nicht wirklich erkannt. So erfolgt bislang beispielsweise von der Stadtverwaltung aus keinerlei Information der Besucher über die Badewasserqualität, Kampagnen zur Sauberhaltung des Strandes, wie z.B. in Santos, sind unbekannt, und auch die allgemeine Information der Touristen über den Ort, über Ausflugsmöglichkeiten, Naturschutzgebiete usw. sind völlig unzureichend.

In dem vorliegenden Kapitel soll nun untersucht werden, in welcher Form die Bewohner und Besucher als direkte Nutznießer der Natur diese Defizite wahrnehmen, ob sie Um-weltprobleme erkennen und inwieweit sie überhaupt ein Bedürfnis nach mehr Aufklärung und nach einer Verbesserung der Umweltbedingungen verspüren. Zur Beantwortung dieser Fragen wurde vom Verfasser eine Befragung von Strandbesuchern in Peruíbe durchgeführt, die nicht nur Nutznießer, sondern zugleich auch indirekt oder direkt Verursacher der negativen Entwicklungen sind. Befragt wurden Zweitwohnungsbesitzer und Urlauber sowie eine Gruppe von Bewohnern (in Form von Strandbesuchern), die mehr oder weniger stark von der Wirtschaftsentwicklung profitieren. Im Mittelpunkt der Befragung steht der Vergleich der Bewertung der Problemsituation durch die drei Befrag-tengruppen.

Die Gesamtfragestellung ist in mehrere Teilbereiche aufzugliedern:

- Wie wird der Ort allgemein in seiner Entwicklung und in seinem derzeitigen Zustand beurteilt? Wie wird insbesondere das touristische Angebot bewertet und welche Vorschläge werden für die zukünftige Entwicklung Peruíbes als Erholungsort gemacht?

- Hat für die Entscheidung, Peruíbe zu besuchen bzw. dort einen Zweitwohnsitz zu erwerben, die besondere Lage und die Umweltsituation (z.B. Wasserqualität im Vergleich zu anderen Badeorten) eine Rolle gespielt?

- Wie werden die aktuellen Umweltbedingungen am Ort eingeschätzt? Welche Art von Umweltschäden - offensichtliche oder mehr oder weniger verdeckte, nur für Insider erkennbare - wurden am ehesten wahrgenommen? Welche wurden gar nicht erkannt oder als unbedeutend eingestuft?

- Sehen sich die befragten Naturnutzer auch selbst als Verursacher von Umweltschäden in Peruíbe an? Machen sie Vorschläge zur Verbesserung der Umweltsituation, die eventuell auch für sie persönlich mit Einschränkungen oder höheren Kosten verbunden wären?

- Wie wird die Bedeutung des Schutzgebietes Estação Ecológica de Juréia-Itatins allgemein und für den Ort Peruíbe eingeschätzt. Welche Rolle spielen dieses Schutzgebiet sowie andere Naturschutzmaßnahmen am Ort für das Verhalten und insbesondere für die Freizeitaktivitäten der Besucher wie der Bewohner? Werden Natur- und Umweltschutzmaßnahmen gewürdigt, und inwieweit besteht Interesse an weiteren Schutzmaßnahmen sowie an umweltpädagogischen Angeboten?

Die Befragungsergebnisse werden hier zunächst für sich diskutiert und dann später (in Kap. 7) zusammen mit den Resultaten der Befragungen in der EEJI, dem PE Campos do Jordão und der Stadt Campos do Jordão vergleichend analysiert und - wie im Eingangskapitel (2) erläutert - im Rahmen einer weitergefaßten Themenstellung diskutiert. An einige der Leitfragen sei zwecks besserer Einordnung der Befragung in den Gesamtzusammenhang der Arbeit kurz erinnert:

- In welcher Weise hat die umweltpolitische Diskussion in Brasilien zu erhöhter Aufmerksamkeit gegenüber Umweltproblemen beigetragen? Beeinflussen beispielsweise - Strand- und Wasserqualität oder Zersiedelungserscheinungen das Verhalten von Erholungsuchenden?

- Welchen Stellenwert nimmt der Naturschutz in dem Wertesystem verschiedener sozialer Gruppen ein? Beeinflußt beispielsweise die Nähe eines Naturschutzgebietes die Wahl des Erholungsortes?

- Wie steht es um die Akzeptanz von Naturschutzmaßnahmen bei den verschiedenen Gruppen von "Naturnutzern" (= den in der Natur Erholung suchenden Personen)?

- In welchem Maße lassen sich umweltbildungspolitische Ziele realisieren und in welche Richtung könnten diese Zielvorstellungen erfolgversprechend weiter ausgebaut werden?

Der Fragebogen gliedert sich in drei Abschnitte: Zunächst werden die sozioökonomischen Grunddaten und einige Angaben zum Aufenthalt in Peruíbe erfaßt. Im zweiten Teil geht es vornehmlich um die Motive des Besuchs, um die Gründe für die Wahl des Strandabschnittes, an dem die Befragten angetroffen werden, um ihre Meinung zu anderen Stränden der Gemeinde und um die Einschätzung der städtischen und insbesondere der touristischen Entwicklung und Infrastruktur des Ortes. Erst im dritten Abschnitt wird die Umwelt direkt angesprochen und nach Umweltproblemen und der Bewertung bestimmter Standorte innerhalb des Munizips in Hinblick auf die Umweltsituation gefragt. Den Abschluß bilden zwei allgemeine Fragen zur Umweltproblematik, die, unabhängig von Peruíbe, nochmals den Kenntnisstand der Befragten in bezug auf diesen Themenbereich prüfen sollen, um Fehleinschätzungen aus den vorhergehenden Antworten zu vermeiden.

Abb. 16 gibt einen Überblick über den Aufbau des Fragebogens, der in seiner vollständigen Ausführung im Anhang abgedruckt ist. Nach einigen kurz zu beantwortenden Fragen zum sozialen und ökonomischen Stand teilt sich der Bogen zunächst in die drei den Befragtengruppen - Bewohner, Zweitwohnungsbesitzer und Urlauber - entsprechenden Teile (Fragen 6-9). Ab Frage 10 ist die Befragung für alle Gruppen identisch. Es wurde bewußt auf weitere Spezialfragen für die einzelnen Gruppen verzichtet, um die Vergleichbarkeit der Antworten sowohl innerhalb der Peruíbe-Befragung als auch mit den anderen Befragungen an den genannten Orten zu gewährleisten und um die Befragungsdauer nicht unnötig auszudehnen. Der Informationsverlust insbesondere bei den Bewohnern und Zweitwohnungsbesitzern, die vermutlich weitere Detailfragen hätten beantworten können, mußte dabei in Kauf genommen werden.

Obgleich das Hauptanliegen der Befragung die Wahrnehmung von Umweltbelangen war, taucht der Begriff "Umwelt" erst in Frage 15 auf ("Was halten Sie von der Umweltsituation in Peruíbe?"). Der Titel des Fragebogens sowie die einführenden Worte der Interviewer verwiesen ausschließlich auf das Thema Tourismus als Zweck der Befragung. Ebenso wurde vermieden, den Befragten vor der Frage 15 Einblick in den Bogen nehmen zu lassen, was dadurch begünstigt wurde, daß auf der ersten Seite (Frage 1-11) ohnehin der Umweltbezug an keiner Stelle deutlich wurde. Diese bewußte "Irreführung" diente der Vermeidung sozial erwünschter Antworten (WIMMER 1988, S. 76, WÖHLER 1993, S. 312) bei den offenen Fragen 7 bis 14, bei denen es um die Bewertung des Ortes, der

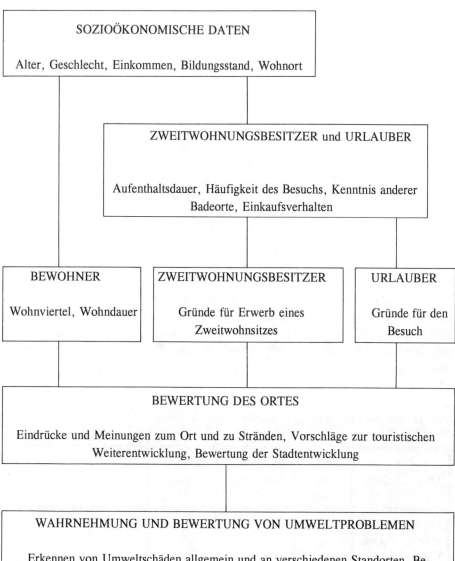

SOZIOÖKONOMISCHE DATEN

Alter, Geschlecht, Einkommen, Bildungsstand, Wohnort

ZWEITWOHNUNGSBESITZER und URLAUBER

Aufenthaltsdauer, Häufigkeit des Besuchs, Kenntnis anderer
Badeorte, Einkaufsverhalten

BEWOHNER

Wohnviertel, Wohndauer

ZWEITWOHNUNGSBESITZER

Gründe für Erwerb eines
Zweitwohnsitzes

URLAUBER

Gründe für den
Besuch

BEWERTUNG DES ORTES

Eindrücke und Meinungen zum Ort und zu Stränden, Vorschläge zur touristischen
Weiterentwicklung, Bewertung der Stadtentwicklung

WAHRNEHMUNG UND BEWERTUNG VON UMWELTPROBLEMEN

Erkennen von Umweltschäden allgemein und an verschiedenen Standorten, Bewertung der Umweltsituation und Vorschläge zur Verbesserung der Umweltbedingungen in Peruíbe, Einschätzung der Bedeutung von Umweltproblemen
und des eigenen Verhaltens in bezug auf diese Schädigungen

Abb. 16: Schematische Übersicht des Fragebogens (vgl. Anhang)

Strände und der Infrastruktur Peruíbes ging. Ziel war es, auf diese Weise zunächst einmal diejenigen zu erfassen, die von sich aus umweltrelevante Kritikpunkte erwähnten. Dies betrifft insbesondere die Fragen 12 ("Wie ist Ihr Eindruck von Peruíbe, gefällt es Ihnen hier oder nicht - warum/warum nicht?"), 13 ("Was schlagen Sie für die weitere touristische Entwicklung des Ortes vor?") und 14 ("Haben Sie irgendwelche positiven oder negativen Veränderungen in Peruíbe beobachtet?").

In dem nächsten Schritt wurden dann zwei offene Fragen (15 und 17) zu den Umweltbedingungen gestellt, wobei es sich bei der ersten um eine allgemeine Meinung zu der Umweltsituation in Peruíbe handelt und erst die zweite auf konkrete Umweltschäden abzielt ("Haben Sie in Peruíbe Umweltschäden oder -zerstörungen beobachtet - wenn ja, welche?"). Zwischen diesen beiden Fragen, also noch bevor die Interviewten aufgefordert wurden, über konkrete Schäden nachzudenken, sollten sie in Frage 16 die Umweltsituation anhand einer 5-stufigen Skala von "hochgradig zerstört" bis "sehr gut erhalten" bewerten. Diese Bewertung, die in ähnlicher Form anschließend mit genauerem Ortsbezug in Frage 18 abgefragt wurde, diente hauptsächlich der Kontrolle der offenen Fragen. Die Gefahr von Mißverständnissen, Fehlinterpretationen und Überbewertung einzelner Aussagen sollte auf diese Art verringert werden. In einem dritten Schritt in Richtung Erfassung der Umweltwahrnehmung wurde den Teilnehmern mit der Frage 18 eine Tabelle mit 7 verschiedenen Standorten innerhalb der Gemeinde Peruíbe vorgelegt, die sie anhand zweier Skalen und einer offenen Frage in bezug auf Tourismus und Umweltsituation bewerten sollten (Tab. 11).

Tab. 11: Schema der Frage 18 ("Bitte bewerten Sie folgende Orte!")

Orte/Teilräume	Orts-kenntnis (ja/nein)	touristische Anziehungs-kraft (1)	Umweltbe-wertung (2)	Verbesserungsvorschläge
Peruíbe-Stadt zentraler Strand Guaraú Juréia Paraíso Barra do Una Perequê				

(1) Bewertungsskala von 1 (=sehr gering) bis 5 (=sehr hoch)
(2) Bewertungsskala von 1 (=hochgradig zerstört) bis 5 (=sehr gut erhalten)

94

Die Inhalte des Fragebogens gehen also vom Allgemeinen zum Speziellen, vom Unverbindlichen bis hin zu ganz konkreten und zugegebenermaßen z.T. nicht ganz leicht zu beantwortenden Fragen zu einzelnen Problemfeldern. Dabei wurden die schnell zu erledigenden Fragen zu den persönliche Daten an den Anfang gelegt, um die Befragten nicht gleich zu Beginn mit schwierigen Sachverhalten abzuschrecken. Somit war die erste Seite des zweiseitigen Bogens relativ schnell auszufüllen, und die Interviewten konnten langsam an die etwas komplexeren Fragen der Bewertung von Gegebenheiten und an die Formulierung eigener Gedanken (in Form von Vorschlägen) herangeführt werden. Das Wenden des Bogens nach der Frage 11, also nach ca. 2-3 Minuten, suggerierte, bereits die Hälfte der Befragung absolviert zu haben, und diente dazu, die Motivation zur Fortsetzung des Interviews aufrecht zu erhalten und einem eventuellen Zeitdruck entgegenzuwirken. Mit der Ankündigung "jetzt zum Abschluß noch zwei Fragen ....." sollte nach der etwas komplizierteren Frage 18 noch einmal etwas Ruhe für die Beantwortung der beiden letzten Fragen gewonnen werden.

Die Befragung erfolgte am Ende der brasilianischen Sommerferienzeit im März 1993 mit Unterstützung von vier Studentinnen und einem Studenten des Fachbereiches Geographie der Universität Rio Claro/SP, nachdem im Vorfeld 15 Probeinterviews mit der ursprünglichen Version des Bogens durchgeführt worden waren. Nach einer eingehenden Einführung der Studierenden in die Ziele, Inhalte und Methoden der Befragung sowie der Erörterung eventuell auftretender Probleme bei der Durchführung der Interviews wurden von den Interviewern einige weitere Probeinterviews vorgenommen, die im Anschluß daran nochmals auf Unklarheiten hin besprochen wurden. Zudem war zwei Studentinnen der Fragebogen in ähnlicher Form bereits aus der Befragung in Campos do Jordão bekannt (vgl. Kap. 6.3).

Die Bereitschaft der Strandbesucher, bei der Befragung mitzuwirken, war sehr groß. Ca. 95 % der Angesprochenen erklärten sich bereit, die Fragen zu beantworten. Diese günstigen Bedingungen sind darauf zurückzuführen, daß die Strandbesucher naturgemäß über viel Zeit verfügen, und daß sie zum zweiten kaum Ausflüchte besaßen, um das Interview abzusagen, da sie meist an ihrem (Ruhe-)Standort angesprochen wurden. Die Interviews erforderten je nach Auskunftsbereitschaft ca. 10 - 20 Minuten. Sie verliefen in fast allen Fällen in entspannter Atmosphäre und ohne Zeitdruck.

Wurden die Personen nicht einzeln, sondern in Gruppen angetroffen, was in Brasilien die Regel ist, so wurde aus dieser Gruppe immer nur eine Person befragt, da es sich nicht vermeiden ließ, daß die anderen Kenntnis vom Bogen und damit auch von dem im dritten Abschnitt beginnenden Umweltteil erhielten, und somit die unvoreingenommene Beantwortung durch die anderen Gruppenmitglieder nicht mehr gegeben war. Das Interview wurde also jeweils nur mit einer Person (Individualinterview!) durchgeführt. Bei Einmischung eines anderen Mitglieds der Gruppe wurde darauf hingewiesen, daß es sich um individuelle Interviews handelte. Eventuelle Kommentare anderer gingen nicht mit in die Bewertung ein. Die Beeinflussung der Antworten konnte somit - unter den gegebenen Umständen einer derartigen Befragungssituation - weitestgehend vermieden werden.

Bei einer zunächst zufälligen Auswahl der Interviewpartner ergab sich ein eindeutiges Übergewicht der Urlauber, also derjenigen, die mindestens eine bezahlte oder unbezahlte Übernachtung in Peruíbe tätigten. Um eine ausreichende Anzahl von Personen der beiden anderen Gruppen zu erhalten, wurde die Stichprobe geschichtet und im Anschluß nur noch Bewohner und Zweitwohnungsbesitzer befragt. Tagesbesucher spielen im Gegensatz zu Campos do Jordão oder Santos in Peruíbe praktisch keine Rolle für den Tourismus. Bei der zufälligen Stichprobe, die einen Überblick über die Struktur der Strandbesucher geben sollte, wurden nur 7 Tagesbesucher angetroffen, so daß der Aufwand, auch diese Gruppe in die Schichtung mit einzubeziehen, als zu groß erschien, und sie deshalb im weiteren Verlauf nicht mehr befragt wurden. Nach Ablauf von drei Werktagen und einem Wochenendtag ergab sich eine Stichprobe von 385 validen Interviews, von denen jeweils 103 den Bewohnern und Zweitwohnungsbesitzern und 179 den Urlaubern zuzuordnen sind. Im folgenden werden die Eckdaten dieser Befragtengruppen kurz vorgestellt, um dann im weiteren Verlauf die Ergebnisse zu den Fragen der Wahrnehmung und Einschätzung von Umweltbedingungen zu erörtern.

4.3.2. Charakterisierung der Befragten

Mit der geschichteten Stichprobe wurden drei Gruppen von Strandbesuchern in Peruíbe erfaßt: Bewohner, Zweitwohnungsbesitzer und Urlauber. Die unterschiedliche Struktur dieser Gruppen wird aus den Abbildungen 17-19 ersichtlich: Die Bewohnerguppe ist im Vergleich zu den anderen gekennzeichnet durch ein extrem niedriges Familieneinkommen und einen geringeren Bildungsstand. Annähernd 60 % dieser Befragten befinden sich in der unteren Einkommensklasse von bis zu 500 US $, ein Drittel von ihnen hat sogar weniger als 250 Dollar (d.h. ca. 3 Mindestlöhne) im Monat zur Verfügung. Fast 80 % verdienen nicht mehr als 1.000 US $ pro Monat (Abb. 17). Ein Viertel der Bewohner verfügt über keinen Schulabschluß, weitere 32 % haben nur den *1⁰. grau*, d.h. 8 Jahre Schule mit Abschluß, erreichen können. Im Gegensatz dazu gehören nur insgesamt 21,4 % der Zweitwohnungsbesitzer diesen beiden unteren Bildungsklassen an, aber 37 % der obersten Klasse mit Fachhochschul-/Hochschulabschluß, d.h. in Brasilien 11 Jahre Schule (= *2⁰. grau*) plus mindestens weitere zwei Jahre Erwerb zusätzlicher Qualifikationen (Abb. 18). Angesichts dieser Verteilung ergaben sich beim χ^2-Test mit 2-seitiger Fragestellung sowohl für den Bildungsstand als auch für die Einkommensverteilung signifikante Unterschiede bezüglich der Befragtengruppen.

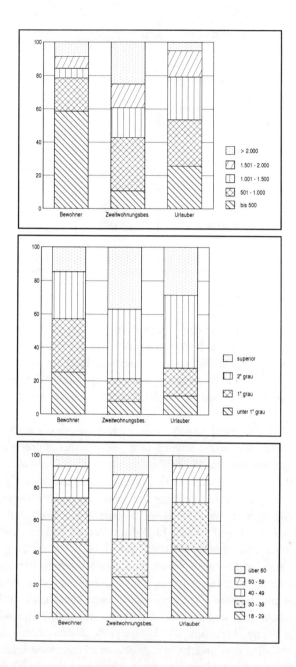

Abb. 17: Familieneinkommen der Befragten in Peruíbe (in US $ pro Monat)

Abb. 18: Bildungsstand der Befragen in Peruíbe

Abb. 19: Altersstruktur der Befragten in Peruíbe (in Jahren)

Tab. 12: Mittlere Familieneinkommen nach Befragtengruppe in Peruíbe (in US $ pro Monat)

Gruppe	x	s	n
Bewohner	743	845	70
Zweitwohnungsbesitzer	1.681	1.486	84
Urlauber	1.059	1.098	140
davon Unterkunft in [1]:			
Hotel	1.442	708	17
gemietetem Apartment/Haus	948	532	45
Ferienkolonie	800	442	13
bei Freunden/Verwandten	1.100	1.503	63

1) ohne zwei Befragte in *pensão*

Das Familieneinkommen liegt bei den Zweitwohnungsbesitzern mit einem Mittelwert von 1.681 US $ mehr als doppelt so hoch wie bei den Bewohnern (Tab. 12). Während nur 10 % der Ferienhausbesitzer in die untere Einkommensklasse fallen, verdienen immerhin 25 % mehr als 2.000 US $ mit Spitzenwerten von bis zu 12.000 US $ im Monat (die drei höchsten Familieneinkommen waren: 12.050, 11.870 und 9.040 US $).

Die Gruppe der Urlauber steht sowohl beim Bildungsniveau als auch hinsichtlich des Einkommens zwischen den beiden anderen Gruppen. Annähernd drei Viertel, und damit fast soviele Befragte wie bei den Zweitwohnungsbesitzern, verfügen über den $2^{o\cdot}$ *grau* als Schulabschluß. Die Einkommensverteilung ist deutlich ausgewogener als die der Bewohner und Zweitwohnungsbesitzer. Allerdings sind innerhalb der Urlaubergruppe erhebliche Differenzen in Abhängigkeit von der Unterkunftsart festzustellen (vgl. Tab. 12). Bei durchschnittlichen Hotelpreisen von 30-40 DM pro Person muß das Einkommen dieses Personenkreises entsprechend hoch ausfallen (x = 1.442). Die auffällig hohe Standardabweichung bei den bei Freunden/Verwandten untergebrachten Personen ist damit zu erklären, daß zu dieser Gruppe sowohl Bevölkerungsschichten (vor allem junge Leute) gehören, die sich eine bezahlte Unterkunft nicht leisten können, als auch Personen der Oberschicht, die mehr oder weniger wohlhabende Familienangehörige oder Freunde mit Zweitwohnsitz in Peruíbe besuchen. Die Unterschiede in den Altersklassenverteilungen (Abb. 19) sind bei allen drei untersuchten Strandbesuchergruppen sehr viel schwächer ausgeprägt. Auffällig ist vor allem die starke Vertretung der 40-60-jährigen bei den Zweitwohnungsbesitzern. Insgesamt die Hälfte innerhalb dieser Befragtengruppe ist älter als 40 Jahre; bei den beiden anderen Gruppen macht diese Altersklasse nur gut ein Viertel aus (26,2 bzw. 28,5%).

Abb. 20 zeigt die Unterschiede in der Herkunft von Urlaubern und Zweitwohnungsbesitzern. Während fast drei Viertel der letztgenannten aus der Stadt São Paulo stammen und der Rest sich auf den übrigen Großraum und Bundesstaat São Paulo verteilt, kommen von den Urlaubern nur gut die Hälfte aus der Hauptstadt und immerhin fast ein Drittel aus dem Landesinneren (*interior*) des Bundesstaates São Paulo. Auch der Anteil an Touristen aus anderen Bundesländern fällt erwartungsgemäß etwas höher aus. Allerdings wird auch deutlich, daß Peruíbe im allgemeinen über keine große überregionale Anziehungskraft verfügt, was angesichts der Küstenlänge Brasiliens mit den zahllosen Badeorten, insbesondere im klimatisch begünstigten Nordosten nicht verwundert. Aber auch im Bundesstaat São Paulo genießen das Litoral Norte mit Ubatuba, Ilhabela und Caraguatatuba aufgrund seiner interessanteren Topographie sowie Guarujá (für die Oberschicht) und Cananéia mit der "Langen Insel" (Ilha Comprida) im südlichen Küstensaum bislang ein höheres touristisches Ansehen.

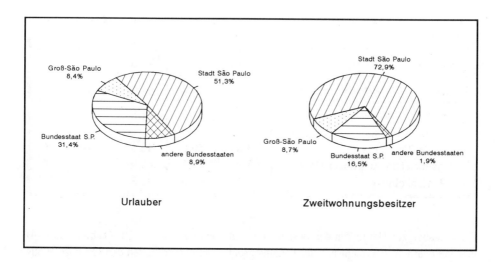

Abb. 20: Herkunft der Zweitwohnungsbesitzer und Urlauber in Peruíbe (in % der Befragtengruppe)

Nichtsdestotrotz verfügt der junge Badeort Peruíbe bereits über einen festen Stamm von Feriengästen, denn 80% der Befragten sind nicht das erste Mal im Ort, und ein Drittel hat bereits mehr als zehnmal in Peruíbe (mehr oder weniger lange) Ferien verbracht. Selbst wenn man die Gruppe der nicht zahlenden Gäste, die bei Verwandten oder Freunden wohnen, außer acht läßt, weil sie vielleicht aus finanziellen Gründen oder aufgrund der familiären Beziehungen öfter nach Peruíbe kommen als andere, so ergibt sich noch ein

99

Anteil von 26,5 % von Urlaubern, die den Ort mehr als 10 mal besucht haben (Tab. 13).

Tab. 13: Häufigkeit des Besuchs in Peruíbe (in % der Befragtengruppe)

Gruppe	1. Mal	2.-10. Mal	> 10 mal	n
Zweitwohnungsbesitzer	-	12,6	87,4	103
Urlauber in bezahlter Unterkunft	21,4	52,0	26,5	98
Urlauber bei Freunden/Verwandten	17,3	43,2	39,5	81

Tab. 14: Aufenthaltsdauer in Peruíbe in Tagen (in % der Befragtengruppe)

Gruppe	1-3	4-7	8-14	≥ 15	n
Zweitwohnungsbesitzer	7,8	31,1	45,6	15,5	103
Urlauber bei Freunden/Verwandten	2,5	43,2	49,4	4,9	81
Urlauber in bezahlter Unterkunft davon Unterkunft in:	4,1	51,0	41,8	3,1	98
Hotel/Pension	3,8	50,0	42,3	3,8	26
gemietetem Apartment/Haus	3,5	49,1	43,9	3,5	57
Ferienkolonie	6,7	60,0	33,3	-	15

Die Angaben zur Häufigkeit des Besuchs und zur Verweildauer am Ort (Tab. 13 und 14) machen deutlich, daß nicht nur der weitaus größte Teil der Befragten den Ort bereits aus vorangegangenen Besuchen kennt, sondern daß sich auch die Dauer des Aufenthaltes in der Regel nicht nur auf ein (verlängertes) Wochenende beschränkt. Über die Hälfte der Besucher bleibt länger als eine Woche, was zumindest theoretisch ausreichend Gelegenheit bieten müßte, außer dem Strand noch einige andere Bereiche der Gemeinde kennenzulernen. Dies gilt für Urlauber und Zweitwohnungsbesitzer gleichermaßen, mit dem kleinen Unterschied, daß bei der letztgenannten Gruppe das Spektrum der Verweildauer etwas stärker ausdifferenziert ist. Insgesamt ist aufgrund dieser Ergebnisse davon auszugehen, daß der ganz überwiegende Teil der in der Stichprobe erfaßten Urlauber und Zweitwohnungsbesitzer in der Lage sein müßte, die Fragen zur Umwelteinschätzung, auch bezüglich verschiedener Teilräume innerhalb Peruíbes, zu beantworten.

Tab. 15: Kenntnis anderer Küstenorte in Brasilien (in % der Befragtengruppe)

Anzahl der bekannten Küstenorte	in Brasilien		davon in: Nordostbrasilien		Südbrasilien	
	Zweitwoh-nungs-besitzer	Urlau-ber	Zweitwoh-nungs-besitzer	Urlau-ber	Zweit-wohnungs-besitzer	Urlau-ber
0	6,8	7,3	51,5	76,3	67,9	77,9
1	6,8	14,1	15,5	10,2	12,6	12,4
2-3[1]	37,9	40,7	33,0	13,6	19,4	9,6
≥ 4	48,5	37,9	-	-	-	-

1) bei Nordost- und Südbrasilien einschließlich " ≥ 4 Küstenorte"
Anm.: Teilräume der Küste São Paulos, Rios und von Espirito Santo sind nicht gesondert
aufgeführt

Die Frage nach der Kenntnis weiterer Badeorte in Brasilien (Frage 6f: "Haben Sie bereits andere Badeorte in Brasilien besucht? Wenn ja, welche?") zielte in eine ähnliche Richtung: Es sollte abgeschätzt werden können, inwieweit die Befragten über Vergleichsmöglichkeiten bei der Bewertung des Ortes hinsichtlich des Tourismus und der Umweltsituation verfügen. Anhand von Tab. 15 läßt sich erkennen, daß die Zweitwohnungsbesitzer wiederum etwas besser abschneiden als die Urlauber: Sie verfügen über eine größere Reiseerfahrung, was sich insbesondere in der Kenntnis von Küstenstädten und Badeorten in anderen Bundesländern, vor allem in nordostbrasilianischen Bundesstaaten einschließlich Bahia, niederschlägt. Die Hälfte der Zweitwohnungsbesitzer ist bereits mindestens einmal im Nordosten, meist in Recife, Natal oder Salvador, gewesen. Bei den Urlaubern macht dieser Anteil nur 23,8% aus. Bei fast allen Befragten beider Gruppen beschränkt sich die Kenntnis der Küste jedoch nicht nur auf den einzigen Ort Peruíbe, so daß gewisse Vergleichsmöglichkeiten bei der Beurteilung Peruíbes in der Regel gegeben sind. Auch die geschilderten Resultate zur Häufigkeit und Länge des Aufenthaltes in Peruíbe lassen bei Zweitwohnungsbesitzern und Urlaubern darauf schließen, daß die Voraussetzungen zur Beantwortung des Fragebogens gegeben sind. Von den Bewohnern waren nur zwei Befragte erst seit zwei bzw. drei Monaten in Peruíbe ansässig, doch auch sie kannten den Ort bereits aus vorangegangenen Besuchen, so daß kein Grund bestand, sie aus der Bewohnergruppe zu eliminieren.

4.3.3. Beurteilung des Ortes und der Strände

In Annäherung an das Thema der Konfliktwahrnehmung sollen zunächst die Fragen untersucht werden, warum die Bewohner überhaupt nach Peruíbe gekommen sind, welches die Motive für den Erwerb einer Wohnung oder eines Hauses gewesen sind, ob bestimmte Strände oder Strandabschnitte bevorzugt werden und wie die Befragten den Ort allgemein in seiner Entwicklung und in seinem heutigen Zustand beurteilen. Diese Fragen werden insbesondere auch auf Hinweise zu Kritikpunkten bzw. zu positiven Einschätzungen in bezug auf Umwelt- und Naturschutzbelange hin betrachtet, was, wie bereits erläutert, Hauptziel der "verdeckten" Vorgehensweise innerhalb dieses Fragenkomplexes war.

Tab. 16: Hauptmotiv für den Erwerb eines Zweitwohnsitzes bzw. für die Wahl des Urlaubsortes Peruíbe (in %)

Hauptmotiv	Zweitwohnungs-besitzer	Urlauber (gesamt)	Urlauber (ohne Erstbesucher)
Umwelt allgemein	30,1	15,7	17,4
Umwelt speziell	8,7	3,9	4,9
Ruhe, wenig Menschen	14,6	7,9	7,6
Meer, Strand	11,7	11,8	11,8
Schönheit (unbestimmt)	11,7	24,7	25,7
persönliche Gründe	20,4	24,7	22,9
anderes	3,0	11,2	9,7
n	103	178	144

Erste Anzeichen dafür, daß die besondere Lage Peruíbes am südlichen Ende des sich von São Vicente aus hinstreckenden eintönigen Strandabschnitts als Kriterium für die Wahl des Urlaubsortes bzw. des Hauserwerbs eine Rolle spielte, sind in den Antworten zu den offenen Fragen nach dem Hauptmotiv der Wahl Peruíbes zu erkennen (Tab. 16): 30 % der Zweitwohnungsbesitzer gaben die Nähe zu den Bergen, die Natur, saubere Luft und sauberes Wasser als Hauptgrund für den Bau/Kauf eines Hauses/einer Wohnung in Peruíbe an ("Umwelt allgemein"). 9 % von ihnen nannten sogar konkret die Juréia als entscheidendes Motiv oder sie spezifizierten das Kriterium "sauberer Strand" näher, was zur Einordnung in die Merkmalsausprägung "Umwelt speziell" führte. Diesem knappen Zehntel der Zweitwohnungsbesitzer ist deshalb zunächst eindeutig das Umweltmotiv als

Entscheidungsgrund für Peruíbe "abzunehmen"; bei den anderen 30% kann dies allein aufgrund dieser ersten Frage noch nicht als gesichert angenommen werden. Zählt man diejenigen hinzu, die "ruhige Lage, Einsamkeit, wenig Menschen" als Hauptmotiv angaben, so ist insgesamt bei mehr als der Hälfte dieser Gruppe die Wahl des Ortes auf seine besondere, vergleichsweise abgeschiedene Lage und gute Umweltqualität zurückzuführen. Für gut 20% haben persönliche Gründe, wie z.B. die Nähe von Freunden und Verwandten am Ort oder die Erbschaft des Hauses, die entscheidende Rolle für die Wahl Peruíbes gespielt. Von fast einem Viertel der Befragten waren nur eher unspezifische Motive wie "Meer, Strand / weil es schön ist" oder ähnliches zu erfahren, und drei Personen gaben die Nähe zum Wohnort, die gute Infrastruktur bzw. "Zufall" als Antwort.

Innerhalb der Urlaubergruppe ist die Bedeutung von Umweltbedingungen für die Besuchsentscheidung sehr viel geringer ausgeprägt (Tab. 16). Nur ca. 20% führten spezielle oder allgemeine Umweltgründe als Hauptmotiv an. Bewertet man nur die Urlauber, die sich nicht zum ersten Mal in Peruíbe aufhalten, die also die angenommenen Lagevorteile bereits kennen, so ergeben sich nur geringfügig mehr, nämlich 22,3% für diese beiden Kategorien. Der Urlaubsort wurde offensichtlich weniger gezielt aus diesen Gründen ausgesucht als die Ferienwohnung der Zweitwohnungsbesitzer, zumal 36,5% der Urlauber angaben "weil es mir hier gefällt / wegen des Strandes", oder aber das Reiseziel durch die Anwesenheit von Verwandten/Freunden vorgegeben (weitere 25%). Die Erstbesucher nannten im übrigen in noch geringerem Maße Umweltgründe als Hauptmotiv als diejenigen, die Peruíbe bereits aus vorhergehenden Besuchen "zu schätzen" wissen.

Aufgrund des großen Anteils an Befragten, die bereits gezielt Peruíbe wegen des Umweltstandards aufsuchten, ist der Prozentwert derjenigen, die wegen besserer Umweltbedingungen gelegentlich einen anderen Strand als den zentralen aufsuchen, mit 17-21% relativ gering (Tab. 17). Für die Urlauber spielt im Vergleich zu den beiden anderen Gruppen die Ruhe an den anderen Stränden eine etwas größere Rolle, während für die Zweitwohnungsbesitzer die besondere Schönheit und für die Bewohner, insbesondere für die jüngeren, die für den Surfsport besser geeigneten Wellen in der Umgebung von vergleichsweise größerer Bedeutung sind. Insgesamt aber sind eher unspezifische Motive für das Aufsuchen anderer Strände ausschlaggebend, was an Antworten wie "wegen der Abwechslung" deutlich wird. Die Bewohner suchen im übrigen häufiger als Zweitwohnungsbesitzer und die wiederum öfter als Urlauber andere Strände auf (Signifikanzniveau von 99% bei zweiseitiger Fragestellung im 2x3-Felder-χ^2-Test).

Eine weitere "offene Frage" zum Themenkomplex "Beurteilung des Ortes Peruíbe" war die nach dem allgemeinen Eindruck vom Ort (Frage 12: "Was ist Ihr Eindruck vom Ort Peruíbe? Gefällt es Ihnen hier oder nicht? Warum/warum nicht?"). Die in Tab. 18 und 19 sowie Abb. 21 dargestellten Ergebnisse geben einigen Aufschluß über die unterschiedliche Einschätzung von Bewohnern, Zweitwohnungsbesitzern und Urlaubern. Allgemein zeichnen sich die Urlauber mit 96% positiver Antworten durch eine höhere Zufriedenheit mit dem Ort aus als die Bewohner (Tab. 18).

Bei den negativen Eindrücken entfallen - wie anhand der absoluten Häufigkeiten in Tab. 19 zu erkennen - bei Bewohnern und Zweitwohnungsbesitzern insgesamt 12 von 33 Kritikpunkten auf den Umweltbereich. Genannt wurden insbesondere Verschmutzung von Strand und Wasser sowie die Problematik der Abwasserkanäle und -rinnsale am Strand (vgl. Foto 5). Die Gruppe der Urlauber beschränkt ihre vereinzelt auftretende Kritik auf das touristische Angebot des Ortes und erwähnt an dieser Stelle bis auf eine Ausnahme noch keine Beobachtungen zur Umweltsituation. Diese Tendenz einer unterschiedlichen Bewertung wird bestätigt durch die Ergebnisse der Aufschlüsselung der positiven Kritikpunkte (Abb. 21): Die Urlauber loben vor allem die guten Umweltbedingungen ("sauberer Strand", "keinerlei Verschmutzung" etc.) sowie die in ihren Augen gute Infrastrukturausstattung und die gastfreundliche Atmosphäre am Ort. Für die Zweitwohnungsbesitzer nehmen im Vergleich zu den beiden anderen Gruppen insbesondere die Faktoren "Strand, Meer, Klima" sowie die Nähe zur Juréia (Kategorie "Umwelt speziell") einen etwas höheren Rang ein. Für die Bewohner zählt als positiver Aspekt mit 50% der Gesamtantworten hauptsächlich die Ruhe und die relative Unerschlossenheit Peruíbes im Vergleich zu anderen Küstenorten.

Tab. 17: Motive für das Aufsuchen anderer Strände in Peruíbe (Mehrfachnennungen möglich; Angaben in % der Summe der Antworten pro Befragtengruppe)

Motive	Bewohner	Zweitwohnungs-besitzer	Urlauber
bessere Umweltbedingungen	18,8	21,1	17,1
mehr Ruhe	8,7	1,8	13,4
besondere Schönheit	7,2	14,0	4,9
soziale Gründe	11,6	1,8	7,3
Abwechslung, Gefallen, Kennenlernen	33,3	57,9	56,1
Surfen	17,4	1,8	1,2
anderes	2,9	1,8	0
Summe Befragte	64	56	78
Summe Antworten	69	57	82

Tab. 18: Peruíbe im Urteil der Befragten: Gesamteindruck (in % der Befragtengruppe)

Gruppe / Bewertung	positiv	negativ	+/-
Bewohner	82,5	10,7	6,8
Zweitwohnungsbesitzer	87,4	5,9	6,9
Urlauber	96,1	2,2	1,7

Tab. 19: Peruíbe im Urteil der Befragten: negative Bewertungen (absolute Werte)

Kritikpunkte	Bewohner	Zweitwohnungs-besitzer	Urlauber
Umweltbedingungen allgemein	4	4	1
Umweltbedingungen speziell	2	2	-
Infrastrukturausstattung	6	4	2
anderes	7	4	2
Summe Antworten	19	14	5
Summe neg. bewertende Befragte	18	13	5

Die Ergebnisse der im Interview folgenden Frage (Frage 13) nach den Vorschlägen für die weitere touristische Entwicklung des Ortes zeigen deutliche Differenzen bei den Wunschvorstellungen: Während die Urlauber insgesamt weniger Wünsche äußern und sich analog zu den Resultaten der vorangegangenen Frage eher zufrieden mit Peruíbe zeigen (33,5 % der Urlauber haben keinerlei Vorschläge), betreffen die Anregungen von seiten der Zweitwohnungsbesitzer zu einem guten Teil die Basisinfrastruktur wie Straßenausbau, Wasserversorgung, Straßenbeleuchtung und soziale Versorgung. Die Wünsche in bezug auf das touristische Angebot unterscheiden sich dabei nicht wesentlich von denjenigen der Urlauber. Für die Gruppe der Bewohner scheint jedoch die Erweiterung des abendlichen Programmangebotes in Form von Kino, Theater, Shows und anderen Veranstaltungen einer der wichtigsten Punkte zu sein, was sich wohl mit dem von den beiden anderen Gruppen abweichenden Freizeitverhalten aufgrund ihrer Wohnsituation (Arbeitszeit i.d.R. tagsüber) erklären läßt. Auch die hohen Werte für "anderes" innerhalb der Bewohnerkategorie (Tab. 20) sind hauptsächlich mit der differierenden Funktion Peruíbes für diese Gruppe zu begründen, denn der größte Teil dieser Antwortkategorie entfällt auf die Bereiche "Arbeitsplatzsituation verbessern" oder "Preisniveau senken", also auf Aspekte, die sich eher auf die allgemein problematischen Lebensbedingungen der Bewohner selbst beziehen als direkt auf den Tourismus, auf den die Frage ja abzielte. Erstaunlich ist

allerdings, daß nur halb soviele Bewohner wie Zweitwohnungsbesitzer, nämlich 12,6%
anstelle von 26,2%, eine Ausweitung der Basisinfrastruktur fordern, was neben den
bereits genannten Leistungen z.B. auch den Wunsch nach einem besseren Busnetz oder
die Einrichtung eines Krankenhauses einschließt. Bei genauerer Betrachtung wird jedoch
deutlich, daß die Vorschläge der Zweitwohnungsbesitzer zwar einerseits auf die Verbesserung des Tourismus allgemein bezogen sind (Verkehrssituation, nächtliche Beleuchtung
etc.), andererseits aber auch sehr deutlich ihre eigenen Problembereiche widerspiegeln,
nämlich z.B. die möglichst reibungslose, schnelle Fahrt zu ihrem Haus in Peruíbe
(offensichtlich in dem Vorschlag "verkehrsberuhigende Straßenschwellen entfernen"), die
Sicherheit bei Nacht oder auch die Effizienzsteigerung der Müllabfuhr.

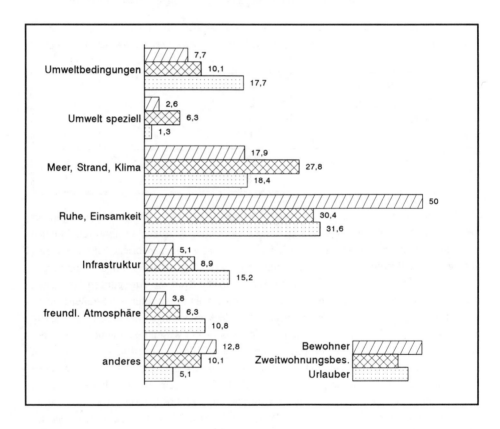

Abb. 21: Peruíbe im Urteil der Befragten: Hauptgrund für positive Bewertungen (in %)

Tab. 20: Vorschläge zur touristischen Entwicklung Peruíbes (Anteil der Befragtengruppe, der den jeweiligen Vorschlag unterbreitete; Mehrfachantworten möglich)

Vorschlag	Bewohner	Zweitwoh-nungsbesitzer	Urlauber
Verbesserung des Freizeitangebot (tagsüber)	33,9	33,9	29,1
mehr Abendveranstaltungen	21,4	7,8	7,3
Verbesserung der Basisinfrastruktur	12,6	26,2	16,2
Umwelt einfach	9,7	13,6	12,3
Umwelt speziell	7,8	9,7	4,5
gegen weitere touristische Entwicklung	3,9	6,8	3,4
anderes	17,5	7,8	5,6
(kein Vorschlag)	15,5	18,4	33,5

Hinsichtlich der Bedeutung von Umweltbelangen zeichnet sich wie bei den vorhergehenden Fragen wiederum bei den Zweitwohnungsbesitzern eine größere Wichtigkeit dieser Aspekte ab. Werden die beiden Umweltkategorien ("Umwelt allgemein" und "speziell") zusammengefaßt, so ergibt sich, daß von den Zweitwohnungsbesitzern 22,3 % einen der beiden Bereiche ansprechen, wohingegen nur 17,5 % der Bewohner und 16,8 % der Urlauber die Verbesserung der Umweltsituation - ungefragt - in ihre Prioritätenliste aufnehmen (es gab keine Mehrfachnennungen innerhalb dieser beiden Bereiche). Noch interessanter sind allerdings in diesem Zusammenhang die Vorschläge zu "Umwelt speziell" (z.B. zur Abwasserbehandlung, Umweltbildung oder zum ökologischen Tourismus), bei denen wieder die Zweitwohnungsbesitzer, insbesondere gegenüber den Urlaubern, an der Spitze liegen: 9,7 % dieser Befragtengruppe erwähnen derartige Aspekte gegenüber 4,5 % der Urlauber (vgl. Tab. 20). Zudem ist zu beachten, daß in die allgemeine Umweltkategorie auch Vorschläge fallen, die nicht eindeutig tatsächliches Interesse an Umwelt- und Naturschutz bekunden müssen. Dies gilt beispielsweise für Antworten wie "mehr Sauberkeit" oder "den Strand besser sauberhalten", also Schlagworte, die auch in Brasilien inzwischen hinreichend verbreitet sind und nicht unbedingt zum Zeugnis von Umweltbewußtsein gereichen. Dieses Problem der Glaubwürdigkeit von Äußerungen betrifft natürlich alle offenen Fragen in ähnlicher Weise. Da im Verlauf der Befragung bis zur Frage 13 - und auch in der folgenden Frage - der Bereich "Um-

welt/Natur" von den Interviewern noch nicht angesprochen wurde und Gefälligkeits-
antworten somit weitgehend ausgeschlossen werden können, ist die Glaubwürdigkeit
jedoch als höher einzuschätzen als bei den direkten Fragen nach der Beurteilung von
Umweltbelastungen in Peruíbe (vgl. Auswertung der Fragen 15-18).

Tab. 21a: Beurteilung der Entwicklung Peruíbes (in % der Befragtengruppe)

Beurteilung	Bewohner	Zweitwohnungs-besitzer	Urlauber
positiv	75,4	64,3	80,0
negativ	17,4	22,6	10,0
pos. und neg. Aspekte	7,2	13,1	10,0
n (=100%)	69	84	100
keine Angabe	34	19	79

Tab. 21b: Begründung der negativen Bewertung der Entwicklung Peruíbes (absolute
Werte)

Gründe	Bewohner	Zweitwohnungs-besitzer	Urlauber
Verschmutzung	2	10	7
Infrastrukturprobleme /zu schnell gewachsen	4	8	7
spezielle Umwelt-probleme	1	3	-
andere	7	6	1

Die im Interview folgende Frage nach einer Positiv- oder Negativbewertung der bisherigen Entwicklung Peruíbes (Frage 14) bestätigt die bisherigen Tendenzen (Tab. 21a-c):
Bewohner und insbesondere Zweitwohnungsbesitzer sind der Entwicklung des Ortes
gegenüber kritischer eingestellt als die Urlauber (Tab. 21a). Die Zweitwohnungsbesitzer
zitieren als Begründung für Negativbewertungen hauptsächlich Verschlechterungen der
Umweltbedingungen und benennen z.T. auch konkrete Probleme wie Überlastung des
Abwassernetzes und massive Flächenexpansion der Stadt (Tab. 21b). Auch Infrastruktur-

überlastungen wurden im Gespräch oft mit dem zu rasanten Wachstum Peruíbes in Verbindung gebracht. Andererseits ist Wachstum für sich genommen für viele Befragte auch per se schon etwas Positives (Tab. 21c) und wird sogar an die erste Stelle der positiven Entwicklungsmerkmale gestellt. Die Urlauber nehmen vor allem eine verbesserte Infrastruktur sowie eine gesteigerte Sauberkeit positiv wahr.

Tab. 21c: Begründung der positiven Bewertung der Entwicklung Peruíbes (in % der Gesamtantworten pro Gruppe; Mehrfachnennungen möglich)

Gründe	Bewohner	Zweitwohnungs-besitzer	Urlauber
Wachstum	55,6	43,5	26,2
gute Infrastruktur	31,5	41,9	48,8
Sauberkeit	9,3	11,3	20,2
andere	3,7	3,2	4,7
Summe der Antworten	54	62	84

4.3.4. Wahrnehmung und Bewertung von Umweltproblemen

Der dritte Abschnitt des Fragebogens führt zum ersten Mal den Begriff "Umwelt" ein. Die beiden folgenden Fragen zielten auf eine allgemeine Einschätzung der Umweltsituation in Peruíbe ab: zunächst mit der offenen Frage "Was halten Sie von der Umweltsituation in Peruíbe?" (Frage 15) und dann mit einer Bewertung dieser Situation anhand einer Skala von 1 (=hochgradig geschädigt) bis 5 (=sehr gut erhalten) (Frage 16). Die in Tab. 22 dargestellten Ergebnisse belegen, was sich bereits im Gespräch mit den Befragten herauskristallisierte: Mit der zuerst gestellten, offenen Frage gingen sie meist leichtfertiger um und nahmen relativ spontan eine positive oder negative Bewertung vor ("optimal", "sehr gut" vs. "schlecht", "sehr dreckig", "äußerst schlecht"). Bei der darauffolgenden Frage mußten sie sich erst mit der Skala vertraut machen und wägten ihre Eindrücke etwas länger ab. Dieser vorsichtigere Umgang mit der Beurteilung führte zu einer sehr viel stärkeren Bevorzugung der Note 3 (mittel) und entsprechend geringerem Umfang der Extremnoten 1 und 5. Die Bewohner vertreten insgesamt eine ausgeprägtere Meinung sowohl in negativer wie in positiver Richtung (3,9% gaben eine "1" und 29,4% eine "5"), die Zweitwohnungsbesitzer bevorzugen bei beiden Fragen die Mitte, und die Urlauber sehen die geringsten Umweltprobleme am Ort (60% gaben die Note 4 oder 5, nur 16,7 % beurteilen bei der offenen Frage die Situation als schlecht).

Einige Befragte gaben bereits an dieser Stelle eine Begründung ihrer Antwort in Form von Benennungen von Umweltschäden (hauptsächlich "dreckiger Strand" oder auch "Abwasserprobleme") an, die allerdings erst in die Auswertung der Frage 17 mit aufgenommen wurden.

Tab. 22: Einschätzung der Umweltsituation in Peruíbe (in % der Befragtengruppe)

Bewertung (offene Frage)	Bewohner	Zweitwohnungsbes.	Urlauber
schlecht	23,3	22,5	16,7
mittel	11,7	21,6	16,1
gut	65,0	55,9	67,2
Bewertung (Skala)			
1 (hochgradig geschädigt)	3,9	1,9	-
2	10,8	4,9	5,1
3	32,4	47,6	35,4
4	23,5	29,1	42,1
5 (sehr gut erhalten)	29,4	16,5	17,4

Nach diesen beiden allgemeinen Fragen zur Umweltsituation in Peruíbe sollte im folgenden erfaßt werden, ob und inwieweit konkrete Umweltschäden innerhalb der Gemeinde wahrgenommen werden (Frage 17) und wie die Umweltbedingungen an sieben verschiedenen Standorten im Munizip eingeschätzt werden (Frage 18). "Haben Sie in Peruíbe irgenwelche Umweltschäden/-zerstörungen beobachtet? Wenn ja, welche?" lautete die erste Frage. Die Probleme wurden je nach Art und Bedeutung unterschiedlich bewertet, und zwar nach folgendem Schema:

1:    Die Note "1" wurde vergeben für Äußerungen, die eher allgemeine Umweltprobleme betreffen, wie z.B. "Müll" oder "Abfall am Strand", d.h. also für "Schädigungen", die aufgrund der Verbreitung über die Medien sowie vielfältiger Initiativen, so zum Thema "Müll in den Mülleimer!" ("lixo no lixo") zum allgemeinen Kenntnisstand vieler Brasilianer gehören. Derartige Antworten lassen deshalb noch keinerlei Rückschlüsse auf die tatsächliche Problemwahrnehmung vor Ort zu.

2:    Eine "2" symbolisiert, daß ein konkretes, bedeutsames Problem/ein Schaden erkannt wurde, z.B. das Problem des über den Strand laufenden Abwassers, die

Schäden durch unerlaubte Abholzung in der Gemeinde, die exzessive Flächenexpansion oder auch die Übernutzung von Palmenherzen (*palmito*) in der Estação
Ecológica de Juréia-Itatins.

3/4   Die mit "2" bewerteten Problemwahrnehmungen wurden aufsummiert. Probleme
der Kategorie "1" gingen nicht mit in die Summe ein. "3" bedeutet somit, daß
zwei konkrete Probleme benannt wurden, bei "4" wurden drei Schäden erkannt.

Die Vergabe der Punkte erfolgte im Zweifelsfall eher restriktiv. In den vorangegangenen
offenen Fragen genannte Umweltprobleme gingen unter der Bedingung in die Bewertung
mit ein, daß Frage 17 nicht mit "keinerlei Umweltschäden in Peruíbe beobachtet" beantwortet wurde. Diese zusammenfassende Auswertung der Fragen 12-15 und 17 unter
dem Gesichtspunkt der Wahrnehmung von Umweltproblemen ermöglichte die Klärung
eventuell auftretender Deutungsprobleme bei den Antworten. Sie trug gleichfalls dazu bei,
eine Doppel- oder Mehrfachwertung derselben Aspekte unter verschiedenen Fragen (z.B.
"Abwasserproblem" bei 12, 15 und 17) zu vermeiden. Allerdings kann festgehalten
werden, daß sich durch die Einbeziehung der Umweltaspekte aus den Fragen 12-14 nur
geringfügige Veränderungen ergaben, da von den meisten Befragten auf die vorher
angesprochenen Umweltprobleme in der anschließenden Frage 17 nochmals hingewiesen
wurde.

Tab. 23: Wahrnehmung von Umweltschäden in Peruíbe (in % der Befragtengruppe)

Bewertung[x]	Bewohner	Zweitwohnungs-besitzer	Urlauber
0	35,9	47,6	64,8
1	25,2	21,4	22,3
2	36,9	27,2	10,6
3	1,9	3,9	2,2
n	103	103	179
0 + 1	61,1	69,0	87,1
2 + 3	38,8	31,1	12,8

[x] Erläuterung im Text

Bestätigen sich nun anhand der ersten konkreten Frage nach Umweltschäden die aus den bisherigen Ergebnissen ableitbaren Tendenzen, nach denen für die Zweitwohnungsbesitzer die Umweltbedingungen am Ort einen höheren Stellenwert einnehmen als für die Bewohner und für diese wiederum einen weitaus höheren als für die Urlauber? Insgesamt bejahen 64% der Anwohner, 52% der Zweitwohnungsbesitzer und 35% der Urlauber, Umweltschäden bzw. -zerstörungen in Peruíbe beobachtet zu haben (Tab. 23). Allerdings nahmen nur 39% resp. 31% resp. 13% der genannten Gruppen ein oder mehrere konkrete, mit "2" bewertete Probleme wahr. Die Bewohner Peruíbes liegen bei dieser Frage also vor den Zweitwohnungsbesitzern, wenngleich der Abstand zwischen diesen beiden Gruppen sehr viel geringer ausfällt als derjenige zu den Urlaubern.

Tab. 24 gibt einen Überblick über die Art der erkannten Probleme/Schäden. Aus den beiden unteren Reihen der Tabelle ist ersichtlich, daß zwischen einem Fünftel und einem Viertel der Befragten mehr als ein Problem nannte. Hinsichtlich des allgemeinen Problems "Müll" ergeben sich noch keinerlei Unterschiede bezüglich der drei Befragtengruppen. Bereits bei der Abwasserentsorgung wird jedoch deutlich, daß wiederum Bewohner und Zweitwohnungsbesitzer besser über den Ort informiert sind, denn jeweils über 20% dieser Gruppen erwähnen die Problematik. Auch bei der Kategorie "Abholzung/wilde Bebauung/Flächenexpansion" ergeben sich signifikante Unterschiede in der Weise, daß wiederum die Urlauber die wenigsten Schäden erkennen.

Interessant ist vor allem, daß die Probleme der Ressourcenübernutzung, der Flußumleitung und z.T. auch der fehlenden Umweltinformation fast ausschließlich von den Bewohnern erkannt werden. Die Ursache hierfür liegt darin, daß für das Erkennen derartiger Schäden und Zerstörungen bzw. der Nichtnutzung des Naturraumpotentials für den (ökologischen) Tourismus Insiderinformationen nötig sind, die nur Personen, die die Probleme und die Politik vor Ort verfolgen, mitbringen können. Insbesondere trifft dies zu auf die Äußerung "Flußumleitung Guaraú", die einen Vorgang von Mitte der 80er Jahre in Erinnerung ruft, bei dem unter der Regie des damaligen Stadtpräfekten massiv in den Flußlauf des Guaraú im Ortsteil gleichen Namens eingegriffen und die Mündung um einige hundert Meter verschoben wurde. Nebenbei bemerkt, es wird erzählt, daß durch diese Maßnahme auch der Wert des in der Nähe befindlichen Grundstücks des besagten Bürgermeisters erheblich gestiegen sei. Vielleicht ist dies ein Grund dafür, daß dieser Eingriff besonders stark in der Erinnerung der Bewohner haften blieb und an dieser Stelle genannt wurde. Insiderkenntnisse sind gleichfalls für die Bemerkungen zur *palmito*-Ausbeutung in der EE Juréia-Itatins sowie zur Übernutzung der (küstennahen) Fischbestände vonnöten.

Wie ist nun - abgesehen von den Wahrnehmungsunterschieden zwischen den einzelnen Gruppen - das Erkennen von Umweltproblemen im Verhältnis zu den real vorhandenen Problemen einzuschätzen? Um die Frage beantworten zu können, muß noch einmal die

Tab. 24: Art der erkannten Umweltprobleme nach Gruppe der Befragten[1] in Peruíbe

Problem/Schaden	Bewohner		Zweitwoh-nungsbesitzer		Urlauber	
	abs.	%[2]	abs.	%[2]	abs.	%[2]
Müll (am Strand)	27	26,2	27	26,2	45	25,1
Abwasserentsorgung	21	20,4	21	20,4	22	12,3
Abholzung, wilde Bebauung (Flächenexpansion)	14	13,6	13	12,6	7	3,9
Abholzung/Invasion in der EEJI	3	2,9	3	2,9	2	1,1
Ressourcenübernutzung (*palmito*, Fischerei)	3	2,9	-	-	-	-
Flußumleitung Guaraú	3	2,9	-	-	-	-
Erosion	-	-	1	0,9	-	-
Fehlende Information und Um-weltführungen	3	2,9	-	-	1	0,6
anderes (allgemeine Probleme)	5	4,9	2	1,9	2	1,1
Summe der genannten Schäden / Probleme	79		67		79	
Anzahl der Personen (mindestens 1 Problem erkannt)	66	64,1	54	52,4	63	35,2

1) Ergebnisse der Fragen 12-15 und 17; Erläuterungen im Text
2) Anteil der Befragtengruppe, der das jeweilige Problem erkannt hat; Anzahl der Mehr-fachnennungen abzulesen aus den beiden unteren Zeilen der Tabelle

Umweltsituation in Peruíbe in Erinnerung gebracht werden. Es zeigte sich im Kapitel 4.2, daß die größten Schäden im Munizip durch die massive Ausdehnung der Siedlungsfläche seit Anfang der 70er Jahre hervorgerufen wurden. Dieser extreme, und für jeden deutlich sichtbare Flächenverbrauch, insbesondere auch das vorsorgliche Freiräumen riesiger Areale für den Grundstücksverkauf für Ferienhäuser, wird von nur 13% der Bewohner wie auch Zweitwohnungsbesitzer und gar von nur 4% der Urlauber als Problem erkannt.

Dabei ist in vielen dieser Fälle noch nicht einmal eindeutig zu klären, ob mit der Antwort "desmatamento" auch tatsächlich der Zusammenhang zwischen Abholzung und Immobiliengeschäft hergestellt ist oder ob es sich vielleicht doch eher auf die in Peruíbe in sehr viel geringerem Maße zu beobachtenden Waldrodungen bzw. das Abbrennen von Waldflächen für die Landwirtschaft bezieht. Im zuletzt genannten Fall könnte es sich wiederum um das bereits geschilderte Phänomen des Nennens einer im allgemeinen "Umweltbewußtsein" verankerten Vokabel, hier durch die Amazonasproblematik bekannt geworden, handeln. *Loteamentos* und *expansão urbana* wurden jedenfalls explizit nur in einigen wenigen Fällen von den Befragten als Umweltproblem klassifiziert. Die Frage nach der Bedeutung des Schlagwortes *desmatamento* stellt sich im übrigen zunächst in gleicher Weise in der Fallstudie Campos do Jordão, wo jedoch meist relativ klar zugunsten der Bedeutungseinheit Abholzung/Siedlungsausdehnung entschieden werden kann (vgl. Kap. 6). Festzuhalten bleibt jedoch erneut der Unterschied zwischen den Bewohnern und den Zweitwohnungsbesitzern einerseits und den Urlaubern andererseits.

Das Problem der Abwasserentsorgung ist gleichfalls als gravierend zu bezeichnen. Allerdings ist der Anteil der Haushalte, die ihre Abwässer unbehandelt in die Flüsse bzw. direkt ins Meer leiten in Peruíbe nicht höher als in anderen brasilianischen Kommunen. Da die Befragung jedoch am Strand erfolgte, müßten den Interviewten die zahlreichen Rinnsale aufgefallen sein, die außer dem Oberflächenwasser auch einen nicht quantifizierbaren, aber doch erkennbaren Anteil an häuslichen Abwässern von den vielen offenen Kanälen, die die gesamte Stadt durchziehen, über den Strand zum Meer befördern. Dieser Aspekt wurde von bis zu einem Fünftel der Befragten als Umweltproblem angesprochen; ein Wert, der zeigt, daß auch in einem Badeort die mangelhafte Abwasserentsorgung selbst von den unmittelbar betroffenen, da im Meer badenden Erholungsuchenden nicht als besonders eklatant empfunden, sondern eher der allgemeinen "*realidade brasileira*" zugeordnet wird.

Insgesamt wird deutlich, daß die Bewohner bei der Benennung von Umweltproblemen im Munizip am "besten" abschneiden. Ihnen folgen die Zweitwohnungsbesitzer, die vor allem bei den Umweltschäden, die etwas genauere Ortskenntnisse erfordern, zurückstehen. Am wenigsten Schäden erkennen die Urlauber, die, wie sich bereits bei der Frage nach den Motiven der Urlaubswahl zeigte, Peruíbe insbesondere wegen der guten Umweltbedingungen schätzen und dementsprechend bei dieser Frage weniger Kritik anbringen (können).

Die Interviewpartner wurden in der anschließenden Frage 18 nach ihrer Einschätzung sowohl der touristischen Attraktivität als auch der Umweltsituation sowie zu Vorschlägen zur Verbesserung der Situation an sieben Standorten innerhalb des Munizips Peruíbe befragt (vgl. schematische Darstellung der Frage in Tab. 11; zur Lage der Standorte vgl. Abb. 8). Die Bewertung von seiten der Befragten erfolgte anhand einer Skala von 1 bis 5 (sehr gering bis sehr hoch für die touristische Anziehungskraft bzw. hochgradig geschädigt bis sehr gut erhalten für die Umweltsituation), wobei die Skala für die Umweltbeurteilung der bereits in Frage 16 erläuterten entsprach.

Tab. 25 gibt die den einzelnen Standorten zugrunde liegende Probandenzahl wieder. Durch die insgesamt höhere Zahl von befragten Urlaubern (179 im Vergleich zu jeweils 103 Bewohnern und Zweitwohnungsbesitzern) wird die geringere Orts- und damit auch Standortkenntnis dieser Gruppe ausgeglichen, so daß der Minimalwert der Teilstichprobe für den am wenigsten bekannten Standort Perequê noch 42 Personen beträgt.

Tab. 25: Anzahl der Probanden, die den jeweiligen Standort in Peruíbe kennen

Standort	Bewohner	Zweitwohnungs-besitzer	Urlauber	gesamt
Stadt	103	101	171	375
Strand	103	102	179	384
Guaraú	85	89	99	273
Juréia	49	56	61	166
Paraíso	70	57	43	170
Barra do Una	66	62	53	181
Perequê	72	50	42	164

Tab. 26 zeigt die realen Umweltprobleme an den abgefragten Standorten im Raum Peruíbe sowie deren Gewichtung analog zum bereits vorgestellten Schema. Die ersten drei Teilräume stehen unter keinem besonderen Schutzstatus und der letzte (Perequê) fällt in die Kategorie APA. Allein aus diesem Grund weisen sie weniger als Problem zu klassifizierende erkennbare Umweltschäden auf als die der EE Juréia-Itatins zugehörigen Standorte Paraíso und Barra do Una sowie die Estação Ecológica (="Juréia") als Gesamtraum (vgl. Fotos 6-9). Würde der Schutzstatus außer acht gelassen, ergäbe sich für die stärker besiedelten/genutzten Standorte (Stadt, Strand, Guaraú) naturgemäß ein erheblich größerer Problemdruck als für die anderen Gebiete. Mit diesem Verfahren wird der Tatsache Rechnung getragen, daß dieselben Nutzungsformen, z.B. landwirtschaftliche Nutzung, innerhalb von Schutzgebieten anders zu bewerten sind als außerhalb. Bei der Interpretation der Befragungsergebnisse muß also nicht nur das bei Fragen der Wahrnehmung immanente Problem der unterschiedlichen Maßstäbe, sondern zudem auch die differenzierte Betrachtung der Problemsituation an den einzelnen Standorten im Auge behalten werden.

Aufgeführt und bewertet wurden nur beobachtbare Probleme und Schäden. "Mangelhafte Flächennutzungsplanung", "falsche politische Entscheidungen" oder ähnliches, also durchaus gravierende Probleme, Verhaltensweisen oder Unterlassungen, die als Ursachen von beobachtbaren Schäden in Frage kommen, wurden nicht in die Bewertung mit aufgenommen. Sie wurden allerdings auch nur in wenigen Einzelfällen genannt.

Tab. 26: Gewichtung der Umweltprobleme an sieben touristischen Standorten im Raum Peruíbe*)

Standort	Gewichtung	Hauptprobleme
Stadt Peruíbe	2	Abwassersituation, unerlaubte Abholzung, extremer Flächenverbrauch
	1	Müll
Strand	2	Abwassersituation
	1	Müll
Guaraú	2	Abwassersituation, unerlaubte Abholzung
	1	Müll
Juréia	2	Abholzung/Landwirtschaft, fehlende Kontrolle am Eingang/Ausgang, mangelnde Besucherlenkung und -information, (mangelnde Aufklärung der Bewohner, *palmito*-Gewinnung, Jagd)
	1	allgemein Fehlen von Kontrolle
Paraíso	2	Landwirtschaft/Abholzung, fehlende Besucherinfrastruktur und -aufklärung, mangelhafte Überwachung, Müll/Abwasser
Barra do Una	2	Landwirtschaft/Abholzung, fehlende Besucherinfrastruktur und -aufklärung, Befahren des Strandes, Beschädigung der Dünenvegetation, wildes Campen, (Abwasser)
	1	Müll, allgemein Fehlen von Kontrolle
Perequê	2	Abwasser und Müll, Besucherinfrastruktur
	1	Müll, allgemein Fehlen von Kontrolle

"2": beträchtliches Problem/Schaden/Unzulänglichkeit
"1": geringeres ("allgemeines") Problem
in Klammern: Probleme/Schäden, die i.d.R. nur von "Insidern" oder sehr gut informierten Personen erkannt werden können oder die auf Vermutungen basieren
*) zur Lage der Standorte vgl. Abb. 8

Die Antworten auf die im Interview zunächst gestellte Frage nach dem touristischen Interesse bezeugen den hohen Stellenwert der Juréia für den Tourismus in Peruíbe. Zwischen 70 und 80% der Befragten aller drei Gruppen schätzen die Anziehungskraft als sehr groß ein (Note "5"), ein Wert, der von keinem anderen Standort erreicht wird (Abb.

22). Die in der EEJI befindlichen Standorte Paraíso und Barra do Una erfahren gleichfalls eine deutlich positivere Bewertung als die außerhalb liegenden Orte, was die Aussage unterstützt, daß das Attraktivitätspotential Peruíbes nicht nur vom Strand, sondern zu einem nennenswerten Teil auch von der Nähe zur Juréia und deren Anziehungspunkten bestimmt wird. Hinsichtlich der Bewertungen von seiten der drei Befragtengruppen ergeben sich keine signifikanten Unterschiede, wenn man einmal davon absieht, daß die Bewohner analog zur Bewertung in Frage 16 (Tab. 22) eher zur Vergabe der beiden Extremnoten 1 und 5 neigten als Zweitwohnungsbesitzer und Urlauber, was wohl auf eine gefestigtere Meinung zurückzuführen ist. Aufgrund dieses Ergebnisses - etwa besonders im Falle der Juréia - bereits von einer Polarisierung der Standpunkte der Bewohner Peruíbes zu sprechen, muß allerdings angesichts der Fallzahl von nur 49 Personen als verfrüht angesehen werden.

Die Frage nach der Einschätzung der Umweltsituation anhand einer Skala wurde wie in Abb. 23 dargestellt beantwortet. Insgesamt gesehen fällt die Bewertung aller Standorte relativ positiv aus. Sie werden in der Regel von allen drei Befragtengruppen ähnlich beurteilt, nur wählten die Bewohner wie bereits in den vorangegangenen Fragen wiederum häufiger die Maximal- und Minimalnoten. Die zentralen Bereiche Peruíbes, die Stadt und der Strand, schneiden am schlechtesten ab; dort sind bis zu 20 % der Befragten unzufrieden mit der Umweltsituation. Die Juréia wird hingegen von über 60 % (Zweitwohnungsbesitzer und Urlauber) bzw. 77 % (Bewohner) sogar als sehr gut erhalten angesehen. Zählt man die Angabe "gut erhalten" (Note 4) hinzu, so ergeben sich Werte von 78-88 %. Der im Vergleich zu anderen brasilianischen Schutzgebieten in der Tat gute Zustand wird von den Befragten anerkannt, insbesondere halten die Einwohner Peruíbes die EEJI für sehr gut erhalten. Sie erhalten auch am ehesten Kenntnis von den Schutzbestimmungen der Juréia, entweder aufgrund sie selbst betreffender Nutzungsbeschränkungen oder über Gespräche mit Freunden und Verwandten in der Region.

Von besonderem Interesse ist nun wiederum die Frage, welche Art von Problemen und Schäden und in welchem Umfang sie erkannt wurden. Um das gezielte Suchen nach erwünschten Antworten zu verhindern, fragten die Interviewer wieder möglichst unverbindlich und allgemein nach "Vorschlägen zur Verbesserung der Situation", ohne das Wort Umwelt oder Natur explizit zu erwähnen und ohne nach konkreten Umweltschäden oder -konflikten zu fragen. Allerdings war die Zielrichtung der Frage durch die vorhergehende Bewertung der Umweltsituation schon vorbestimmt oder zumindest angedeutet. Diese Vorgehensweise hat sicherlich den Nachteil, daß nur die engagierteren und interessierteren Befragten eine Antwort auf eine derart offene "Vorschlagsfrage" geben. Andererseits wird dadurch aber die Wahrscheinlichkeit erhöht, daß tatsächlich nur diejenigen herausgefiltert werden, die sich bereits Gedanken über Umweltprobleme gemacht haben oder zumindest soweit vorbereitet sind, daß sie aufgrund des Interviews einen Anstoß zur Äußerung eines sinnvollen Vorschlags erhalten.

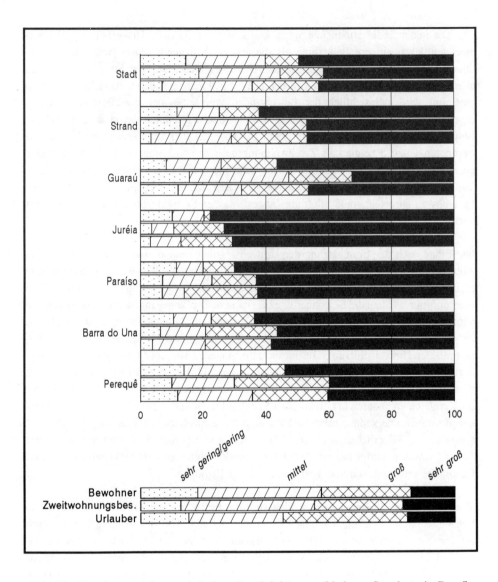

Abb. 22: Einschätzung der touristischen Attraktivität verschiedener Standorte in Peruíbe

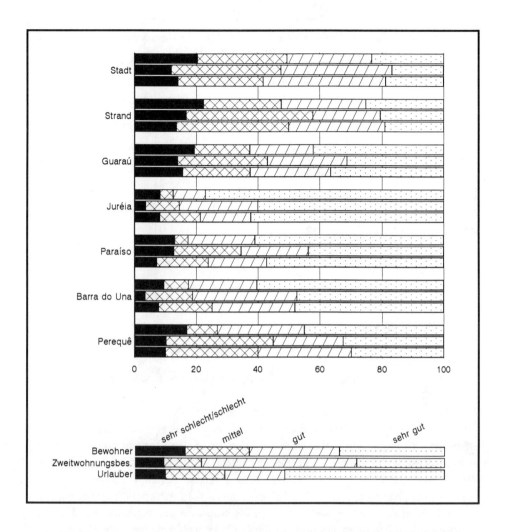

Abb. 23: Einschätzung der Umweltsituation an verschiedenen Standorten in Peruíbe

119

Tab. 27: Vorschläge zur Verbesserung bzw. Lösung von Umweltproblemen in Peruíbe (nur Kategorie "2"; absolute Werte, nicht nach Befragtengruppe getrennt)

Standort	Lösen des Problems ... / Verbesserung von ...					
	Ab-wasser	Abholzung/ *loteamentos*	Umwelt-bildung	Überwa-chung[1]	Besucherin-frastruktur	Schutz
Stadt	33	2	10	2	-	0
Strand	22	-	19	-	9[2]	0
Guaraú	6	2	10	3	13[2]	2
Juréia	-	2	9	16	5	24
Paraíso	0	0	8	11	14	5
Barra d.Una	0	1	6	7	5	11
Perequê	1	-	7	3	8	1

0 : kein derartiger Vorschlag erfolgt

- : trifft nicht zu

[1] z.T. Bewertung "1"

[2] führt nur in Verbindung mit einem anderen Vorschlag zur Bewertung "2"

Im folgenden werden die Ergebnisse dieser Frage nach den Verbesserungsvorschlägen (vgl. Tab. 11) mittels einer Auflistung der Einzelvorschläge (Tab. 27) sowie deren Bewertung (Abb. 24) vorgestellt[1]. Die nach dem bekannten Schema erfolgte Bewertung zeigt zunächst die herausragende Position der Juréia, gefolgt von Paraíso, was die Anzahl der als "Wahrnehmung 2" und "Wahrnehmung 3" klassifizierten Vorschläge angeht (in Abb. 24 sind "Wahrnehmung 2" und "3" zusammengefaßt). Obwohl die Umweltsituation in der EEJI in der vorangegangenen Frage als besonders gut angesehen wurde, unterbreitete ein Teil der Befragten doch an dieser Stelle noch weitergehende Vorschläge in Richtung eines verbesserten Schutzes und insbesondere auch einer verstärkten Kontrolle und effektiveren Überwachung des Schutzgebietes (vgl. Tab. 27). Für Paraíso kommt vor allem Kritik bezüglich der prekären Besucherinfrastruktur, aber auch einer verbesserungswürdigen Überwachung und der Initiierung von Umwelterziehungsmaßnahmen zum Tragen. Die Vorschläge in bezug auf die Stadt Peruíbe und den zentralen Strandabschnitt betreffen hauptsächlich die Abwassersituation und die völlig fehlende

---

[1]geringfügige Abweichungen zu Tab. 27 ergeben sich dadurch, daß zwar alle Vorschläge einzeln in die Auswertung eingingen, bei der Gesamtbewertung jedoch vereinzelt auftretende Widersprüche innerhalb der Vorschläge zu einer Abwertung der Gesamtnote führten.

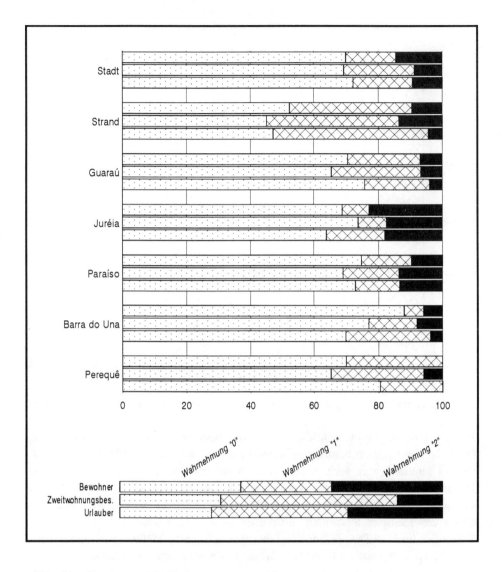

Abb. 24: Bewertung von Verbesserungsvorschlägen zur Umweltsituation an verschiedenen Standorten in Peruíbe

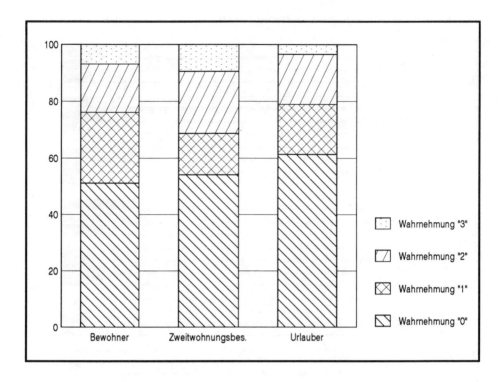

Abb. 25: Gesamtbewertung der Verbesserungsvorschläge zu den Standorten in Peruíbe

Förderung des Umweltbewußtseins sowohl der Besucher als auch der Bewohner des Ortes. Letzteres schließt beispielsweise Informationen zur Wasserqualität, zum Sauberhalten des Strandes, aber auch Angebote zu ökologisch orientierten Tagestouren in die Umgebung ein. Die wenigsten Vorschläge erfolgten zu Guaraú, Barra do Una und Perequê, was im wesentlichen auf das Fehlen spektakulärer ökologischer Brennpunkte an diesen drei kleineren Standorten zurückzuführen ist. Die meisten mit "1" bewerteten Vorschläge (nicht in Tab. 27 aufgeführt) bezogen sich auf das Müllproblem, insbesondere - und berechtigterweise - am zentralen Strand sowie in Perequê und Guaraú.

Aufgrund der Ergebnisse aus den offenen Fragen zur Umweltsituation (Tab. 23) war zu erwarten, daß die Urlauber auch in dieser zuletzt besprochenen Frage "schlechter" abschneiden würden als die beiden anderen Gruppen. Dies ist allerdings bei genauerer Betrachtung der Resultate (Abb. 24) nicht der Fall. Zwar werden die Spitzenwerte der Note "2 und 3" ausnahmslos von Bewohnern und Zweitwohnungsbesitzern erreicht, jedoch nimmt die Urlaubergruppe keineswegs immer die letzte Position ein. In der Bewertungskategorie "1" liegt sie z.T. sogar sehr weit vor den anderen Befragtengruppen (Strand, Juréia, Barra do Una).

Die Gesamtbewertung der Frage 18 zeigt folgendes Bild (vgl. Abb. 25): Die Differenzen zwischen den drei Befragtengruppen fallen im Vergleich zu der offenen Frage nach Umweltproblemen in Peruíbe (Frage 17; vgl. Tab. 23) deutlich geringer aus. Dies ist vielleicht damit zu erklären, daß Bewohner und Zweitwohnungsbesitzer schon eher einmal von den Problemen vor Ort gehört haben oder sie aus eigener Betroffenheit kennen. Die Urlauber denken hingegen in ihrer Freizeit nicht an die Probleme und sehen zunächst alles eher positiv. Bei konkretem Nachfragen (Frage 18) verschwinden diese Wahrnehmungsunterschiede dann allerdings, und auch der Urlaubergruppe fallen beim Nachdenken bestimmte Schäden ein, die dann in einen Verbesserungsvorschlag münden. Die beste Wahrnehmung von Umweltproblemen wird von den Zweitwohnungsbesitzern erreicht, die sowohl in der Bewertungsnote "2" als auch in der Note "3" an erster Stelle liegen. Ein Drittel der Zweitwohnungsbesitzer erhält eine der beiden Noten, hingegen nur 23,8 % der Bewohner und 21 % der Urlauber. Die Spitzennote erzielen mit 9,4 % von ihnen ungefähr doppelt soviele Personen wie aus den beiden anderen Gruppen.

Tab. 28: Gesamtbewertung der Wahrnehmung von Umweltproblemen in Peruíbe (Frage 17 und 18)*)

Problemwahr-nehmung	sehr ge-ring	gering	mittel	groß	sehr groß
Kriterien (erkannte Umweltprobleme)	max. 1 leichtes Problem	2 leichte oder ein wesentliches oder 1 leichtes und 1 wesentliches und in der anderen Frage keines	1 leichtes und 1 wesentliches	2 leichte und 1 wesentliches oder 2 wesentliche	mehr als 2 wesentliche
(Bewertungskombination der Fragen 17 und 18)	0+0, 0+1, 1+0	1+1, 0+2, 2+0, 0+3, 3+0	1+2, 2+1	1+3, 3+1, 2+2	2+3, 3+2, 3+3
Bewohner (%)	46,0	21,8	14,9	10,3	6,9
Zweitwohnungsbesitzer (%)	49,0	25,0	7,3	8,3	10,4
Urlauber (%)	70,1	13,7	7,7	5,1	3,4

*) n = 300, davon: 87 Bewohner, 96 Zweitwohnungsbesitzer und 117 Urlauber

In einem letzten Schritt wurden die Bewertungen zu den beiden Fragen 17 und 18 zusammengefaßt, um ein Gesamtbild von der Umweltwahrnehmung der Befragtengruppen unter Einbeziehung der offenen wie auch der geschlossenen Frage zu erhalten. Dabei hatte die vorausgegangene Überprüfung der Konsistenz der Antworten auf diese beiden Fragen sowie jeweils mit Frage 16 (Beurteilung der Umweltsituation des Ortes anhand einer Skala; vgl. Tab. 22) bereits einen deutlichen Zusammenhang bezüglich der Beantwortung dieser drei Fragen ergeben. Die Klassifizierung nach den bekannten drei Befragten-gruppen ergibt folgendes Bild (Tab. 28): Während knapp die Hälfte der Bewohner und Zweitwohnungsbesitzer eine sehr geringe Problemwahrnehmung aufweisen, sind dies bei den Urlaubern sogar 70%. Die Bewohner sind in den beiden mittleren Klassen "mittel" und "groß" überrepräsentiert, die Zweitwohnungsbesitzer hingegen häufiger in den Klassen "gering" und "sehr groß", also in den äußeren Bereichen, zu finden. Die 3x3-Felder-Tafel, in der jeweils die beiden äußeren Klassen zu einer zusammengefaßt wurden, macht diese Unterschiede noch deutlicher (Tab. 29).

Tab. 29: Problemwahrnehmung der Befragtengruppen in Peruíbe

	gering	mittel	groß
Bewohner:	67,8%	14,9%	17,2%
Zweitwohnungsbesitzer:	74,0%	7,3%	18,8%
Urlauber:	83,8%	7,7%	8,5%

Der χ^2-Test weist für beide Tabellen signifikante Unterschiede auf (zweiseitig, 95%). Es bestätigen sich also in der Zusammenschau der beiden wichtigsten Fragen zur Wahr-nehmung von Umweltproblemen die bereits mehrfach angedeuteten unterschiedlichen Sichtweisen der drei Gruppen: Die Problemwahrnehmung der Urlauber ist sehr begrenzt; innerhalb der Bewohnergruppe gibt es eine beträchtlichen Anteil an Personen, die sowohl leichtere als auch gravierendere Probleme erkennen; bei den Zweitwohnungsbesitzern zeigt sich eine Zweiteilung: Während eine große Gruppe keinerlei Schäden wahrnimmt, fallen einem anderen Teil jedoch erhebliche Probleme an dem Ort ihres Zweitwohnsitzes auf.

Als Arbeitshypothese war formuliert worden, daß ein Zusammenhang zwischen dem Erkennen von Umweltproblemen und dem sozioökonomischen Status besteht. Diese Hypothese muß zurückgewiesen werden. Bei keiner der Befragtengruppen sind signifikan-te Unterschiede in der Beziehung zwischen Problemwahrnehmung und Einkommensniveau festzustellen (2-seitig, 95% Sicherheitswahrscheinlichkeit). Ein Zusammenhang zwischen der Wahrnehmung von Umweltproblemen und dem Bildungsstand ist nur bei der Gruppe der Zweitwohnungsbesitzer festzustellen. Die Ferienhausbesitzer mit höherem Bildungs-abschluß nehmen signifikant mehr Probleme wahr als diejenigen mit niedrigerem Abschluß. Bei Bewohnern und Urlaubern deutet sich bei der Häufigkeitsverteilung zwar die gleiche Richtung bezüglich dieses Zusammenhangs an, statistisch absichern läßt sich dieser Wahrnehmungsunterschied jedoch nicht.

Insgesamt bleibt festzuhalten, daß zwar durchaus Interesse an Fragen des Natur- und Umweltschutzes besteht, insbesondere bei den Bewohnern und den Zweitwohnungs-besitzern Peruíbes, auf das die Präfektur bislang allerdings in keiner Weise reagiert und das sie nicht für sich nutzbar macht - beispielsweise in Form einer stärkeren Betonung der natürlichen Gunstfaktoren in der Tourismuswerbung. Andererseits werden die gravieren-den Umweltprobleme, die ungeachtet der zweifelsohne im Vergleich zu anderen Küsten-städten positiven Bedingungen dennoch bestehen, nur von einer Minderheit wahrgenom-men. Vor allem wird von den befragten Strandbesuchern in Peruíbe nur in wenigen Ausnahmefällen ein eindeutiger Bezug zwischen dem wesentlich auf dem Freizeitwesen beruhenden und insgesamt als exzessiv zu bezeichnenden städtischen Entwicklungsprozeß und seinen Folgen für die Umwelt hergestellt. Dies gilt für alle drei Befragtengruppen und insbesondere für die Urlauber, selbst wenn diese den Ort bereits aus mehrmaligen Besuchen kennen. Auf die Verantwortung, die sich hieraus für das Munizip wie auch für das Umweltministerium in São Paulo in bezug auf Bildungsmaßnahmen zur Steigerung des Umweltbewußtseins in der Bevölkerung (und bei den lokalen Entscheidungsträgern) ergibt, wird in den folgenden Kapiteln noch zurückzukommen sein.

5. SCHUTZGEBIET ESTAÇÃO ECOLÓGICA DE JURÉIA-ITATINS: ANSATZ ZUR PROBLEMLÖSUNG ODER NEUER KONFLIKTHERD?

Am Beispiel des Schutzgebietes Estação Ecológica de Juréia-Itatins (EEJI) soll untersucht werden, auf welche Weise naturschutzpolitische Ziele und Maßnahmen im Bundesstaat São Paulo bislang umgesetzt wurden, wie dabei auftretende Konflikte mit verschiedenen wirtschaftlichen Interessen gelöst werden können und wo sich Chancen für eine langfristige Absicherung des Naturschutzes in Verbindung mit den Bewohnern und Besuchern bieten. Zunächst werden hierfür die besonderen Umstände der Einrichtung der EEJI erläutert, die noch heute die Umsetzung und die Akzeptanz des Naturschutzes in diesem Raum beeinflussen. In einem zweiten Schritt werden dann die Konflikte zwischen Landwirtschaft/Fischerei/Extraktivismus und Naturschutz diskutiert, die von Beginn an für erheblichen Zündstoff sowohl auf lokaler wie auch auf bundesstaatlicher Ebene gesorgt haben. Die regional bedeutsame Funktion der Juréia als touristischer Anziehungspunkt führte ebenfalls zu Spannungen zwischen der Schutzgebietsadministration, den Bewohnern, Besuchern und den Verwaltungen der angrenzenden Gemeinden. Diese "Besucherproblematik" sowie die damit verbundenen positiven Chancen für den Naturschutz im umwelterzieherischen Sinne werden in Kapitel 5.3 näher untersucht. In Kap. 7 werden die mit Bewohnern und Besuchern verbundenen Konflikte sowie die bislang verfolgten und die neuen, zur Zeit in der Planung befindlichen Strategien für ein wirkungsvolleres Management des Schutzgebietes in Verbindung mit den Umlandgemeinden zusammenfassend diskutiert.

5.1. Einrichtung des Schutzgebietes: Vom Atomkraftwerk zur Estação Ecológica

Aufgrund der bereits ausführlich geschilderten besonderen Bedrohung der verbliebenen Reste des atlantischen Regenwaldes, speziell derjenigen Bestände, die noch in Verbindung zu anderen küstennahen Vegetationsformationen (Mangrove, Restinga) stehen, rückte das Gebiet der heutigen EEJI bereits Ende der 70er Jahre in die öffentliche Diskussion. Während dieser Zeit bildeten sich in Brasilien erste Ansätze einer Ökologiebewegung heraus (vgl. Kap. 3.3), die auch in São Paulo Fuß faßte. Die Regierung des Bundesstaates reagierte auf diese Entwicklung mit der Ausweisung großflächiger Schutzgebiete, u.a. des Parque Estadual da Serra do Mar. Andererseits gefährdete jedoch der geplante Ausbau der Küstenstraße (BR 101 und SP 55 in Richtung Curitiba), die bereits 1975 von Rio de Janeiro über Santos bis nach Peruíbe geschlossen worden war, das Itatins- und das Juréia-Massiv sowie die dazwischenliegende Tiefebene des Rio Una do Prelado (vgl. Abb. 8). Im Zuge des Straßenbaus nach Iguape und Cananéia war zudem die Anlage einer 75.000 Einwohner umfassenden Retortenstadt an den Stränden des jetzigen Schutzgebietes geplant, die mit Golfplätzen, Yachthafen und sonstigen Freizeitmöglichkeiten der "*classe A*" ausschließlich für die Oberschicht São Paulos gedacht war (Folha de São Paulo vom

30.7.78 und 29.8.79; SMA - Equipe Litoral Sul 1989, S. 6). Dieses Projekt "*Praia do Rio Verde*", an dessen Planung, nebenbei bemerkt, pikanterweise der Architekt und damalige Planungsminister, der spätere Umweltminister São Paulos (ab 1987) Jorge Wilheim maßgeblich beteiligt war, wurde jedoch nicht umgesetzt.

Eine weitere (und höherrangige) Nutzungsabsicht mit möglicherweise noch sehr viel gravierenderen Konsequenzen für das Ökosystem bestand in der Errichtung eines Atomkraftkomplexes in diesem Raum. Es war beabsichtigt, um diese Anlage herum eine *Estação Ecológica* (EE) einzurichten, und zwar im Rahmen der Strategie einer Kombination von Naturschutz und Atomkraft, die mit dem Dekret Nr. 84.973 vom 29.7.1980 (*decreto de co-localização de estações ecológicas e usinas nucleares*) von der Union offiziell eingeführt worden war (CORTESÃO & ALCÂNTARA 1989, S. 81). Da menschliche Siedlungen in *Estações Ecológicas* nicht erlaubt waren, was wegen eventueller Störfälle nach damaliger Auffassung auch als günstig für die Umgebung der Atomkraftwerke angesehen wurde, erschien diese Verbindung als nahezu ideal. Noch 1980 erfolgte die Enteignung von 23.600 ha Land für den vorgesehenen Bau von "Iguape I" und "II", die beiden ersten des geplanten Komplexes mit insgesamt sechs Atomkraftwerken (SMA - Equipe Litoral Sul 1989a, S. 5). Ein Jahr vorher war bereits von der nationalen Umweltbehörde SEMA eine 1.000 ha große Fläche um das Maciço da Juréia als *Estação Ecológica* ausgewiesen sowie durch den CONDEPHAAT Teile der heutigen EEJI als *Área Tombada* geschützt worden (Abb. 5).

Das "Schutzkonzept" der *co-localização* im allgemeinen sowie die Absicht, in dieser Region ein Nuklearzentrum zu errichten, rief allerdings den Protest zahlreicher Umweltschützer wie auch von Teilen der Bewohner und Politiker Peruíbes und Iguapes hervor und machte weite Kreise der Paulistaner Bevölkerung auf die Juréia aufmerksam. Die Bewohner des direkt betroffenen Gebietes - der heutigen EEJI - waren den Regierungsplänen gegenüber jedoch nicht abgeneigt, da sie sich eine Verbesserung der Infrastruktur (Straßenanschluß, Strom- und Wasserversorgung) sowie die Schaffung von Arbeitsplätzen erhofften (OLIVEIRA 1993, S. 18). Engagierte Naturschützer, wie z.B. der Präsident der *Sociedade de Ecologia e Paisagismo de Itanhaém*, Ernesto Zwarg, die bereits gegen den Bau der Freizeitenklave "*Praia do Rio Verde*" opponiert hatten, organisierten daraufhin im Verbund mit Atomkraftgegnern den Widerstand gegen diese Pläne. Zusammen mit den Naturschutzorganisationen Oikos (Präsident: Fabio Feldmann) und der 1985 gegründeten *SOS Mata Atlântica* gelang es mit Hilfe guter Verbindungen zur politischen Führungsschicht in São Paulo, die Atomanlage zu verhindern und den gesamten Juréia-Itatins-Komplex letztendlich unter Schutz stellen zu lassen. 1986 wurde mit dem *Decreto Estadual* N° 24.646 die EEJI ins Leben gerufen und ein Jahr später mit dem *Lei* N° 5.649 gesetzlich abgesichert. Nachdem von der ursprünglich ausgewiesenen Fläche ca. 2.000 ha wieder ausgegliedert werden mußten, umfaßt sie heute 79.830 ha und schließt die bereits seit 1958 bestehende Reserva Florestal de Itatins sowie die Área de Relevante Interesse

Ecológico (ARIE) Ilha do Ameixal (1985) mit ein (Abb. 8). Die Regierung konnte hiermit zugleich ein Vorzeigeprojekt für den Naturschutz schaffen, das zusammen mit dem ebenfalls 1986 gegründeten Umweltministerium die fortschrittliche Umweltpolitik des Bundesstaates dokumentieren sollte.

Begünstigt wurden diese Erfolge durch das sich Mitte der 80er Jahre wandelnde gesellschaftliche Klima - der Übergang von der Militärdiktatur zur Demokratie war in Vorbereitung - sowie durch das nachlassende Interesse an (Atomkraft-)Großprojekten am Ende der Militärzeit. Auch die Presse förderte durch ihre positive Berichterstattung im Sinne des Umwelt- und Naturschutzes - seit 1985 nicht zuletzt aufgrund des Einflusses der *SOS Mata Atlântica* sowie ab Ende 1986 auch der *Associação em Defesa da Juréia (Pro-Juréia)* - die öffentliche Unterstützung des Naturschutzvorhabens ganz wesentlich (z.B.: Folha de São Paulo vom 12., 17. und 19.8.79, 2. und 18.9.79, 16. und 18.12.85 sowie regelmäßig ab 1986; O Estado de São Paulo vom 18.8.79, 10.4.81, 15.1. und 30.9.86 usw.; etwas weniger häufig in den Tageszeitungen Folha da Tarde und Jornal da Tarde während dieses Zeitraumes).

Nach der Einrichtung der EEJI war es vor allem die *Pro-Juréia* mit ihren langjährigen Präsidenten João Paulo Capobianco (heute *SOS Mata Atlântica*) und dem Paulistaner Unternehmer Aron Belinky, die sich immer wieder öffentlichkeitswirksam zu aktuellen Problemen sowie insbesondere zu dem äußerst langwierigen Prozeß der Entwicklung eines Managementkonzeptes für das Schutzgebiet zu Wort meldete und zeitweise auch in eigener Regie Informationsarbeit über die Juréia leistete (Folha da Tarde vom 10.11.88, O Estado de São Paulo vom 22.7.89, Gazeta Mercantil vom 15.5.91). Im Mittelpunkt stand dabei sowohl in der öffentlichen Diskussion als auch innerhalb des Umweltministeriums und der Schutzgebietsadministration die Frage, was mit den ca. 1.500 Bewohnern der Juréia geschehen sollte, die laut Statut einer EE eigentlich nicht dort wohnen dürften. Ein zweiter Problemkreis ergibt sich aus der bis dato üblichen touristischen Nutzung von Teilen der EEJI. Beide Problemfelder beruhen auf der Tatsache, daß das Gebiet mit einem sehr hohen Schutzstatus "auf der Landkarte" ohne eingehende Vorarbeiten in ökologischer Hinsicht bzw. in bezug auf die bestehenden wirtschaftlichen Nutzungsformen "eingezeichnet" wurde, und zwar in einem Verwaltungsakt des Bundesstaates São Paulo, an dem die betroffenen Gemeinden nicht beteiligt waren. Das Gebiet war zudem nicht nur besiedelt, es bestand auch ein hoher Zuwanderungsdruck in die gesamte Region Vale do Ribeira und Litoral Sul Paulista, wie an den hohen Bevölkerungszuwachsraten abzulesen ist (vgl. Kap. 4.1). Außerdem war die Fläche mit ursprünglich 82.000 ha noch sehr viel größer als die der vormals geplanten EE in Verbindung mit den Atomkraftwerken (23.000 ha) und damit unter den gegebenen finanziellen und personellen Umständen in keiner Weise zu kontrollieren.

Die hiermit nur angedeuteten vielfältigen Schwierigkeiten für die Erarbeitung und Umsetzung eines Naturschutzkonzeptes für die EEJI werden im folgenden näher erläutert. Auf die Rolle der Medien und die Haltung der Umweltorganisationen sowie des Umweltministeriums angesichts der problematischen Situation wird dabei an entsprechender Stelle zurückzukommen sein.

5.2. Die Bewohnerfrage: Konflikte zwischen Naturschutz und landwirtschaftlichen Nutzungsformen

Um die Interessen der Bewohner und mögliche daraus entstehenden Konflikte mit den Zielvorgaben der Schutzgebietsverwaltung zum Schutz der Natur erfassen zu können, wird zunächst die sozioökonomische Lage der lokalen Bevölkerung untersucht. Hierzu zählen Fragen der Alters- und Familienstruktur, der Herkunft, Wirtschaftsweise und Grundbesitzverhältnisse sowie - nicht zuletzt aus administrativ-rechtlichen Gründen - die Länge des Aufenthaltes in dem Gebiet der heutigen *Estação Ecológica*. Hierfür wurden die Rohdaten einer im Oktober 1990 von Mitarbeitern der *Secretaria do Meio Ambiente* durchgeführten Befragung der Juréia-Bewohner ausgewertet. Erfaßt wurden mit dieser Erhebung 313 Haushalte und damit annähernd 85 % der Bevölkerung. Der Rest verweigerte die Auskunft oder war nicht anzutreffen. Besitzer von Ferienhäusern oder kleinen Hütten, sog. *chacaras*, die nur an Wochenenden genutzt werden, sind nicht mit aufgenommen worden, da das Umweltministerium davon ausging, daß diese ihnen bekannten "Zweitwohnungsbesitzer" ohnehin in Kürze aus dem Schutzgebiet ausgewiesen würden.

Die Individualdaten wurden dann je nach Fragestellung auf Haushalts- oder Personenebene zunächst nach *bairros* (Siedlungen und Weiler) zusammengefaßt und später zu größeren Clustern aggregiert. Die Typisierung der *bairros* nach sozioökonomischen Merkmalen diente dazu, die jeweiligen Hauptproblemfelder, etwa den Extraktivismus (Sammelwirtschaft), die Fischerei oder den Tourismus räumlich zu erfassen und für zukünftige Planungen im Rahmen des Schutzgebietsmanagements Schwerpunktregionen ausgliedern zu können. Die Auswertung der Befragungsdaten wurde während der Geländeaufenthalte 1991-93 ergänzt durch zahlreiche Gespräche und Interviews mit Bewohnern, Vertretern der Bewohnerorganisation sowie mit Parkwächtern, die die Problemlage sehr gut kennen, da sie zu einem großen Teil aus der Juréia stammen und ihre Familien häufig unmittelbar von den Naturschutzmaßnahmen betroffen sind. Mit Hilfe von Interviews mit Mitarbeitern des Umweltministeriums und der Schutzgebietsverwaltung, die u.a. agrarökologische Projekte betreuen bzw. zur Zeit in die Wege leiten, sowie mit Vertretern der *Associação em Defesa da Juréia* (*Pro-Juréia*) wurde die naturschützerische Sichtweise der Konflikte erfaßt. Eine zusammenfassende Bewertung der Ergebnisse in Kapitel 5.2.6 soll schließlich Lösungsmöglichkeiten aufzeigen.

5.2.1. Wirtschaftliche Grundlagen und soziale Situation der Bewohner

Nach der zitierten Befragung vom Oktober 1990 lebten in der EEJI zu jener Zeit ca. 1.500 Personen in 366 Haushalten, die zu einem überwiegenden Teil ihr Einkommen in der Nutzung der natürlichen Ressourcen des Schutzgebietes finden. Betrachtet man die Haupttätigkeitsfelder der befragten Haushaltsvorstände, deren Arbeit in diesem Gebiet die wesentliche Quelle für das Familieneinkommen bildet, so wird die überragende Bedeutung der Landwirtschaft und Fischerei mit zusammen 75 % deutlich (Abb. 26). Beide Beschäftigungsbereiche werden im wesentlichen als Subsistenzwirtschaft betrieben, wobei vorwiegend Bananen, Maniok und Reis sowie in geringerem Umfang Bohnen und Mais angebaut werden (CANELADA & JOVCHELEVICH 1992, S. 913). Auch Zuckerrohr, Zitrusfrüchte, Avocado sowie verschiedene Gemüsearten werden von einigen Bewohnern für den eigenen Bedarf geerntet. In einigen Siedlungen der Juréia bildet der Anbau von Bananen als Marktfrucht die Haupterwerbsgrundlage. Ein geringer Teil der Familienvorstände verdingt sich als Landarbeiter innerhalb oder außerhalb des Schutzgebietes.

Für viele Bewohner der Juréia sind zusätzliche Einnahmen aus verschiedenen Formen des Extraktivismus notwendig, vor allem aus dem Schneiden von Palmenherzen (*palmito*) aus der Palmenart *Euterpe edulis*, aber auch aus der Gewinnung von *caixeta*, einer Holzart, die für die Herstellung von Bleistiften verwendet wird, sowie aus dem Sammeln verschiedener wildwachsender Früchte. Das Halten von Haustieren, insbesonder Geflügel, und die Jagd tragen ebenso ihren Teil zum Lebensunterhalt der in der "Landwirtschaft" (Abb. 26) Beschäftigten bei.

Die Tätigkeit als *caseiro* oder *meeiro*, d.h. als Verwalter für einen Hausbesitzer, der in der Regel nicht selbst in der Juréia wohnt, kann meist noch zu den Bereichen Landwirtschaft und Fischerei hinzugezählt werden, da die *caseiros* häufig anstelle eines Gehaltes oder als Ergänzung hierzu ein Stück des zu dem Besitz gehörigen Landes für den Eigenbedarf bewirtschaften. Auch die von einer Rente lebenden Familien betreiben meist nebenbei für den eigenen Verbrauch noch Landwirtschaft oder Fischerei. Der auffällig hohe Anteil an Angestellten (10 %) ist darauf zurückzuführen, daß der überwiegende Teil der Schutzgebietsangestellten, die den weitaus größten Teil dieser Gruppe ausmachen, in der Juréia wohnt. Insbesondere die Wächter wurden bei der Einrichtung des Schutzgebietes aus den Bewohnern der Juréia rekrutiert. Nur vereinzelt arbeiten Mitglieder der Angestelltengruppe in anderen Haushalten, kleinen Unternehmen, z.B. in Bars oder sonstigem *comércio*, oder in anderen landwirtschaftlichen Betrieben innerhalb der EEJI. Auch außerhalb des Schutzgebietes sind schon allein wegen der äußerst schlechten Verkehrsanbindung nur sehr wenige der Haushaltsvorstände angestellt. Eine Ausnahme bilden beispielsweise in Despraiado wohnende Personen, die in der nördlich angrenzenden Bananenplantage arbeiten. Aber auch von den in der Nähe zu Peruíbe gelegenen *bairros* aus besteht die Möglichkeit, in der Stadt einer Beschäftigung nachzugehen. Nach dem Ort der Arbeitsstelle wurde allerdings nicht explizit gefragt, so daß genauere Angaben hierzu nicht möglich sind. In Gesprächen mit den Bewohnern wurde jedoch deutlich, daß andere Familienmitglieder, insbesondere jüngere Leute, die noch keine eigene Familie gegründet haben, aufgrund fehlender Arbeitsmöglichkeiten außerhalb der Juréia beschäftigt sind, ihren "Hauptwohnsitz" aber noch bei der Familie haben.

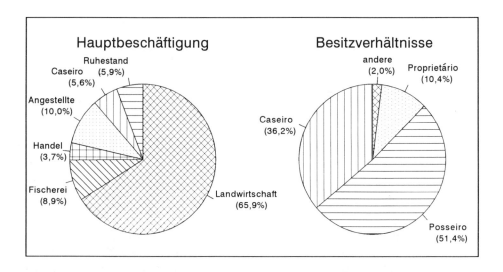

Abb. 26: EEJI: Tätigkeit und Besitzverhältnisse der Haushaltsvorstände

Quelle: Eigene Berechnung nach Daten der SMA 1990

Die Frage nach den Besitzverhältnissen zeigt, daß nur die wenigsten Bewohner (nach eigenen Angaben 10,4%) über einen rechtlich einwandfreien Besitztitel für ihr Land verfügen (Abb. 26). Die Mehrheit bezeichnet sich selbst als *posseiro* (Landbesetzer), 36,2% sind *caseiros* oder *meeiros* und die übrigen wohnen zur Miete oder auch ohne Gegenleistung in einer überlassenen Wohnung oder Hütte. So sind die aufgrund von Landbesetzungen, ungenauer Katastereintragung oder Grundbuchfälschungen häufig unklaren Besitzverhältnisse denn auch eines der Haupthindernisse für die Durchführung von Naturschutzmaßnahmen (im Zusammenhang mit den Bewohnern der Juréia).

Die Ergebnisse der Kreuztabelle (Tab. 30) machen deutlich, daß mehr als drei Viertel, und damit überdurchschnittlich viele *posseiros*, ihre Hauptbeschäftigung in der Landwirtschaft finden. Die *proprietários* sind hingegen in den Bereichen Verkauf/Bar und in der Fischerei überrepräsentiert. Insbesondere die Tätigkeit im Sektor des *comércio*, der zu 40% von *proprietários* ausgeübt wird, obwohl diese nur 10% der Befragten stellen, kann im Gegensatz zu dem der kleinbäuerlichen Landwirtschaft oder der Beschäftigung als

131

Landarbeiter unter den spezifischen Bedingungen der Juréia als Hinweis auf einen vergleichsweise gehobenen sozialen Status gedeutet werden, denn dieser Sektor basiert im wesentlichen auf dem Verkauf von Getränken und Lebensmitteln u.a. an Touristen und bietet so eine der wenigen Möglichkeiten, in der EEJI Bargeld zu verdienen.

Tab. 30: Beschäftigung nach Besitzstatus in der EEJI (in % der Besitzstatusgruppe)

Haupttätigkeitsbereich	Eigentümer (*proprietário*)	Landbesetzer (*posseiro*)[1]	*caseiro*[2]
Landwirtschaft	55,6	77,6	67,0
Fischerei	22,2	10,4	4,3
Verkauf/Bar	14,8	1,6	4,3
Angestellte (öffentlich)	7,4	9,6	9,6
Angestellte (privat)	0	0,8	14,9
Summe (n=246)	100	100	100

1)   Obwohl *posseiros* häufig bereits seit langer Zeit in der Juréia leben, verfügen sie über keinen rechtlichen Besitztitel über "ihr" Land
2)   Verwalter oder Angestellte, die gegen Entgelt und/oder Nutzungsmöglichkeit des Grundstücks oder Teilen davon den Besitz des *proprietário* (oder auch das Land eines *posseiro*) verwalten

Quelle: Eigene Berechnung nach Daten der SMA 1990

Die Tatsache, daß die *caseiros* sich in der überwiegenden Mehrheit als Landwirte bezeichnen, jedoch gleichzeitig in der Gruppe der Angestellten (privat) den zweieinhalbfachen Anteil des Durchschnittes (14,9% zu 6,1%) aufweisen, deutet eine gewisse Heterogenität dieser Gruppe an. Dies liegt zum einen an der relativ weitgefaßten und z.T. auch nicht ganz eindeutigen Definition der in der Befragung verwendeten Begriffe "*caseiro*", "*meeiro*" und "*empregado*". Zum anderen mag dies auf die verschiedenartige Tätigkeit und das unterschiedliche Selbstverständnis der sich als *caseiro* bezeichnenden Personen hinweisen: Die einen sehen sich - zwangsweise oder nicht - eher als Verwalter und "Aufpasser" des Besitzes des *dono*, die anderen haben vielleicht die Möglichkeit, relativ unabhängig vom Eigentümer ihre eigene Landwirtschaft zu betreiben oder andere Tätigkeiten auszuüben.

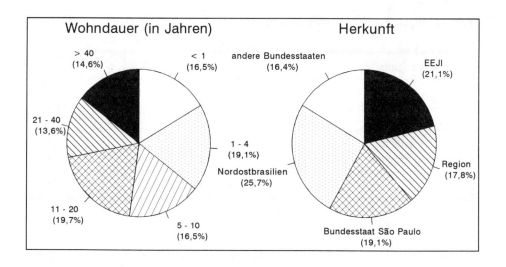

Abb. 27:   EEJI: Wohndauer und Herkunft der Haushaltsvorstände

Quelle: Eigene Berechnung nach Daten der SMA 1990

Für die weitergehende Interpretation der Daten in Hinblick auf die Wirtschafts- und Lebensweise der Juréia-Bewohner ist es notwendig, zunächst die Länge des Aufenthaltes im Schutzgebiet (Wohndauer) sowie die Herkunft der Befragten mit einzubeziehen. Diese beiden Variablen sollen Auskunft darüber geben, inwieweit die Bewohner in der Region verwurzelt sind. Aus Abb. 27 geht hervor, daß auch in jüngerer Zeit noch eine erhebliche Zuwanderung in das Gebiet stattgefunden hat, denn mehr als ein Drittel der Haushaltsvorstände lebt noch keine fünf Jahre in der Juréia und 17% gar weniger als ein Jahr. Ein weiteres gutes Drittel lebt seit 5-20 Jahren dort und der Rest (27,2%) bereits länger als 20 Jahre. Beachtet werden muß allerdings, daß Wanderungen innerhalb der EEJI nicht berücksichtigt wurden, da nur nach der Wohndauer im jetzigen *bairro* und nicht nach dem vorhergehenden Wohnort gefragt wurde. Die Wanderungen innerhalb des Gebietes halten sich jedoch in sehr engen Grenzen. Sie betreffen normalerweise nur junge Personen, die in der Nähe des Elternhauses eine eigene Familie gründen und somit als neue Haushalte in die Befragung eingingen, was z.B. in Tab. 31 an dem Anteil der in der EEJI geborenen heutigen Haushaltsvorstände abzulesen ist, die seit weniger als 20 Jahren an dem derzeitigen Standort leben. Für die anderen Gruppen ist dieser Anteil aus den zur Verfügung stehenden Daten allerdings nicht zu entnehmen.

Tab. 31: Wohndauer der Haushaltsvorstände in der EEJI nach Herkunft (in%)

Herkunft \ Jahre	< 1	1-4	5-10	11-20	21-40	> 40	Gesamt
EEJI	1,6	6,3	6,3	6,3	26,6	53,1	100
Nachbargemeinden	7,5	17,0	11,3	20,8	28,3	15,1	100
Bundesstaat S.Paulo	27,6	24,1	20,7	17,2	5,2	5,2	100
Nordostbrasilien	19,5	24,7	26,0	27,3	2,6	0	100
übr. Bundesstaaten	28,0	24,0	14,0	26,0	8,0	0	100
Gesamt	16,6	19,2	16,2	19,5	13,6	13,6	100

Quelle: Eigene Berechnung nach Daten der SMA 1990

Das Diagramm zur Herkunft der Juréia-Bewohner (Abb. 27) macht deutlich, daß insgesamt nur knapp 40% aus dem Gebiet selbst und den angrenzenden Munizipien Iguape, Miracatú, Pedro de Toledo, Itariri, Peruíbe oder Itanhaém stammen. 42% der heutigen Bewohner sind aus anderen brasilianischen Bundesstaaten zugewandert, die meisten davon aus dem Nordosten, und die übrigen 17,5% sind in anderen Munizipien des Bundesstaates São Paulo geboren. Aus der bereits erwähnten Kreuztabelle (Tab. 31) läßt sich entnehmen, daß die Zuwanderung aus anderen Bundesstaaten sowie aus São Paulo erst vor 20 Jahren, also in den 70er Jahren einsetzte und sich bis dato verstärkte. So sind 44% der Personen, die aus dem Nordosten stammen, und 52% aus den übrigen Bundesstaaten sowie aus São Paulo erst im Laufe der letzten vier Jahre, d.h. nach Einrichtung des Schutzgebietes, in die EE gezogen - wiederum abzüglich des nicht genau zu bestimmenden (geringen) Anteils derjenigen, die innerhalb der Juréia den Wohnstandort gewechselt haben.

Noch deutlicher wird diese Tendenz, wenn man umgekehrt fragt, wieviele aus der Gruppe der am längsten in der EE wohnenden Haushalte aus welcher Region kommen (nicht aus der Tabelle ersichtlich). Die Gruppe der seit mehr als 40 Jahren in der Juréia lebenden Familien wird zu 76% von *nativos* und weiteren 18% von aus der Umgebung stammenden Personen gestellt. Die Klasse der 20-40 Jahre dort wohnenden Familien besteht zusammen noch aus 78% in diesen beiden Gebieten geborenen Haushaltsvorständen. Eine mögliche Erklärung für diesen Sachverhalt könnte die anders geartete Altersstruktur nach Herkunftsregion bieten, jedoch ergibt der χ^2-Test (5x5-Feldertafel bei 0 unterbesetzten Zellen) keinerlei signifikanten Unterschied bezüglich der Ausprägung dieser beiden Variablen. Die *nordestinos*, die die größte Zuwanderergruppe stellen, sind sogar noch geringfügig älter als die *nativos*, also diejenigen, die in dem Gebiet der EEJI geboren sind. Aber auch diese Aussagen können nur als ein Anhaltspunkt dienen, da über die Bevölkerungsstruktur und die Wanderungsbewegungen in der Vergangenheit für die EEJI keine statistischen

Daten vorliegen. In Gesprächen mit den Bewohnern bestätigte sich jedoch die Feststellung, daß die Zuwanderung von Familien aus anderen Bundesstaaten in die Juréia eine jüngere Entwicklung darstellt. Die Migranten scheinen im Zuge der massiven Zuwanderung von Brasilianern aus dem Nordosten und in geringerem Maße auch aus Minas Gerais in den 70er Jahren nach São Paulo und danach über eine oder mehrere Etappen (im Großraum São Paulo) in die Juréia weitergewandert zu sein. Belegt sind jedenfalls derartige Wanderungen von Grande São Paulo in das Litoral Paulista und das nordwestlich der Juréia gelegene Vale do Ribeira mit jeweils 55.000 bzw. 84.000 Personen im Zeitraum 1970-80 (Atlas da População do Estado de São Paulo 1991, S. 62). Es spricht nichts dafür, daß das Gebiet der heutigen EEJI von diesem Prozeß ausgenommen wurde, abgesehen davon, daß es aufgrund der schlechten Infrastruktur insgesamt vielleicht weniger stark von Zuwanderungen betroffen war.

Einige interessante Aufschlüsse bringt auch der Vergleich der Tätigkeit nach Herkunft der Bewohner. Der χ^2-Test (4x4-Felder, 18,5% unterbesetzte Zellen) ergibt Unterschiede auf 99%igem Signifikanzniveau, die in Tab. 32 dargestellt sind. Auffällig ist zunächst die relativ große Bedeutung der Fischerei für die in der EEJI geborene Bevölkerung. Obwohl sie nur 22% der Bewohner ausmacht, stellt sie annähernd 50% der hauptsächlich vom Fischfang lebenden Familien, was als Hinweis auf die traditionelle Bedeutung dieser Einkommens- bzw. Nahrungsquelle anzusehen ist. Ähnlich wie bei der Wohndauer weisen die Personen aus den Nachbargemeinden die geringsten Unterschiede zu den *nativos* auf. Lediglich in der Fischerei sind sie weniger häufig beschäftigt, dafür fungieren sie eher als Angestellte der Schutzgebietsverwaltung. Ein wesentlicher Grund für ihren hohen Anteil an den Wächtern der EE ist darin zu sehen, daß sie über ähnliche Ortskenntnisse wie die *nativos*, aber zusätzlich über eine gehobenere Schulbildung verfügen und deshalb von der Administration gern eingestellt werden.

Die aus dem Bundesstaat São Paulo zugewanderten Personen sind keiner besonderen Tätigkeit zuzuordnen. Allerdings sind sie relativ häufig in den drei Bereichen *comércio*, private Angestellte und Ruheständler zu finden, die in Tab. 32 zusammen das Feld "andere" bilden. Sie decken hier jeweils genau 40% der Bereiche ab, und dies, obwohl ihre Gruppe nur 20,5% der Juréia-Bewohner stellt.

Am markantesten tritt die Klasse "andere Bundesstaaten", die in diesem Fall zu 61,5% aus nordostbrasilianischen Staaten besteht, hervor. Dieser Personenkreis findet fast ausschließlich in der Landwirtschaft sein Betätigungsfeld, da er für die anderen Tätigkeiten aus verschiedenen Gründen (Bildungsniveau, Orts- und Sachkenntnis; s.u.) kaum geeignet ist. Auch für den Agrarsektor sind diese Familien, insbesondere diejenigen, die aus den Trockengebieten des Nordostens stammen, nach Auskunft von Mitarbeitern der Agrarbetreuung des Umweltministeriums São Paulo nicht ausgebildet bzw. nicht vorbereitet. Sie sind weder mit den ökologischen Bedingungen des Küstenregenwaldes noch mit den lokalen Anbaumethoden vertraut, so daß sich ihre landwirtschaftliche Tätigkeit häufig auf den Anbau von Bananen und zusätzlich z.T. auf die (illegale) Nutzung der natürlichen Ressourcen, im wesentlichen des *palmito*, beschränkt. Auf die sich hieraus ergebenden Konflikte wird an späterer Stelle zurückzukommen sein.

Tab. 32: Tätigkeit der Haushaltsvorstände nach Herkunft in der EEJI (in Klammern: Anteil der jeweiligen Bevölkerungsgruppe an dem Tätigkeitsbereich)

Herkunft	Landwirt- schaft	Fischerei	Angestellte (öffentlich)	andere	Ge- samt
EEJI	53,4 (17,6)	19,0 (47,8)	15,5 (36,0)	12,1 (17,5)	100
Nachbar- gemeinden	54,3 (10,8)	11,4 (17,4)	25,7 (36,0)	8,6 (7,5)	100
Bundesstaat São Paulo	50,0 (15,3)	14,8 (34,8)	5,6 (12,0)	29,6 (40,0)	100
andere Bun- desstaaten	84,6 (56,3)	0	3,4 (16,0)	12,0 (35,0)	100
Gesamt	(100)	(100)	(100)	(100)	

Quelle: Eigene Berechnung nach Daten der SMA 1990

Der Test auf Unterschiede zwischen Tätigkeitsbereichen nach der Wohndauer in der Juréia weist in eine ähnliche Richtung: Die Fischerei wird eher von der alteingesessenen Bevölkerung ausgeübt - die seit mehr als 20 Jahren in dem Gebiet lebenden Bewohner gaben mehr als doppelt so häufig wie erwartet den Fischfang als Hauptbeschäftigung an. Die Landwirtschaft wird etwas häufiger als erwartet von den neu Zugewanderten angege- ben. 70 % der seit weniger als 20 Jahren in der Juréia lebenden Bewohner betreiben hauptberuflich Landwirtschaft gegenüber 55 % der länger als 20 Jahre dort wohnenden Bevölkerung. In den übrigen Tätigkeitsbereichen sind die Unterschiede jedoch nur gering ausgeprägt, weshalb der χ^2-Test keine signifikanten Unterschiede anzeigt (4x4 Felder, 95 %ige Sicherheitswahrscheinlichkeit). Das entscheidende Kriterium für die Tätigkeit ist aufgrund des erläuterten Zusammenhangs zwischen Herkunft und Wohndauer allerdings nicht in der Wohndauer, sondern in der Herkunft der Bewohner zu sehen.

Die beiden Parameter Schulbildung der Haushaltsvorstände und Altersstruktur der Gesamtbevölkerung geben Auskunft über die soziale und demographische Situation der Bewohner. Das Bildungsniveau der Haushaltsvorstände und deren Hauptmitbewohner

136

(*conjuge* -i.d.R. die (Ehe-)partner), die sich in dieser Hinsicht selbst nicht signifikant voneinander unterscheiden, weist zweierlei Charakteristika auf: Zum einen läßt sich eine deutliche Zunahme des Bildungsstandes nach der Herkunft feststellen, und zwar in der Reihenfolge EEJI - Nordosten - andere Bundesstaaten - Nachbarmunizipien - Bundesstaat São Paulo (vgl. Tab. 33). Diese Reihenfolge entspricht dem unterschiedlichen Bildungsstand in den brasilianischen Bundesstaaten (IBGE 1993). Die Klasse "andere Bundesstaaten" weist die größten Bildungsunterschiede auf, da hier auch die Migranten aus den südbrasilianischen Staaten, vor allem aus Paraná, mit eingehen, die über eine höhere Schulbildung verfügen. Trotz der deutlichen Differenzen nach Herkunft der Bewohner muß andererseits zur Relativierung dieser Unterschiede allerdings im Auge behalten werden, daß insgesamt nur 21% der Haushaltsvorstände länger als vier Jahre zur Schule gegangen sind und daß nur 3,3% (10 Personen) über den Abschluß "2° *grau*" (acht Jahre Schule) verfügen. Für die Bildungschancen der heutigen Bewohner der Juréia, insbesondere für die Kinder und Jugendlichen, stellt sich die Situation nicht weniger problematisch dar, denn wenn sie nach der Grundschule (1° *grau*), deren Besuch meist auch schon weite Wege innerhalb der Juréia erfordert, auf eine weiterführende Schule gehen wollen, müssen sie die umliegenden Munizipien aufsuchen, in die jedoch außer nach Peruíbe keinerlei Busverbindungen bestehen.

Tab. 33: Schulbildung der Haushaltsvorstände in der EEJI nach Herkunft (in %)

Herkunft	Analphabet	kein Abschluß	≥ 1° *grau*
EEJI (*nativos*)	46,0	34,9	19,1
Nachbargemeinden	30,8	42,3	26,9
Bundesstaat São Paulo	12,1	56,9	31,1
Nordostbrasilien	39,7	51,3	9,0
andere Bundesstaaten	42,0	34,0	24,0
Gesamt	34,6	44,5	20,9

Quelle: Eigene Berechnung nach Daten der SMA 1990

Die Alterspyramide der Juréia-Bewohner (Abb. 28) zeigt eine für den ländlichen Raum Brasiliens typische Pyramidenform mit einem deutlichen Männerüberschuß. Charakterisisch für die Juréia ist allerdings, daß sowohl für sich genommen als auch im Vergleich mit dem am stärksten ländlich geprägten und damit von den umliegenden Gemeinden am ehesten mit der EEJI vergleichbaren Munizip Itariri die Altersgruppe der 20-44-jährigen klar unterrepräsentiert ist. Dies kann als Hinweis auf eine Abwanderung junger Leute und jüngerer Familien - auch kleine Kinder sind in der Juréia in geringererZahl vorhanden -

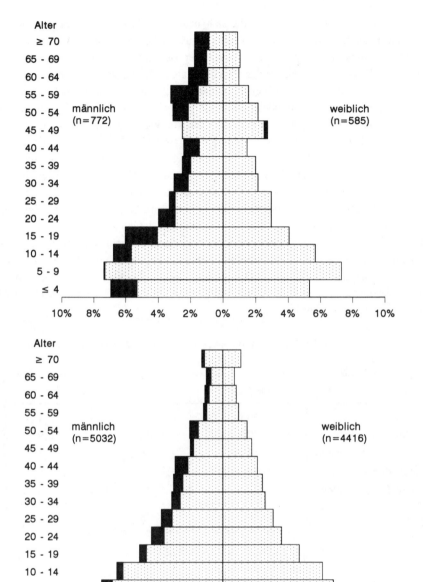

Abb. 28: Altersstruktur der Bewohner der EEJI (oben; 1990) und des Nachbarmunizips
Itariri (unten; 1980)

Quelle: Eigene Berechnung nach Daten der SMA 1990 und Censo Demográfico 1980

interpretiert werden. Diese Deutung wird durch Hinweise auf einen Emigrationsprozeß in OLIVEIRA (1992) gestützt. Auch der Leiter der Bewohnerorganisation in Barra do Una, Sr. Tacaoca, bestätigte (bzw. beklagte) in einem Interview, daß bereits zahlreiche Familien aus der Juréia abgewandert seien, da aufgrund der Nutzungseinschränkungen ihre Einkommen nicht mehr gesichert seien. Zurück bleiben vorwiegend ältere Personen, so daß bereits 23,8% der Bewohner über 44 Jahre alt sind (Itariri: 15,6%) und damit deutlich mehr als im eher kleinstädtisch zu bezeichnenden Peruíbe (19,1%) und fast so viele wie in Santos (24,6%)(Censo Demográfico 1980; die Zensusdaten zur Alterstruktur 1991 sind noch nicht veröffentlicht).

Die Daten zur Haushaltsstruktur weisen in eine ähnliche Richtung: Großfamilien sind weniger häufig als in den Nachbarmunizipien, und Einpersonenhaushalte sind überrepräsentiert (EEJI: 17,9% der Haushalte, Peruíbe: 10,5% und Itariri: 8,7%). Letztere bestehen meist aus jüngeren Männern (unter 35 Jahre), die als *caseiro* angestellt sind, oder aus älteren Männern, die sich als *caseiro* oder *posseiro* bezeichnen.

Zusammenfassend lassen sich innerhalb der EEJI anhand sozioökonomischer Kriterien drei Bevölkerungsgruppen ausgliedern:

1) Die *nativos* und andere seit langer Zeit in der Juréia lebende Familien zeichnen sich durch einen hohen Anteil in der traditionellen Landwirtschaft und Fischerei tätiger Personen, einen hohen Anteil an *posseiros* sowie ein niedriges Bildungsniveau aus. Diese Bevölkerungsgruppe ist für die heutige EE in verschiedener Hinsicht von großer Bedeutung: Sie verfügt über Kenntnisse der traditionellen Nutzung der natürlichen Ressourcen der Mata Atlântica, der Flüsse und des Meeres, und sie hat einen hohen Wissensstand über die Pflanzen- und Tierwelt sowie allgemein über die ökologischen Zusammenhänge in der Region. Ihre Nutzungsformen beschränken sich in der Regel auf die Subsistenzwirtschaft. Aufgrund ihrer Orts- und Sachkenntnis des Gebietes rekrutiert die Schutzgebietsverwaltung den größten Teil ihrer Angestellten aus dieser Personengruppe. Insgesamt umfassen die Mitglieder dieser Bewohnergruppe ca. ein Drittel der Juréia-Bevölkerung.

2) Ein gutes weiteres Drittel besteht aus Familien, die meist zwischen 1970 und 1985 in das Gebiet der heutigen EEJI zugewandert sind und sich vorwiegend in der Landwirtschaft und zu einem geringen Teil auch im Fischfang betätigen oder die sich bereits seit längerer Zeit als *caseiro* im Schutzgebiet aufhalten. Die Mitglieder dieser Gruppe sind weder als traditionell mit der Region verbunden, noch als eindeutige "Fremdlinge" im Schutzgebiet zu bezeichnen.

3) Das letzte Drittel bilden Haushalte, die zum allergrößten Teil erst nach Einrichtung der EEJI zugewandert sind, die keinerlei traditionelle Beziehung zu dem Gebiet auf-

weisen und meist mit einer Beschäftigung als Tagelöhner (Landarbeiter) oder als *caseiro* ihr Einkommen sichern.

Eine exakte Quantifizierung dieser drei Gruppen soll an dieser Stelle unterbleiben, denn für die genaue Zuordnung aller Familien müßten ausführlichere Einzelinterviews geführt werden, die etwa Fragen nach der Lebensform, Produktionsweise oder dem Anbauspektrum, nach verwandtschaftlichen Beziehungen und Wohnstandortwechseln innerhalb der letzten Jahre mit einbeziehen. Die Angabe von genaueren Prozentwerten anhand der vorliegenden Daten würde deshalb nur eine tatsächlich nicht vorhandene Exaktheit vortäuschen.

5.2.2. Räumliche Differenzierung

Im folgenden soll versucht werden, die herausgearbeitete Klassifizierung der Bevölkerung in einen eher traditionellen, in der Region verwurzelten und einen eher "modernen", von außen eingedrungenen Teil räumlich zuzuordnen, um zu einer differenzierteren Betrachtung der Juréia-Bewohner zu gelangen, die für das Management des Gebietes unabdingbar ist.

Abb. 29 zeigt die Verteilung der Bevölkerung über das Schutzgebiet sowie die Hauptbeschäftigung der Familienvorstände in den jeweiligen *bairros*. Die vier größten und im Vergleich zu den übrigen *bairros* relativ geschlossenen Siedlungen sind Despraiado, Tetequera/Itinguçu, Barro Branco und Barra do Una, die zusammen ca. 60% der Juréia-Bewohner stellen. Sie liegen an den beiden einzigen Zugangsstraßen und verfügen über tägliche bzw. wöchentliche (Despraiado) Busverbindungen zu den Munizipien Peruíbe bzw. Pedro de Toledo. Barro Branco, Barra do Una und Teile von Itinguçu sind außer nach sehr starken Niederschlägen auch mit dem PKW zu erreichen, die anderen Wege innerhalb der Juréia lassen aufgrund ihres schlechten Zustandes keinen normalen Verkehr zu, abgesehen davon, daß sie ohnehin für den öffentlichen Verkehr gesperrt sind. In den drei erstgenannten *bairros* (Despraiado, Tetequera/Itinguçu und Barro Branco) wie auch in den meisten anderen kleineren Siedlungen nimmt die Beschäftigung in der Landwirtschaft eine überragende Stellung ein. Nur in Barra do Una und Guarauzinho leben fast 50% der Bewohner überwiegend vom Fischfang, wobei in Barra do Una neben traditionellen *caiçaras* vor allem aus dem Bundesstaat São Paulo zugewanderte Personen den Fischfang als Hauptbeschäftigung angeben. Bei den an den Stränden (*praias*) des Rio Una und der Juréia (ganz im Südwesten) lebenden Bewohnern wäre gleichfalls eine größere Bedeutung der Fischerei zu erwarten gewesen (DIEGUES 1992), jedoch finden inzwischen fast 50% der Familienvorstände als *guardas-parque* ("Angestellte") ihr Auskommen, und die meisten anderen geben ihr traditionell zweites Standbein, die Landwirtschaft, als Hauptbeschäftigung an. Dieser Befund deckt sich mit den Aussagen von

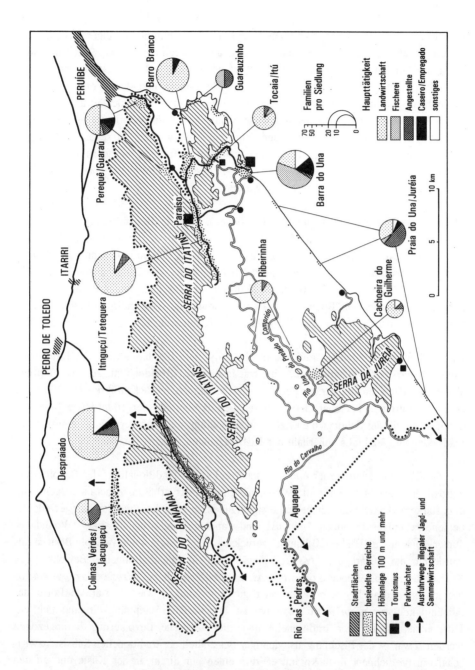

Abb. 29: Nutzungsformen in der EEJI (Für Aguapeú/Rio das Pedras (18 Familien) liegen
keine Angaben zur Beschäftigung vor)
Quelle: Eigene Zusammenstellung nach Daten und Angaben der SMA 1990/91

141

Bewohnern dieser Region, daß nämlich der Fischfang einen immer geringeren Stellenwert für die Ernährung der Familie einnimmt, u.a. auch wegen der von verschiedener Seite beklagten Abnahme der küstennahen Fischbestände (DIEGUES 1993; SMA 1991, S. 35-37; OLIVEIRA 1992, S. 42; Gespräche mit Bewohnern und dem Vorsitzenden der Bewohnerorganisation von Barra do Una). Der Hauptgrund für die rückläufige Bedeutung ist im Falle der *praia*-Bewohner allerdings wohl eher in den relativ (!) besseren Verdienstmöglichkeiten als Angestellte der Schutzgebietsverwaltung zu sehen. Im übrigen fand insbesondere im südlichen Teil (Praia da Juréia) auch eine Zuwanderung von Nicht-Fischern statt, so daß die Prozentwerte schon allein durch diese nicht genau quantifizierbare Wanderungsbewegung verschoben wurden.

In Barra do Una ist zudem ein auffällig hoher Anteil an Beschäftigten als *"caseiro/empregado"* sowie in "anderen" Bereichen zu beobachten, der insgesamt ca. 30% ausmacht. Grund hierfür ist die Bedeutung des Tourismus in diesem Ort, denn in die beiden genannten Beschäftigungsbereiche fallen auch Angestellte, die Ferienhäuser (oder meist eher -hütten) "verwalten", die im Dienstleistungssektor für Touristen, z.B. auf Campingplätzen, in Bars oder als Bootsführer, arbeiten, sowie die selbständig in diesem Bereich tätigen Bewohner (Zeltplatz- oder Imbißbesitzer, Händler etc.).

Die Siedlungen Perequê/Guaraú weisen ebenfalls viele Beschäftigte in den Kategorien "andere" und *"caseiro/empregado"* auf, was in diesem Fall jedoch nur zum Teil auf den Tourismus (Bars an der Straße Peruíbe - Barro Branco) zurückzuführen ist. Vielmehr arbeiten zahlreiche Personen der in diesen bereits oberhalb der 100m-Höhenlinie und damit innerhalb des Schutzgebietes gelegenen Siedlungsteile von Peruíbe im Zentrum der Stadt oder im gleichfalls außerhalb der EEJI liegenden Badeort Guaraú.

Für die Charakterisierung der *bairros* nach "regionaler Traditionalität" der Bevölkerung wurden die Variablen Herkunft, Wohndauer und Besitzverhältnisse herangezogen. Um eine stärkere Gewichtung der beiden erstgenannten zu erreichen, wurden hier jeweils die beiden Extremausprägungen *"nativos"* und "andere Bundesstaaten" bzw. Wohndauer "unter 4 Jahren" und "über 20 Jahren" berücksichtigt. Bezüglich der Variable Besitzstatus wurde nur die Ausprägung *"caseiro"* gewählt, da sich die traditionellen Bewohner des Küstenraumes, insbesondere die *caiçaras*, in der Regel als *posseiros* oder *proprietários* bezeichnen und nicht als *caseiros* oder gar *empregados*, was als stärkste Form der Abhängigkeit vom *proprietário* anzusehen ist. Die Variable Haupttätigkeit kann nicht zur Differenzierung in eher traditionelle und eher moderne Bevölkerung herangezogen werden. Zwar ist der Fischfang als wichtiger Bestandteil der traditionellen Subsistenzwirtschaft zu bezeichnen, doch kommt er zum einen nur direkt an der Küste und an den größeren Flüssen (Praias, Barra do Una, Ribeirinha) zum Tragen (vgl. Abb. 29). Zum anderen tritt aufgrund der Befragungsumstände das Problem auf, nicht zwischen Fischerei für den Eigenbedarf und für den (touristischen) Markt unterscheiden zu können. Diese

Schwierigkeit gilt in noch stärkerem Maße für die landwirtschaftliche Tätigkeit, da nicht nach Subsistenzwirtschaft, Produktion für den Markt und Beschäftigung als Landarbeiter differenziert wurde. Auch das Tätigkeitsfeld "Angestellte" kann wegen der bereits erwähnten Einbeziehung der Parkwächter in diesen Bereich nicht zur Abgrenzung benutzt werden.

Für die fünf ursprünglichen Merkmalsausprägungen, die nun als neue Variablen (mit der Merkmalsausprägung "ja" und "nein") zu betrachten sind, wurden je nach Prozentanteil Rangplätze von 1 bis 12 vergeben. Dabei erhielten bei den Variablen "Neuzuwanderer", "andere Bundesstaaten" und "*caseiros*" jeweils der niedrigste Wert und bei den übrigen beiden Variablen jeweils der höchste Wert den Rang 1. Entsprechend der Summe der Ränge erfolgte die Einordnung in die Klassen I bis IV (vgl. Tab. 34):

Tab. 34: Typisierung der Siedlungen innerhalb der EEJI nach "Traditionalität"*)

Siedlung	Neuzu-wanderer	Wohndauer >20 Jahre	*nativos*	andere Bundes-staaten	*caseiros*	Summe der Rän-ge	Klas-se
Cachoeira do Guilherme	1	1	2	1	1	6	I
População Ribeirinha	4	2	1	4	3	14	I
Guarauzinho	5	3	4	5	4	21	II
Praias Una /Juréia	2	5	3	2	11	23	II
Aguapeú/Rio d. Pedras	3	4	9	3	4	23	II
Barra do Una	7	6	5	6	6	30	II
Itú/Tocaia	6	8	7	12	2	35	III
Despraiado	9	7	6	7	9	38	III
Guaraú /Perequê	8	9	9	8	10	44	III
Tetequera /Itinguçu	10	11	8	11	7	47	IV
Barro Branco	11	10	9	10	8	48	IV
Colinas V. /Jacuguaçu	12	11	9	9	12	53	IV

*) Erläuterungen im Text
Quelle: Eigene Auswertung von Daten der SMA 1990

143

<u>Klasse I</u> (5-18 Punkte) umfaßt das im tiefsten Inneren der Juréia gelegene und nur über Flüsse zu erreichende *bairro* Cachoeira do Guilherme sowie die entlang des Rio Una do Prelado ou Comprido verstreuten Bewohner, die hier als *população ribeirinha* ("Flußbevölkerung") zusammengefaßt sind. Die acht Familien (32 Personen) der Cachoeira do Guilherme (cachoeira = Wasserfall) sind ausnahmslos in der Region verwurzelt und leben dort seit vielen Jahren auf der Basis von Subsistenzlandwirtschaft und Fischfang im Fluß. Eine Person ist als *guarda-parque* angestellt, und ein älteres Ehepaar bezieht eine Rente und betreibt zusätzlich etwas Gartenbau. Dieses *bairro* gilt als ursprünglichste und traditionellste Gemeinschaft innerhalb der Juréia, die wie die Flußbewohner des Rio Una über umfangreiche Kenntnisse der Region, speziell über die Pflanzenwelt und die Anwendung von Heilkräutern der Mata Atlântica verfügt (SANCHES 1992; CANELADA & JOVCHELEVICH 1992, S. 913; BORN 1992, S. 806). Die *população ribeirinha* (12 Haushalte mit 42 Personen) ist ähnlich strukturiert. Die beiden *caseiro*-Haushalte dieses *bairros* können aufgrund ihrer Herkunft aus der Region ebenfalls zu der traditionellen Bevölkerung gezählt werden. Ein Haushaltsvorstand stammt zwar aus einem anderen Bundesstaat, lebt jedoch schon seit 28 Jahren in der Juréia.

In die <u>Klasse II</u> (19-32 Punkte) fallen diejenigen Siedlungen, in denen die traditionelle Bevölkerung noch eine deutliche Mehrheit stellt: Guarauzinho (mit Parnapuã, Praia Brava und Juquiazinho; insgesamt 9 Haushalte im östlichen Strandbereich der EEJI), Praia do Una, do Rio Verde und da Juréia (24 Haushalte), Auapeú und Rio das Pedras (18 Haushalte) und, mit etwas Abstand, Barra do Una mit 40 Haushalten und insgesamt 157 Personen.

Der hohe Anteil an *caseiros* an den Stränden, insbesondere an den *praias* Una und Juréia (vgl. Tab. 34), ist darauf zurückzuführen, daß viele der bis auf eine Ausnahme aus der Gegend stammenden Bewohner ihr Grundstück bereits verkauft haben und jetzt als Angestellte *caseiros* in ihrem ehemals eigenen Haus wohnen. Dies ist als deutlicher Hinweis auf Grundstücksspekulation im unmittelbaren Küstenstreifen zu werten, die von Iguape im Südwesten und Barra do Una im Nordosten ausgehend in Richtung Rio Verde vordrang. Seit Einrichtung des Schutzgebietes ist der Verkauf von Boden und Immobilien allerdings verboten. Die Bewohner von Aguapeú und Rio das Pedras sind ebenfalls als eindeutig traditionell zu bezeichnen, auch wenn der geringe Anteil an "echten" *nativos* wegen offensichtlicher Ungenauigkeiten bei der Datenerhebung in diesem Teil der Juréia die Statistik "beeinflußt": Bis auf eine Familie stammen jedenfalls alle Einwohner aus dem Munizip Iguape, zu dem auch diese beiden *bairros* zählen.

Barra do Una verdient nicht nur wegen seiner relativen Größe, sondern vor allem wegen der deutlichen Heterogenität der Bevölkerung hinsichtlich der Herkunft sowie seiner Bedeutung als touristischer Anziehungspunkt besondere Aufmerksamkeit. Abb. 30 veranschaulicht die Zweiteilung der Bewohner: 43,6% stammen aus der Juréia und deren

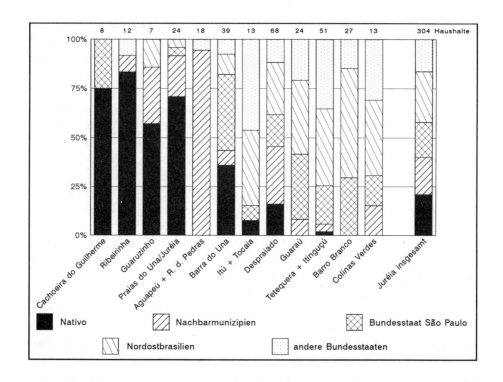

Abb. 30: EEJI: Herkunft der Bewohner nach *bairro* (in %)

Quelle: Eigene Auswertung von Daten der SMA 1990

Nachbargemeinden, 56,4% sind aus entfernteren Regionen zugewandert. Erstaunlich ist zunächst der extrem hohe Anteil an Migranten aus São Paulo, denn der beobachtete Wert ist mit 15 Haushaltsvorständen genau doppelt so hoch wie der erwartete. Barra do Una nimmt damit bei einem Anteil von 13% der Juréia-Bewohner 26% aller zugewanderten Familien aus dem Bundesstaat São Paulo auf. Von diesen sind zudem acht erst nach Einrichtung des Schutzgebietes gekommen und haben sich dort meist als *caseiros* niedergelassen. Neun der 15 aus diesem Bundesstaat stammenden Bewohner kommen im übrigen aus der Stadt São Paulo. Dies bedeutet wiederum, daß bis auf einen einzigen Haushalt alle der in die Juréia gezogenen städtischen Paulistaner nach Barra do Una gegangen sind. Zu erklären ist die große Anziehungskraft Barras auf die Stadtbewohner damit, daß sich ihnen hier die Möglichkeit bietet, unter vergleichsweise guten Infrastruk-

145

turbedingungen - jedenfalls für untere Sozialgruppen - dem Fischfang nachzugehen, was für einige der aus dem städtischen Bereich stammende Bewohner nachweislich eine Rolle gespielt hat. In Gesprächen mit Einwohnern Barras wurde ebenfalls deutlich, daß einzelne Personen bereits seit langem regelmäßig an den Wochenenden und im Urlaub zum Angeln nach Barra do Una gekommen waren, bevor sie sich später dann ganz dort niederließen. Ein anderer Teil der aus dem Bundesstaat wie auch aus andern Regionen Brasiliens stammende Bewohner hat im Dienstleistungssektor Beschäftigung gefunden, speziell in der Beherbergung und Bewirtung von Touristen, oder sie leben als *caseiros* in den Wochenendhütten der Besitzer aus São Paulo.

Insgesamt ist gut die Hälfte der Bewohner als in der Region verwurzelt zu bezeichnen. Die übrigen Familien oder auch Einzelpersonen halten sich erst wenige Jahre in Barra do Una auf und leben überwiegend von Beschäftigungen im tertiären Sektor.

Die dritte Klasse setzt sich zusammen aus Siedlungen, bei denen die Komponente der Neuzuwanderung aus anderen Regionen Brasiliens bereits mehr oder weniger deutlich überwiegt. Itú/Tocaia (13 Haushalte) sowie die größte Siedlung des Schutzgebietes, Despraiado (70 Haushalte), verfügen dabei noch über mehr traditionelle Bewohner als Guaraú/Perequê (25 Haushalte), wo überhaupt keine *nativos* mehr zu finden sind. In Despraiado gibt es einen traditionellen Kern von ca. 25 Familien, die von Subsistenzlandwirtschaft und teilweise auch von dem Verkauf von Bananen leben. Weitere 20 Familien, die vor allem aus den nordostbrasilianischen Bundesländern stammen, leben bereits seit längerem in diesem *bairro*. Die restlichen Haushalte verfügen über keinerlei historisch-kulturelle Verbindungen zur Region und sind als eindeutig nicht traditionell zu bezeichnen (vgl. SMA 1991a, S. 10). Die Verteilung der Haushalte nach Herkunft entspricht im übrigen derjenigen der gesamten Juréia (Abb. 30). Ähnliches gilt für die Wohndauer der Bevölkerung sowie für die Differenzierung der Tätigkeit der Haushaltsvorstände (abgesehen vom Fischfang) (vgl. Abb. 29). In Despraiado spiegeln sich somit - nicht zuletzt auch aufgrund der vergleichsweise hohen Einwohnerzahl - die Strukturen der Juréia wider, einschließlich einer Vielzahl der das gesamte Schutzgebiet betreffenden Probleme. Dies war einer der Gründe dafür, daß die *Secretaria do Meio Ambiente* das Tal des Rio Espraiado beispielhaft für die Implementierung eines agrarökologischen Projektes, auf das im folgenden Kapitel zurückzukommen sein wird, ausgewählt hat.

Setzte sich das *bairro* Guaraú/Perequê mit einer Punktzahl von 44 bereits deutlich von den beiden anderen Siedlungen der dritten Klasse ab (Tab. 34), so sind Tetequera/Itinguçu/Itinguinha (51 Haushalte), Barro Branco (28 Haushalte) und schließlich Colinas Verdes/Jacuguaçu (13 Haushalte) der Klasse IV, und damit den am wenigsten mit der Region verbundenen Siedlungen, zuzuordnen. In Tetequera/Itinguçu setzte die Besiedlung erst Anfang der 70er Jahre ein, und zwar fast ausschließlich mit Familien aus dem Norden und Nordosten Brasiliens, die sich hier als *posseiros* niederließen. In Barro

Branco fand diese Entwicklung noch später statt: Nur drei Familien kamen vor 1980 und mehr als 50% erst nach Einrichtung des Schutzgebietes 1986. Von der heutigen Bevölkerung stammt keine einzige Familie aus der Juréia oder der Umgebung. Die Bewohner des im äußersten Nordwesten gelegenen Colinas Verdes sind bis auf eine Ausnahme erst in den vergangenen drei Jahren dorthin gezogen, und die Familien Jacuguaçus wohnten zum Zeitpunkt der Befragung maximal ein Jahr dort und leben nach Angaben der *Secretaria do Meio Ambiente* als *caseiros* von dem, was die "angeblichen" Landbesitzer ihnen zugeständen.

Die Ausführungen haben gezeigt, daß sehr deutliche Unterschiede zwischen den einzelnen Siedlungen der EEJI sowohl hinsichtlich der Zusammensetzung der Bevölkerung als auch der wirtschaftlichen Nutzungsformen bestehen. Die 12 *bairros* bilden nun auch räumlich den vier Clustern entsprechende Einheiten: Die am stärksten mit der Region verbundenen Bewohner finden sich im Tiefland des Innern der Juréia, im Bereich des Rio Una und seiner Nebenflüsse (Klasse I). Diese beiden nur 20 Familien (84 Personen) umfassenden Gemeinschaften haben sich aufgrund der abgeschiedenen Lage ihre ursprüngliche Lebensformen bewahrt. Sie bilden zusammen mit den sich an diesen inneren Bereich anschliessenden *bairros* Aguapeú und Rio das Pedras im Nordwesten und der Bevölkerung der Strände entlang des gesamten Küstensaumes von Praia da Juréia bis Guarauzinho den traditionellen Kern der Juréia-Bewohner. Die Bevölkerung der ersten beiden Klassen siedelt dabei fast ausschließlich in der Zone der Restinga, in der sich bereits in prähistorischer Zeit Indianer und nachfolgend auch die *caiçaras* schwerpunktmäßig niedergelassen hatten. Reste alter Kulturen wurden beispielsweise an den Stränden zwischen Barra do Una und der Südgrenze des Schutzgebietes sowie entlang der Tieflandflüsse gefunden. Teilweise haben die heutigen *caiçaras* ihre Hütten direkt auf derartigen früheren Siedlerstellen errichtet.

Barra do Una kommt als größtem und verkehrsgünstiger gelegenem Ort bereits eine Übergangsfunktion zu den von außen stärker beeinflußten Siedlungen des dritten Clusters zu. Die *bairros* dieser Klasse befinden sich bereits im etwas höher gelegenen Bereich der Mata Atlântica, im Fall des Espraiado-Tales jedoch zum größten Teil noch unterhalb der 100m-Höhenlinie. Despraiado und Itú und Tocaia sind dabei noch etwas schwieriger zu erreichen als die im vierten Cluster zusammengefaßten Siedlungen, die in den Randbereichen der EEJI (Barro Branco und Colinas Verdes/Jacuguaçu) oder an der Straße nach Itinguçu gelegen sind. Sie sind geprägt durch den Einfluß der Migranten und haben nur äußerst wenig mit den ursprünglich charakteristischen Wirtschaftsformen des Litoral Paulista und speziell der Juréia gemein. Entsprechend der heterogenen Struktur der Bevölkerung sowie der Wirtschafts- und Lebensweise sind die im folgenden beschriebenen Probleme und Konflikte in den einzelnen Teilräumen der Juréia unterschiedlich stark ausgeprägt, was wiederum Konsequenzen für die Ausgestaltung des Managementplanes nach sich zieht.

5.2.3. Probleme und Konflikte im Bereich Landwirtschaft/Extraktivismus

Die Unterschutzstellung eines 80.000 ha großen, mehr oder weniger dicht besiedelten Gebietes mit einem Schutzstatus, der jegliche nicht-wissenschaftliche oder -umwelterzieherische Nutzung verbietet, muß zwangsläufig zu Konflikten führen. Die Hauptproblemfelder bezüglich der Bewohner der Juréia sind zum einen in verschiedenen Formen landwirtschaftlicher Nutzung - sowohl traditionell üblicher wie auch "moderner", von außen in die Region eingebrachter - und zum anderen (in diese Wirtschaftsweise z.T. ergänzenden) Formen des Extraktivismus zu suchen, der vom Fischfang über die Jagd bis hin zur Nutzung von Heilpflanzen oder bestimmten Baumarten reicht. In beide Konfliktfelder sind sowohl traditionelle Siedler als auch neu in die EEJI zugewanderte Personen verwickelt. Zusätzliche Schwierigkeiten entstehen durch von außerhalb eindringende *extrativistas*, insbesondere Palmherzsammler sowie Jäger. Diese "Eindringlinge" beeinflussen nicht unwesentlich auch die Situation der Bewohner und vor allem die möglichen Konfliktlösungen, weshalb ihre Wirkung als weiteres Konfliktfeld im Rahmen dieses "Bewohnerkapitels" mit diskutiert werden muß.

Grundlage der traditionellen kleinbäuerlichen Landwirtschaft in der Region ist die *shifting cultivation*. Bei der in der Juréia üblichen Form wurde bis zur Einrichtung des Schutzgebietes im Abstand von wenigen Jahren jeweils eine neue Parzelle gerodet oder abgebrannt und dann ackerbaulich genutzt. Die alten Flächen fielen brach und wurden innerhalb kurzer Zeit von Sekundärwald besiedelt. Da die traditionellen Siedlungsräume der Juréia, die Restingazonen, nur relativ dünn besiedelt waren und die *caiçaras* nur jeweils kleine Flächen für den Eigenbedarf unter Nutzung hatten, wird diese Form der Landnutzung allgemein als vergleichsweise umweltverträglich angesehen (MENDONÇA & MENDONÇA 1993, S. 10; CANELADA & JOVCHELEVICH 1992, S. 918; SMA - Equipe Litoral Sul o.J., S. 1 u. 7). Ermöglicht wurde dieses geringe Ausmaß des Eingriffs in den Waldbestand nur durch die Verbindung des Acker- oder Gartenbaus mit dem Fischfang, der Jagd und verschiedenen Formen des Extraktivismus, wie das Sammeln von Früchten oder das Schneiden von *palmito*. Es muß allerdings betont werden, daß genauere Untersuchungen über die traditionelle Landwirtschaft sowie insbesondere über deren Auswirkungen auf die Umwelt nicht vorhanden sind.

Die Naturschutzgesetzgebung beschränkte nun in verschiedener Weise alle drei Standbeine der *caiçara*-Wirtschaft. Zunächst ist in der gesamten EE jegliche Form der Waldvernichtung, insbesondere auch die Brandrodung, verboten (BORN 1992, S. 106). Die Bewohner müssen also auf ihren alten Flächen weiterwirtschaften, was zu einer schnellen Abnahme der Produktivität, zumal auf den Strandwallflächen im Restingabereich führt. Und auch für das Abholzen und "Reinigen" dieser Flächen muß jedes Mal die Erlaubnis von der *Secretaria do Meio Ambiente* eingeholt werden. Prinzipiell ist jedoch der Anbau für den Eigenbedarf erlaubt, wie der Koordinator der Arbeitsgruppe Litoral Sul, Fausto

Pires de Campos, in einem Interview mit der Zeitung Tribuna de Peruíbe (Nr. 102, Juli 1991) verkündete.

Im Falle des Espraiado-Tales, in dem weniger traditionelle Wirtschaftsformen als vielmehr ausgedehnte Bananenkulturen die Hauptanbaufrucht darstellen (SMA 1989b, S. 51), kommt es zudem aufgrund mangelnder Pflege zu Erosionserscheinungen und rascher Ertragsminderung, was einen relativ schnellen Wechsel der Anbauflächen nötig macht(e). Verstärkt werden diese Probleme dadurch, daß Bananen häufig an Hängen angebaut werden, die aufgrund ihrer Neigung nicht für diese Nutzungsform geeignet sind und die Humusabtragung weiter fördern.

Sowohl bei der traditionellen Bewirtschaftung als auch bei Bananenmonokulturen ist ein Ertragsabfall nicht zu vermeiden, da die Bevölkerung bislang über keinerlei Techniken verfügt oder ihnen die finanziellen Mittel fehlen, um die Produktivität zu erhöhen (SMA 1989b). Dies gilt sowohl für die Subsistenzwirtschaft betreibenden *caiçaras* als auch die aus anderen Regionen zugewanderten Familien, die in Ermangelung an Kenntnissen im Landbau meist nur Bananen für den Verkauf an regionale Händler produzieren. Doch nicht nur in Despraiado, sondern auch in anderen *bairros*, insbesondere in den Randbereichen im Norden und Westen der EE sowie in Barro Branco und Itinguçu, bildet der Verkauf von Bananen die wesentliche Einkommensquelle für einen Großteil der Bevölkerung.

Diese Einnahmemöglichkeit wird nun allerdings nicht allein durch die geschilderten Auflagen verringert. Eine andere Behinderung aus der Sicht der Bewohner ergibt sich aus der beständigen Verschlechterung des Straßenzustandes in der Juréia. Dies hat nach OLIVEIRA (1992, S. 28) in Despraiado bereits dazu geführt, daß die Fahrzeuge der Bananenaufkäufer nicht mehr alle Gebiete anfahren und zusätzlich der ohnehin schon niedrige Preis mit der Begründung zunehmender Schäden und steigender Reparaturkosten an den LKW weiter gedrückt wird. Für die Bewohner gibt es, da eigene Fahrzeuge, geschweige denn Vermarktungsstrukturen, fehlen, keine Möglichkeit, die Ware nach Iguape oder Pedro de Toledo zu schaffen. Von seiten des Bundesstaates, der über die Secretaria do Meio Ambiente für das Gebiet verantwortlich ist, besteht offensichtlich kein Interesse, den Straßenzustand zu verbessern, auch wenn dies nicht öffentlich geäußert wird.

Zusätzlich zu den indirekten Produktionsbeschränkungen und erschwerten Absatzbedingungen sehen sich die Bewohner seit der Einrichtung der EE mit Restriktionen hinsichtlich des Fischfangs sowie vor allem mit einem strikten Jagdverbot konfrontiert. Da die traditionellen Bewohner keine Tierhaltung - abgesehen von Geflügel - betrieben und auch keine Möglichkeit des Fleischkaufs in der Juréia bestand, gehörte die Jagd und der Verzehr von Wildtieren zum festen (und notwendigen) Bestandteil ihrer Kultur. In ähnlicher Weise gilt dies auch für die zugewanderten Personen. Erst in jüngerer Zeit nahm die Viehzucht ihren Einzug in die Region, speziell in Barro Branco und auch in Despraiado, wo 1989 beispielsweise sieben Bewohner Rinder (insgesamt 40 Tiere) und 12 Bewohner Schweine hielten (SMA 1989b, S. 55). Angesichts des Fleischbedarfs gestaltet es sich als entsprechend schwierig, das Jagdverbot durchzusetzen. Die Schutzgebiets-administration ist deshalb inzwischen dazu übergegangen, die Jagd in bestimmten (über-lebensnotwendigen) Ausnahmefällen, z.B. in Cachoeira do Guilherme, zu tolerieren (OLIVEIRA 1992, S. 41).

Doch nicht nur das Unterlaufen des Jagdverbotes durch die Bewohner, sondern mehr noch die schwierige bis unmögliche Kontrolle der von außen eindringenden Wilderer läßt die Jagdproblematik zu einem permanenten Thema innerhalb der Verwaltung sowie der *Polícia Florestal*, der "Umweltpolizei", werden. Für das Aufspüren von Wilderern und die gegebenenfalls anschließende polizeiliche und juristische Weiterbearbeitung der Fälle ist ein hoher personeller und finanzieller Aufwand nötig. Auch Formen eines "Jagdtouris-mus" sind nach Angaben des Schutzgebietsleiters bereits vorgekommen, z.T. auch in Verbindung mit Bewohnern der Juréia, die sich den Besuchern als Führer zur Verfügung stellen. OLIVEIRA (1992, S. 29) stellt dazu fest, daß auch in Despraiado nach Angaben dortiger Bewohner die von Touristen ausgeübte Jagd unter Mitwirkung von "Nachbarn" durchaus üblich ist, wenngleich dies von vielen Mitbewohnern dieser Siedlung verurteilt werde. Für den Eigenbedarf werde gleichfalls gejagt, was damit begründet wird, daß in ihrem *bairro* keine Möglichkeit besteht, Fleisch zu kaufen. Ein Unrechtsbewußtsein ist in der Bevölkerung offensichtlich nicht vorhanden, und zumindest auf ihrem eigenen Terrain würden sie auch in Zukunft weiter jagen (Interviews mit Bewohnern des Despraiado, zitiert in OLIVEIRA 1992, S. 30). Die Ausführungen OLIVEIRAS, die in einer Feld-arbeitsphase von insgesamt sechs Tagen im April 1992 Interviews in drei verschiedenen *bairros* (Despraiado, Barra do Una, Cachoeira do Guilherme) durchgeführt hat, stimmen mit den Problemschilderungen des Schutzgebietsdirektors Ítalo Mazzarella (Interviews und zahlreiche informelle Gespräche des Verf. 1990-1992) weitgehend überein. Für ihn besteht die wichtigste und zugleich zeitaufwendigste Aufgabe seit Bestehen des Schutz-gebietes darin, das Jagdverbot zu überwachen sowie weitere Vegetationszerstörungen, insbesondere durch das Schneiden von *palmito*, zu verhindern. Wegen fehlender Alternati-ven der Bewohner zu dieser Nahrungsquelle wird die Jagdproblematik auch in Zukunft bestehen bleiben und für beständige Konflikte zwischen der Bevölkerung und der Schutz-gebietsverwaltung sorgen.

Auch das dritte Standbein der *caiçaras*, der Extraktivismus, insbesondere in Form der *palmito*- und *caixeta*-Gewinnung, wurde drastisch beschränkt. Da mit beiden Produkten im Gegensatz zu allen anderen landwirtschaftlichen Erzeugnissen ein guter Marktpreis erzielt werden kann, hat dieses Verbot ganz erhebliche Auswirkungen auf die Lebens-bedingungen vor allem der traditionellen Bewohner. Sie haben jetzt kaum noch die

150

Möglichkeit, auf legalem Wege an Bargeld zu kommen, wollen sie sich nicht als Landarbeiter oder *caseiro* verdingen oder auswandern. Zwar ist es inzwischen erlaubt, auf dem
"eigenen" Grundstück wachsende Palmen zu nutzen, doch bestehen weder Erfahrungen im
Anbau mit *Euterpe edulis*, noch ist es möglich, hiermit in überschaubarem Zeitraum
Gewinne zu erzielen, da die Palmen erst nach 7-11 Jahren die größten Erträge bringen.
Für die Polícia Florestal erschwert diese Regelung andererseits ungemein die Arbeit, weil
kaum in Erfahrung zu bringen ist, ob Bewohner, die beim Transport oder Verkauf von
palmito erwischt werden, diese aus eigenem Anbau oder illegal gewonnen haben. Konflikte zwischen Bewohnern und Parkwächtern und *Polícia Florestal* sind folglich an der
Tagesordnung, zumal die Bewohner darauf verweisen, daß nicht sie generell, sondern nur
einige "schwarze Schafe" unter ihnen, die in größerem Stil illegal mit *palmito* Handel
treiben, für die Bedrohung der *Euterpe edulis*-Bestände verantwortlich sind. Verstärkt
wird das Problem wiederum durch *palmiteiros*, die von außen in die EE eindringen und
über zahllose Schleichwege ihre Beute nach draußen schaffen (vgl. dazu Abb. 29).

Eine weitere allgemeine Schwierigkeit für den Naturschutz entsteht im Zusammenhang
mit dem *palmito* dadurch, daß traditionelle Nutzungsformen der Mata Atlântica für die
Bewohner nicht nachvollziehbar von einem Tag auf den anderen verboten werden und,
was vielleicht noch schwerer wiegt, daß die Behörden gegen die ärmsten der Armen,
nämlich gegen diejenigen, die ohnehin unterhalb des offiziellen Existenzminimums im
ländlichen Raum leben und die keine andere Möglichkeit haben, Geld zu verdienen,
vorgehen. Die Händler und Aufkäufer des herausgeschmuggelten *palmito* und die Fabri-
kanten, die mit den in Dosen konservierten Palmherzen große Gewinne erzielen, kommen
ungestraft davon. Die Bestrafung von Bewohnern und anderen "Habenichtsen" wegen
derartiger Delikte (Bußgelder sind in der Tat sehr häufig verhängt worden) fördern nicht
die Akzeptanz der Naturschutzmaßnahmen; im Gegenteil, sie lassen derartige Bestimmungen, die nicht nur existenzbedrohend sind, sondern die auch noch die "Falschen" sankti-
onieren, in den Augen der Landbevölkerung nur als ein weiteres Mittel zur Verstärkung
der sozialen Ungerechtigkeiten in Brasilien erscheinen (Interviews d. Verf. mit Bewohnern und Mitarbeitern der Schutzgebietsverwaltung).

Aus einigen Anmerkungen wurde bereits deutlich, daß nicht alle Probleme und Konflikte
für das gesamte Gebiet gleichermaßen gelten. Das zuletzt behandelte Problem des
palmito-Schneidens betrifft zwar sowohl traditionelle als auch nicht-traditionelle Bewohner
in allen *bairros*, doch sind die diesbezüglichen Schäden in den Randbereichen der Juréia,
insbesondere im Nordwesten und Norden sowie in der Nähe der mit dem Auto zu
erreichenden Siedlungen am größten (Abb. 29). Der überwiegende Teil der in Iguape
sichergestellten Palmherzen - und auch der *caixeta* - verläßt nach Erkenntnissen der SMA
über den Rio das Pedras und Rio Aguapeú sowie über zahlreiche Wege im Westen/-
Nordwesten das Schutzgebiet (MENDONÇA & SIQUEIRA 1991, S. 7). Da sowohl
Bewohner als auch von außen eindringende *palmiteiros* das Verbot unterlaufen und eine

effektive Kontrolle bei der Größe des Gebietes mit nach Schätzung eines Mitarbeiters der SMA über 100 die Schutzgebietsgrenze kreuzenden Pfaden und Wegen zur Zeit nicht geleistet werden kann, ist weder eine Angabe der entstandenen Schäden noch eine genauere Festlegung der Problemgebiete über das Gesagte hinaus möglich. Ähnliches gilt für die Jagd, deren tatsächliche Auswirkungen noch schwieriger zu erfassen sind und die gleichfalls nicht räumlich abzugrenzen ist.

Die Schwerpunkte der landwirtschaftlichen Tätigkeit befinden sich im Bereich der Siedlungen Despraiado und Colinas Verdes, wo vor allem der Bananenanbau für Umweltprobleme sorgt, sowie in Barro Branco und Tetequera/Itinguçu (vgl. Abb. 29). In den anderen *bairros* liegen die Anbauflächen weiter verstreut auseinander, und ihr Ausmaß ist insgesamt als weniger problematisch zu bezeichnen, was neben der geringeren Einwohnerzahl vor allem darin begründet ist, daß dort die traditionelle *caiçara*-Wirtschaft überwiegt. Deren Eingriffe in den Naturhaushalt werden selbst von Mitarbeitern des Umweltministeriums als wenig schädigend bezeichnet. Auch die Nutzung der Restingabereiche durch die Strand- und Flußbewohner, durch die erhebliche Flächen bereits mindestens einmal abgeholzt wurden, mit der Folge, daß in dieser Region kaum noch Primärwald vorhanden ist, wird aufgrund der "harmonischen Beziehung der *caiçaras* zur Umwelt" als wenig problematisch für die EE angesehen (SMA - Equipe Litoral Sul o.J., S. 7). Da andererseits jegliche landwirtschaftliche Tätigkeit (laut Statut), und insbesondere diejenige, die mit dem Ziel der Vermarktung der Produkte durchgeführt wird (laut Arbeitsgruppe Litoral Sul), eigentlich verboten ist, beinhaltet sie jedoch auch weiterhin ein erhebliches Konfliktpotential, wenngleich der Anbau zur Zeit meist toleriert wird. Allerdings müssen die Bewohner vor jeder Einsaat oder Neuanpflanzung für jedes einzelne Feld eine schriftliche Erlaubnis vom Umweltministerium einholen, was nicht nur einen ungeheuren Verwaltungsaufwand, sondern bei den in dieser Region kaum funktionierenden Kommunikationswegen auch für die Bewohner eine außerordentliche Erschwernis bedeutet. In der Zukunft muß es deshalb vor allem darum gehen, möglichst umweltverträgliche sowie praktikable Formen der Landnutzung in der EEJI ausfindig zu machen und deren Verbreitung zu unterstützen (vgl. Kap. 5.2.5.; SMA - Equipe Litoral Sul 1991c). Bis dies geschehen ist, fordert der Präsident der *Associação dos Amigos do Bairro* in Barra do Una zunächst einmal, den Anbau insbesondere von *palmito*, nicht nur zu tolerieren, sondern zu unterstützen, damit die Bewohner nicht gezwungen seien, illegal geschlagene Palmherzen zu verkaufen. Insgesamt hält er eine Nutzfläche von 25 *alqueires* (ca. 60 ha) für die Überlebenssicherung einer Familie für notwendig (Interview vom 13.3.93).

5.2.4. Soziale Konflikte als Folge politisch-administrativer Entscheidungen und Defizite

Als Quelle für zahlreiche Konflikte im sozialen Bereich sind zum einen Entscheidungen, oder häufiger Nicht-Entscheidungen, des Umweltministeriums über den Verbleib bzw. die Ausweisung von Juréia-Bewohnern anzuführen. Zum anderen schafft die Auswahl von Parkwächtern sowie deren Funktionsbeschreibung eine Vielzahl von Problemen im psychosozialen Bereich. Nicht zuletzt sorgt auch das unterschiedliche Verhalten der Bewohner gegenüber den Schutzbestimmungen für Spannungen innerhalb der Gemeinschaft.

Die Hauptursache für die große Unzufriedenheit der Bewohner mit der derzeitigen Situation bis hin zur Ablehnung jeglicher Naturschutzmaßnahmen ist zweifelsohne darin zu suchen, daß die politischen Entscheidungsträger, in diesem Fall die Regierung des Bundesstaates São Paulo, bislang über den zukünftigen Verbleib der Juréia-Bewohner nicht entschieden hat. Es ist noch nicht einmal offiziell klargestellt worden, ob die traditionellen *caiçaras*, die zusammen mit anderen traditionell wirtschaftenden Bewohnern in einer Studie des Ministeriums mit ca. 100 Familien beziffert werden (MENDONÇA & SIQUEIRA 1991), in dem Gebiet bleiben dürfen, geschweige denn, was mit den übrigen Bewohnern geschehen soll. Nach jüngsten Äußerungen der für die EEJI zuständigen Arbeitsgruppe "Equipe Litoral Sul" soll nun sogar all denjenigen Familien ein Bleiberecht eingeräumt werden, die vor der offiziellen Einrichtung der EE dort bereits wohnten. Dies würde knapp zwei Drittel der jetzigen Bewohner betreffen (vgl. Abb. 27). Dabei hat sich die Haltung der SMA gegenüber den Bewohnern in den vergangenen Jahren deutlich gewandelt, denn zunächst hatten einige Mitarbeiter versucht, möglichst viele Bewohner aus der Juréia "herauszubekommen". Dieser Wandel wird nicht nur von DIEGUES (1993, S. 52) so gesehen, sondern auch durch die Equipe Litoral Sul in Interviews bestätigt. Die Absicht, die Bewohner in das Management des Gebietes stärker einzubinden, äußert sich gleichfalls in der verstärkten Beschäftigung der Equipe mit Fragen der Überlebensstrategien und Wirtschaftsweise der Bewohner, angefangen vom "diagnóstico" der Besiedlung und Umweltverträglichkeit der Despraiado-Bevölkerung (SMA 1989b) bis zur Planung und mittlerweile begonnenen Durchführung eines agrarökologischen Projektes zum "microzoneamento" (vgl. Kap. 5.2.6) der Siedlungen der EEJI (SMA - Equipe Litoral Sul 1991c) und Studien zur "ethnozoologia" in Cachoeira do Guilherme (SANCHES 1992). Allerdings sind die beiden erstgenannten Studien trotz der wohlklingenden Titel erst als Ansätze der Befassung mit diesen Themen zu bezeichnen.

Auf die Bewohner können diese Initiativen zwar eine gewisse Beruhigung ausüben, doch wäre für sie von entscheidender Bedeutung, daß die Regierung des Bundessaates eine eindeutige, und d.h. eine gesetzliche Regelung über den Verbleib oder die Ausweisung trifft. Solange dies nicht geschieht, wird das Verhältnis zwischen den Angestellten des Umweltministeriums und den Bewohnern gestört bleiben. Daß dies in ganz erheblichem

153

Maße der Fall ist, wird in jedem Gespräch mit Bewohnern deutlich und ist auch vielfältig belegt (Folha de São Paulo, OLIVEIRA 1992). Die Spannungen äußern sich sogar in diversen Morddrohungen gegen den Direktor der EE (Interview vom 25.1.1991). Die Konflikte basieren im wesentlichen auf der Verunsicherung der Bevölkerung über ihr Wohnrecht sowie den im vorhergehenden Abschnitt erläuterten Einschränkungen des Wirtschaftens und damit allgemein ihres Lebens durch Naturschutzbestimmungen. Diese Verunsicherung ist allerdings auch wieder auf die Unklarheiten bezüglich des Managements der Bewohner einschließlich ihrer Beschäftigungs- und Überlebensmöglichkeiten im Schutzgebiet zurückzuführen.

Ein weiteres Problem, das zumindest zum Teil ebenfalls auf diesen Ursachen beruht, besteht in der Konkurrenzsituation und den daraus resultierenden Spannungen zwischen gesetzestreuen Bewohnern, also denjenigen, die beispielsweise das *palmito*- und Jagdverbot respektieren, und denen, die mit regelwidrigem Verhalten weitaus größere Einkommen erzielen können als die ersteren. Neben der hieraus erwachsenden Mißgunst sowie auch echter Empörung gegenüber Mitbewohnern, die beispielsweise dazu beitragen, daß "jagdlustige" Besucher Tiere in der Schutzstation einfach nur aus Spaß abschießen (OLIVEIRA 1992, S. 29), werden durch das Verhalten einiger "schwarzer Schafe" ganze *bairros*, wie z.B. Despraiado, in Mißkredit gebracht, was sich vor allem in der Anfangszeit der EE in besonders kritischer Betrachtung und eher unfreundlicher Behandlung der Bewohner bestimmter Siedlungen, vor allem Despraiado, Barra do Una und Barro Branco, durch einige SMA-Mitarbeiter niederschlug (Beobachtungen d. Verf. im Februar/März 1990 und im Verlauf des Jahres 1991). Diese etwas vereinfachte Sichtweise ist mittlerweile einer differenzierteren Betrachtung gewichen, was auch auf die angesprochene Konzentration der SMA auf die Bewohner zurückzuführen ist (vgl. auch SANCHES 1992 und MENDONÇA & MENDONÇA 1993, die alle drei als Mitarbeiterinnen des Umweltministeriums angestellt sind).

Eine anders geartete Maßnahme der Schutzgebietsverwaltung hat ebenfalls tiefgreifende Spannungen in der Bevölkerung hervorgerufen, obwohl die Maßnahme an sich als sehr adäquat zu bezeichnen ist. Die Rede ist von der Einstellung von Juréia-Bewohnern als *guardas-parque* (Parkwächter). War diese Regelung gedacht zur Ausnützung des Wissenspotentials dieser Bevölkerungsgruppe über die ökologischen Zusammenhänge der Region wie auch über die Lebensbedingungen und die spezifischen Probleme der Schutzgebietsbewohner, so hat sie doch einige gravierende Nachteile für den inneren Frieden der Bevölkerung zur Folge. Zum einen verfügen die *guarda*-Familien nun über ein zwar äußerst geringes, aber doch regelmäßiges Einkommen im Gegensatz zu den meisten anderen Haushalten, insbesondere den traditionell wirtschaftenden. Zweitens, und dies wiegt weitaus schwerer, geraten sie nun in ihrer Funktion als Wächter ständig in die Situation, ihre Mitbewohner aufklären, zurechtweisen oder bei besonderen Regelwidrigkeiten gar melden zu müssen. Dies geschieht um so häufiger, als die Grenzen des

Erlaubten nicht eindeutig definiert sind (vgl. Abschnitt *palmito*/Jagd) und für viele Mitbewohner die Notwendigkeit besteht, die Bestimmungen zu verletzen. Dieser Sachverhalt sorgt nicht nur für Konflikte zwischen den *guardas* und den anderen Dorfbewohnern, sondern entzweit sogar Familien, wie OLIVEIRA (1992, S. 31f) in ihren Befragungen in Despraiado feststellte. Als ein weiteres Problem kommt in diesem Zusammenhang die mangelnde Akzeptanz der Wächter im eigenen (Bekannten-)Kreis hinzu, zumal auch sie selbst bzw. ihre Familien wegen des unzureichenden Gehaltes (1 *salário mínimo* pro Monat) mitunter gezwungen sind, Schutzbestimmungen zu verletzen. Diese letzte Aussage ist allerdings nur eine Vermutung, da derartige Selbstbezichtigungen natürlich auch in informellen Gesprächen nicht gemacht werden und da von anderer Seite getätigte Beschuldigungen nicht nachprüfbar sind.

Insgesamt bleibt zunächst festzuhalten, daß auch die Problematik der Beziehungen zwischen Bewohnern und SMA-Mitarbeitern sowie Konflikte innerhalb der Siedlungsgemeinschaften zumindest indirekt häufig mit den zur Zeit mangelhaften Regelungen des Schutzgebiet"managements" zusammenhängen. Zudem erweist sich die Rekrutierung der Parkwächter aus den Reihen der Siedler aus verschiedenen Gründen mitunter als problematisch.

5.2.5. Problemlage aus der Sicht von Schutzgebietsverwaltung und Umweltorganisationen

Als Ursache für zahlreiche der Konflikte innerhalb der EEJI hat sich das Fehlen eines Managementplanes herauskristallisiert, der die Belange zumindest von Teilen der Juréia-Bewohner berücksichtigt. Dies stellt sich auch aus der Sicht der für die EE verantwortlichen Arbeitsgruppe im Umweltministerium so dar, und dies, obwohl doch genau diese Gruppe für die Erarbeitung des Reglements zuständig ist. Die Vertreter der Schutzgebietsadministration haben jedoch eine Reihe von Gründen, die die Implementierung des *plano de manejo* bislang, d.h. selbst acht Jahre nach Einrichtung der EE, noch verhindern. Zunächst, und das ist für die Verwaltung der gewichtigste Grund, sind die Bodenbesitzverhältnisse nur äußerst schwierig zu klären. Für die Aufstellung eines Managementplanes müssen in einer EE, juristisch gesehen, die Grundbesitzverhältnisse jedoch geregelt sein, und zwar in der Weise, daß die gesamte Fläche dem Staat, in diesem Fall dem Bundesstaat São Paulo, da die EEJI von diesem ausgewiesen wurde, gehört. Dies ist keineswegs der Fall, denn Ende 1992 befanden sich nur 12,5 % in seinem Besitz. 72,1 % waren in der "Phase der Regulierung", d.h. in der Regel vor Gericht, was sich über viele Jahre hinziehen kann, und für die restlichen 15,4 % bestand wegen fehlender Mittel keinerlei Möglichkeit des Aufkaufs (SMA 1992b, S. 19).

Schwierigkeiten bereitet vor allem der Umstand, daß in weiten Teilen der Juréia für die gleichen Grundstücke mehrere "Eigentümer" existieren. Dies ist Folge eines umfangreichen Fälschungsvorganges von Besitztiteln, von dem der weitaus größte Teil bereits 1921 von Luiz Roncatti vorgenommen wurde. Er fälschte die Titel von ca. 218.000 ha Land im Vale do Ribeira, wovon die EEJI zu einem großen Teil betroffen ist (MENDONÇA & MENDONÇA 1993, S. 9). Hinzu kommen Probleme durch den Mehrfachverkauf derselben Grundstücke sowie durch großflächige Invasionen von Landbesetzern in diesem Raum. Die Verquickungen bei den Besitzverhältnissen sind nahezu undurchdringlich, so daß ihre Lösung einen ungeheuren Zeit- und Kostenaufwand für die beteiligten Behörden bedeutet. Die völlige Aufklärung der Verhältnisse ist jedoch notwendig, nicht nur, um Personen oder Unternehmen nicht ungerechtfertigterweise oder gar doppelt zu entschädigen, sondern auch, damit bei der späteren Zonierung im Rahmen des Managementplanes keine Fehler unterlaufen, weil etwaige Besitzansprüche nicht berücksichtigt wurden.

Ein weiteres Problemfeld besteht in den z.T. gewalttätigen Auseinandersetzungen zwischen angeblichen Eigentümern und *posseiros* bzw. Bewohnern, die sich selbst als Eigentümer bezeichnen und hierfür auch echte oder gefälschte Dokumente vorweisen können. MENDONÇA & MENDONÇA (1993, S. 9), die sich im Zuge ihrer Tätigkeit im Umweltministerium seit langem mit diesem Thema befassen, berichten beispielsweise von der bewaffneten Vertreibung von Bewohnern der EEJI durch angebliche Landbesitzer sowie über Vorfälle, bei denen seit langer Zeit dort lebende Familien gezwungen wurden, Blanco-Formulare zu unterschreiben, die dann später als Verzichtserklärungen beim Katasteramt eingereicht wurden.

Die geschilderten Entwicklungen waren bereits vor Gründung der EEJI angelaufen, da in den 70er Jahren in diesem Raum eine gewaltige Bodenspekulation aufgrund des hohen Wertes der Region für den Bau von Zweitwohnungen eingesetzt hatte (vgl. Kap. 4.2). Dabei wurde die traditionelle Bevölkerung, insbesondere die *caiçaras* im Strandbereich, entweder zum Verkauf ihres Landes genötigt, oder sie wurden gezwungen, ihre Parzellen zu verlassen und anschließend durch *caseiros* ersetzt (Informationen von Mitarbeitern der SMA 1991; vgl. Kap. 5.2.1). Insofern hat die Einrichtung des Schutzgebietes mit der damit verbundenen größeren Tranzparenz der Besitzverhältnisse und des einsetzenden Legalisierungsprozesses die Position bestimmter Bewohner sogar verbessert, was auch daran zu erkennen ist, daß im gesamten übrigen Litoral Paulista mit Ausnahme von Picinguaba (vgl. ÂNGELO 1992) und Cananéia (SMA 1990a) kaum noch *caiçaras* zu finden sind. Der Schutz der traditionellen Bevölkerung wird im übrigen auch von der Secretaria do Meio Ambiente als Argument für die Schutzwürdigkeit der EEJI angeführt (z. B. in SMA 1992c, S. 84). Dies ist allerdings eine zumindest fragwürdige Argumentationslinie, wenn dieser Bevölkerung auf der anderen Seite de facto die Existenzgrundlage entzogen wird (vgl. Diskussion im folgenden Kapitel).

Aus der Perspektive des Umweltministeriums bestehen also hinsichtlich der Bewohner zum einen eine Menge offener Fragen zum Komplex Umweltverträglichkeit der Landwirtschaft und mögliche Formen des Extraktivismus in der Juréia, zum anderen fehlen aufgrund der verworrenen Besitzverhältnisse die grundsätzlichen Voraussetzungen für die Aufstellung des Managementplanes.

Die Sichtweise der Naturschutzorganisationen *Associação em Defesa da Juréia* und *SOS Mata Atlântica*, die die Hauptrolle bei der Vertretung der Umweltinteressen übernommen haben (vgl. Kap. 5.1), hat sich ähnlich wie die der SMA im Laufe der Zeit gewandelt. Standen ganz am Anfang fast ausschließlich Fragen des Naturschutzes unter Ausschluß der Interessen der lokalen Bevölkerung im Mittelpunkt, so wurden gegen Ende der 80er Jahre die Bewohner zunehmend mehr zur Kenntnis genommen. Das Hauptanliegen der beiden Organisationen bestand und besteht noch heute allerdings in der Schaffung eines öffentlichen Drucks auf die politische Führung des Umweltministeriums wie auch insgesamt auf die Regierung des Bundesstaates - und nicht auf die Arbeitsgruppen innerhalb der SMA, zu denen vielfältige Kontakte bestehen -, um die politischen Entscheidungsträger zu einer Umsetzung eines Schutzkonzeptes sowie insbesondere zur Freigabe von Geldern für das Schutzgebiet zu bewegen (Folha de São Paulo 18.12.85, 14.2.86; Folha da Tarde 21.1.86, 10.11.88; O Estado de São Paulo 30.9.86, 22.9.88; Jornal da Tarde 5.10.88, 22.9.88; Gazeta Mercantil 6.4.91, 15.5.91). Insofern ist die Funktion der Umweltorganisationen eher allgemeiner Natur und nur am Rande auf die Bewohnerproblematik ausgerichtet, auch wenn in einigen Fällen landwirtschaftliche Versuchsprojekte unterstützt wurden, wie z.B. die Anpflanzung einheimischer Nutzpflanzen (Jornal da Tarde 16.10.89). In einem von der *Associação em Defesa da Juréia* in Auftrag gegebenen "Gutachten" wurden ebenfalls keine genaueren Lösungsvorschläge in bezug auf die Bewohner unterbreitet, sondern nur drei Szenarien vorgestellt (alle Bewohner ausweisen - einen Teil der Bewohner integrieren - alle Bewohner dürfen bleiben), ohne daß jedoch eine genauere inhaltliche und räumliche Festlegung stattfand, da dies als Aufgabe der SMA angesehen wurde (internes Gutachten von Pro-Juréia-Engea 1991; Gazeta Mercantil 6.4.91 und 15.5.91).

5.2.6. Lösungsansätze für die Verbindung von Schutz und Nutzung

Zusammengefaßt sind die mit den Bewohnern verbundenen Probleme in der EEJI in Tab. 35 dargestellt. Demnach lassen sich die geschilderten Konflikte und Schwierigkeiten den vier Hauptproblemfeldern "Einschränkung der wirtschaftlichen Nutzung", "Infrastrukturausstattung", "politisch-administrative Defizite" und "Spannungen innerhalb der Bewohnerschaft" zuordnen. Die einzelnen Bevölkerungsgruppen (vgl. Kap. 5.2.2) und entsprechend die ausgegliederten Teilräume der EEJI sind dabei von den Problemen in unterschiedlicher Weise betroffen.

Tab. 35: Folgen der Unterschutzstellung für die Bewohner der Estação Ecológica de Juréia-Itatins (EEJI) (eigene Zusammenstellung)

Problemfeld	Maßnahmen und Defizite	Probleme für Bewohner	Hauptbetroffene (vgl.Tab. 34)	allgemeine Folgen
Einschränkung der wirtschaftlichen Nutzung	■ Verbot nicht-traditioneller landw. Nutzung ■ Einschränkung traditioneller landw. Nutzung (Brandrodung, Fläche, Anbauerlaubnis etc.) ■ Beschränkung des Fischfangs (nur für Eigenbedarf, festgelegte Gebiete und Technik etc.) ■ Verbot der Sammelwirtschaft (insbes. *palmito*) ■ Jagdverbot ■ (mögliche Beschränkung des Tourismus)	⇒ Entziehung der Existenzgrundlage ⇒ Existenzbedrohung/Verschlechterung der Lebensbedingungen ⇒ Verschlechterung der Lebensbed. ⇒ Verschlechterung der Lebensbed. ⇒ Verschlechterung der Lebensbed. ⇒ Existenzbedrohung/Verschl. der Lebensbed.	Klasse 3 +4 Klasse 1 - 3, (insbes. Subsistenzlandw.) Klasse 1 (Fluß- und Strandbewohner) EEJI (insbes. trad. Bewohner) EEJI Barra do Una, Itinguçu	Abwanderung, Ausweichen auf andere (legale oder illegale) Nutzungsformen, Spannungen/Konflikte zwischen Bewohnern und Verwaltung, Akzeptanzminderung/Protest gegen Naturschutz
Infrastrukturausstattung	■ unterlassene Verbesserung/Instandhaltung der Verkehrswege ■ unterlassene Verbesserung der Basisver- und -entsorgung (Abwasser, ärztliche Versorgung, Telefon etc.)	⇒ Einkommenseinbußen/Existenzgefährdung wegen Vermarktungsproblemen ⇒ Verschlechterung der Lebensbed. durch Beinträchtigung des Bus- und Individualverkehrs ⇒ unvermindert schlechte Lebensverhältnisse	EEJI EEJI	Abwanderung, Akzeptanzminderung, Spannungen zwischen Bewohnern, Schutzgebietsverwaltung und anderen Behörden
politisch-administrative Defizite	■ ungeklärte Besitzverhältnisse und fehlende (politische) Entscheidung über Verbleib der Bewohner ■ mangelhafte finanzielle und personelle Ausstattung der Administration ■ defizitäre Ausbildung der Parkwächter durch den Bundesstaat ■ insgesamt: fehlendes offizielles Mangementkonzept	⇒ Unsicherheit über Verbleib und ökonomische Zukunft ⇒ mangelnde Information, Beratung und Weiterbildung, z.B. zu naturverträglicher Nutzung ⇒ mangelhafte Information, Akzeptanzprobleme	EEJI EEJI EEJI, Parkwächterfamilien EEJI	Mißtrauen gegenüber Verwaltung, Unsicherheit/Zukunftsangst, Akzeptanzverlust, Proteste gegen Naturschutzkonzept
Spannungen innerhalb der Bewohnerschaft	■ ungenügende Kontrolle der Naturschutzmaßnahmen, fehlende Unterstützung der dem Naturschutz wohlgesonnenen Bewohner ■ Rekrutierung der Parkwächter aus der Bevölkerung bei gleichzeitig nicht ausreichender Ausbildung ■ fehlende Entscheidung über Verbleib der Bewohner	⇒ Konkurrenz und Konflikte zwischen gesetzestreuen und regelwidrig handelnden Bewohnern ⇒ Konflikte zwischen Parkwächtern und anderen Bewohnern ⇒ Spannungen zwischen inoffiziell anerkannten und potentiell auszuweisenden Bewohnern	EEJI EEJI EEJI (insbes. Klassen 2 - 4)	mangelnde Identifikation der Bewohner mit dem Gebiet als solchem und der Juréia als Estação Ecológica

Der nicht-traditionellen Bevölkerung, die nach den bisherigen Verlautbarungen aus dem Umweltministerium ohnehin aus dem Gebiet ausgewiesen bzw. umgesiedelt werden soll, wird die Existenzgrundlage weitgehend entzogen. Bislang können diese Personen allerdings noch als Angestellte innerhalb oder außerhalb der Juréia Einkommen erzielen, die z.T. weit über denjenigen der traditionellen Bevölkerung liegen. Solange die Ausweisung nicht vollzogen ist, besteht somit die paradoxe Situation weiter, daß sie ökonomisch sogar besser gestellt sein können als die als verbleibende Siedler für das Schutzgebiet vorgezogene Bevölkerungsgruppe. Eine Gefahr im Zuge des Verbots der üblichen landwirtschaftlichen Nutzung besteht auch darin, daß zur Sicherung des Überlebens in andere Bereiche ausgewichen wird, etwa in die Jagd, den Jagdtourismus oder den Verkauf von illegalem *palmito* oder *caixeta*, und somit dem Naturschutz entgegengewirkt wird.

Die traditionellen Bewohner sind ebenfalls von einer Vielzahl von Schutzbestimmungen und/oder von den bisher nicht in die Wege geleiteten Verbesserungsmaßnahmen betroffen. Dies gilt sowohl für die Einschränkungen der wirtschaftlichen Nutzungsmöglichkeiten, die alle ökonomischen Standbeine dieser Gruppe umfassen, als auch für die defizitäre Infrastrukturausstattung und die Probleme auf politischer und auf administrativer Ebene, was die Fortentwicklung der EEJI angeht. Die Verschlechterung der Lebensbedingungen führt zu einer verbreiteten Unzufriedenheit mit dem derzeitigen Zustand und zur Minderung der Akzeptanz von Naturschutzmaßnahmen im allgemeinen. Die Verunsicherung der Bevölkerung bezüglich ihres weiteren Aufenthaltes in der Juréia und die weitgehend fehlende Unterstützung bei der Suche nach umweltverträglichen Nutzungsformen sowie, als Voraussetzung hierfür, zunächst einmal der Mangel an Information und Weiterbildung zum Thema Naturschutz, verursachen vielfach Mißtrauen und Spannungen zwischen Bewohnern und Administration und wirken dem Gedanken einer Verbindung von Naturschutz mit wirtschaftlicher, sozialer und kultureller Entwicklung entgegen.

Die gleichfalls auf fehlenden Managemententscheidungen sowie mangelnder politischer und somit auch finanzieller Unterstützung beruhenden Konflikte zwischen den einzelnen Bewohnergruppen gefährden zusätzlich das erklärte Ziel, die traditionellen Bewohner langfristig nicht nur zur einvernehmlichen Zusammenarbeit mit der Naturschutzverwaltung zu bewegen, sondern sie sogar über ihre Identifikation mit der Juréia und dem Naturschutzgedanken zu den wichtigsten Verfechtern des Schutzes der Estação Ecológica zu entwickeln.

Welche Ansätze zur Lösung der Konflikte sind nun zu erkennen, und wo liegen die Notwendigkeiten und die Möglichkeiten einer zukünftigen Entwicklung der Estação Ecológica im Sinne einer Verknüpfung der "engeren" Naturschutzziele mit den Bedürfnissen der lokalen Einwohner oder zumindest eines Teils von ihnen?

Ein erster Schritt in Richtung einer Normalisierung der Beziehungen zwischen der

Verwaltung und den Bewohnern wurde bereits genannt: Während in der Gründungsphase noch teilweise das Bestreben bestand, die Juréia weitgehend "menschenfrei" zu halten oder zu machen, nahmen Schutzgebietsadministration und Naturschutzverbände bald Abstand von dieser Position und bezogen die Bewohner in die Überlegungen für die weiteren Planungsabschnitte mit ein. Grundsätzlich wird dem Verbleib einer bislang jedoch noch unbestimmten Anzahl von Personen in der Juréia nun nichts mehr entgegengesetzt, womit die beständige Weiterbeschäftigung mit dem Thema der Integration von Schutzgebietsbewohnern in das Mangementkonzept notwendig wird. Entsprechenden Eingang fand diese Problematik in die Berichte des Umweltministeriums bzw. die Studien seiner Mitarbeiter (z.B.: SMA 1989a und 1989b; MENDONÇA & SIQUEIRA 1991; SANCHES 1992; MENDONÇA & MENDONÇA 1993).

Auch in dem bis 1989 erarbeiteten ersten (vorläufigen) Managementplan finden die Belange der Bewohner auf verschiedene Weise - implizit oder explizit - Berücksichtigung (vgl. Abb. 31). Zunächst einmal dokumentiert dies die Tatsache der Zonierung des Gebietes unter Einschluß einer Kategorie "uso múltiplo" ("verschiedenartige Nutzungen"), die u.a. Wohnen und landwirtschaftliche Nutzungsformen sowie die Möglichkeit, Infrastruktureinrichtungen für den Besuch des Gebietes zur Verfügung zu stellen, umfaßt. Damit sind in dieser Zone die beiden nach internationalen Kriterien (IUCN-Zonierungsvorschlag, zitiert nach LEDEC & GOODLAND 1988, S. 178ff) üblichen "extensive" und "intensive use zone" zusammengefaßt. Sie findet sich entlang der öffentlich zugänglichen Straßen und der Hauptflüsse der EE sowie in einigen Bereichen in Strandnähe und beinhaltet somit im wesentlichen die Gebiete, die bislang besiedelt oder anderweitig genutzt sind. Einige Streusiedlungen, z.B. im Raum Perequê/Barro Branco und an den Hängen der Serra dos Itatins, werden allerdings den *zona primitiva* und *zona de recuperação* zugeordnet und entfallen damit zukünftig als Nutzungsraum für die Bewohner (vgl. Abb. 31). Nichtsdestotrotz wird - auch im Vergleich mit der Besiedlungskarte (Abb. 29) - deutlich, daß sich die Grenzziehung vor allem an den naturräumlichen, aber auch an den gegebenen besiedlungsgeschichtlichen sowie den aktuellen Nutzungsmustern orientiert. In Ermangelung großmaßstäblicher Karten, insbesondere zur Vegetation, aber auch anderer physischer Grundlagen, richteten sich die Mitarbeiter der Arbeitsgruppe Litoral Sul bei der Aufstellung des vorliegenden Zonierungsplanes vornehmlich nach eigenen Feldbeobachtungen und z.T. auch nach Luftbildauswertungen (auf der Basis von 1980). Dementsprechend muß und soll dieser Plan nur als Entwurf und als Grundlage für weitere Detailaufnahmen für die endgültige Grenzziehung gesehen werden.

Aus Sicht des Naturschutzes ist auffällig, daß die *zona integral* und die *zona primitiva* zugunsten der Zugänglichkeit der besiedelten Gebiete sehr stark zerstückelt sind und nicht, wie in den theoretischen Zonierungskonzepten vorgesehen, geschlossene und durch die *zona de recuperação* abgepufferte Großeinheiten innerhalb des Schutzgebietes bilden. Die Verwirklichung eines solchen Konzeptes gestaltet sich in der Juréia jedoch als schwie-

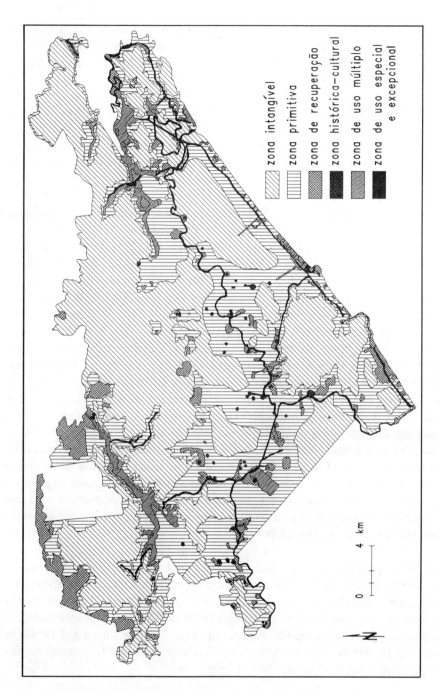

Abb. 31: Entwurf eines Zonierungsplanes für die EEJI
Quelle: Unterlagen der SMA 1989

161

rig, da gerade die traditionellen Bewohner nicht am Rande, sondern in den zentralen Bereichen - und dort auch noch verstreut - siedeln. Ob der praxisorientierte Zonierungsansatz beibehalten wird und ob dann gegebenenfalls seine Realisierung gelingt, wird wesentlich davon abhängen, inwieweit die betreffenden Bewohner in das Naturschutzkonzept aktiv mit eingebunden werden, etwa in der Funktion als Parkwächter oder sonstige Angestellte in den Bereichen Verwaltung, Handwerk und Reparatur, Umwelterziehung oder Agrarberatung im Schutzgebiet, denn als wohl wichtigster Punkt für die Akzeptanz des zukünftigen Managementplanes durch die Bewohner ist die ihnen angebotene Möglichkeit zur Einkommens- und damit vielfach auch ganz elementar zur Überlebenssicherung anzusehen.

Um herauszufinden, wie die aus Naturschutzsicht noch tolerierbaren Nutzungsformen abzugrenzen sind, werden von der verantwortlichen Abteilung im Umweltministerium zwei Handlungsstränge verfolgt: Zum einen unterstützt die Equipe Litoral Sul Forschungsprojekte, die die Untersuchung sozialer und ökonomischer Fragen der Bewohner zum Ziel haben, insbesondere, wenn diese unter dem Blickwinkel des Wechselspiels mit den natürlichen Ressourcen beleuchtet werden. Hier sind beispielsweise die agrarwissenschaftlichen Studien von CANELADA & JOVCHELEVICH (1992) und von BORN (1992) zu nennen. Zum Teil werden die Untersuchungen auch von Mitgliedern der Arbeitsgruppe der SMA als eigene wissenschaftliche Forschungsarbeiten durchgeführt (SANCHES 1992). Ein größeres, grundlegendes Projekt umfaßt die zur Zeit noch in der Auswertungsphase befindliche Totalerhebung der Juréia-Bewohner mittels eines sehr ausführlichen Fragebogens zu den Bereichen soziodemographische Struktur und Wirtschaftsweise (Beschäftigung, Anbaumethoden und -produkte, Einkommen etc.) sowie insbesondere zur Beurteilung der persönlichen Lebensbedingungen unter dem Einfluß der neuen Naturschutzbestimmungen durch die Bewohner selbst. Ergebnisse dieses vom Umweltministerium in Zusammenarbeit mit der Universität Campinas durchgeführten Projektes liegen leider noch nicht vor. Auf der Basis dieser Erkenntnisse wird jedoch mit Sicherheit eine bessere Einschätzung der Realisierungschancen des ebenfalls - u.a. auch wegen dieser noch nicht abgeschlossenen Befragungsauswertung - noch in Arbeit befindlichen Managementplanes möglich sein.

Der zweite Handlungsstrang der *Secretaria do Meio Ambiente* besteht in der Initiierung eigener praxisorientierter Projekte zur Erarbeitung verträglichen Landnutzungsformen im Schutzgebiet. Zunächst konzentrierte sich die Arbeitsgruppe hierbei auf die Bewohner von Despraiado, wo exemplarisch für die gesamte Juréia ein Konzept für die agrarökologische Entwicklung gesucht und erprobt werden soll (SMA - Equipe Litoral Sul 1989b; vgl. Kap. 5.2.3). Bereits 1989 wurde aus den Ergebnissen dieses "diagnóstico" folgende Forderungen abgeleitet (in dieser Reihenfolge):

- Durchführung eines agrarökologischen Projektes, einschließlich einer kleinräumigen Zonierung ("microzoneamento") des Gebietes, das die Voraussetzungen für die zukünftige naturverträgliche landwirtschaftliche Nutzung klären soll,

- Verbesserung der Straße nach Despraiado in der Weise, daß zwar der normale ländliche Verkehr gesichert wird, jedoch keine Öffnung der Straße für den Durchgangsverkehr von Iguape nach Pedro de Toledo (vgl. Abb. 29), z.B. über die Asphaltierung der Straße, erfolgt,

- intensive Unterstützung von Studien zu den Besitzverhältnissen sowie allgemein zur Rechtsproblematik der Bewohner des Schutzgebietes,

- Verbesserung der sanitären Verhältnisse (Wasser, Abwasser, Müllbeseitigung),

- Einleitung von näher zu definierenden Umweltbildungsmaßnahmen und

- Verbesserung der Beziehungen zwischen Regierung/Verwaltung und Bewohnern mittels Unterstützung der Bewohner bei deren Forderungen gegenüber den kommunalen und bundesstaatlichen Behörden, z.B. zur Verbesserung der schulischen oder der ärztlichen Versorgung.

In dem Bericht wird betont, daß die Verbesserung der Lebensbedingungen sowie die Beteiligung der Bewohner an der Diskussion und den Entscheidungen über die weitere Entwicklung der Juréia von erheblicher Bedeutung für die Durchsetzung des Naturschutzes in diesem Gebiet sei. Hierfür sei es auch notwendig, das Gemeinschaftsgefühl der bis dahin noch sehr unterschiedliche Interessen und Ziele verfolgenden Despraiado-Bewohner zu fördern. Insgesamt wird von der Berichtsgruppe bei Erfüllung der genannten Voraussetzungen durchaus von einer Vereinbarkeit des Naturschutzes mit der Fortexistenz der Siedlung des Despraiado ausgegangen und sogar deren Förderlichkeit für die langfristige Sicherung des Schutzes hervorgehoben ("... podem vir a ser os maiores defensores e preservadores da E.E.")(SMA - Equipe Litoral Sul 1989b , o.S., Kapitel "Vorschläge" und "Schlußfolgerungen").

Die anschließenden Überlegungen zur Realisierung eines "projeto agroecológico" finden sich in den Berichten zum "microzoneamento" (SMA - Equipe Litoral Sul 1991b und c). Im Rahmen dieses Projektes werden zur Zeit (1993) die Kartierungen zur aktuellen Bodennutzung sowie zum Nutzungspotential im Maßstab 1:5.000 durchgeführt. Von den für landwirtschaftliche Nutzung geeigneten Flächen sollen später die Familien je nach Region zwischen 13,6 und 19,8 ha zur Verfügung gestellt bekommen, wobei in den Größenberechnungen auf der Basis von BEALOSKORSKI NETO et al. (1988; zitiert nach SMA 1991b, S. 33-34) für einen fünfköpfigen Haushalt jeweils zwischen 5 und 11 ha für den Eigenbedarf und ca. 9 ha für den Anbau von Marktfrüchten zugrunde gelegt werden. Damit wird vom Umweltministerium implizit anerkannt, daß den Bewohnern zusätzlich zu der nach *caiçara*-Art traditionell üblichen Subsistenzwirtschaft auch die Möglichkeit zur Einkommenserzielung über den Verkauf landwirtschaftlicher Produkte zusteht. Bei tatsächlicher Umsetzung dieser Zielvorgaben würde somit den Forderungen der Bewohner nach Teilnahme an dem allgemeinen sozioökonomischen Entwicklungsprozeß und gegen die Beschränkung auf reine Subsistenzwirtschaft Rechnung getragen. Eine Konkretisierung der Maßnahmen für das Espraiado-Tal wie auch für die gesamte Juréia ist von seiten des Umweltministeriums allerdings bis dato noch nicht erfolgt.

Eine gewisse Vorbildfunktion erfüllt zur Zeit lediglich die Siedlung Cachoeira do Guilherme. Die dort ansässigen Familien erfahren eine intensive Betreuung durch die Verwaltung, und fast alle sind inzwischen über ein Familienmitglied bei der SMA beschäftigt, womit zumindest ein Teil des Einkommens gesichert ist. Sie erhalten zudem eine Quote für den Verkauf von *palmito* und *caxeta* sowie für die Jagd zum eigenen Verzehr (OLI-VEIRA 1992, S. 36ff). Eine solch bevorzugte Behandlung wurde für die Verwaltung vertretbar, da alle Bewohner eindeutig als in der Region verwurzelt zu bezeichnen sind (vgl. Tab. 34), da die Einwohnerzahl sehr gering ist und da ein Interesse bestand, diese Gruppe kenntnisreicher Bewohner langfristig an dem Standort zu halten. Inwieweit es für das Umweltministerium eine Rolle spielte, dort eine "Vorzeigesiedlung" zu etablieren, sei dahingestellt, auf jeden Fall dient Cachoeira do Guilherme als Forschungsraum für eine Reihe von Studien im Zusammenhang mit der Bewohnerfrage im Schutzgebiet. Die Übertragbarkeit der Maßnahmen auf andere Siedlungen, zumal bei der Vielzahl der bisher ungeklärten Verhältnisse, scheint jedoch nicht ohne weiteres möglich. Zudem wird in Gesprächen mit den Bewohnern des Nachbarortes Barra do Una angedeutet, daß, wie bereits erwähnt, auch weiterhin die jüngeren Leute auch aus dem Gebiet Cachoeira do Guilherme - Rio Una - Praias abwandern. Die Ausweitung und Intensivierung der Unterstützung gerade der ursprünglichsten Bevölkerungsgruppen ist jedoch im Interesse des Naturschutzes dringend geboten. Ob dafür parallel zum Agrar- und Extraktivismussektor auch Umweltbildungsmaßnahmen in Verbindung mit den Besuchern des Schutzgebietes einen Beitrag leisten können, wird u.a. im folgenden Kapitel näher untersucht.

5.3. Besucher im Schutzgebiet: Problem oder Chance für den Naturschutz?

5.3.1. Einführung und Methodik

Das zweite große ungelöste "Problem" in der EEJI ergibt sich aus Konflikten im Zusammenhang mit Besuchern, die sich zur Zeit weitestgehend unkontrolliert in dem Schutzgebiet aufhalten können. Da in einer EE eigentlich kein gewöhnlicher Tourismus, sondern nur ein Besuch in Verbindung mit Umwelterziehungsmaßnahmen erlaubt ist (vgl. Kap. 3), soll vor allem auf die Frage eingegangen werden, welche Formen des Besuchs und der Umweltbildung zukünftig als sinnvoll und möglich erscheinen, nachdem im folgenden Abschnitt zunächst die Problemlage geschildert wird (Kap. 5.3.2). Die Ausführungen dieses Kapitels stehen dabei auch unter dem Gesichtspunkt, die Lösung der bestehenden Probleme als Chance für den Naturschutz im Sinne einer Akzeptanzerhöhung von Schutzmaßnahmen zu begreifen und zu nutzen. Hierfür muß zunächst einmal untersucht werden, welche grundsätzlichen Kenntnisse über das Schutzgebiet überhaupt von den Besuchern mitgebracht werden, wie sie den Wert des Schutzgebietes einschätzen und welche Probleme (Umweltschäden, administrativ-technische Unzulänglichkeiten oder Probleme im Zusammenhang mit ihrem Besuch) sie als solche wahrnehmen. Auch die Erfassung des ökonomischen Nutzens der Besucher für die Bewohner der EE sowie die Rolle der Juréia als touristischer Anziehungspunkt für das Munizip Peruíbe ist für die Frage der Akzeptanzsteigerung von Bedeutung.

Da über die Besucher der Juréia weder Daten noch für diese Fragestellung verwertbare Untersuchungen vorlagen, wurden an den beiden für Touristen zugänglichen Standorten Barra do Una und Cachoeira do Paraíso (Itinguçu)(vgl. Abb. 8) vom Verfasser 1991 zwei Befragungsserien durchgeführt, bei der insgesamt 157 Besucher mit Hilfe eines standardisierten Fragebogens (vgl. Anhang) zu den Bereichen Tourismus, Wahrnehmung von Umweltschäden und Beurteilung von Schutzmaßnahmen interviewt wurden.

Mittels einer Fahrzeugzählung des Autors im Januar 1991 war vorher das Verhältnis der Besucher an den beiden Standorten Paraíso und Barra do Una ermittelt worden. Auf dieser Grundlage wurden im Anschluß 99 Personen in Paraíso und 58 in Barra do Una erfaßt. Dabei wurde aus den gleichen Gründen wie in Peruíbe (Kap. 4.3.1) immer nur eine Person pro Gruppe befragt. Die Auswahl der Probanden erfolgte in Barra do Una derart, daß je nach Belegungsdichte des Strandes am jeweiligen Tag entweder jede Gruppe oder, an sehr schönen Wochenendtagen, jede zweite aufgesucht wurde. In Paraíso wurden die Personen bei der Rückkehr zum Parkplatz "abgefangen" - es gibt dort nur einen Zugangsweg zum Wasserfall. Angesprochen wurde dabei immer die erste Person, die nach Abschluß des vorhergehenden Interviews den Weg herunterkam. Nach drei Interviews, die je nach Gesprächsbereitschaft der Befragten 10-20 Minuten dauerten (des öfteren schloß sich noch eine Diskussion mit der Gruppe an), erfolgte jeweils eine vorher festgelegte Pause. Die Befragungen konnten nur an Ferien- und Wochenendtagen mit gutem Wetter durchgeführt werden, da an normalen Wochentagen oder bei schlechteren Witterungsbedingungen - oder auch nach heftigen Regenfällen am Vortag - aufgrund der schlechten Straßenverhältnisse kaum Besucher in das Schutzgebiet hineinfahren.

Bei der Befragung wurden zunächst die sozioökonomischen Grunddaten (Alter, Einkommen, Bildungsstand) sowie einige Angaben zu Wohnort, derzeitigem Aufenthaltsort und Unterbringungsart am Ferienort erfaßt. Es schlossen sich Fragen zum Besuch in der EEJI

(Aufenthaltsdauer, Aktivitäten, Motiv des Besuchs etc.) an, um dann gezielter auf Kenntnisse, Bewertungen und Verbesserungsvorschläge in bezug auf das Schutzgebiet einzugehen. Im Mittelpunkt standen dabei die Wahrnehmung von Schäden und Zerstörungen in der Juréia, das Wissen um die Funktion einer EE, die Einschätzung des Zustandes des Schutzgebietes sowie die Meinung über die zukünftige Entwicklung im Hinblick auf die Besuchsmöglichkeiten, aber auch auf die allgemeine Funktion der Juréia.

Analog zur Befragung in Peruíbe wurde den Teilnehmern mitgeteilt, daß es sich um eine Befragung zum Tourismus in der Juréia handelt. Das Wort "Umwelt" taucht aus den bereits erläuterten Gründen (vgl. Kap. 4.3.1) erstmals bei der Frage nach beobachteten Umweltschäden und Zerstörungen (Frage 18, vgl. Anhang) auf. Auch die Reihenfolge der Fragen richtete sich nach dem obersten Ziel, wichtige Fragen, die von den vorhergehenden nicht beeinflußt werden sollten, vorzuziehen, auch wenn dadurch die logische Abfolge nicht ganz eingehalten werden konnte. So erfolgte beispielsweise die Frage nach Umweltproblemen in der Juréia noch vor der Besprechung der Funktionen und Zielsetzungen einer Estação Ecológica. Um den Interviewpartnern Gelegenheit zu geben, noch einmal wichtige Gedanken, die ihnen erst im Verlaufe der Befragung gekommen sind, aufzugreifen, wurde am Ende in einer offenen Frage um Vorschläge zur Verbesserung der Situation des Schutzgebietes gebeten. Hierbei konnte dann die Gesamtproblematik der Juréia indirekt, etwa über die Vorstellungen zur Verhinderung von Schäden oder die Verbesserung der Besuchsmöglichkeiten, abschließend behandelt werden. Die Ergebnisse werden in Kapitel 5.3.3 bis 5.3.6 vorgestellt, nachdem im folgenden die durch Besucher verursachten Konflikte aus der Sicht des Naturschutzes erläutert werden.

5.3.2. Tourismus als Verursacher von Umweltproblemen

Im *Plano de Ação Emergencial* (Plan der dringend durchzuführenden Maßnahmen) für die Schutzgebiete des Bundesstaates São Paulo, der von der Sektion *Divisão de Reservas e Parques Estaduais* im Umweltministerium Ende 1992 erstellt wurde, erscheint die Frage unkontrollierten Besuchs von Schutzgebieten noch vor der Bewohnerfrage als vordringlich zu lösendes Problem (SMA 1992, S. 10). Auch für die EEJI wird dieses Thema in der Presse meist in einem Atemzug mit den Problemen der Besitzverhältnisse und den Bewohnern genannt (u.a. Tribuna de Peruíbe 102, 1991; Folha de São Paulo 5.11.90, Jornal da Tarde 1.4.91). Die Zugangsmöglichkeiten für Besucher beschränken sich zwar auf wenige Gebiete, doch ist in den Ferienmonaten Dezember-März und Juli sowie an Wochenenden der Andrang auf die EEJI derart groß, daß alle Kräfte der Mitarbeiter durch die Kontrolle der Besucher gebunden sind. Dies hat zu Folge, daß die Überwachung der anderen gefährdeten Bereiche, insbesondere der Grenzregionen, nicht gewährleistet werden kann. Allein dies ist für die Schutzgebietsverwaltung Grund genug, eindringlich Regelungen für Art und Umfang des Besucherverkehrs in dem Schutzgebiet zu fordern (Interview mit dem Schutzgebietsleiter vom 30.3.1991).

Doch nicht nur dieser indirekte Einfluß auf den Zustand der Juréia über das Abstellen von Personal für die Besucherüberwachung, sondern vor allem auch die direkten Folgen des Besuchs beeinträchtigen die Umwelt in dem Schutzgebiet. An schönen Ferientagen im Sommer befahren bis zu 1.000 PKW die über 15 km bzw. 25 km lange, in sehr schlechtem Zustand befindlichen Straßen nach Paraíso und Barra do Una (Abb. 29). Sie werden nur in den seltensten Fällen während ihres Besuchs kontrolliert, denn das Wachhäuschen am Ein- und Ausgang in Perequê ist wegen Personalmangels in der Regel nicht besetzt. Im Südwesten ist der Zutritt bzw. die Zufahrt über den Strand von Iguape aus jederzeit ohne Kontrolle möglich. Allerdings beschränkt sich dort die Besucherzahl auf wenige Tausend Personen pro Jahr.

Insgesamt besuchen nach Schätzungen der SMA jährlich 120.000 Personen die Juréia, darunter nur 3.800 als Teilnehmer der von Mitarbeitern der Schutzgebietsverwaltung organisierten, geführten Wanderungen (meist Schulklassen) (SMA 1992, S. 35). Für die übrigen besteht keinerlei Möglichkeit, an Führungen teilzunehmen oder sich anderweitig in der Juréia über das Schutzgebiet zu informieren, da weder ein Informationszentrum, noch Stelltafeln, Lehrpfade oder sonstige Informationseinrichtungen vorhanden sind. Einzig ein Schild mit der Aufschrift "Estação Ecológica de Juréia-Itatins" an der Straße von Peruíbe nach Paraíso und Barra do Una weist darauf hin, daß man das Schutzgebiet betritt (Stand 1993).

Neben dem eklatanten Informationsdefizit selbst sechs Jahre nach Einrichtung der EE zeichnet sich die Juréia auch sonst durch völliges Fehlen einer Besucherinfrastruktur aus: Es sind weder in Paraíso noch in Barra do Una Sanitäreinrichtungen vorhanden, es gibt keinerlei Wegweiser in dem gesamten Gebiet und auch keine Hinweise für Verhaltensregeln in der EE. Erst im Laufe des Jahres 1992 wurde in Paraíso ein (einziges) Schild mit dem Verbot, Abfall wegzuwerfen und Pflanzen zu beschädigen oder mitzunehmen, aufgestellt.

Die meisten Touristen wissen zwar aufgrund des Bekanntheitsgrades der Juréia, daß sie sich in einem Naturschutzgebiet befinden, doch angesichts der geschilderten Umstände verwundert es nicht, daß sie beispielsweise mit ihrer Fahrt und ihrem Aufenthalt im Schutzgebiet Störungen und Schäden vielfältiger Art hervorrufen, so z.B. durch das Herumfahren mit PKW und Motorrädern am Strand und in den Dünen von Barra do Una, durch Bootsfahrten auf dem Rio Comprido, durch Vordringen in den Wald auf nicht freigegebenen Wegen sowie in gesperrte Strandabschnitte und durch wildes Campieren im gesamten Gebiet, insbesondere im Raum Barra do Una. Als vielleicht größtes Problem stellt sich das Wegwerfen von Müll dar, denn überall dort, wo Besucher legal oder illegal hinkommen, zeugen Abfälle von ihrer Präsenz. Allgemein beeinträchtigen sie allein schon durch ihre physische Anwesenheit sowie durch Geräusche und Lärm den ungestörten Lauf der Natur in der EE.

In Paraíso zeigen sich die Probleme in sehr deutlicher Weise, denn zum einen ist dort der Besucherandrang an schönen Wochenendtagen und insbesondere an den Karnevals-, Oster- und Weihnachtstagen ungeheuer groß, und zum anderen ist die für die Touristen interessante und zugängliche Fläche, bestehend aus einem Pfad von ca. 100 m Länge und dem Flußbett mit Wasserfall und natürlichem Schwimmbecken (Foto 9), äußerst begrenzt. Auch der Parkplatz, der für maximal 30 PKW ausgelegt ist, wird an Spitzentagen von mehreren hundert Fahrzeugen, einschließlich einiger Reisebusse, aufgesucht, was sich dann an langen Schlangen parkender und wartender Autos entlang der Straße bemerkbar macht. Der für eine EE untragbare Zustand an zahlreichen Wochenenden im Jahr, an denen Paraíso eher einem überfüllten Schwimmbad mit Großparkplatz ähnelt als einem natürlichen Wasserfall in einem Großschutzgebiet mit höchstem Schutzstatus, wird noch verstärkt durch eine Reihe von Baracken, in denen ohne jegliche Infrastruktur (Wasserver- und -entsorgung, sanitäre Einrichtungen) Imbisse und Getränke an die Touristen verkauft werden (Foto 10). Besucher, die im Umkreis des Wasserfalls Feuer anzünden, um ihr sonntägliches *churrasco* ("Fleischgrillen") abzuhalten, sorgen ebenfalls nicht nur für eine Gefährdung der Natur (Brandgefahr), sondern auch für den Mißmut anderer Besucher, die sich durch die Atmosphäre eines Grillfestes in ihrem Naturerleben gestört fühlen.

Als Hauptursache für die unbefriedigende Situation an beiden Standorten ist wiederum die mangelnde Information der Besucher durch die Schutzgebietsverwaltung bzw. das Umweltministerium anzusehen. Die Touristen erhalten keinerlei Verhaltensregeln und erfahren keine Überwachung, was umso schwerer wiegt, als Brasilianer in der Regel an den Besuch von Schutzgebieten noch weniger gewöhnt sind als Europäer, Nordamerikaner oder auch Chilenen und Argentinier, in deren Ländern Nationalparks eine längere Tradition haben. Dort, wo Schutzgebietswächter vorhanden sind - in Paraíso ein permanenter und einer zur Aushilfe an gut besuchten Tagen, in Barra do Una keiner -, oder wo Besucher über Kontrollen mit ihnen in Kontakt treten, sind diese meist nur in der Lage, Wegauskünfte zu erteilen oder Verbote auszusprechen. Sie sind weder von der Schul- noch von ihrer sonstigen Ausbildung darauf vorbereitet, nähere Informationen über das Schutzgebiet oder tiefergehende ökologische Zusammenhänge zu vermitteln oder mit den Besuchern über bestimmte Probleme zu diskutieren. Allerdings wurde in den Interviews, auf die nachfolgend näher eingegangen wird, deutlich, daß einige der Besucher auch gar nicht daran interessiert oder willens waren, mit Schutzgebietsangestellten, die sie als "caipiras" (abwertend für "Landbevölkerung") oder "miseráveis" bezeichnen, zu diskutieren oder sie um Informationen zu bitten.

Zusammenfassend lassen sich in bezug auf die Besucher folgende Probleme festhalten:

168

1) Der bis heute erlaubte Zugang für Besucher erschwert die Überwachung des Schutz-gebietes im Hinblick auf Wilderer, Tierfänger und *palmiteiros* (vgl. Kap. 5.2), da ein Teil des Personals gebunden wird.

2) Touristen schädigen das Ökosystem der EE auf vielfältige Art und Weise, von der Ruhestörung über Trittschäden bis hin zur Verunreinigung von Flüssen und Küstenge-wässern.

3) Eine Kontrolle und Überwachung des Besucherstroms ist aufgrund des Personalman-gels nicht gewährleistet.

4) Es fehlt sowohl an Basisinfrastruktur als auch an Informationsmöglichkeiten im Sinne der Umwelterziehung für die Besucher.

5) Die Besucher werden hinsichtlich ihres Verhaltens im Schutzgebiet weder informiert noch ausreichend kontrolliert.

6) Es besteht ein Widerspruch zwischen dem Statut des Schutzgebietes, das den "norma-len" Tourismus verbietet, und der Praxis eines ungebremsten und ungeregelten Besuchs.

5.3.3. Die Struktur der Besucher

Die Juréia-Besucher zeichnen sich insgesamt durch einen für brasilianische Verhältnisse hohen Bildungsstand aus, denn über 40 % der Besucher gaben an, über mindestens den Abschluß des *"2° grau"* zu verfügen. Von den am Strand von Peruíbe befragten Personen erreichte nur die Gruppe der Zweitwohnungsbesitzer dieses Niveau (vgl. 4.3.1). Der Vergleich von Barra do Una mit Paraíso zeigt, daß in Barra die mittleren und in Paraíso die beiden äußeren Klassen überwiegen (Abb. 32). Diese Unterschiede sind mit den Besonderheiten der Besuchergruppe am Wasserfall zu erklären. Dort finden sich zum einen Besucher mit geringem Bildungs- sowie auch Einkommensniveau, die hauptsächlich an dem Wasserfall als touristischer Sehenswürdigkeit oder als Freizeitvergnügen interessiert sind. Hierzu ist wichtig zu wissen, daß eine "cachoeira" (Wasserfall) in Brasilien eine ähnliche Anziehungskraft ausübt wie ein "Wildgehege" für einen deutschen Sonntagsausflügler oder ein "Jahrmarkt" für einen städtischen Jugendlichen. Die andere, weitaus kleinere Besuchergruppe interessiert sich dort auch für die Natur oder für die Juréia als Naturschutzgebiet. Sie verfügt im allgemeinen über eine höhere Schulbildung, wie sich später zeigen wird.

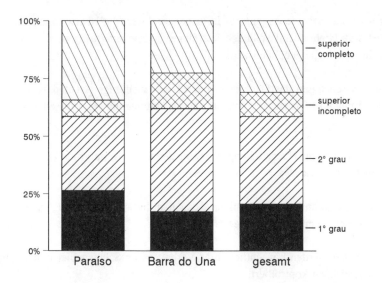

Abb. 32: Bildungsstand der befragten Besucher in der EEJI

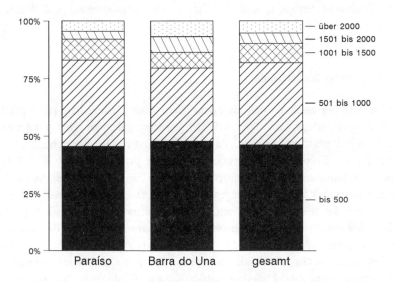

Abb. 33: Einkommensniveau der befragten Besucher in der EEJI (in US $ pro Monat)

Die Einkommensverhältnisse der befragten Personen spiegeln die soziale Ungleichheit der brasilianischen Gesellschaft wider (Abb. 33). 46,3 % erhalten nur bis zu 500 US $ im Monat, davon wiederum fast die Hälfte nur bis zu 250 US $, was ca. drei *salários mínimos* entspricht. 5,3 % haben mehr als 2.000 US $ an persönlichem Einkommen zur

Verfügung. Dabei besteht zwar ein Zusammenhang zwischen dem Einkommen und dem Bildungsstand, der Rangkorrelationskoeffizient r_s beträgt jedoch nur 0,27 (Einkommen metrisch, Bildung in 6-stufiger Skala). Tab. 36 verdeutlicht den Grund dafür: Zwar fallen 71% der unteren Bildungsschicht auch in die untere Einkommensklasse, doch der größte Teil der oberen Bildungsgruppe wird nicht in die entsprechende Einkommensgruppe eingeordnet, sondern mit 46,3% in die mittlere Klasse. Von den sieben Spitzenverdienern mit mehr als 2.000 US $ verfügen drei Personen über einen höheren Abschluß, drei über den 2° und einer nur über den 1° *grau*. Diese überproportionale Vertretung der oberen Bildungsgruppe in der mittleren Einkommensklasse ist mit der vielfach schlechten Bezahlung von Hochschulabgängern bestimmter Fachrichtungen zu erklären. Betroffen sind hiervon insbesondere Angestellte im Bildungs- und im sozialen Bereich, aber auch Mitarbeiter des gesamten öffentlichen Dienstes, die nicht über ein zweites Standbein in der Privatwirtschaft verfügen.

Tab. 36: Kreuztabelle Einkommen der Juréia-Besucher im Verhältnis zum Bildungsstand (in %)

Bildungsstand / Einkommen	bis 1° *grau*	2° *grau*	*superior*	Summe	gesamte Stichprobe
bis 500 US $	71,0 (36,1)	53,3 (52,5)	17,1 (11,5)	(100,1)	46,2
501-1.000 US $	25,8 (17,0)	33,3 (42,6)	46,3 (40,4)	(100)	35,6
> 1.000 US $	3,2 (4,2)	13,3 (33,3)	36,6 (62,5)	(100)	18,2
Summe	100	99,9	100		100
ges. Stichprobe (n = 132)	(23,5)	(45,5)	(31,1)	(100,1)	

Daß vor allem in Paraíso vorwiegend jüngere Leute zu finden sind, liegt an der Attraktivität des Wasserfalls und des natürlichen Schwimmbeckens. Über 60% der Besucher - erfaßt wurden dabei alle Gruppenmitglieder der befragten Personen - sind zwischen 16 und 30 Jahre alt (Tab. 37). Barra do Una ist auch für andere Altersgruppen interessant, insbesondere für Familien mit kleineren Kindern, für die das Gelände um den Wasserfall zu gefährlich ist, sowie für Angler und deren Familien. So wird Fischen im übrigen von

40% der Befragten in Barra als Aktivität während des Aufenthaltes angegeben. Die über 40-jährigen sind sowohl in Paraíso als auch in Barra do Una äußerst gering vertreten.

Bei der Frage nach dem Übernachtungsort der Besucher zeigen sich deutliche Unterschiede zwischen den beiden Standorten: Während von den Paraíso-Besuchern 56,6% in Peruíbe untergebracht sind und 21,2% direkt von ihrem Erstwohnsitz aus angereist sind, übernachtet der größte Teil der Befragten von Barra do Una in dem Schutzgebiet selbst, und nur die wenigsten (5,1%) machen nur einen Tagesausflug von ihrem Wohnort aus in die Juréia. Von den 57,6% der Besucher Barras, die in dem Gebiet nächtigen, zelten im übrigen 41% auf den dortigen Campingplätzen, und die verbleibenden 59% wohnen bei Freunden, Verwandten oder in gemieteten oder eigenen Häusern innerhalb der Juréia.

Tab. 37: Altersstruktur der Juréia-Besucher (n = 1.108)

Alter	Paraíso	Barra do Una	gesamt
≤ 10	10,6	16,0	12,7
11 - 15	7,6	8,0	7,8
16 - 20	22,9	15,1	19,9
21 - 30	37,9	36,6	37,4
31 - 40	13,9	15,3	14,4
41 - 50	4,5	4,6	4,5
51 - 60	2,2	3,2	2,6
> 60	0,4	1,1	0,7
Summe	100,0	99,9	100,0

Von den außerhalb des Schutzgebietes übernachtenden Besuchern wohnt die Hälfte bei Freunden im Ort (in der Regel Peruíbe) und die andere Hälfte im eigenen oder gemieteten Haus oder im Hotel (ebenfalls in Peruíbe). Differenzen zwischen den beiden Standorten ergeben sich nur insofern, als nur in Paraíso Hotelgäste angetroffen werden, was darauf hindeutet, daß der Strand von Una (noch) über keinen so großen Bekanntheitsgrad oder über eine geringere Attraktivität für diesen Besucherkreis verfügt, so daß er vorwiegend von "eingeweihteren" Gästen aufgesucht wird. Die Herkunft der Besucher unterscheidet sich nicht wesentlich von der der in Peruíbe-Stadt befragten Urlauber und Zweitwohnungsbesitzer. Der weitaus größte Teil stammt aus dem Großraum São Paulo, nur einige kommen aus dem Litoral Paulista und noch weniger sind Bewohner Peruíbes (nur vereinzelt an Wochenenden).

Für die allgemeine Charakterisierung der Juréia-Besucher im Hinblick auf die Beurteilung ihres Wissensstandes und Einschätzungsvermögens der Verhältnisse im Schutzgebiet ist von Interesse, wie häufig sie bereits in der Juréia waren und wie lange sie sich dort aufhalten. Tab. 38 und 39 geben hierüber Auskunft. Es zeigt sich, daß Barra eher von "Insidern", von Personen, die nicht zufällig sondern ganz bewußt dorthin fahren, und von Besuchern, die bereits seit langem an diesen Ort kommen, aufgesucht wird. In Barra do Una waren nicht nur ein Drittel der Besucher insgesamt häufiger als zehnmal dort, sondern 12% der Befragten kommen sogar häufiger als zwanzigmal pro Jahr. Es sind dies meist Angler und/oder Personen, die ein kleines Ferienhaus in Barra besitzen. Auch in der Aufenthaltsdauer unterscheiden sich die Befragten an beiden Standorten in der Weise, daß in Paraíso sehr viel mehr Kurzzeitbesucher anzutreffen sind (Tab. 39). Ob sich aus der Besuchshäufigkeit und der Aufenthaltsdauer allerdings auch auf das Interesse an dem Schutzgebiet an sich schließen läßt, wird sich zeigen.

Tab.38: Besuchshäufigkeit der Befragten in der EEJI (in %)

Ort	1. Mal	2. Mal	3. Mal	4.-10. Mal	häufiger
Paraíso	51,5	17,2	9,1	10,1	12,1
Barra do Una	34,5	18,9	6,9	6,9	32,8
gesamt	45,2	17,8	8,3	8,9	19,7

Tab. 39: Aufenthaltsdauer der Befragten in der EEJI (in %)

Ort	Stunden					Tage		
	< 1	1	bis 2	bis 3	bis 4	1[*)	2-3	> 3
Paraíso	4,0	6,1	20,2	11,1	11,1	35,4	9,1	3,0
Barra do Una	0	5,2	1,7	1,7	3,4	29,4	15,5	43,1
gesamt	2,5	5,7	13,4	7,6	8,2	33,1	11,5	17,9

[*) ohne Übernachtung

Insgesamt bleibt festzuhalten, daß sowohl Mitglieder der oberen als auch der untersten Bevölkerungsschicht die Juréia aufsuchen, daß die Besucher im wesentlichen aus Jugendlichen und jungen Familien bestehen und sich größere Unterschiede bezüglich der beiden von Touristen aufgesuchten Orte hauptsächlich bei der Dauer des Aufenthaltes und der Häufigkeit des Besuchs ergeben, wobei Barra do Una eher auf längerfristigen Besuch ausgelegt ist.

5.3.4. Besuchsmotiv und Kenntnisse über das Schutzgebiet

Zur Erfassung des Hauptgrundes für den Besuch der Juréia dienten insgesamt drei Fragen: diejenige nach den im Schutzgebiet ausgeübten Aktivitäten (F15), die direkte Frage nach dem Hauptmotiv des Besuchs (F16) und die Frage, warum sie ausgerechnet hierher (in dieses Schutzgebiet) gekommen sind (F17). Mit Hilfe der letztgenannten sollte das Motiv noch etwas näher erläutert werden können, da in dem Probelauf des Fragebogens einige Besucher auf die Frage nach dem Hauptmotiv (F16) nur sehr allgemeine Antworten gaben, z.B.: "weil ich Zeit habe" oder "um meine Freizeit hier zu verbringen". Mit dieser Nachfrage wurde den Interviewpartnern Gelegenheit gegeben, noch einmal genauer über das Besuchsmotiv nachzudenken, u.a. um weitgehend sicherzugehen, daß Besucher, die etwa in erster Linie wegen des Schutzgebietes EEJI oder aus sonstigem Interesse an der Natur gekommen sind, dies im Laufe der zweiten offenen Frage dann auch deutlich werden zu lassen. Auch die Glaubwürdigkeit anderer Antworten auf die erste Frage konnte auf diese Weise besser überprüft werden, z.B. bei so allgemeinen Statements wie "wegen der Natur" oder "wegen des Waldes". Bei der ersten der drei Fragen, bei der alle zutreffenden Antworten angegeben werden sollten, war zunächst einmal von Interesse, wieviele Personen sich "über die Natur informieren" oder "Natur erleben" wollten. Insgesamt bejahten 51,6% dieses Ziel, davon in Paraíso 54,5% und in Barra do Una 46,6%. Aufgrund der geschlossenen Fragestellung mit der Vorgabe aller möglichen Antworten ergab sich erwartungsgemäß eine relativ große Zustimmung zu diesem Punkt.

Die Gesamtergebnisse der Frage nach den Aktivitäten verdeutlichen die unterschiedlichen Motive zum Aufsuchen von Paraíso und Barra do Una in Abhängigkeit von den standorts-spezifischen Möglichkeiten der Freizeitgestaltung an den beiden Besuchspunkten. Ein wichtiges Ergebnis stellt die Tatsache dar, daß insgesamt eindeutig die entspannende Freizeitgestaltung (Wasserfall, Sonnenbaden, Spazierengehen bzw. -fahren, Spaß haben etc.) im Vordergrund des Besuches steht. Unter der Antwortmöglichkeit "andere Aktivitä-ten" wurden denn auch keinerlei Zielvorstellungen zu einer intensiveren Beschäftigung mit der Natur in der EEJI deutlich. Interessant ist im übrigen, daß 18,5% der Befragten angeben, Essen gehen zu wollen oder bereits eine Bar/Imbißbude aufgesucht zu haben. Da dieser Aspekt eng mit den Aktivitäten und den Verdienstmöglichkeiten der Juréia-Bewoh-ner zusammenhängt, wurde er im entsprechenden Kapitel bereits behandelt (vgl. Kap. 5.2).

174

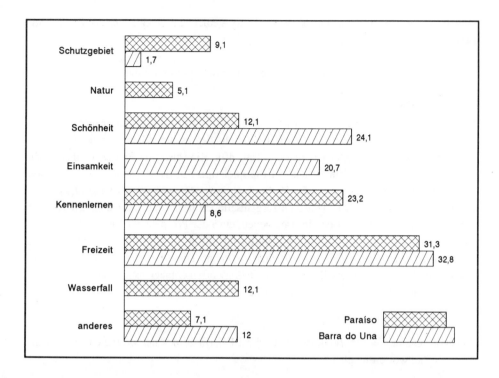

Abb. 34: Hauptmotiv des Besuchs in der EEJI

Die Auswertung der beiden offenen Fragen zum Besuchsmotiv erfolgt zusammengefaßt in Abb. 34. Demnach sind in Paraíso immerhin 9% der Befragten speziell an dem Naturschutzgebiet interessiert, und weitere 5% gaben an, die Natur näher kennenlernen zu wollen. In Barra do Una kann in diese beiden ersten Klassen "Schutzgebiet" und "Natur", die als Hinweis auf ein Interesse am Naturschutz zu verstehen sind, insgesamt nur eine Person (1,7%) eingeordnet werden. Die Antworten "Schönheit" ("beleza", "é muito bonito", "lindo" etc.) sowie vor allem "Freizeit" ("lazer", "férias", "para passear" etc.) und "Kennenlernen" ("para conhecer") lassen dieses Interesse nicht eindeutig erkennen und deuten eher auf einen ganz normalen Ausflug in die Juréia ohne speziellen Hintergrund hin. Dabei könnte der hohe Anteil (23%) der Paraíso-Besucher, die "Kennenlernen" angaben, zu der Vermutung führen, daß ein bestimmtes naturschützerisches Motiv dahintersteckt, diesen Standort aufzusuchen. Allerdings wurde dieses "conhecer" auch auf Nachfrage (Frage 17) nicht näher ausgeführt, weshalb es - wie erläutert - bei dieser Einordnung in die allgemeine Kategorie blieb.

Besucher Barra do Unas nannten als Hauptmotiv besonders häufig Schönheit und Einsamkeit des Gebietes, insbesondere des Strandes. Ein weitergehendes Interesse an der Natur wurde jedoch auch bei diesen Probanden, zumindest nach den bisherigen Fragen, nicht deutlich, so daß dieser Teil der Juréia-Besucher bis zum gegenwärtigen Auswertungsstand noch als weniger interessiert am Schutzgebiet zu bezeichnen ist als die Paraíso-Besucher.

Ein zweiter Fragenkomplex behandelt den Informations- und Kenntnisstand über das Schutzgebiet (Fragen 18, 20 und 21).

Insgesamt 8 % der befragten Personen wußten nicht, daß sie sich überhaupt in einem Schutzgebiet befanden, oder es war offensichtlich, daß es ihnen beim Nachdenken über die Antwort zum ersten Mal klar wurde (Tab. 40). Hinweise von Freunden, Bekannten oder auch Personen aus dem Urlaubsort (beispielsweise im Hotel) sowie das Fernsehen spielen eine sehr große Rolle für die Verbreitung von Informationen über die EE, gefolgt von den Printmedien. Über Naturschutzorganisationen haben nur die wenigsten von der Juréia erfahren, und touristische Informationen, etwa der Prospekt der Gemeinde Peruíbe, wurden gar nicht genannt. Ein knappes Fünftel der Befragten zählt zu der Gruppe, die die EEJI bereits seit längerer Zeit von Besuchen her kennt. Diese Besucher wurden vor allem in Barra do Una angetroffen. Bei den anderen Antworten ergaben sich keine signifikanten Unterschiede zwischen Barra do Una und Paraíso.

Tab. 40: Quelle der Informationen über die EEJI (in % der der Befragten; Mehrfach-antworten möglich)

andere Personen	35,7
Fernsehen	35,0
Zeitungen, Zeitschriften	24,8
Umweltorganisationen	2,5
Hinweisschilder, Plakate	1,3
touristische Prospekte	-
kennt die EEJI schon sehr lange	18,5
anderes	6,4
Person weiß nicht, daß sie sich in der EEJI befindet	8,3

Auf den Kenntnisstand über das Schutzgebiet zielte zunächst die Frage nach den Funktionen einer *Estação Ecológica* (F21: "Was, glauben Sie, ist eine *Estação Ecológica*, welches sind ihre Funktionen und Ziele?"). Da die Besucher, anders als im Parque Estadual de Campos do Jordão (vgl. Kap. 6), im Schutzgebiet selbst keinerlei Informationen zu diesem Thema vermittelt bekommen, kann hiermit nur überprüft werden, inwieweit sie sich bereits vorher informiert haben bzw., was sie eventuell vom Besuch anderer *Estações Ecológicas* an Vorwissen mitbringen. Letzteres ist allerdings aufgrund der Abgeschlossenheit der anderen ökologischen Stationen gegenüber dem Tourismus eher unwahrscheinlich (vgl. Kap. 3).

Die in Tab. 41 dargestellten Ergebnisse zeigen dreierlei: Erstens wird die allgemeine Funktion "Schutz der Natur" von über 80% und damit bis auf eine Ausnahme von allen, die mindestens eine "richtige" Antwort geben, erkannt. Die anderen Ziele werden nur von sehr wenigen Befragten genannt, wobei die "Zonierung" eigentlich weder Ziel noch Funktion, sondern Mittel zur Zielerreichung ist. Die Antwort "zoneamento" wurde trotzdem positiv bewertet, da sie von einer gewissen, hier wegen der standardisierten Befragung allerdings nicht näher nachgefragten Kenntnis der Funktionsweise einer *Estação Ecológica* zeugt.

Tab. 41: Kenntnisse der Besucher der EEJI über die Funktionen einer *Estação Ecológica*

a) Funktionen (Mehrfachnennungen; in % der Befragten, die die jew. Funktion nennen)

	Funktion	Paraíso	Barra do Una	gesamt
"richtige" Antwort	Naturschutz	80,8	84,5	82,2
	Forschung	7,1	15,5	10,2
	Umweltbildung	7,1	3,4	5,7
	Schutz genetischer Ressourcen	1,0	-	0,6
	Zonierung	4,0	10,3	6,4
"falsche" Antwort	Freizeitmöglichkeit	4,0	-	2,5
	Natur (unbestimmt)	10,1	8,6	9,6
	anderes	1,0	-	0,6
"weiß nicht"		7,1	6,9	7,0

b) Gesamtbewertung der Antworten der Befragten (n = 157 $\triangleq$ 100%) [1]

keine Funktion genannt	18,2	15,5	17,2
eine Funktion genannt	65,7	62,0	64,3
zwei Funktionen genannt	13,1	15,5	14,0
drei Funktionen genannt	3,0	6,9	4,5

[1] eine "falsche" Antwort in Verbindung mit einer "richtigen" führt nicht zur Abwertung

Zweitens können ca. 17% keine Funktion nennen, wobei in diese Klasse auch diejenigen fallen, die auch nach Wiederholung der Frage nach den Zielen und Funktionen ihre anfängliche allgemeine Antwort "Wald" oder "Natur" nicht durch den Zusatz "Schutz" spezifizierten. 18,5% der Juréia-Besucher konnten hingegen sogar zwei oder drei Ziele benennen. Erstaunlicherweise hielten sich "falsche" Antworten, insbesondere "Freizeit" als Funktion einer *Estação Ecológica* in Grenzen, und dies, obwohl die mangelnde Kontrolle und fehlende Information der Besucher in Verbindung mit den Antworten auf die Frage nach den Aktivitäten und dem Besuchsmotiv eine häufigere Nennung des Freizeitaspektes vermuten ließ. Zum dritten sind leichte Unterschiede zwischen dem Kenntnisstand der Paraíso- und der Barra-Besucher festzustellen. Letztere nennen etwas häufiger die Forschung und die Zonierung und erwähnen nicht die Freizeitmöglichkeiten als richtige bzw. unrichtige Schutzgebietsfunktionen. Bei der Gesamtbewertung (vgl. Tab. 41b) zeigt der χ^2-Test jedoch keine signifikanten Unterschiede (2x3-Felder, keine unterbesetzten Zellen, 90% Sicherheitswahrscheinlichkeit). Eine weitergehende Bewertung der Antworten zur Funktion des Schutzgebietes erfolgt im Zusammenhang mit der Interpretation der Ergebnisse aus der Befragung im PE Campos do Jordão (Kap. 6).

5.3.5. Wahrnehmung von Umweltproblemen und Beurteilung des Schutzgebietes

Die Frage nach den beobachteten Umweltproblemen in der EEJI (F18: Haben Sie in der EEJI irgendwelche Schäden oder Zerstörungen der Umwelt beobachtet? Wenn ja, welche?) bezieht sich zum einen ebenfalls auf den Bereich der Kenntnisse über das Schutzgebiet. Die Befragten mußten dabei nicht nur zu verstehen geben, welche Schäden sie erkannt haben, sondern hatten zugleich auch die Entscheidung zu treffen, ob bestimmte Erscheinungen oder Sachverhalte, z.B. eine Straße, Häuser oder landwirtschaftliche Nutzungen, mit den Funktionen einer *Estação Ecológica* übereinstimmen. Zum anderen wird mit der Differenzierung zwischen den tatsächlichen und den von den Probanden beobachteten Problemen der Komplex der Umweltwahrnehmung angesprochen. Für beide Zielrichtungen war es notwendig, den Umweltaspekt in dieser Frage vorzuziehen, um erwünschte Antworten zu vermeiden und möglichst unbefangene, spontane Äußerungen zu erhalten. Die Befragten sollten, noch bevor sie dazu angeregt wurden, über das Schutzgebiet und eventuelle Verbesserungsvorschläge nachzudenken, mit dieser wichtigen Umweltproblemfrage konfrontiert werden.

Tab. 42 zeigt, daß nicht einmal die Hälfte der Befragten überhaupt Schäden oder Zerstörungen jedweder Art entdeckt. Von den genannten Problemen beziehen sich insgesamt gut 60% auf weggeworfenen Abfall, was 35% der gesamten Antworten entspricht. Diese beziehen sich aufgrund der erläuterten Problematik bei der Bewertung der Antwort "Müll" (vgl. Kap. 4.3) nicht eindeutig auf ein gravierendes Problem.

Tab. 42: Beobachtete Schäden und Zerstörungen in der EEJI

a) Art der beobachteten Probleme (in % der Befragten; Mehrfachantworten möglich; 177 Nennungen bei n = 157)

Probleme/Schäden/Zerstörungen	Paraíso	Barra do Una	gesamt
Müll	33,3	37,9	35,0
Abholzung	13,1	3,5	9,6
Landnutzung/Bebauung/*posseiros*	6,1	3,5	5,1
Abwassereinleitung	1,0	1,7	1,3
Erosion	1,0	-	0,6
Imbißbuden ohne Entsorgungsin-frastruktur	3,0	-	1,7
Befahren des Strandes	-	6,9	2,3
anderes	2,0	1,7	1,9
keine Schäden beobachtet	53,5	56,9	54,8

b) Gesamtbewertung der Antworten (EEJI gesamt)

die Befragten nannten:	Punkte	Anzahl (n=157)	% der Befragten
kein Problem / keinen Schaden	0	86	54,8
ein "leichtes" Problem (Müll)	1	41	26,1
ein gravierendes Problem	2	15	9,6
mehrere Probleme (1 + 2)	3	9	5,7
mehrere Probleme (2 + 2)	4	1	0,6
mehrere Probleme (1 + 2 + 2)	5	5	3,2

Von annähernd 10% der Befragten wurde die Abholzungsproblematik erkannt, darunter von besonders vielen Besuchern Paraísos. Auch das Problemfeld Bebauung/Landnutzung nannte diese Besuchergruppe häufiger, und dies, obwohl die Touristen Barras einen noch längeren Weg durch die Juréia zurücklegen, mit Sicht auf zahlreiche Stellen, an denen Rodung oder Abbrennen des Waldes für die landwirtschaftliche Nutzung stattgefunden

179

hat. Sie fahren dabei auch an einer Vielzahl von kleinen *posseiro*-Hütten vorbei. Andererseits können sie bei der längeren Fahrt durch die Juréia aufgrund einiger Ausblicke auf mit Primärwald bestandene Hänge und auf die weiträumige Tiefebene des Rio Una, die von oben aus gesehen völlig unberührt scheint, den Eindruck gewinnen, die EEJI sei sehr gut geschützt. Angesichts der Tatsache, daß die Siedlungsproblematik und damit verbundene Zerstörungen der natürlichen Vegetation das größte Problem innerhalb der Estação Ecológica darstellt und daß zudem diese Beeinträchtigungen für jeden Besucher deutlich erkennbar sind, erscheint die Prozentzahl von 14 der befragten Personen, die Abholzung und/oder Landnutzung/Bebauung als Schädigung nennen, jedoch als sehr gering.

Die Einleitung von Abwässern ist nicht nur in Paraíso, sondern auch in Barra do Una ein Problem, wo in einigen Strandabschnitten auch für den Besucher sichtbar Rinnsale ins Meer führen, die bei sensibilisierten Personen zur Nennung dieses Problems führen müßten. Allerdings ist die Abwasserproblematik im Vergleich zur "brasilianischen Realität" in anderen Gemeinden und insbesondere auch zu anderen Stränden im Litoral Paulista als relativ unbedeutend zu bezeichnen, zumindest, was den für die Besucher erkennbaren Teil der EEJI anbetrifft. Andererseits sind in einer *Estação Ecológica* strengere Maßstäbe an die Reinhaltung der Umwelt anzusetzen als in nicht unter Schutz stehenden Gebieten, so daß diese Schädigung ebenfalls als gravierendes Problem klassifiziert wurde.

Starke Erosionsschäden sind vor allem direkt an der Straße zwischen der Abzweigung Barra do Una/Paraíso und dem Wasserfall Paraíso zu beobachten, wurden jedoch nur von einer Person genannt. Auch an dem Weg nach Barra sind derartige Probleme für geübtere Augen, d.h. für Personen, die für Erosionsschäden sensibilisiert sind, feststellbar. Sie wurden allerdings nicht angeführt. Zur Relativierung muß hinzugefügt werden, daß sich diese Probleme in der EEJI im Vergleich zu den erodierten Flächen beispielsweise an den Hängen der Serra do Mar bei Cubatão oder in Campos do Jordão in Grenzen halten.

Das Befahren des Strandes in Barra do Una mit Autos und Motorrädern, das teilweise zur Zerstörung der Dünenvegetation führt, sowie die Imbißbuden ohne Infrastrukturausstattung (Abwasser, Toiletten) in Paraíso sind als jeweils spezifische Probleme an den beiden Standorten getrennt aufgeführt (Tab. 42a).

Interessant ist bei näherer Betrachtung der genannten Schäden auch, daß der Tourismus selbst von den Besuchern nicht als Problem für das Schutzgebiet angeführt wird. Nur eine Person nennt "muita gente" (zuviele Leute) und empfindet dies als störend in dem Bereich des Wasserfalls, kritisiert die große Besucherzahl jedoch nicht grundsätzlich als Problem für die Juréia. Hier zeigt sich eine auch andernorts beobachtete Unfähigkeit, sich selbst als Verursacher von Umweltproblemen anzusehen (vgl. OPASCHOWSKI 1991, S. 76).

Die bereits angesprochene Bewertung der Antworten (Tab. 42b) macht deutlich, daß insgesamt 19,1% der Befragten mindestens ein "hartes" Problem und nur 3,8% zwei gravierende Schäden erkennen. Zu berücksichtigen ist bei der Betrachtung dieses Ergebnisses jedoch, daß die Umweltthematik für die Beteiligten völlig unerwartet kam, da sie weder in der Einführung in die Befragung angekündigt worden war, noch der Umweltbereich in den vorausgegangenen Fragen zum Tourismus Erwähnung fand. Bei der Auswertung der im folgenden vorgestellten Fragen 23 bis 25 werden auch die von den Befragten wahrgenommenen Umweltprobleme noch eingehender diskutiert.

Zwei speziellere Probleme im Zusammenhang mit den Siedlern des Schutzgebietes und dem ungeregelten Besuch in der Juréia wurden in einer geschlossenen Frage gesondert aufgeführt: ob die Befragten eine stärkere Kontrolle sowie eine Beschränkung der Besucherzahlen befürworten oder nicht (Frage 23). Die erste Teilfrage nach einer verstärkten Überwachung wurde an beiden Standorten mit 87,1% bzw. 88,5% fast einstimmig bejaht. 6,9% hielten dies nicht für notwendig und 5,5% konnten sich nicht entscheiden. Dieses Ergebnis zeigt, daß die Besucher offensichtlich das eklatante Defizit bei der Kontrolle des Schutzgebietes erkennen. Allerdings muß zur Einschränkung dieses deutlichen Befundes angemerkt werden, daß einige Befragte wohl zum Teil nicht aufgrund einer speziellen Orts- und Sachkenntnis, sondern eher aus prinzipiellen Gründen für eine stärkere Überwachung plädierten, da sie - wie dem Interviewer gegenüber des öfteren geäußert - "den" Brasilianer als allgemein "undiszipliniert" und "schlecht erzogen" charakterisierten und somit in ihren Augen mehr Kontrolle nie schaden könne.

Eine Beschränkung des Besuchs wurde hingegen von 57,6% der Befragten abgelehnt, 34,7% waren dafür, und die übrigen 7,6% wollten sich, meist mit der Begründung, die Besuchsverhältnisse nicht ausreichend zu kennen, nicht entscheiden. Die meisten der Besucher, die eine Beschränkug ablehnten, begründeten ihre Haltung mit dem Argument, eine *Estação Ecológica* müsse grundsätzlich, zumindest aber in Teilen, für den Menschen zugänglich sein. Sie akzeptierten keine Einschränkungen der Besuchsrechte des Menschen zugunsten der Natur. Dies macht deutlich, daß der Unterschied einer *Estação Ecológica* gegenüber einem Nationalpark oder anderen offeneren Schutzgebieten, wie beispielsweise einer APA, entweder nicht bekannt ist, oder aber der Totalschutz aus prinzipiellen Erwägungen - auch in Teilräumen - nicht akzeptiert wird. Einige der Befragten gaben zu bedenken, daß eine Limitierung des Besuchs über die Erhebung eines Eintrittsgeldes aus sozialen Gründen in Brasilien nicht vertretbar sei, und entschieden sich in Ermangelung einer einleuchtenden Alternativlösung gegen eine mögliche Besuchsbeschränkung. In der Ablehnung bzw. Befürwortung dieser Maßnahme zeigen sich im übrigen zwischen den beiden Standorten nur geringe Unterschiede, die im χ^2-Test nicht signifikant sind (90% Sicherheitswahrscheinlichkeit).

Tab. 43: Vorschläge für die zukünftige Entwicklung der Juréia im Sinne der Zielsetzung einer *Estação Ecológica*

Vorschlag[1]	% der Nennungen	% der Befragten[2]
Übergreifender Vorschlag		
● Schutz aufrechterhalten/verbessern	14,6	18,1
● Kontrolle/Überwachung verstärken	20,8	25,7
● mehr Forschung betreiben (Ökosystem, umwelt-		
verträgliche Nutzungsformen)	5,6	6,9
Bewohner/Besiedlung betreffend		
● Situation der Bewohner verbessern (Bildung,		
Umwelterziehung, Basisinfrastruktur)	5,1	6,3
● menschliche Nutzung einschränken (illegal		
errichtete Hütten entfernen, Handel		
/Vermietung einschränken etc.)	5,1	6,3
● weitere Besiedlung/Spekulation verhindern	3,9	4,9
Besucher betreffend		
● Information/Umweltbildung initiieren/fördern	29,2	36,1
● Basisinfrastruktur für Besucher bereitstellen	3,4	4,2
● Einschränkung des Besuchs (Personenzahl,		
Besuchszeiten, keine Touristenbusse etc.)	3,9	4,9
● Eintrittsgeld erheben	6,2	7,6
● andere	2,3	2,8
Summe	100,1	(123,8)

[1] Aufgrund der dem Statut entgegenstehenden, jedoch de facto momentan und auch in Zukunft weiter bestehenden Besuchsmöglichkeiten wurden Vorschläge, die im weiteren Sinne der Umweltbildung dienen, ebenfalls aufgenommen

[2] Einschließlich derer, die keinen oder einen den Zielen entgegenstehenden Vorschlag unterbreiteten

Die in dieser Frage vorgegebene Option, andere Maßnahmen zur besseren Kontrolle anzuregen, wurde nur in wenigen Fällen genutzt. Die Vorschläge hierzu (mehr Kontrolle durch gezielte Informationen oder eher mehr Information der Besucher als stärkere Kontrolle) finden bei der Auswertung der Frage 25 (Verbesserungsvorschläge/zukünftige Entwicklung der EEJI) Berücksichtigung. Mit Hilfe dieser Frage sollten nochmals die Kenntnisse über die Problemlage des Schutzgebietes und die eigene Einschätzung dieser

Probleme überprüft sowie anhand der Vorschläge eine möglichst an die Bedürfnisse angepaßte Verbesserung der Besucherinfrastruktur, -information und -betreuung gefunden werden. Da sich die Antworten zu dieser und zu der Frage 20 (Vorschläge zur Verbesserung der Information) überschneiden und ergänzen, wurden sie zusammen ausgewertet.

Die Vorschläge (vgl. Tab. 43) beziehen sich auf die Teilbereiche "allgemeine, übergreifende Probleme", die "Bewohner" sowie die "Besucher betreffende Vorschläge". Eine große Zahl der Antworten beinhaltete nur allgemeine Aussagen zum Schutz und zur Verbesserung der Kontrolle in der Juréia (14,6% und 20,8% der Antworten), wobei vor allem die mangelnde Kontrolle am Eingang des Schutzgebietes kritisiert wurde. Einem Viertel der Befragten (25,7%) war die Kontrolle immerhin so wichtig, daß sie diesen Punkt noch einmal ansprachen, obwohl er schon zwei Fragen vorher behandelt worden war. 5,6% der Antworten bezogen sich auf die Unterstützung und Verstärkung der Forschung in der EEJI, darunter auch eine, die mit der Anregung, umweltverträglichere Nutzungsformen zu erforschen, bereits auf die Bewohnerproblematik überleitet. In dieses zweite Themenfeld fallen Vorschläge zur Verbesserung der Lebensbedingungen der Bewohner, insbesondere wiederum unter Berücksichtigung der Naturverträglichkeit derartiger Maßnahmen. Sechs Personen sprachen sich speziell für eine bessere Information und Bildung der Bewohner hinsichtlich nachhaltiger Wirtschaftsweisen aus, und ein Befragter plädierte für regelmäßige Kurse durch das Umweltministerium zu diesem Thema. Andere forderten, die anthropogenen Nutzungsformen stärker als bisher einzuschränken. Insgesamt beschäftigte die Bewohnerproblematik 17,5% der Befragten in irgendeiner der zitierten Weisen.

Weitaus mehr Vorschläge machten die Besucher in bezug auf ihre eigene Situation. 45% der gesamten Antworten gingen in diese Richtung, davon die meisten zur Umweltinformation und -bildung, einen Bereich, der mit 36% über ein Drittel der Besucher interessiert. Angesichts der nicht vorhandenen Informationen für die Besucher über das Schutzgebiet sowie der eigentlichen Zielsetzung der Estação Ecológica erscheint diese Zahl allerdings als noch sehr niedrig. Einige Probanden sprachen sich nochmals für verschiedenartige Beschränkungen des Besuchs aus, und 7,6% der Befragten würden die Einführung eines Eintrittsgeldes begrüßen. Unter die Rubrik "anderes" in Tab 43 fallen Vorschläge, wie z.B. "Autos vom Strand in Barra do Una entfernen".

Insgesamt zeigt sich, daß etliche Besucher gute Anregungen für die Weiterentwicklung des Schutzgebietes geben können, was auf eine eingehendere Beschäftigung mit dem Schutz der Juréia oder zumindest auf das Interesse dafür schließen läßt. Um zu erfassen, wieviele der Befragten welche Art von Vorschlägen, und zwar mehr oder weniger gute im Sinne des Schutzgebietes oder aber dem Statut der EEJI entgegenstehende, unterbreiteten, wurden die Antworten einer Bewertung unterzogen. Tab. 44 gibt die Methodik für diese Prozedur wieder: Die Antworten wurden mit Punkten von 1-7 nach dem

Kriterium "Vorschlag im Sinne der EEJI" codiert, wobei diejenigen Probanden, die in Frage 19 zu erkennen gaben, nicht zu wissen, daß sie sich überhaupt in der EEJI befanden, nicht zu diesem Thema befragt wurden (vgl. Tab 40).

Tab. 44: Bewertung der Vorschläge zur Informationsverbesserung und zur zukünftigen Entwicklung der EEJI (Fragen 20 und 25)

Art der Vorschläge	Code-nummer	% der Befragten
Vorschlag dokumentiert vollständige Ahnungslosigkeit	1	0,7
den Zielen entgegenstehende oder widersprüchl. Vorschläge	2	4,2
kein Vorschlag	3	20,1
nicht eindeutig positiv zu bewertender Vorschlag	4	17,4
einfacher Vorschlag im Sinne der Zielsetzung	5	35,4
sehr konkreter Vorschlag oder 2 einfache Vorschläge	6	19,4
2 sehr konkrete oder 1 konkreter und 2 einfache Vorschläge	7	2,8

Danach konnten 57,6% mindestens einen sinnvollen Vorschlag einbringen, und 22,2% vermittelten sogar sehr konkrete Anregungen zur Verbesserung der Schutzbedingungen in der Juréia, darunter 2,8%, die eine sehr intensive Beschäftigung mit der Juréia-Problematik erkennen ließen. Am unteren Ende der Bewertungsskala (Codenummern 1 und 2) befinden sich diejenigen, die offensichtlich die Zielsetzung der *Estação Ecológica* nicht kennen (5%), sowie die Befragten, die selbst in Anbetracht des eklatanten Informationsdefizits im Schutzgebiet keinerlei Verbesserungsvorschläge unterbreiten (Codenummer 3). Als Beispiele für negativ bewertete Anregungen seien folgende Antworten zitiert: Urbanisierung und Errichtung von Hotels, Einrichtung eines Zoos oder Öffnung weiterer Gebiete für den Tourismus.

Die Probanden, die ihr "Unwissen" oder ihr Desinteresse an der Estação Ecológica deutlich erkennen lassen, belaufen sich unter Einschluß der 20%, die keinen Vorschlag machen, auf ein Viertel der befragten Besucher. Hinzu kommen noch die erwähnten 13 Besucher, denen die Frage gar nicht erst gestellt wurde, so daß insgesamt ein knappes Drittel (31,2%) dieser Kategorie zugeordnet werden muß. In die Kategorie "nicht eindeutig zu bewertender Vorschlag fallen beispielsweise Äußerungen, wie "der Zustand des Parkplatzes in Paraíso muß verbessert werden" oder "es sollten zusätzliche Abfallkörbe aufgestellt werden". Diese Art von Vorschlägen ist zwar nicht negativ zu bewerten, doch sind sie unter den gegebenen Verhältnissen nicht vordringlich für die Gewährleistung des Schutzes oder der Sicherung anderer Ziele der EEJI.

5.3.6. Gesamtbewertung der Ergebnisse zur Umweltwahrnehmung

In einem weiteren Schritt erfolgte schließlich unter Einbeziehung der Ergebnisse aus den anderen Fragen eine Gesamtbewertung der Antworten, mit dem Ziel, die Probanden in drei bzw. fünf Gruppen nach Interesse am Schutzgebiet und Wahrnehmung und damit Kenntnis der Probleme der EEJI zu klassifizieren. Hierfür wurden zunächst die beiden äußeren Gruppen anhand der in Tab. 45 dargestellten Bedingungen ausgegliedert. Die mittlere Gruppe wird dann aus den übriggebliebenen Probanden gebildet. Ziel war dabei nicht das Erhalten gleich großer Gruppen, mit deren Hilfe eine weitergehende statistische Analyse erleichtert worden wäre, sondern vielmehr eine Klassifizierung der befragten Personen nach rein inhaltlichen Kriterien. Maßstab für die Grenzziehung bildete die vom Verfasser vorgenommene Auswertung der Antworten zu den wichtigsten umweltrelevanten Fragen, namentlich die nach den beobachteten Umweltschäden und -problemen, nach den Funktionen einer Estação Ecológica, nach den Vorschlägen zur Verbesserung der Information und zur zukünftigen Entwicklung der EEJI sowie eingeschränkt auch der Frage nach dem Besuchsmotiv. War die Bewertung der Äußerungen zu den offenen Fragen - wie erläutert - im Zweifelsfall eher großzügig, d.h. "zugunsten" des Befragten durchgeführt worden, so erfolgte die Festlegung der Kriterien für diese Gesamtauswertung grundsätzlich eher restriktiv. Dabei wurden in die äußeren Klassen wirklich nur diejenigen Fälle eingeordnet, die inhaltlich auch tatsächlich der positiv bzw. negativ zu bewertenden Gruppe entsprechen. Bei diesem Verfahren muß in Kauf genommen werden, daß die mittlere Klasse relativ groß ausfällt.

Tab. 45 macht deutlich, daß die Anforderungen an die Beantwortung der Frage nach den Umweltproblemen und den Verbesserungsvorschlägen etwas weniger streng sind als an die nach den Funktionen einer *Estação Ecológica*. Damit wird den Umständen der Befragung Rechnung getragen (Frage nach den Umweltschäden als erste Frage zum Umweltbereich ohne Vorankündigung oder Einführung in das Thema) bzw. im Falle der Vorschläge berücksichtigt, daß Besucher, die sich erst kurze Zeit und oder zum ersten Mal in der Juréia aufhalten, aufgrund ihrer eventuell noch geringen Kenntnis der Verhältnisse keine Vorschläge abgeben (möchten).

Die Frage nach dem Besuchsmotiv hat keinen negativen, sondern gegebenenfalls nur einen positiven Einfluß auf die Bewertung, da Personen, die andere Gründe als ein spezielles Interesse an der Juréia anführen, - zumal bei einem wiederholten Besuch in der EEJI - aufgrund des de facto offenen Charakters des Gebietes für die Freizeitnutzung nicht grundsätzlich das Interesse am Schutzgebiet und das Wissen um die Problematik des

Naturschutzes in diesem Raum abgesprochen werden kann.

Tab. 45: Bedingungen und Ergebnisse der Besucherklassifizierung nach den Kriterien "Kenntnis der Problembereiche der EEJI" und "Interesse am Schutzgebiet" (kurz: "Problemwahrnehmung")

Bewertung	Bedingungen (erkannt/genannt wurde …)	% der Befragten
sehr positiv (+2)	mindestens 1 Umweltproblem (F18) _und_ mindestens 1 Funktion (F21) _und_ mindestens 1 sehr konkreter Vorschlag (F25: Code 6 oder 7) oder mindestens 2 Funktionen (F21)	7,0
positiv (+1)	in der Spitzengruppe bei einer der Fragen nach Problemen (F18), Funktionen (F21) und Vorschlägen (F25) oder in der zweitbesten Bewertungsgruppe in zwei der Fragen 18, 21, 25 und 16 (Motiv: Schutzgebiet) _und_ Nichterfüllung der Kriterien für die Bewertung (-1) oder (-2)	10,2
mittel	nicht (+2), (+1), (-1) oder (-2)	53,5
negativ (-1)	keine Funktion (F21) _oder_ 1 den Zielen entgegenstehender Vorschlag (F25: 1 oder 2) _oder_ kein Problem (F18) _und_ zusätzlich kein oder 1 nicht eindeutig positiv zu bewertender Vorschlag (F25: 3 oder 4)	18,5
sehr negativ (-2)	keine Funktion (F21) _und_ kein sinnvoller Vorschlag (F25: 1,2,3 oder 4) oder kein Problem (F18)	10,8

*) Der theoretisch mögliche Fall, daß eine Person sowohl einer negativen wie auch einer positiven Klasse zugeordnet werden kann, tritt nicht auf.

Nach dieser Gesamtbewertung verfügen 17% der befragten Besucher über eine gute oder sehr gute Problemwahrnehmung, darunter auch vier Personen, die in drei der vier relevanten Bereiche Spitzenpositionen in der Bewertungsskala einnehmen. Auf der anderen Seite sind fast 30% der Befragten eindeutig den beiden negativen Gruppen zuzuordnen. 11% bringen sogar ihr Desinteresse/"Unwissen" oder auch ihre explizit formulierte Ablehnung des Schutzgebietes deutlich zum Ausdruck. Hierunter fallen z.B. Personen, die weder die Schutz- noch eine andere Funktion der *Estação Ecológica* benennen und zusätzlich etwa den Ausbau des Wasserfallgeländes zu einem Freizeitpark oder die Anlage eines Luxushotels und die faktische Sperrung der dann zu asphaltierenden Straße für weite Bevölkerungskreise mittels eines sehr hohen Eintrittsgeldes fordern.

Lassen sich nun diesen fünf "Bewußtseinsgruppen" sozioökonomische Merkmale zuordnen? Besteht ein Zusammenhang zwischen dem Bildungsstand oder dem Einkommen und der Wahrnehmung von Umweltproblemen? Oder hängt diese eher von der Häufigkeit des Besuchs in der Juréia und damit der theoretisch besseren Vorbereitung auf die Problematik des Schutzgebietes ab?

Als den Sozialstatus bestimmende Merkmale wurden die Schulbildung und das Einkommensniveau angesehen. Schon bei den beiden Einzelfragen nach Funktionen und Vorschlägen hatten sich signifikante Unterschiede zwischen den Bildungsniveaus in der Weise ergeben, daß die höheren Bildungsgruppen eher Funktionen und Vorschläge benennen können als die niedrigeren. Auch der r_s weist mit Werten von 0.30 (Frage 21, 6 x 5 Ränge) und 0.35 (Frage 25; 6 x 7 Ränge) in diese Richtung. Hinsichtlich des Einkommens ergeben sich jedoch keinerlei signifikante Unterschiede, und auch der Rangkorrelationskoeffizient zeigt dementsprechend mit 0.09 bzw. 0.13 (bei unklassifizierten Einkommen) keinen Zusammenhang an. Für die Umweltproblemfrage (Frage 18) gilt der Befund "keine signifikanten Unterschiede" sowohl in bezug auf das Einkommen als auch auf die Bildung. Letzteres deutet darauf hin, daß eine höhere Schulbildung nicht bei der Beantwortung dieser, wie erläutert, überraschenden Frage hilft. Erst im weiteren Verlauf der Befragung zu diesem Themenbereich gewinnen die Bildungsunterschiede an Relevanz.

Der Einfluß des Bildungsstandes auf die Problemwahrnehmung insgesamt wird aus Tab. 46 ersichtlich: Während nur 8,3% der Personen mit 1° *grau* eine gute Wahrnehmung aufweisen, erreichen 27,7% der Absolventen einer höheren Schule diese Kategorie. Umgekehrt wird fast der Hälfte der unteren Bildungsklasse, aber "nur" 19% der oberen eine schlechte Problemwahrnehmung bescheinigt. Die unterschiedliche Wahrnehmung ist signifikant, und r_s erreicht einen Wert von 0.38, allerdings bei nur 5 x 5 Rängen. Die nicht in der Tabelle dargestellten Extremgruppen (+2) und (-2) zeigen ein noch deutlicheres Bild: Die Kategorie (+2) wird zu 64% (7 Personen) aus der oberen und zu 46% (4 Personen) aus der mittleren Bildungsklasse gebildet (untere = 0%), und (-2) setzt sich zu jeweils 47% (8 Personen) aus der unteren und mittleren und zu 6% (1 Person) aus der oberen Bildungsgruppe zusammen.

Tab. 46: Kreuztabelle Problemwahrnehmung im Verhältnis zum Bildungsstand (in %; Werte ohne Klammern senkrecht, Werte mit Klammern waagerecht zu lesen)

Bildungsstand / Wahrnehmung	bis 1° *grau*	2° *grau*	*superior*	Summe	gesamte Stichprobe
gut	8,3 (11,1)	14,9 (40,7)	27,7 (48,1)	(99,9)	17,2
mittel	44,4 (19,0)	58,1 (51,2)	53,2 (29,8)	(100)	53,5
schlecht	47,2 (37,0)	27,0 (43,5)	19,1 (19,6)	(100,1)	29,3
Summe	99,9	100	100		100
ges. Stichprobe (n = 157)	(22,9)	(47,1)	(29,9)	(99,9)	

Tab. 47: Kreuztabelle Problemwahrnehmung im Verhältnis zum Einkommen (in %; Werte ohne Klammern senkrecht, Werte mit Klammern waagerecht zu lesen)

Einkommen / Wahrnehmung	bis 500 US $	501-1.000 US $	> 1.000 US $	Summe	gesamte Stichprobe
gut	8,2 (23,8)	29,8 (66,7)	8,3 (9,5)	(100)	15,9
mittel	60,7 (50,7)	40,4 (26,0)	70,8 (23,3)	(100)	55,3
schlecht	31,1 (50,0)	29,8 (36,8)	20,8 (13,2)	(100)	28,8
Summe	100	100	99,9		100
ges. Stichprobe (n = 132)	(46,2)	(35,6)	(18,2)	(100)	

188

Einen anders gearteten Zusammenhang als bei dem Bildungsniveau zeigt die Kreuztabelle der Problemwahrnehmung mit dem Einkommen (Tab. 47). Von der unteren Einkommensgruppe (bis 500 US $ persönliches Einkommen) fallen nur 8,2% in die Klasse "gute Problemwahrnehmung", jedoch mit 31,1% im Vergleich zu den anderen Einkommensgruppen am meisten in die "schlechte Problemwahrnehmung". Die Anteile der mittleren Einkommensgruppe verteilen sich erwartungsgemäß mit 30%, 40% und 30% relativ gleichmäßig über die drei Wahrnehmungsklassen. Anhand des erwarteten Wertes von 7,5 in der 3x3-Feldertafel und des tatsächlichen von 14 in dem Feld "gute Wahrnehmung x 501-1.000 US $" zeigt sich jedoch bereits eine überproportionale Vertretung dieser mittleren Einkommensgruppe bei der positiven Beurteilung der Problemerkennung. Der Anteil in der gesamten Stichprobe für dieses Feld beträgt nur 15,9% (vgl. Tab. 47). Dahingegen ist die oberste Einkommensklasse weniger stark als erwartet in dieser Gruppe vertreten. Die These, daß diese Einkommensgruppe über die beste Information und Problemwahrnehmung in bezug auf das Schutzgebiet verfügt, wird zurückgewiesen, denn der Prozentwert liegt mit 8,3% deutlich unter dem Durchschnittswert von 15,9% für die Kategorie "gute Wahrnehmung". Aufgrund der insgesamt großen Abweichungen der empirischen von den theoretischen Werten ergibt der χ^2-Test signifikante Unterschiede. Die Rangkorrelation ($r_s = 0.12$) wie auch Tab. 47 zeigen jedoch, daß kein gerichteter Zusammenhang zwischen den Variablen "Problemwahrnehmung" und "Einkommen" besteht, wie bereits bei den Untersuchungen der Einzelfragen festgestellt wurde.

Die beste Wahrnehmung von Umweltproblemen und das größte Umweltbewußtsein wird zwar nicht ausschließlich, doch überwiegend von den Mitgliedern der höheren Bildungsgruppen und mittleren Einkommensklassen erreicht. In diese Gruppe fallen beispielsweise Lehrer, gehobene Verwaltungsangestellte und Arbeitnehmer in sozialen Berufen. Auch Hochschuldozenten der unteren bis mittleren Kategorie liegen in dieser Einkommensklasse, insbesondere aber auch Personen mit Teilzeitbeschäftigungsverhältnissen. Ein weiterer die Problemkenntnis beeinflussender Faktor besteht in der Häufigkeit des Besuchs in der Juréia. Während nur 7% der Erstbesucher in die Kategorie "gute Problemwahrnehmung" fallen, sind dies bei den anderen Besuchern 25,5%, wobei zwischen denen, die sich zum zweiten oder dritten Mal in der EEJI aufhalten, und den regelmäßigeren Besuchern und "Dauergästen" allerdings kein signifikanter Unterschied bezüglich der Ausprägung dieser Variablen besteht.

5.3.7. Möglichkeiten der Umweltbildung - Umweltbildung als Chance für den Naturschutz

Die Besuchsmöglichkeiten der Juréia können aus zweierlei Gründen nicht in der bisherigen Weise aufrecht erhalten werden: Zum einen verbietet der Status einer EE den normalen Tourismus in diesem Gebiet, und zum anderen verursachen die Besucher eine Reihe von Störungen und Problemen, die in einer EE nicht toleriert werden können. Was sind nun die Voraussetzungen und was die Möglichkeiten für eine zukünftige Besucher-regelung in der EEJI unter Berücksichtigung der rechtlichen Bestimmungen sowie der Gegebenheiten vor Ort? Und wie gestalten sich die Chancen eines für den Naturschutz instrumentalisierten Besuchs, also eines "Natur- und Umweltbildungsbesuchs", vor dem Hintergrund der aktuellen Nachfrage?

Zwar erhalten pro Jahr ca. 100 Gruppen mit zusammen 3.000 - 4.000 Personen, meist Schülern, eine Führung von ausgebildeten Angestellten der Schutzgebietsverwaltung in der Juréia (Informationen der SMA 1992), doch ist dies angesichts der über 100.000 Besucher, die ohne jegliche Anleitung das Gebiet bereisen, völlig unzureichend. Erforderlich wäre zunächst die Schaffung der grundlegenden Voraussetzungen für einen Besuch des Gebietes, nämlich der eigentlich selbstverständlichen Grundinfrastruktur (Zugänglichkeit, Beschilderung des Anfahrtsweges, Parkmöglichkeiten, Anlage von Wegen, sanitäre Basisversorgung etc.) sowie der Ein- und Ausgangskontrolle und der Überwachung bzw. Anleitung der Besucher in der EE. Erst dann ist überhaupt an die Ausweitung des Um-welterziehungsangebotes über die derzeitigen Führungen hinaus zu denken. Es sollte neben den in Planung befindlichen kleinen Informationszentren in Paraíso und Barra do Una auch eine spezielle Betreuung verschiedener Alters- und Interessengruppen, etwa von Kindern in Barra, Jugendlichen in Paraíso oder an umweltverträglicher Landwirtschaft Interessierten in Despraiado, umfassen.

In Brasilien, u.a. im Bundesstaat São Paulo, gibt es seit Mitte der 80er Jahre Pilot- wie auch einige fest etablierte Projekte zu diesem Themenkomplex, so z.B. im P.E.T.A.R. (Parque Estadual Turístico do Alto Ribeira) oder der Fazenda Intervales, wo unter Federführung der Abteilung "Umwelterziehung" (*Educação Ambiental*) der *Secretaria do Meio Ambiente* São Paulo Bildungsprogramme zu unterschiedlichen Natur- und Umwelt-themen durchgeführt werden (SMA 1992d). Auch auf privatwirtschaftlicher Basis werden (im informellen Sektor) in São Paulo vorwiegend von Biologen, Geo- und Agrarwissen-schaftlern Exkursionen angeboten, die u.a. auch in die Juréia führen. Diese Kleinunter-nehmen, von denen es im Großraum São Paulo schätzungsweise 30 gibt und die vor-nehmlich die Serra do Mar, die Juréia und die Serra da Mantiqueira bedienen, könnten in die Gestaltung der Umweltbildungsmaßnahmen mit einbezogen werden, zumal bereits vielfältige Kontakte zwischen ihnen und dem Umweltministerium bestehen. Da es vor Ort an Fachkräften mangelt, wäre es zudem von Vorteil, Führer zur Mitarbeit zu gewinnen, die nicht allein das Gebiet kennen, sondern die auch in der Lage sind, eine Gruppe von naturinteressierten Städtern angemessen zu betreuen. Wie die Befragungen zeigen, stammt der weitaus größte Teil der derzeitigen Besucher im Schutzgebiet sowie gleichfalls der potentiell interessierten Touristen und Zweitwohnungsbesitzer in Peruíbe (vgl. Kap. 4.3) aus dem Großraum São Paulo.

Mindestens ebenso sinnvoll ist die Einbindung der Juréia-Bewohner in diesen Aufgabenbereich. Indes können von deren Wissen über die EEJI sowie der autentischen Vermittlung der Lebensweise der lokalen Bevölkerung unter den Bedingungen eines Naturschutzgebietes nicht nur die Besucher profitieren. Vielmehr scheint über die Schaffung einer weiteren Einkommensquelle sowie der aktiven Teilnahme der Bewohner am Schutzgebietsmanagement die Akzeptanzsteigerung gegenüber Naturschutzmaßnahmen auch auf seiten der lokalen Bevölkerung möglich. Es sei an dieser Stelle auf die in Kap. 1 diskutierten Beispiele aus anderen Schutzgebieten verwiesen, wo derartige Erfolge bereits zu verbuchen sind (vgl. MacKINNON et al. 1986).

Die formalen Voraussetzungen für die Durchführung von Umweltbildungsmaßnahmen auch unter Einbeziehung der Bewohner sind nach den bisherigen Managementplanungen gegeben. Der vorläufige Zonierungsplan läßt ausreichend Raum für die Ausgestaltung dieser Maßnahmen sowohl an den Hauptbesuchspunkten Barra do Una und Paraíso als auch entlang der Strände und Pfade, die z.T. schon für diese Zwecke genutzt werden. In den Publikationen der SMA sowie in den Berichten der Arbeitsgruppe *Litoral Sul* und der Abteilung *Educação Ambiental* wird zudem vielfach auf die Bedeutung einer Ausweitung der Umwelterziehung in der EEJI hingewiesen (z.B.: SMA 1992d; SMA 1992c; MENDONÇA & MENDONÇA 1993, S. 8).

Was die Nachfrageseite anbetrifft, so bleibt der insgesamt zum Ausdruck gekommene Wunsch nach mehr Information über die Juréia und klareren Anleitungen zum Verhalten im Schutzgebiet festzuhalten. 36 % der befragten Besucher unterbreiteten in diese Richtung gehende Vorschläge, 25 % gaben in einer anderen Frage an, mit den derzeitigen Informationen unzufrieden zu sein, und 40 % fanden sie eher mittelmäßig. Vor allem forderten sie Informationsmaterial, z. B. in Form eines Faltblattes am Eingang des Schutzgebietes, sowie nähere Auskünfte am Wasserfall Paraíso. Da jedoch aufgrund fehlender touristischer, umwelterzieherischer und vor allem naturschützerischer Infrastrukturleistungen für die Besucher der Charakter und die Ziele der EE nicht ausreichend deutlich werden, steht für viele der rein touristisch motivierte Besuch noch im Vordergrund. Die Befragungsergebnisse zeigen allerdings, daß nicht nur ein Grundstock an umweltinteressierten Personen vorhanden ist, sondern daß insbesondere auch eine wichtige Zielgruppe der Umweltbildung in die Juréia reist, nämlich Jugendliche und junge Erwachsene (MacKINNON et al. 1986). Zum einen ist diese Gruppe aufgrund des Alters, aber auch in ihrer Funktion als kontaktreicher Multiplikator im Familien- und Freundeskreis wichtig für die langfristige Sicherung des Naturschutzes. Zum anderen ist diese ansonsten nicht so ohne weiteres für diesen Themenkreis ansprechbare Gruppe über das Medium "Freizeit in natürlicher Umgebung" (Wald, Wasserfall, Strand) relativ gut für die Beschäftigung mit Natur- und Umweltfragen zu motivieren, jedenfalls leichter als in ihrer gewohnten Umgebung, der Stadt São Paulo. Diese Chance sollte eingehend genutzt werden.

6. UMWELTPROBLEME UND NATURSCHUTZ IN DER FREIZEITREGION CAMPOS DO JORDÃO

Im Mittelpunkt dieser Fallstudie stehen Fragen nach der Wahrnehmung von Konflikten zwischen dem Schutz der Natur und der Nutzung durch den Fremdenverkehr in dem stark durch Tourismus und Ferienhausbau geprägten Munizip Campos do Jordão. Nach einer kurzen Einführung in das Untersuchungsgebiet werden zunächst die Auswirkungen des Fremdenverkehrs sowie damit verbundener Wirtschaftsprozesse auf die Umweltbedingungen aufgezeigt und die naturschützerischen Gegenmaßnahmen in ihrer Wirkungskraft untersucht (6.1 und 6.2). Da keinerlei im weitesten Sinne "geographische" Arbeiten zu dem Untersuchungsgebiet existieren, stützen sich diese Ausführungen im wesentlichen auf eigene Beobachtungen, die durch einige Fotos im Anhang dokumentiert seien, auf Gesetzestexte, interne Informationen der Stadtverwaltung von Campos do Jordão sowie auf zwei Berichte des Umweltministeriums São Paulo bzw. dessen untergeordneten Behörden, die anläßlich der Einrichtung der APA Campos do Jordão erstellt wurden. Den Schwerpunkt der Fallstudie bilden zwei Befragungen zum Komplex Umwelt und Tourismus: Mit der ersten soll die Wahrnehmung von Umweltproblemen durch die verschiedenen Besuchergruppen des Ortes untersucht werden, wobei eine der wesentlichen Fragen ist, ob sich die Besucher von Campos do Jordão auch selbst als Verursacher von Belastungen und Zerstörungen der Natur erkennen (6.3). Die zweite Befragung, die innerhalb des Schutzgebietes Parque Estadual de Campos do Jordão durchgeführt wurde, sollte neben der Erfassung der Besonderheiten der Besucherstruktur und der Wahrnehmung von Umweltproblemen die Frage beantworten, inwieweit der Wunsch nach Umweltbildungsangeboten und der Erfolg derartiger Maßnahmen von der Ausstattung des Schutzgebietes sowie der Disposition und der Struktur der Besucher abhängt (6.4). Wie im Eingangskapitel (2) der Arbeit bereits erläutert, sind beide Befragungen in Campos do Jordão im Zusammenhang mit den Untersuchungen der beiden anderen Fallstudien (Peruíbe und EEJI) zu sehen. Die weitergehende Interpretation der in dem folgenden Kapitel vorgestellten Ergebnisse erfolgt dementsprechend erst in Kapitel 7.

6.1. Kontext: Entwicklung des Fremdenverkehrsortes Campos do Jordão

Die Stadt Campos do Jordão liegt auf 1.700 m Höhe in einem Längstal der Serra da Mantiqueira. 45 Straßenkilometer sind es bis zur Autobahn São Paulo - Rio de Janeiro im Paraíbatal, insgesamt 176 km bis zur Metropolitanregion São Paulo und 350 km nach Rio de Janeiro (vgl. Abb. 3). Das Munizip Campos do Jordão umfaßt mit seiner Fläche von 269 km^2 Höhenlagen von 1.000 - 2.000 m und bietet Raum für verschiedene Vegetationsformen vom tropischen Küstenregenwald über die Sonderform des Araukarienwaldes (*Araucaria angustifolia* assoziiert mit *Podocarpus lambertii*) bis hin zu den baumfreien

Campos de Altitude (ROBIM & PFEIFER 1989). Charakteristisch für den Ort sind vor allem die Araukarien, die das besondere Flair der gebirgigen Region ausmachen, zumal sie in Campos do Jordão ihr einzig verbliebenes größeres Areal in ganz Südostbrasilien finden (Foto 11). Die nächstgelegenen Araukarienwälder treten erst im südbrasilianischen Bundesstaat Paraná auf, so daß Campos do Jordão schon allein aus diesem Grunde einen Anziehungspunkt für die Bewohner von São Paulo und Rio de Janeiro darstellt.

Ein weiterer bedeutsamer Gunstfaktor für den Ort ist in dem für brasilianische Verhältnisse ungewöhnlichen Klima zu sehen. Aufgrund der Höhenlage sind die Jahreszeiten sowie die tageszeitlichen Temperaturschwankungen stärker ausgeprägt als im übrigen Bundesstaat São Paulo. Vor allem die niedrigen Temperaturen in den Wintermonaten Juni bis August gelten für viele der Touristen als Attraktion. "Einmal die Kälte spüren" ist häufig ein Hauptmotiv für den Besuch in dieser Jahreszeit, wobei jeder hofft, auch eine der wenigen Frostnächte im Jahr mitzuerleben (vgl. Kap. 6.3.3). Tab. 48 gibt näheren Aufschluß über die Temperaturverhältnisse.

Tab. 48: Temperaturen in Campos do Jordão (Mittel der Jahre 1964-1974 in °C)

Monat	Absolute Minima	Absolute Maxima	Monatsmittel
Januar	8,2	26,8	17,4
Februar	6,9	27,0	17,7
März	6,8	27,2	17,1
April	2,9	25,4	14,6
Mai	-1,7	23,3	11,9
Juni	-4,3	22,0	10,8
Juli	-4,4	22,1	9,5
August	-3,2	24,6	10,7
September	0,1	26,4	13,8
Oktober	1,8	25,7	14,4
November	3,0	25,5	15,4
Dezember	5,1	25,8	16,5
Jahresmittel	1,8	25,2	14,2

Quelle: SEIBERT et al. 1975, S. 10

Ursprünglich allerdings sorgten nicht nur diese außergewöhnlichen Temperaturen, sondern die besondere Heilwirkung der klimatischen Verhältnisse insgesamt für den Aufschwung Campos do Jordãos (PAULO FILHO 1986, S. 541). Zu der Funktion als Luftkurort für

Lungenkranke kam seit dem Anschluß des Ortes an das Eisenbahnnetz (1914) nach und nach der Tourismus hinzu. Schon um die Jahrhundertwende bestanden einige Hotels in Campos do Jordão, doch ein nennenswerter Entwicklungsschub setzte erst mit den 40er Jahren ein (Prefeitura Municipal de Campos do Jordão 1963; PAULO FILHO 1986, S. 630). 1978 war die neue Straße SP 123 fertiggestellt, die eine direkte Verbindung über Pindamonhangaba zur Via Dutra (Autobahn Rio - São Paulo) schuf. Sie beeinflußte stark die weitere wirtschaftliche Entwicklung der Stadt, indem sie sowohl Zweitwohnungsbesitzern den Zugang erleichterte, als auch den Zustrom von Migranten begünstigte (CETESB 1984a, S. 21). Die Bevölkerungsentwicklung (Tab. 49) spiegelt den fast ausschließlich auf dem Freizeitsektor beruhenden Wirtschaftsaufschwung wider. Die hohen Zuwachsraten von 1970-80 beruhen dabei im wesentlichen auf der Migration: Allein in dieser Dekade wanderten 4.100 Personen (=55% der Zuwachsrate) nach Campos do Jordão zu, nachdem 1970 bereits 7.789 nicht in diesem Munizip geborene Einwohner (=42% der Bevölkerung) gezählt wurden (CETESB 1984a, S. 66).

Tab. 49: Bevölkerungsentwicklung in Campos do Jordão 1920-1991

Jahre	Einwohner	jährliche Zuwachsrate (in %)	
1920	4.100		
1940	11.716	1920-40:	5,4
1950	13.054	1940-50:	1,1
1960	16.665	1950-60:	2,5
1970	18.706	1960-70:	1,2
1980	26.107	1970-80:	3,4
1991	37.065	1980-91:	3,2

Quelle: Censo Demográfico 1960-91 und Prefeitura Municipal de Campos do Jordão 1963

Neben der landschaftlichen Schönheit, die bereits mit dem Foto dokumentiert wurde, und dem Klima ("das Paradies der tropischen Kälte") definiert sich der Fremdenverkehrsort Campos do Jordão durch die Architektur seiner Bauten. Sie ist dem alpenländischen Stil nachempfunden, weshalb sich Campos auch als die "brasilianische Schweiz" bezeichnet. Sowohl über die Architektur als auch über die Analogie zur Schweiz läßt sich allerdings (nicht nur aus Sicht eines Europäers) streiten, zumal die Stadt in äußerst krasser Weise die "brasilianische Realität" widerspiegelt. Während viele der Zweitwohnungsbesitzer zur absoluten Oberschicht nicht nur São Paulos, sondern ganz Brasiliens zählen und wahre Paläste als Ferien- und Wochenendwohnsitze in Campos besitzen, sind in anderen Ortsteilen ausgedehnte *favelas* und andere Wohnviertel unterer Einkommensgruppen zu finden (vgl. Fotos 12 und 19).

Ein Indikator für die Bedeutung des Tourismus ist der Anteil der im tertiären Sektor beschäftigten Personen: Er beträgt 87% (1987; SEADE 1991). In der Landwirtschaft sind weniger als 1% der Erwerbstätigen beschäftigt. Auch der Anteil der Zweitwohnungen an der Gesamtzahl der Wohnungen ist mit 36,5% vergleichsweise hoch (Angabe für 1991; 1970: 30,0%; 1980: 30,5%; Censo Demográfico 1970, 1980 und 1991). Er liegt damit höher als in Santos, reicht jedoch nicht an die fast vollständig vom Ferienhausbau abhängigen Munizipien des Litoral Sul heran (vgl. Tab. 8, Kap. 4.1).

Tab. 50: Hotels, Pensionen und Ferienkolonien in Campos do Jordão

Anzahl der Sterne	5	4	3	2	1	ohne Stern	Ferienkolonien
Anzahl der Hotels und Pensionen	2	6	13	18	11	9	10
Betten- zahl*)	276	496	900 - 1000	1.100 - 1.300	500 - 700	250 - 300	1.650 - 2.000

*) Die offiziellen Angaben zur Bettenzahl erscheinen als nicht sehr zuverlässig. Auch Nachfragen des Verfassers in den Hotels ergaben häufig nicht die gewünschte Auskunft, so daß die Tabelle durch eigene Schätzungen ergänzt werden mußte.

Quelle: Angaben der Prefeitura de Campos do Jordão 1992, ergänzt

Die Zahl der Touristenunterkünfte (Hotels, Pensionen und Ferienkolonien) unterstreicht die Bedeutung des Fremdenverkehrs: Campos do Jordão liegt hinsichtlich der Hotelzahl (in Relation zur Einwohnerzahl) mit großem Abstand an der Spitze aller Städte im Bundesstaat São Paulo. Auch absolut gesehen verfügt der Ort über mehr Hotels mit 2-5 Sternen als das elfmal größere Santos (Tab. 50).

Neben den Übernachtungsgästen in Hotels und Ferienkolonien spielen die Zweitwohnungsbesitzer eine entscheidende Rolle für die lokale Ökonomie. Nach Schätzungen der Präfektur haben ca. 20.000 Personen ein Apartment oder ein Haus in Campos do Jordão erworben. Längerfristig sind sie insofern von Bedeutung, als sie der Bevölkerung eine Reihe von Arbeitsplätzen bieten: in den Apartmenthäusern sowie den geschlossenen

Einfamilienhaussiedlungen oder auch Wohnanlagen mit mehreren Apartmentblocks (sog. *condomínios fechados*, in Campos do Jordão z.T. auch "villages" genannt) als (schlecht-bezahlte) Dienstleistungsangestellte und in den einzeln stehenden Villen und Ferienhäusern als *caseiros*. Die *caseiros* wohnen meist mit ihrer Familie das ganze Jahr über in dem Anwesen, pflegen das Haus und die Anlagen und bewachen den Besitz während der Abwesenheit der Eigentümer.

Eine dritte Gruppe von Besuchern kommt als Tagesgäste ohne Übernachtung nach Campos do Jordão. Vor allem aus dem Großraum São Paulo, aber auch aus den Städten des Paraíbatales (São José dos Campos, Taubaté, Jacareí etc.) strömen sie in Bussen und PKW in die Stadt. Hauptreisezeit sind die Wintermonate, aber auch an schönen Wochen-enden der übrigen Monate herrscht im touristischen Zentrum von Campos do Jordão, in Capivari, sowie an einigen der anderen Besuchspunkte Hochbetrieb (vgl. Abb. 35). An Spitzentagen werden bis zu 300 Omnibusse von Reiseunternehmen gezählt, die den Mitgliedern der Unterschicht der Industriestädte São Paulos einen Ausflug in das "andere Brasilien" ermöglichen. Es sind meist jüngere Bevölkerungsgruppen und zudem Personen mit dunklerer Hautfarbe, so daß dieser Kreis der *excursionistas* (= Personen, die einen Tagesausflug mit einem Busreiseunternehmen machen) in dem ansonsten von der weißen Mittel- und Oberschicht dominierten Ortsteil Capivari besonders auffällt. Da die Tages-besucher, insbesondere die Bustouristen, nach Angaben der *Prefeitura* in den vergangenen Jahren stark zugenommen haben, kommt es neben dem Problem der Verkehrsbelastung in der Stadt (vgl. folgendes Kapitel) verstärkt zu Konflikten zwischen der Gruppe der "ursprünglichen" Campos-Besucher und den *excursionistas* (vgl. Befragung der Touristen in Kap. 6.3).

Die Tagestouristen, die mit dem eigenen PKW anreisen, sind zum einen zahlenmäßig geringer und verteilen sich gleichmäßiger auf die einzelnen Besuchspunkte. Zum anderen werden sie aufgrund ihrer (vermuteten) stärkeren Kaufkraft von den Geschäftsleuten und der *Prefeitura* von Campos nicht abgelehnt, obgleich sie für die Verkehrsprobleme an den Wochenenden in hohem Maße mit verantwortlich sind. So müssen denn bislang nur Busse am Ortseingang "Eintrittsgeld" in Höhe von ca. 100 DM pro Bus bezahlen, und dies, obwohl weder Parkplätze, noch Toiletten oder sonstige Infrastruktur für diese Besucher-gruppe bereitgestellt werden[1].

---

[1] Diese Art der Diskriminierung von Bustouristen ist in Brasilien durchaus üblich. In Peruíbe erhalten beispielsweise Reisebusse nur dann Zugang in den Ort (und an den Strand), wenn sie mindestens eine Nacht in einem der Hotels verbringen. In anderen Küstenstädten bestehen Tageskontingente für Busse (z.B. 40 Busse in Santos).

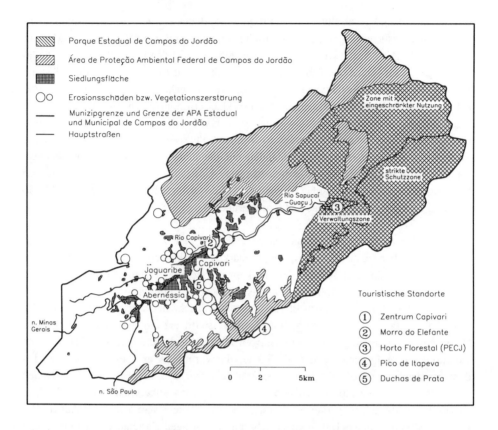

Abb. 35: Übersichtskarte zum Munizip Campos do Jordão
Quelle: Eigene Zusammenstellung nach Unterlagen der Secretaria do Meio Ambiente,
São Paulo

Über die Größe der drei Besuchergruppen lassen sich, wie bei den Übernachtungsgästen
und Ferienhausbesitzern bereits angedeutet wurde, nur Vermutungen anstellen, da
keinerlei verläßliche Statistik geführt wird. Zwar werden die in den Ort einfahrenden
PKW und Busse erfaßt, doch weil kein Unterschied zwischen einheimischen und aus-
wärtigen Autos gemacht wird und den Insassen nicht anzusehen ist, ob sie Tagestouristen,
Zweitwohnungsbesitzer oder Hotelgäste sind, ist diese von der *Prefeitura* ganzjährig und
24 Stunden am Tag durchgeführte Zählung (!) nur von geringem Wert für eine genauere
Analyse des Tourismus.

Welche touristischen Sehenswürdigkeiten und Aktivitäten bietet nun Campos do Jordão?
Zu unterscheiden sind zunächst die (räumlichen) Besuchspunkte und die von der Stadtver-

197

waltung initiierten Veranstaltungen und Programme. Bedeutendster Anziehungspunkt, was die Zahl der Besucher angeht, ist zweifelsohne das Zentrum von Capivari (vgl. Abb. 35 und Foto 13). Der Ortsteil wurde 1911 gegründet und bildet den Endpunkt der von Pinda-monhangaba (am Rande des Paraíbatales) heraufführenden Eisenbahnlinie, die selbst als eine der touristischen Attraktionen gilt. Das Zentrum ist gekennzeichnet durch zahlreiche Fachwerkbauten bzw. Imitationen von Fachwerkhäusern, einem zentralen Platz, auf dem regelmäßig Konzerte stattfinden, sowie eine Reihe von Teestuben, Restaurants, Hotels und Boutiquen. In den Boutiquen werden vorwiegend Pullover ("malhas") verkauft, denn Campos do Jordão ist bekannt als Standort für die "Pulloverindustrie": Die Stadtver-waltung führt in einer Liste 46 *malharias*, also Geschäfte, die auf den Verkauf von Pullovern spezialisiert sind, auf. (Wieviele der Pullover tatsächlich in Campos do Jordão hergestellt werden, ist allerdings nicht zu ergründen).

Direkt an den zentralen Platz anschließend und noch zum Zentrum Capivari zugehörig findet sich ein Parque de Diversões, ein jahrmarktähnlicher Vergnügungspark mit Karus-sells, einer Eisbahn (im Winter), einem kleinen See mit Tretbooten sowie diversen Verkaufsständen (u.a. 37 Holzbuden, an denen wiederum Pullover verkauft werden). In der Nähe dieses Marktes können Pferde gemietet, Kutschfahrten unternommen oder der Morro do Elefante (Elefantenberg) mit einem Sessellift erklommen werden (Foto 14). Dieser gesamte Bereich gleicht einem riesigen Jahrmarkt, der fast ausschließlich von den Tagestouristen aufgesucht wird (vgl. 6.3.1), die vormittags an dieser Stelle von den Busfahrern abgesetzt und nachmittags wieder abgeholt werden. Besonders eklatant stechen dem Betrachter an den Wochenenden mehrere Probleme ins Auge: Zunächst ist das Gebiet überfüllt mit Menschen, parkenden Bussen und im Verkehrsstau stehenden Autos. Die Pferde sind zum größten Teil in einem erbarmungswürdigen Zustand, der gesamte Platz am Fuße des Morro do Elefante ist völlig verdreckt, der Rio Sapucaí mit Müll übersät, und er riecht deutlich nach Abwässern (vgl. Fotos 15 und 16). Am Elefantenberg sind gravierende Erosionsschäden und die fast vollständige Entwaldung festzustellen.

Ein weiterer Anziehungspunkt besteht in dem Parque Estadual de Campos do Jordão (PECJ), der in der lokalen Bevölkerung eher unter der Bezeichnung "Horto" oder "Horto Florestal" bekannt ist, obgleich er die Kriterien für die Schutzkategorie eines *Parque Estadual* erfüllt (Fotos 11 und 17). Er liegt ca. 14 km von Capivari entfernt und bietet den Besuchern diverse Erholungsmöglichkeiten in der Natur (vgl. folgendes Kapitel sowie die gesonderte Besucherbefragung in Kap. 6.4). Der Pico de Itapeva und der Pedra do Baú befinden sich ebenfalls in einiger Entfernung vom Stadtzentrum (14 bzw. 25 km, vgl. Abb. 35). Der erstgenannte dient mit seinen 2.030 m Höhe als Aussichtspunkt in das Paraíbatal und der Pedra de Baú bietet neben der hervorragenden Aussicht in alle vier Himmelsrichtungen die Möglichkeit zu einer kleinen Wanderung. Er ist allerdings nur über eine sehr schlechte Schotterstraße zu erreichen und liegt bereits außerhalb des Munizips Campos do Jordão. In größerer Stadtnähe befinden sich noch das Museu Felícia

Leirner (Skulpturen im Freien) mit dem benachbarten Konzertsaal der Stadt (Auditório Cláudio Santoro) sowie der Palácio do Governo (oder Palácio Boa Vista), die Wochenend- und Ferienresidenz des Gouverneurs des Bundesstaates São Paulo, die bei Abwesenheit des Regierungschefs dem Publikum zur Besichtigung offensteht. Ein weiterer von Touristen besuchter Ort sind die Duchas de Prata, die "Silberduschen", die in der Wirklichkeit allerdings anders aussehen, als der Name vermuten läßt: Die Duchas bestehen aus einem zubetonierten Flußbett mit einigen kleinen Staustufen und bunten Rohren, durch die das Wasser geleitet wird (Foto 18). Dieser Standort wird aufgrund der mittlerweile für die klassischen Campos-Besucher geringen Attraktivität, die sich aus der Abwasserbelastung des Flusses und dem mit Müll verunreinigten Gelände ergibt, nicht mehr im offiziellen Tourismusprospekt der Stadt erwähnt. Ähnliches gilt für den Besuchspunkt Gruta dos Crioulos ("Kreolengrotte"), der zudem nur über eine sehr schlecht instandgehaltene Straße erreichbar ist. Beide Standorte werden in jüngerer Zeit vorwiegend von Bustouristen aufgesucht, was zusätzlich zu einer Imageverschlechterung beiträgt.

Die *Prefeitura* von Campos do Jordão organisiert regelmäßig Veranstaltungen, von denen das Festival do Inverno ("Winterfestival") im Juli das herausragendste Ereignis darstellt. Es ist ein Musikfestival mit klassischen Konzerten, das weit über die Grenzen des Bundesstaates hinaus bekannt ist und in diesem Monat viele zusätzliche Besucher nach Campos lockt. Weitere Sonderprogramme in den übrigen Monaten des Jahres sind Reitsport-, Tennis-, Basketball- und Motocrossveranstaltungen, ein "Oktoberfest", Kirschblütenfest ("Festa de Cereja em Flor") etc. Campos do Jordão bietet also zumindest an den Wochenenden ein Ganzjahresprogramm. Schwerpunkte des Tourismus bilden die Schulferien (Dezember bis März und Juli/August), und die Hauptsaison liegt ohne Zweifel im "Wintermonat" Juli. Doch sind nicht alle der genannten Besucherpunkte gleichermaßen saisonabhängig: Der "Horto Florestal" weist zwar ebenfalls im Juli die höchsten Besucherzahlen auf, in der übrigen Jahreszeit findet er jedoch auch regen Zuspruch, wie sich später zeigen wird.

6.2. Umweltprobleme und Schutzmaßnahmen im Munizip Campos do Jordão

6.2.1. Umweltprobleme unter dem Einfluß des Tourismus

Die Entwicklung von Campos do Jordão von einem kleinen Ort in den Bergen zu dem bedeutsamsten Ferienhausgebiet in Südostbrasilien außerhalb des Küstenbereichs und zu einem der meistbesuchten Touristenziele für Kurzzeitbesucher im Bundesstaat São Paulo hat zu Umweltproblemen vielfältiger Art geführt. An erster Stelle sind die mit dem Bau von Ferienhaussiedlungen, Apartmentanlagen und Einzelhäusern verbundenen Schäden zu nennen. Sie entstehen zwar zwangsläufig durch die Beanspruchung von vormals mit natürlicher Vegetation bestandenen oder - in geringerem Maße - als Weideland genutzten

199

Flächen für die Bebauung mit Wohnanlagen und den dazugehörigen Infrastruktureinrichtungen (Straßen, öffentlichen Grünanlagen etc.), doch werden die negativen Auswirkungen auf den Naturraum, namentlich Vegetationszerstörung, Erosion und Hangrutschungen in Campos do Jordão durch drei zusätzliche Faktoren noch verstärkt:

Zum einen findet eine extreme Zersiedelung statt (vgl. Foto 14). Die neuen *loteamentos* werden in immer größerer Entfernung vom Stadtzentrum eröffnet und sorgen auf diese Weise für eine unverhältnismäßig starke Ausdehnung des Verkehrsnetzes im Munizip. Der Straßenbau, wie auch das Legen von Versorgungsleitungen, belastet nicht nur den städtischen Haushalt, sondern führt neben dem hohen Flächenverbrauch zu zusätzlichen Erosionsproblemen in dem gebirgigen bzw. hügeligen Gelände sowie zur weiteren Verschandelung der Landschaft. Zum zweiten werden sowohl für Einzelhäuser der gehobenen Kategorie als auch für die *condomínios* und *villages*, die für die Oberschicht und die obere Mittelschicht errichtet werden, sehr große Areale benötigt, da die Einzelgrundstücke für brasilianische Verhältnisse sehr großzügig geplant sind und die zugehörigen Parkanlagen und Sporteinrichtungen (Tennis-, Golfplätze, Joggingpisten etc.) ebenfalls großen Raum beanspruchen. Als dritter Faktor kommt hinzu, daß wegen des besseren Ausblicks mit Vorliebe auf Bergrücken und -kuppen oder an höher gelegenen Hangabschnitten gebaut wird (vgl. Foto 19). Davon abgesehen, daß dies wegen des Schutzes als *Área de Preservação Permanente* eigentlich verboten ist (vgl. folgendes Kapitel), bewirkt die Bebauung dieser Lagen zusätzliche Erosionsschäden. Besonders gravierend sind diese Folgen beispielsweise in den Vierteln Descansópolis, Alto do Capivari und in dem *condomínio* "Quattre Saisons", wie eine vom Umweltministerium São Paulo in Auftrag gegebene Studie belegt (SMA - CPLA 1989, S. 255). Die näher am Zentrum des Ortsteiles Abernéssia gelegenen Siedlungen weisen ebenfalls erhebliche Erosionsprobleme auf. Ursachen sind die Bebauung von Hängen, die dafür nicht geeignet sind, und ungenügende Befestigungsmaßnahmen beim Straßenbau. Mitunter führen Hangrutschungen zu verheerenden Folgen in den illegalen und semilegalen Wohnvierteln, wie z.B. im Februar 1993, als mehrere Todesopfer zu beklagen waren. Aber auch von der *Prefeitura* werden in Ermangelung ausreichender geeigneter Flächen Baumaßnahmen in Gebieten genehmigt oder selbst durchgeführt, die mit den zur Verfügung stehenden finanziellen Mitteln nicht erfolgreich gegen Erosion und Rutschungen abgesichert werden können (vgl. Foto 20).

Unterstützt werden die negativen Folgen des aus geomorphologischen Gründen nur schwer zu besiedelnden Gebietes durch die relativ hohen Niederschläge (ca. 1.600 mm). Zwar sind tropische Starkregen nicht üblich, doch führen ausgiebige Niederschläge (vorzugsweise in den Sommermonaten) in Verbindung mit den anderen Ungunstfaktoren zu den genannten Phänomenen. Neben den Problemen des unmäßigen Flächenverbrauchs, der Vegetationszerstörung und Erosion ist die Verschmutzung der Gewässer in Campos do Jordão als zweiter größerer Problemkreis zu benennen. Schon die zahlreichen Seitenflüsse des Rio Capivari sind hochgradig mit Abwässern und Müll verunreinigt, denn in der Stadt verfügen nur 29% der Haushalte über einen Abwasseranschluß (SMA 1992f, S. 55). Dies ist eine der niedrigsten Raten im gesamten Bundesstaat, und auch die Abwässer der an das Kanalisationsnetz angeschlossenen Bevölkerung werden ohne jegliche Vorreinigung in den Hauptfluß der Stadt, den Rio Capivari bzw. Rio Sapucaí-Guaçu eingeleitet (Foto 16). Von der CETESB durchgeführte Messungen in den wichtigsten Flüssen bzw. Bächen des Munizips ergaben dementsprechend ausnahmslos weit über den zulässigen Grenzwerten liegende Koliformbelastungen (SMA - CPLA 1989, S. 261 ff).

Zu der Abwasserbelastung kommen Verschmutzungen der Gewässer durch Haus- und Industriemüll hinzu. Die Auswirkungen der Bodenerosion sowie das Zuschütten von Bachläufen und die Beschädigung von Flußufern bei Planierungsarbeiten verstärken die ohnehin extreme Gewässerbelastung, führen zu Fischsterben und begünstigen die Vermehrung von Krankheitserregern (SMA - CPLA 1989, S. 263). Da alle Gewässer in Campos do Jordão ihren Ursprung in diesem Munizip haben, wird besonders deutlich, daß die genannten Probleme "hausgemacht" sind. Der zentrale "Entsorgungsfluß" der Stadt, der Rio Sapucaí-Guaçu, durchfließt im übrigen anschließend mit seiner gesamten Fracht den Parque Estadual de Campos do Jordão.

Die Gewässerverschmutzung ist ebenso wie die zuvor genannten Umweltprobleme wesentlich auf das starke, unkontrollierte Wachstum der Stadt seit den 70er Jahren zurückzuführen. Begünstigt durch die starke Zersiedelungstendenz konnten die Entsorgungsmaßnahmen und die Schutzvorkehrungen der Stadtverwaltung vor weiteren Umweltzerstörungen offensichtlich in keiner Weise Schritt halten. Bedenklich ist dabei vor allem, daß selbst eine Stadt wie Campos do Jordão, die Zielort der ausgeprägtesten Form von Luxustourismus des Landes ist, nicht in der Lage zu sein scheint, eine ausreichende Grundinfrastruktur zur Verfügung zu stellen, geschweige denn, die unteren Einkommensgruppen mit angemessenem Wohnraum, z.B. über Programme des sozialen Wohnungsbaus, zu versorgen.

Ein weiteres Umweltproblem, das ebenfalls mit dem Tourismus in Zusammenhang steht, stellt das hohe Verkehrsaufkommen dar. Während der Hochsaison und an den Wochenenden sind die zentrale Verkehrsachse vom Ortseingang bis zum Morro do Elefante sowie das gesamte Zentrum von Capivari in hohem Maße überlastet. Verkehrsstaus treten vor allem in den engen Straßen um den Marktplatz herum und in dem Bereich am Fuß des Morro do Elefante auf. Zusätzlich wird der Verkehrsfluß durch am Straßenrand parkende Busse, für die, wie erwähnt, kein ausreichender Parkraum zur Verfügung steht, behindert. Problematisch ist ebenfalls, daß neben den PKW, die in die nordöstlich gelegenen Wohnviertel oder zu den dort befindlichen Ausflugszielen gelangen wollen, auch alle Busse den Weg durch das Zentrum von Capivari nehmen müssen. Sofern die Bustouristen abends wieder vom Parque de Diversões/Morro do Elefante abgeholt werden (die Busse können weder dort noch in Richtung Parque Estadual parken), durchfahren sie mindestens ein zweites Mal am Tag den Ortsteil. Verstärkt werden die Verkehrsprobleme wiederum durch die große Entfernung vieler Wohnviertel vom Zentrum, so daß die häufige Benutzung des PKW für jegliche Urlaubsaktivität der Zweitwohnungsbesitzer und Hotelgäste (z.B. Besuch von Ausflugszielen, Restaurants, Shopping Centern, Sportveranstaltungen etc.) zur Selbstverständlichkeit wird. Erschwert wird das Durchkommen an den genannten Punkten sowie entlang der Straße zum Horto Florestal (= Parque Estadual) durch Pferdekutschen und Reiter, die wegen fehlender eigener Wege meist die normalen Straßen benützen müssen. Die Folgen der Verkehrsbelastung zeigen sich in der Luftverschmutzung, Lärmbelästigung und allgemeinen Streßsymptomen, die sowohl bei den Bewohnern als auch bei den Besuchern mehr oder weniger stark ausgeprägt sind. Genauere Untersuchungen liegen zu diesem Themenkreis ebensowenig vor wie zu den übrigen Umweltbelastungen. Inwieweit die mit dem Verkehrsaufkommen verbundenen Beeinträchtigungen von den Besuchern als störend empfunden werden, ist u.a. Gegenstand der in Kapitel 6.3 vorgestellten Befragung.

6.2.2. Maßnahmen des Naturschutzes

Wie in der vorliegenden Arbeit üblich, sollen in diesem Abschnitt die Maßnahmen des Flächenschutzes und anderer Schutzbestimmungen, die das Munizip betreffen, vorgestellt und auf ihre Wirksamkeit hin überprüft werden. Dabei wird vor allem Bezug genommen auf die soeben diskutierten Umweltprobleme. Maßnahmen des Gebietsschutzes von großem Ausmaß betreffen Campos do Jordão gleich in vierfacher Weise: Die Munizipfläche ist dreifach in Form einer APA geschützt, nämlich als APA Municipal de Campos do Jordão, APA Estadual de Campos do Jordão und als Teil der APA Federal da Mantiqueira (vgl. Abb. 5 und Abb. 35). Zusätzlich ist der nordöstliche Bereich des Munizips als *Parque Estadual*, und damit in einer höherrangigen Kategorie vom Bundesstaat bereits 1941 unter Schutz gestellt worden. Der Parque Estadual de Campos do Jordão (PECJ) ist nicht nur eines der ältesten Schutzgebiete in diesem Bundesstaat (und in Brasilien), sondern zudem der wohl am besten ausgestattete Park São Paulos, wenn nicht ganz Brasiliens. Dies betrifft sowohl seine personellen Resourcen als auch die für die Besucher zur Verfügung stehende Infrastruktur. Aus Sicht des Naturschutzes ist er zudem besonders privilegiert, weil er, abgesehen von den Parkwächter- bzw. -angestelltenfamilien, keine Bewohner beherbergt und somit das ansonsten meist schwerwiegende Konfliktfeld Naturschutz versus Bewohner in dieser Form nicht existiert[2].

---

[2] Es gibt zwar einige Konflikte zwischen den Angestelltenfamilien und den Schutzgebietsinteressen, repräsentiert durch die Parkdirektion, doch sind diese Probleme im Vergleich zu den anderen *Parques Estaduais* des Bundesstaates derart geringfügig, daß sie hier nicht weiter ausgeführt werden sollen.

Die Attraktivität des Parks beruht auf mehreren Umständen: Zum einen ist er (innerhalb des Parkgeländes) für Besucher leicht zugänglich: Straßen und Wege sind ausgeschildert, Wanderungen werden ebenfalls durch Beschilderung erleichtert, und ein Informationszentrum sowie ein kleines Faltblatt über den Park versuchen, den Besucher für das Schutzgebiet zu interessieren. Zum zweiten verfügt er mit einem im Sinne des Gartenbaus "park"ähnlichen Gebiet, einem "viveiro" (einer kleinen Baumschule und Blumenbeeten) und einem Karpfenteich über eine der wenigen Möglichkeiten im gesamten Munizip Campos do Jordão, in der Natur spazierengehen oder sich anderweitig in natürlicher Umgebung erholen zu können. Dieser "Kurpark"-teil des Parque Estadual geht nahtlos über in die mit natürlicher Vegetation bestandenen Bereiche, von denen allerdings nur ein kleiner Teil für die Besucher erschlossen ist. Die im PECJ ebenfalls vorhandenen Aufforstungsgebiete sind nur mit einem geländegängigen Fahrzeug zu erreichen und außerdem für den Publikumsverkehr nicht freigegeben, da sie in der *zona de recuperacão* (Erholungszone der natürlichen Ressourcen, in der nur wenige Nutzungsformen erlaubt sind) bzw. der *zona primitiva* (strikte Schutzzone; vgl. Abb. 35) liegen. Nähere Angaben zum PECJ erfolgen in Kap. 6.4.

Trotz der eigentlich großen Bedeutung des PECJ als Naherholungsgebiet für die Stadt Campos do Jordão bzw. als Ausflugsziel für naturinteressierte Touristen (vgl. Befragungsergebnisse in Kap. 6.3), wird der Park bislang von der *Prefeitura* eher "stiefmütterlich" behandelt: Weder ist die Straße zum Park so ausgeschildert, daß der Besucher den Weg, ohne zu fragen, findet, noch wird in der Stadt Werbung für den Besuch des Parks gemacht. In den Touristenprospekten der Stadt wird er zwar erwähnt, aber nicht besonders hervorgehoben. Die einzige Integration des PECJ in das touristische Leben von Campos do Jordão zeigt sich in jüngerer Zeit dadurch, daß einige der in der Stadt umherfahrenden "Touristenzüge", d.h. meist kleine LKW mit offenem, als Aussichtsplattform fungierenden Anhänger, auch den Park für einen kurzen Zwischenstopp (ca. 15. min.) aufsuchen. Anhand eigener Beobachtungen, Interviews mit dem Tourismus-Sekretär der *Prefeitura* im Juli 1992 und der ehemaligen Direktorin des PECJ (diverse Gespräche von 1990-1993) sowie der Auswertung der lokalen Zeitungen (Jornal de Campos do Jordão und Correio Jordanense) läßt sich in bezug auf das Verhältnis zwischen PECJ und der Stadt Campos do Jordão festhalten, daß die Verbindungen zwischen diesen beiden Munizipteilen noch stark zu wünschen übrig lassen. Dies liegt zum einen darin begründet, daß der Park unter Verwaltung (und im Besitz) des Bundesstaates steht und somit die Stadtverwaltung keinerlei direkten Nutzen aus der Fläche ziehen kann, etwa in Form von Steuern oder über den Verkauf von Grundstücken für die Bebauung. Das Gebiet wird von der Stadt eher als "verlorene" Munizipfläche betrachtet, die der Entscheidungsgewalt des Stadtrates vollständig entzogen ist. Eng mit diesem Sachverhalt verknüpft ist der zweite Problemkreis: Für eine Zusammenarbeit beider Verwaltungseinheiten wären zunächst die unterschiedlichen Zielsetzungen und Aufgabenbereiche miteinander zu verbinden. Die Funktion der Parkverwaltung liegt primär in der Sicherung des Naturschutzes, und die

Prefeitura sah ihre Hauptaufgabe offensichtlich lange Zeit darin, der Stadtverwaltung und der lokalen Wirtschaft möglichst hohe finanzielle Einkünfte zu verschaffen. Letzteres ging soweit, daß in den 70er Jahren derart viele *loteamentos* genehmigt wurden, daß 1979 trotz eines großen Baubooms 35.000 für die Bebauung vorbereitete Grundstücke keine Käufer mehr fanden (vgl. auch CETESB 1984a, S. 22). Das Interessens- (und Aufgaben-)gebiet der Parkverwaltung erstreckt sich seit 1990 (*Resolução CONAMA* 13/90; vgl. Kap. 3.2.3) zudem nicht mehr nur auf den ausgewiesenen Park, sondern zusätzlich auf den angrenzenden 10-km-Gürtel als Pufferzone. Dies war bereits Anlaß für eine gravierende Verschlechterung der Beziehungen zwischen der *Prefeitura* und der Schutzgebietsleitung. Die Parkdirektorin hatte sich nämlich im Februar 1993 kritisch zu der Planung einer Straße von Campos do Jordão nach Guaratinguetá im Paraíbatal geäußert, die am Rande des Parks entlanggeführt werden soll. Nur wenige Tage nach dieser Stellungnahme wurde sie auf höchste Weisung im Umweltministerium ohne Begründung aus ihrer Funktion als Parkdirektorin entlassen, um später auf eine untergeordnete Position innerhalb des *Instituto Florestal* abgeschoben zu werden.

Der direkte Zusammenhang zwischen beiden Vorgängen - der Meinungsäußerung gegenüber einem Presseorgan und der Entlassung - läßt sich natürlich nicht belegen. Fest steht allerdings, daß sich der zu jener Zeit neu gewählte Präfekt von Campos do Jordão über die Äußerung der Direktorin empört hat, da der Bau bzw. Teilausbau der Straße von ihm befürwortet wurde, daß zum zweiten gute (parteipolitische) Verbindungen zwischen dem Präfekten und der Regierung des Bundesstaates bestanden und daß zum dritten die Parkdirektorin, die im übrigen 10 Jahre lang den Park geleitet hat, nicht dringend für eine andere Position gebraucht wurde. Zudem fand die Abberufung gegen ihren ausdrücklichen Willen statt, und dies zu einem Zeitpunkt, als sich nach einer langen Phase des Stillstandes zwischen Stadtverwaltung und Parkadministration gerade eine gute Zusammenarbeit entwickelt hatte. Die Parkdirektorin war nämlich maßgeblich an einem Gemeinschaftsprojekt zur "Renaturierung", d.h. im wesentlichen Bepflanzung/Aufforstung und Erosionsbegrenzung am Morro do Elefante beteiligt. Ohne sich noch weiter in den politischen Details des Munizips verlieren zu wollen, sei angemerkt, daß dieses Projekt bereits seit Anfang der 90er Jahre vorbereitet wurde, also in der Regierungsperiode des vorhergehenden Präfekten und Gegners des jetzigen munizipalen Regierungschefs in die Wege geleitet worden war, und der damalige Umweltsekretär von Campos do Jordão nach der Wahl Ende 1992 ebenfalls sein Amt verloren hatte.

Es bleibt festzuhalten, daß die Verbindungen zwischen dem PECJ und der Stadt Campos do Jordão stark unterentwickelt sind, insbesondere was das Interesse der Stadt an dem Schutzgebiet anbetrifft. Wie die Besucher der Stadt und des Parks als Nachfrageseite diese Beziehungen sowie die Bedeutung des PECJ für Campos do Jordão sehen, wird in Kap. 6.3 und 6.4 näher untersucht. Die anderen zum Munizip gehörigen Schutzgebiete, die drei APAs, sind anders als der Park sehr viel jüngeren Datums. Sie wurden 1983-85 eingerichtet und umfassen jeweils Teile der Munizipfläche (Abb. 35). Für die nationale APA da Serra da Mantiqueira, die sich mit insgesamt 500.000 ha über die drei Bundesstaaten São Paulo, Rio de Janeiro und Minas Gerais erstreckt, sind seit der Ausweisung 1985 (*Decreto* 91.304) noch keinerlei konkrete Schritte zur Umsetzung der Schutzbestimmungen erfolgt (MENDES Jr. et al. 1991, S. 18). An erster Stelle der Implementierungsmaßnahmen stünde die Aufstellung eines Zonierungsplanes (*zoneamento*), der auf der Basis eines umfassenden Umweltberichtes (*diagnóstico ambiental*), der allerdings ebenfalls noch nicht erarbeitet wurde, die gesamte Fläche der APA in Zonen unterschiedlicher Nutzungsintensität einteilt. Wie schwierig diese Zonierung angesichts der außergewöhnlich großen Gesamtfläche durchzuführen ist, läßt sich leicht vorstellen, zumal an dem Planungsprozeß neben den drei bundesstaatlichen Vertretern auch 24 Munizipverwaltungen nebst jeweiligen lokalen Interessengruppen beteiligt sein müßten.

Wahrscheinlicher ist es, daß die mittlerweile vom Umweltministerium São Paulo sowie dem Munizip Campos do Jordão in die Wege geleiteten Maßnahmen zur Verwirklichung der APA Estadual de Campos do Jordão (*Decreto Estadual* 20.956/1983 und *Lei Estadual* 4.105/1984) und der APA Municipal de Campos do Jordão (*Decreto Municipal* 1.161/1983 und *Lei Municipal* 1.484/1985) mittelfristig zum Erfolg führen. Von der CETESB (1984 a) und der *Secretaria do Meio Ambiente* (SMA-CPLA 1989) wurden zwei Berichte zur Umweltsituation in Campos do Jordão erstellt, wobei der zweite allerdings im wesentlichen auf der bis Anfang der 80er Jahre reichenden Datengrundlage des von der CETESB erarbeiteten Gutachtens basiert. Der Bericht der Umweltplanungsabteilung (CPLA; vgl. Kap. 3.2.3) des Umweltministeriums schlägt einen Zonierungsplan vor, der für 22 Teilräume des Munizips künftige Nutzungen definiert sowie die als notwendig erachteten Maßnahmen zur Verbesserung bzw. zum Erhalt der Umweltsituation vorgibt. Für die dichter besiedelten Zonen im zentralen Bereich des Munizips werden z.B. folgende Maßnahmen gefordert (SMA-CPLA 1989, Anhang; SMA 1992a, S. 19); die "Regelung" der urbanen Bodennutzung unter allen Gesichtspunkten, die "Regelung" der städtischen Besiedlung durch untere Einkommensgruppen, die Installation eines Systems zur Klärung der häuslichen Abwässer, die Verbesserung des städtischen Verkehrssystems und der touristischen Standorte, die Neuverplanung der freien Grundstücksflächen oder die Umsiedlung unterer Einkommensgruppen in "adäquatere" Gebiete. Wie diese allgemeinen Zielvorgaben allerdings in die Praxis umgesetzt werden sollen, bleibt im Unklaren. Da für alle 22 Zonen eine Reihe von Forderungen erhoben werden (das Müllentsorgungsproblem lösen, getrennte Müllsammlung einführen, bestimmte Anbaumethoden in der Landwirtschaft verbieten, den Managementplan des PECJ überarbeiten etc.) wird sofort deutlich, daß überhaupt nur ein Bruchteil der Zielvorstellungen jemals realisiert werden kann, zumal für die Finanzierung der Maßnahmen keinerlei Konzept angeboten wird. Für den Naturschutz ist deshalb kurz- und mittelfristig von größerer Bedeutung, welche konkreten Schutzbestimmungen vor Ort Gültigkeit haben und mit welchem Erfolg sie zur Zeit angewandt und umgesetzt werden.

Zunächst gelten natürlich wiederum alle nationalen und bundesstaatlichen Bestimmungen vom *Código Florestal* von 1965 über die *Resolucões CONAMA* bis hin zu der Verfassung des Bundesstaates São Paulo (vgl. Kap. 3). Von allgemeiner Bedeutung für den Schutz der natürlichen Vegetation ist zudem das seit 1979 ständig verlängerte Verbot, neue *loteamentos* einzurichten (*Lei Municipal* 1.154/1979, *Lei Municipal* 1.367/1983 und *Lei Municipal* 1.707/1989). Da große Teile der in den 70er Jahren exzessiv ausgewiesenen *loteamentos* bis heute noch nicht verkauft, geschweige denn bebaut sind, werden allerdings noch immer umfangreiche Abholzungen und Planierungsarbeiten vorgenommen, die auch in dem Bereich der (später gegründeten) APAs rechtlich nicht zu verhindern sind. In den anderen, nicht als *loteamento* gekennzeichneten Gebieten des Munizips greifen jedoch allmählich die Umweltgesetze dank einer seit Beginn der 90er Jahre gestärkten Umweltabteilung der Stadtverwaltung (*Secretaria de Meio Ambiente* - Campos do Jordão). Dabei stützt sie sich auf die Bestimmungen des *Código Florestal* und dessen Ergänzungsgesetze (Schutz der natürlichen Primärvegetation, *Lei Federal* 7.803/1989) sowie die Einrichtung der APA, mit der alle Reste natürlicher Vegetation als *zona de vida silvestre* vor jeglicher Nutzung oder Beschädigung geschützt wurden.

Zwei Beispiele mögen dies verdeutlichen: Am 3. Juli 1992 erging ein Umweltschadensbericht mit einer Zahlungsaufforderung an eine Person, die in der Nähe des Morro do Elefante zusammen mit neun anderen Personen eine Fläche von ca. 2.500 m² natürlichen Waldes (im Klimaxstadium) abgeholzt und anschließend mit drei Holzhütten bebaut hatte. Auf sieben Berichtseiten wird der Fall ausführlich geschildert und die Berechnung der Schadensersatzsumme erläutert. Danach habe der Betreffende unter Berücksichtigung seiner prekären wirtschaftlichen Situation insgesamt ca. 1.200 US $ Schadensersatz zu zahlen sowie die Fläche unter Anleitung der *Secretaria de Meio Ambiente* mit einheimischen Arten wieder aufzuforsten. In dem zweiten Fall ging es um den Besitz einer Kapital-Holding in Alto do Capivari, auf dem ca. 2.200 ha natürlichen Waldes ohne Genehmigung vernichtet wurden (*Laudo Pericial de Danos ao Meio Ambiente*, März 1993). Der Repräsentant der Holding wurde ebenfalls zur Zahlung einer Geldbuße sowie zur Wiederaufforstung verpflichtet. Allerdings beläuft sich die zu zahlende Summe auf etwa das Vierfache im Vergleich zum erstgenannten Fall, da für die Berechnung des Schadens eine andere Studie herangezogen wird, die den ökologischen Wert des Waldstückes höher einschätzt. Wenn bei den zitierten Beispielen zusätzlich zu den in diesen beiden Fällen araukarienfreien Waldstücken noch Araukarien gefällt worden wären, so hätte sich die Geldsumme beträchtlich erhöht, denn innerhalb der *zona urbana* des Munizips kostet das Abholzen eines Exemplares dieser besonders geschützten Spezies ca. 360 US $ (Angaben der *Secretaria de Meio Ambiente* - Campos do Jordão, 5.5.1993). Ob die Höhe der Geldbußen angemessen ist und ausreichend abschreckende Wirkung erzielt, sei dahingestellt. Wichtiger erscheint vielmehr, den Bewohnern des Ortes die Rolle der *Secretaria de Meio Ambiente* vor Augen zu führen und deutlich zu machen, daß die bestehenden Umweltgesetze von der *Prefeitura* ernst genommen werden. Die Verpflichtung zur Wiederaufforstung und die Nicht-Duldung von illegalen Landbesetzungen in ökologisch hochwertigen Gebieten sind gewichtige Zeichen, die sich in der Bevölkerung mittlerweile herumgesprochen haben. Die Anfragen von Eigentümern zu den gesetzlichen Bestimmungen mehren sich in der *Prefeitura*. Dabei steht der Genehmigung der Anträge auf Abholzungserlaubnis nach Angaben der Umweltabteilung in Campos do Jordão meist nichts entgegen, da es sich meist um kleine Flächen auf bereits bebauten Grundstücken handelt. Wenn eine Parzelle allerdings zum ersten Mal bebaut werden soll, entscheiden die Behördenvertreter meist erst nach einer Ortsbesichtigung über die Genehmigung, wobei die *Prefeitura* über einen gewissen Ermessensspielraum bei ihren Entscheidungen verfügt (Angaben der *Secretaria de Meio Ambiente* und eigene "teilnehmende Beobachtungen", März und Mai 1993).

6.3. Wahrnehmung von Umweltproblemen durch die Besucher der Stadt Campos do Jordão

6.3.1. Einführung: Ziele, Methodik und Durchführung der Befragung

Die Umweltprobleme Campos do Jordãos beruhen wesentlich auf dem raschen, durch den Tourismus geleiteten Wachstum des Ortes. Die direkten Folgen des Zweitwohnungsbaus und der Expansion touristischer Einrichtungen auf Vegetation, Boden und Wasserhaushalt des Munizips wurden noch verstärkt durch eine hohe Zuwanderung von Familien unterer sozialer Schichten, die im Baugewerbe oder im touristischen Dienstleistungsbereich einen Arbeitsplatz zu finden hofften. Da weder die physische Raumausstattung noch die städtischen Infrastruktureinrichtungen derartige Siedlungserweiterungen und Bevölkerungszuwächse zulassen, sind eine Reihe von Umweltschäden auch für den "durchschnittlichen" Besucher von Campos do Jordão deutlich sichtbar.

Mit Hilfe einer Befragung von Zweitwohnungsbesitzern und Besuchern des Ortes wird im folgenden Kapitel untersucht, inwieweit diese Gruppen, die als Hauptverursacher oder zumindest Mitverursacher von Umweltzerstörungen und -schäden gelten können, diese Probleme überhaupt wahrnehmen, und welche Rolle Umweltfaktoren für die Wahl Campos do Jordãos als Urlaubsort oder Standort für den Zweitwohnsitz spielen. Ferner wird gefragt nach der Art der Probleme, die erkannt werden, nach der Bewertung der Umweltsituation in verschiedenen (touristisch interessanten) Teilräumen des Munizips sowie nach der Bedeutung und der Wertschätzung, die die Befragten Maßnahmen des Umwelt- und Naturschutzes vor Ort beimessen. Wie aus diesen skizzierten Befragungszielen bereits deutlich wird, orientiert sich die Fragestellung und damit auch der Fragebogen (vgl. Anhang) an der in Kap. 4.3 geschilderten Befragung in Peruíbe. Soweit es die Verhältnisse vor Ort zulassen, ist damit die Vergleichbarkeit der beiden Befragungsserien (Kap. 7) gegeben. Doch nicht nur die Ziele und Inhalte des Fragebogens sind weitgehend identisch. Die Methodik und die Durchführung der Befragung sind ebenfalls vergleichbar, so daß sich die Darstellung der bereits in Kap. 4.3.1 erläuterten Auswertungsmethoden und Befragungsumstände auf diejenigen Sachverhalte beschränken kann, die sich von der Peruíbe-Untersuchung unterscheiden.

Die Befragung weicht zunächst dadurch ab, daß anstelle der Bewohner die Gruppe der Tagesbesucher befragt wurde. Wie bereits erläutert, war das Ziel der Befragungen in Peruíbe wie in Campos do Jordão, die Umweltwahrnehmung und die Beurteilung von Umweltproblemen durch die in der Natur Erholung suchenden Personen zu untersuchen. Dabei wurde die Befragung in beiden Städten dort durchgeführt, wo die meisten "typischen" Naturnutzer (vgl. Kap. 4.3.1) zu erwarten waren: In Peruíbe am zentralen Strandabschnitt (und nicht in einer abgelegenen Bucht) und in Campos do Jordão am zentralen Platz in Capivari, der vielfältige Nutzungsmöglichkeiten bietet, und nicht an einem der entfernteren touristischen Standorte, die z.B. von Zweitwohnungsbesitzern und häufiger wiederkehrenden Besuchern nur selten aufgesucht werden (beispielsweise der Pico de Itapeva oder der Morro do Elefante). Im Vergleich zu Peruíbe, dessen Strand ganzjährig auch von den Einheimischen genutzt wird, sind in Campos do Jordão aufgrund der anders gearteten Fremdenverkehrsstruktur des Ortes an den touristischen Zielen kaum Bewohner anzutreffen. Am wahrscheinlichsten schien es, im Zentrum von Capivari auf Bewohner zu stoßen, doch die im Vorlauf der eigentlichen Befragung durchgeführten Tests ergaben, daß die einheimische Bevölkerung auch diesen Standort fast ausschließlich zum Arbeiten aufsucht und nicht selbst an irgendwie gearteten Freizeitaktivitäten teilnimmt. Angesichts des sehr hohen Preisniveaus in Capivari in Bezug auf Restaurants, Bars, Lebensmittelgeschäfte oder Eintrittspreise für Aktivitäten im Parque de Diversões ist dies allerdings nicht verwunderlich. Eine Erfassung der Bewohner hätte also eine gesonderte Befragung in einem anderen Ortsteil erfordert. Sie wäre zudem aufgrund der offensichtlich anders gelagerten Interessen der Bewohner im Verhältnis zu den Besuchern nicht vergleichbar gewesen, weshalb auf die Einbeziehung der Einheimischen in die Untersuchung verzichtet wurde. Eine Ausnahme hinsichtlich des soeben erläuterten Sachverhaltes gibt es jedoch: Die Bewohner suchen als wohl einzigen touristischen Anziehungspunkt an Wochenenden regelmäßig den Horto Florestal (PECJ) auf, um sich dort in der Natur zu erholen. Insofern gehen sie zwar nicht in die Befragung in der Stadt mit ein, wohl aber werden sie in der anschließend vorgestellten Untersuchung zur Umweltwahrnehmung und Umweltbildung im PECJ erfaßt (vgl. Kap. 6.4).

Die Durchführung der Befragung im Zentrum von Capivari erfolgte innerhalb einer Woche im Juli 1992 nach dem gleichen Verfahren wie in Peruíbe (vgl. Kap. 4.3.1). Da auch hier eine der Befragtengruppen - die Urlauber - weitaus häufiger angetroffen wurden als die Zweitwohnungsbesitzer, mußte die zunächst zufällige Stichprobenauswahl in der Weise geschichtet werden, daß zuletzt nur noch zehn Zweitwohnungsbesitzer befragt wurden, um auch von dieser Gruppe mindestens 50 Probanden zu erhalten. Erfaßt wurden somit 131 Urlauber, 101 Tagesbesucher und 52 Zweitwohnungsbesitzer (Summe: 284). Dabei fallen in die Urlaubergruppe all diejenigen, die mindestens eine Übernachtung in Campos do Jordão tätigen, sei es in einer bezahlten Unterkunft (Hotel, Pension, gemietetes Haus oder Apartment, Campingplatz oder *colônia de férias*) oder unentgeltlich bei Freunden oder Verwandten. Zu den Tagesbesuchern zählen zum einen Omnibusreisende, die im Rahmen einer organisierten Tour als *excursionistas* oder aber selbständig den Ort besuchen, sowie Personen, die im eigenen PKW oder mit dem eigenen Motorrad anreisen und nicht in Campos do Jordão übernachten. Innerhalb der beiden Gruppen der Urlauber und Tagesbesucher erfolgte die Auswahl der Probanden zufällig.

6.3.2. Charakterisierung der Befragten

Die drei Befragtengruppen - Tagesbesucher, Urlauber, Zweitwohnungsbesitzer - unterscheiden sich sehr deutlich hinsichtlich ihrer sozioökonomischen Merkmale. Die Tagesbesucher, die sich zu zwei Dritteln aus Omnibustouristen und einem Drittel aus im eigenen PKW angereisten Personen zusammensetzen, weisen das mit großem Abstand niedrigste Einkommensniveau auf. Während von ihnen fast zwei Drittel in die beiden unteren Einkommensklassen (bis 1.000 US $ Familieneinkommen) fallen, sind dies bei den Urlaubern nur ein gutes Viertel und bei den Zweitwohnungsbesitzern ein Fünftel (vgl. Abb. 36). Letztere verfügen über extrem hohe Monatseinkommen, denn 52,0% von ihnen finden sich in der obersten Einkommensklasse. Bei den Urlaubern gehören 39,0% und bei den Tagesbesuchern 11,6% in diese Kategorie. Eine weitergehende Differenzierung dieser obersten Klasse zeigt folgendes Bild: Von den Tagesbesuchern verdienen die genannten 11,6% zwischen 2.000 und 5.000 US $, von den Urlaubern liegen 29,7% in diesem Bereich, 6,8% verdienen 5.000 - 10.000 US $ und weitere 2,5% mehr als 10.000 US $ pro Monat. Die Zweitwohnungsbesitzer fallen zu 41,0% in die erste der obersten Klassen (2.000 - 5.000 US $), 8,0% in die zweite (5.000 - 10.000 US $) und 3,0% in die der absoluten Spitzenverdiener.

Anhand der in Tab. 51 dargestellten Mittelwerte der Einkommen lassen sich noch weitere Differenzen feststellen. Die Zweitwohnungsbesitzer weisen zwar im Vergleich der drei Gruppen erwartungsgemäß den höchsten Mittelwert auf, doch werden sie noch von einer Untergruppe der Urlauber, namentlich den Personen, die ein Haus oder ein Apartment gemietet haben, übertroffen. Die Urlauber in Ferienkolonien sowie diejenigen, die bei Freunden und Verwandten in Campos do Jordão übernachten, verfügen innerhalb dieser Gruppe über die geringsten Einkommen. Die im Verhältnis zur Höhe des Einkommens geringe Standardabweichung weist auf eine gewisse Homogenität dieser beiden Untergruppen hin. Das Gegenteil ist bei den Tagesbesuchern festzustellen: Während ein großer Teil zwischen 500 und 1.000 US $ verdient, nämlich im wesentlichen die Bustouristen, erzielt eine nennenswerte Gruppe Einkommen zwischen 2.000 und 4.000 US $ und

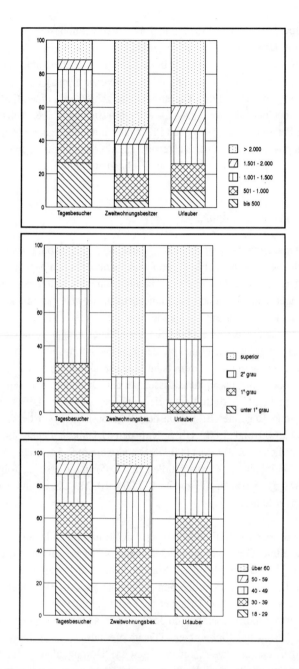

Abb. 36: Familieneinkommen der Befragten in Campos do Jordão (in US $ pro Monat)
Abb. 37: Bildungsstand der Befragten in Campos do Jordão
Abb. 38: Altersstruktur der Befragten in Campos do Jordão (in Jahren)

210

Tab. 51: Mittlere Einkommen nach Befragtengruppe in Campos do Jordão (in US $ pro Monat)

Gruppe	x	s	n
Zweitwohnungsbesitzer	2.941	3.022	50
Tagesbesucher	916	804	86
Urlauber	2.190	2.296	118
davon Unterkunft in [1]:			
Hotel/Pension	2.193	2.087	49
gemietetem Apartment/Haus	3.549	3.323	26
Ferienkolonie	1.430	690	10
bei Freunden/Verwandten	1.107	771	31

[1] ohne zwei Befragte der Kategorie "andere"

beeinflußt somit stark die Standardabweichung.

Der Bildungsstand (Abb. 37) zeigt ähnliche Unterschiede zwischen den drei Befragtengruppen. Nur ein Viertel der Tagesbesucher verfügt über einen Fachhochschul- oder Hochschulabschluß (*superior*), hingegen fast 80% der Zweitwohnungsbesitzer. Die Urlauber liegen mit 56% im mittleren Bereich. Auch bei der Altersstruktur unterscheiden sich die drei Gruppen signifikant, allerdings sind hierbei die Ähnlichkeiten zwischen Tagesbesuchern und Urlaubern sehr viel größer als zwischen diesen und den Zweitwohnungsbesitzern (Abb. 38). Die Tagesgäste stellen die jüngste Gruppe, denn fast 50% von ihnen gehören in die Altersklasse der 18-30-jährigen. Die Zweitwohnungsbesitzer sind durchschnittlich am ältesten, obwohl auch bei ihnen nur ein geringer Prozentsatz an über 50-jährigen anzutreffen ist. Das im Vergleich zu den am Strand von Peruíbe befragten Ferienwohnungsbesitzern geringe Durchschnittsalter läßt sich vielleicht damit erklären, daß sich die älteren Hausbesitzer möglicherweise weniger häufig in den zentralen Bereich von Capivari begeben als die jüngeren. Da über die Grundgesamtheiten der Zweitwohnungsbesitzer weder in Peruíbe noch in Campos do Jordão näheres bekannt ist, ließen sich zu den Hintergründen dieser Unterschiede jedoch nur Hypothesen formulieren.

Weitere Merkmale zur Charakterisierung der befragten Besuchergruppen beziehen sich auf die Herkunft sowie die Besuchsgewohnheiten und die Kenntnis anderer Touristenorte in Brasilien. Im Hinblick auf die Herkunft fallen drei Besonderheiten im Vergleich der Befragtengruppen auf (Tab. 52): Zum einen die überragende Bedeutung der Stadt São Paulo als Erstwohnort von mehr als drei Vierteln der Zweitwohnungsbesitzer. Bei den

Urlaubern sind dies immerhin noch 50%, bei den Tagesbesuchern nurmehr ein Drittel. Zum zweiten ist bei den Urlaubern der Prozentsatz der aus dem "übrigen Bundesstaat São Paulo" und aus "anderen Bundesstaaten" (insbesondere Rio de Janeiro) stammenden Befragten vergleichsweise hoch, wobei letztgenanntes für einen gewissen Bekanntheitsgrad von Campos do Jordão auch über die Bundesstaatsgrenze hinaus spricht. Das dritte Charakteristikum besteht in der relativ gleichmäßigen Verteilung der Tagesbesucher über die ausgewiesenen Herkunftsgebiete. Der vergleichsweise hohe Anteil der nahegelegenen Städte und des übrigen Bundesstaates unterstreicht die Bedeutung von Campos do Jordão als Ausflugsziel für die Bewohner der Region. Hierzu zählen auch die 8% der aus anderen Bundesstaaten kommenden Besucher, deren Herkunftsorte im nahegelegenen Minas Gerais liegen.

Tab. 52: Herkunft der Besucher von Campos do Jordão (in % der Befragtengruppe)

Gruppe	Stadt São Paulo	übriger Großraum São Paulo	nahegelegene Städte	übriger Bundesstaat São Paulo	andere Bundesstaaten
Zweitwohnungsbesitzer	76,9	3,8	1,9	13,5	3,8
Urlauber	50,4	8,4	6,1	25,2	9,9
Tagesbesucher	33,0	15,0	14,0	30,0	8,0

Nur 10% der Urlauber und 29% der Tagesbesucher sind zum ersten Mal in Campos do Jordão (vgl. Tab. 53). 38% der Urlauber und immerhin 20% der Tagestouristen besuchten bereits mehr als zehnmal den Ort, so daß hinsichtlich der Kenntnis der Problemlage erwartet werden kann, daß der überwiegende Teil der Befragten mit den Infrastruktur- und den allgemeinen Umweltproblemen im Munizip vertraut ist. Auch die Aufenthaltsdauer (Tab. 54) unterstützt diese Annahme, denn die meisten Urlauber nehmen sich mehr als nur ein Wochenende Zeit, um Campos do Jordão kennenzulernen. Daß sie dabei über Vergleichsmöglichkeiten mit anderen touristisch geprägten Orten in Brasilien verfügen, bestätigt sich in den in Tab. 55 dargestellten Ergebnissen der Frage nach der Kenntnis anderer Touristenorte (Frage 14 im Fragebogen; vgl. Anhang). Die überwiegende Mehrheit der Befragten gab an, mindestens zwei weitere ähnliche Reiseziele zu kennen, wobei die Tagesbesucher wiederum etwas "schlechter" abschnitten.

212

Tab. 53: Häufigkeit des Besuches in Campos do Jordão (in % der Befragtengruppe)

Gruppe	1. Mal	2.-10. Mal	≥ 10 mal	n
Zweitwohnungsbesitzer	0,0	3,8	96,2	52
Urlauber	9,9	51,9	38,2	131
Tagesbesucher	28,7	51,5	19,8	101

Tab. 54: Aufenthaltsdauer in Campos do Jordão in Tagen (in % der Befragtengruppe)

Gruppe	1-3	4-7	8-14	≥ 15	n
Zweitwohnungsbesitzer	25,0	21,2	34,6	19,2	52
Urlauber gesamt davon Unterkunft in:	35,1	41,2	21,4	2,3	131
Hotel/Pension	35,7	44,6	17,9	1,8	56
gemietetem Haus/Apartment	30,0	36,7	30,0	3,3	30
bei Freunden/Verwandten	45,5	27,3	24,2	3,0	33
andere	16,7	75,0	8,3	0,0	12

Tab. 55: Kenntnis anderer touristischer Orte in Brasilien (in % der Befragtengruppe)

Gruppe / Anzahl der Orte	0	1	2-3	≥ 4
Zweitwohnungsbesitzer	0,0	1,9	53,9	44,2
Urlauber	2,3	7,6	47,3	42,8
Tagesbesucher	5,0	17,8	45,6	31,6

6.3.3. Campos do Jordão im Urteil der Befragten

Die Vorgehensweise bei der Durchführung der Befragung zielte wie in Peruíbe darauf ab, die Interviewpartner erst möglichst spät mit den direkten Fragen zur Umweltsituation zu konfrontieren. Nichtsdestotrotz war bei den folgenden Fragen zum Hauptmotiv des Besuchs in Campos do Jordão und zum Gesamteindruck vom Ort vor allem von Interesse, inwieweit bei diesen allgemein gehaltenen Fragen, die im übrigen mit denen der Peruíbe-Befragung identisch sind, Umweltbelange von sich aus angesprochen wurden. Anhand der in Tab. 56 dargestellten Motive zur Wahl Campos do Jordãos als Urlaubs- oder Besuchsort bzw. als Zweitwohnsitz, läßt sich die Bedeutung der allgemeinen Umweltbedingungen (Klima, gute Luft, niedrige Temperaturen) ablesen. Auch speziellere Umweltfaktoren, wie die als schön empfundene Landschaft oder die "intakte" Natur, spielen für alle drei Befragtengruppen eine Rolle. Die Zweitwohnungsbesitzer und die Urlauber unterscheiden sich hinsichtlich dieser Frage nicht wesentlich voneinander, wenn man davon absieht, daß die Erstgenannten auffällig häufig persönliche Gründe (Nähe zu Familienangehörigen oder Freunden) als Hauptmotiv für die Standortwahl angaben. Die Tagesbesucher zitierten vergleichsweise häufig unspezifischere Gründe ("Freizeit", "Tourismus", "den Ort kennenlernen" etc.), und auch das Musikfestival wurde des öfteren genannt.

Tab. 56:   Hauptmotiv für den Erwerb eines Zweitwohnsitzes in Campos do Jordão bzw. für die Wahl des Urlaubs-/Besuchsortes (in % der Befragtengruppe)

Hauptmotiv	Tagesbe-sucher	Zweitwoh-nungsbesitzer	Urlauber
Klima, gute Luft, Kälte	27,7	46,2	55,0
Landschaft, Natur, Berge	8,9	11,5	8,4
Stadt (Architektur)	16,8	5,8	8,4
Freizeit, Kennenlernen (unbestimmt)	34,7	15,4	16,8
Musikfestival	5,9	1,9	3,1
Einkäufe	4,0	-	1,5
persönliche Gründe	1,0	19,2	5,3
anderes	1,0	-	1,5
n	101	52	131

Anm.:   Die Motive von Erstbesuchern und Nicht-Erstbesuchern unterscheiden sich nicht wesentlich.

Die zweite "offene Frage" zur Beurteilung des Ortes war die nach dem allgemeinen Eindruck von Campos do Jordão (Frage 16: "Was ist Ihr Eindruck von Campos do Jordão? Gefällt es Ihnen hier oder nicht? Warum/warum nicht?"). Tab. 57 zeigt die Ergebnisse zum Gesamteindruck. Danach urteilen die Tagesbesucher insgesamt positiver als die beiden anderen Gruppen. Die Urlauber sind immerhin zu 11,5% mit dem Ort unzufrieden und weitere 6,1% brachten sowohl negative als auch positive Dinge zur

Sprache. Die Zweitwohnungsbesitzer nehmen innerhalb der "+/-"-Gruppe den größten Anteil ein, was darauf hindeutet, daß sie die Situation vor Ort am differenziertesten betrachten.

Tab. 57: Campos do Jordão im Urteil der Befragten: Gesamteindruck (in % der Befragtengruppe)

Gruppe / Bewertung	positiv	negativ	+/-	n
Tagesbesucher	93,1	3,0	4,0	101
Zweitwohnungsbesitzer	84,6	3,8	11,5	52
Urlauber	82,4	11,5	6,1	131

Tab. 58: Campos do Jordão im Urteil der Befragten: Hauptgrund für positive Bewertungen (in % der Befragtengruppe)

Hauptgrund	Tagesbesucher	Zweitwohnungsbesitzer	Urlauber
Klima, Luft	22,1	38,5	32,6
Natur, Landschaft	11,7	12,8	7,9
Architektur der Stadt	18,2	10,3	10,1
gute touristische Infrastruktur	14,3	15,4	19,1
freundliche Atmosphäre	27,3	10,3	22,5
anderes	6,4	12,7	7,8

Interessant ist nun vor allem, worauf die Befragten ihr allgemeines Urteil begründen. Tab. 58 und 59 geben die positiven und die negativen Gründe wieder. Danach stehen die naturräumlichen Gunstfaktoren wiederum im Vordergrund: "Klima", "Natur", "Landschaft" oder "Vegetation" wurden insgesamt am häufigsten genannt. Für die Tagesbesucher hinterläßt gleichfalls die Architektur der Gebäude einen positiven Eindruck, und auch die touristische Infrastruktur wird gelobt. Negativ schlägt vor allem die Überfüllung der Stadt und der touristischen Anziehungspunkte zu Buche (Tab. 59). Etliche Befragte waren der Meinung, daß die Infrastruktur der Stadt bei weitem nicht so viele Besucher verträgt, wie tatsächlich vorhanden sind. Umweltzerstörungen wurden explizit nur von drei Probanden erwähnt ("Vegetationszerstörung" und "Degradierung der Umwelt" waren die Antworten). Auch die sozialen Probleme der Stadt (*favelas*, Zweiteilung der Stadt in einen armen und einen extrem reichen Teil) stachen nur wenigen Befragten ins Auge oder prägten zumindest nicht soweit den Eindruck von Campos do Jordão, daß sie an dieser Stelle genannt wurden. Insgesamt betrachteten die Urlauber die Stadt am kritischsten, dicht gefolgt von den Zweitwohnungsbesitzern, was ja bereits in Tab. 56 deutlich wurde.

Tab. 59: Campos do Jordão im Urteil der Befragten: negative Bewertungen (Mehr-fachnennungen möglich; absolute Werte)

Kritikpunkte	Tagesbesu-cher	Zweitwoh-nungsbesitzer	Urlauber
Stadt ist überfüllt	4	4	14
zuviel Kommerz	-	2	6
Umweltzerstörungen	-	1	2
Gegensatz armer vs. reicher Stadtteil	2	-	1
Zustand der touristischen Zielorte	-	1	2
anderes	1	1	4
Summe der Antworten	7	9	29
Summe negativ bewertende Befragte	7	8	23
n	101	52	131

Die letzte Frage zur "verdeckten" Untersuchung der Wahrnehmung von Umweltproble-men wurde mit der Frage 17 gestellt ("Was schlagen Sie für die künftige touristische Entwicklung von Campos do Jordão vor?"). Die Ergebnisse zeigen deutlich, daß ein beachtlicher Teil der Befragten die in Campos do Jordão bestehenden Probleme in bezug auf den Tourismus sehr wohl wahrnimmt (Tab. 60). Nur 7,7% bis 20,8% (je nach Befragtengruppe) möchten die touristische Infrastruktur verbessert sehen, z.B. in Form von mehr Freizeit-/Sportmöglichkeiten, Imbißständen, Bars etc. Alle übrigen Vorschläge machen ein Problembewußtsein bei den Befragten deutlich, sei es durch die Forderung, kein weiteres Wachstum der Stadt hinsichtlich des Tourismus oder des Zweitwohnungs-baus zuzulassen, sei es durch konkrete Vorschläge zur Verbesserung der Umweltsituation, etwa über Maßnahmen zur Verkehrslenkung oder Verkehrsvermeidung oder über die Entwicklung einer umweltschonenden Flächennutzungsplanung im Munizip, die die weitere Zersiedlung verhindern soll. An vorderster Stelle bei den Vorschlägen, die das Bewußtsein von Umweltproblemen deutlich erkennen lassen, liegen die Besitzer von Zweitwohnungen. Sie fühlen sich offensichtlich am meisten durch Verkehrsbelastungen gestört, setzen sich am vehementesten für die Durchführung von Naturschutzmaßnahmen ein und plädieren für die Begrenzung der touristischen Entwicklung. Dabei wird an den

Einzelantworten deutlich, daß einem nennenswerten Teil von ihnen vor allem an der Einschränkung des Tagestourismus gelegen ist, wobei insbesondere die Bustouristen für die Verkehrsprobleme sowie allgemein für die "Überfüllung" der Stadt verantwortlich gemacht werden.

Tab. 60: Vorschläge zur touristischen Entwicklung Campos do Jordãos (Mehrfachantworten möglich; Anteil der Befragtengruppe, der den jeweiligen Vorschlag unterbreitete)

Vorschlag	Tagesbesucher	Zweitwohnungsbesitzer	Urlauber
touristische Infrastruktur verbessern	20,8	7,7	18,3
allgemeine Infrastruktur verbessern	4,9	13,5	12,2
weiteres Wachstum verhindern / gegen weiteren Ausbau des Tourismus	3,9	15,4	10,7
Verkehrsprobleme lösen	23,8	30,8	14,5
zeitliche oder räumliche Dezentralisierung des Tourismus	2,9	15,4	11,5
weitere Zersiedelung verhindern / Abwasserprobleme lösen	-	11,5	3,1
andere Naturschutzmaßnahmen (Araukarienschutz, Umweltbildung, Naturschutzpolitik verbessern etc.)	2,0	15,4	6,1
andere	13,9	28,8	15,3
(kein Vorschlag)	39,6	11,5	31,3

Hinsichtlich des Naturschutzes werden von den Zweitwohnungsbesitzern und in geringerem Maße von den Urlaubern Anregungen zur effektiveren Gestaltung der munizipalen Umweltpolitik und zur Einleitung von Schutzmaßnahmen für die Waldbestände, insbesondere für die Araukarien, gegeben. Betont werden muß nochmals, daß all diese Äußerungen auf die Frage nach Vorschlägen zur touristischen Entwicklung des Ortes hin getätigt werden, ohne daß das Wort "Umwelt" oder "Natur" von seiten des Interviewers vorher gefallen wäre. Inwieweit sich dieses im Vergleich zu den Befragungsergebnissen in Peruíbe (vgl. Diskussion in Kap. 7) hohe Problembewußtsein bei den folgenden Fragen zur Umweltsituation bestätigt, wird sich zeigen.

6.3.4. Wahrnehmung und Bewertung von Umweltschäden

Mit der offenen Frage "Was halten Sie von der Umweltsituation in Campos do Jordão?" (Frage 18a; vgl. Anhang) und der anschließenden Bitte, der Umweltsituation anhand einer Skala von 1 ("hochgradig geschädigt") bis 5 ("sehr gut erhalten") eine Bewertungsnote zuzuordnen, sollte die Wahrnehmung von Umweltproiblemen erfaßt werden. Die Ergebnisse zeigen (Tab. 61), daß die Umwelt in Campos do Jordão eher gut als schlecht bewertet wird. Die Zweitwohnungsbesitzer fällen negativere Urteile als die Urlauber, und diese schätzen die Umweltbedingungen wiederum schlechter ein als die Tagesbesucher. Dieser Befund ergibt sich sowohl aus der offenen als auch aus der geschlossenen Frage, wobei die Notenvergabe noch deutlicher die kritische Haltung der Zweitwohnungsbesitzer im Vergleich zu den anderen Gruppen widerspiegelt. Anhand der Skala entscheiden sich 63 % der Tagesbesucher, 50 % der Urlauber und 29 % der Zweitwohnungsbesitzer für eine "sehr gute" oder "gute" Bewertung. 44 % der Urlauber und sogar 50 % der Zweitwohnungsbesitzer ziehen sich auf die mittlere "Note 3" ("mittel") zurück.

Tab. 61: Einschätzung der Umweltsituation in Campos do Jordão (in % der Befragtengruppe)

Bewertung (offene Frage)	Tagesbesucher	Zweitwohnungs-besitzer	Urlauber
schlecht	4,0	25,0	16,9
mittel	11,0	26,9	20,8
gut	85,0	48,1	62,3
Bewertung (Skala)			
1 (hochgradig geschädigt)	-	1,9	2,3
2	3,0	19,2	3,1
3	33,7	50,0	44,3
4	41,6	21,2	38,2
5 (sehr gut erhalten)	21,8	7,7	12,2

Welche Art von Umweltschäden, -belastungen oder -zerstörungen nun zu einer negativen Einschätzung geführt haben, zeigt Tab. 62. Sie enthält neben den Antworten zur Frage 18c ("Haben Sie in Campos do Jordão irgendwelche Umweltschäden/-zerstörungen beobachtet? Wenn ja, welche?") alle bereits in den vorhergehenden Fragen (Fragen 16, 17 und 18a) genannten Umweltprobleme, sofern diese nicht ohnehin auf die Frage 18c hin nochmals zitiert wurden. Nach dieser Gesamtzusammenstellung der wahrgenommenen

Umweltprobleme nennen drei Viertel der Zweitwohnungsbesitzer, 58% der Urlauber und immerhin 46% der Tagesbesucher mindestens einen Schaden/ein Problem (vgl. unterste Zeile der Tab. 62). Das allgemeine Problem "Müll, Schmutz" sollte aus den genannten Gründen (vgl. Kap. 4.3.4) nicht überbewertet werden, steht jedoch wie in Peruíbe meist an erster Stelle der Nennungen. Auffällig häufig zitieren die Zweitwohnungsbesitzer die mangelhafte Abwasserentsorgung sowie den hohen Flächenverbrauch für die Siedlungs-erweiterungen. Abholzungen und allgemeine "Vegetationszerstörung" werden von allen drei Gruppen gleichermaßen oft genannt. Speziellere Probleme, wie die unzureichende Umweltpolitik der Stadtverwaltung oder fehlende Umweltbildungsmaßnahmen (Naturführ-rungen, Informationen etc.), fallen nur Zweitwohnungsbesitzern und Urlaubern auf, die

Tab. 62: Art der erkannten Umweltprobleme in Campos do Jordão (nach Gruppe der Befragten[1])

Problem/Schaden	Tagesbesu-cher		Zweitwoh-nungsbesitzer		Urlauber	
	abs.	%[2]	abs.	%[2]	abs.	%[2]
Müll/Schmutz	13	13,0	18	34,6	25	19,1
Abwasserentsorgung	9	9,0	15	28,8	14	10,7
Abholzung, Vegetationszerstörung	17	17,0	10	19,2	24	18,3
Flächenverbrauch, Zersiedelung	8	8,0	12	23,1	21	16,0
Erosion	6	6,0	3	5,8	2	1,5
Luftverschmutzung durch Verkehr	-	-	2	3,8	3	2,3
mangelhafte städtische Umweltbil-dungspolitik	-	-	3	5,8	6	4,6
anderes (konkrete Probleme)	3	3,0	3	5,8	4	3,1
Summe der genannten Schäden	57		66		99	
Anzahl der Personen (mindestens 1 Problem erkannt)	46	46,0	39	75,0	76	58,0

[1] Ergebnisse der Fragen 16-18; Erläuterungen im Text

[2] Anteil der Befragtengruppe, der das jeweilige Problem erkannt hat; Anzahl der Mehr-fachnennungen abzulesen aus den beiden unteren Zeilen der Tabelle

über eine genauere Ortskenntnis verfügen. Aber auch die Luftverschmutzung, die ausdrücklich auf den Straßenverkehr zurückgeführt wird, nehmen nur diese beiden Gruppen wahr, obwohl die Tagesbesucher sich nicht nur ebenfalls durch den Verkehr belästigt fühlen müßten, sondern gerade auch selbst erheblich zur Luftverschmutzung beitragen.

Die von den Befragten genannten Umweltprobleme wurden anschließend - wiederum analog zur Vorgehensweise in Kap. 4.3.4 - vom Verfasser einer Gesamtbewertung unterzogen, die Aufschluß über die Umweltwahrnehmung der einzelnen Gruppen geben sollte. Dabei wurden die Angaben "Müll", "Abfall" oder "Schmutz" mit der Note "1" bewertet, alle anderen Schäden/Probleme (vgl. Tab. 62) erhielten eine "2". Im Falle der Nennung mehrerer mit "2" bewerteter Problemwahrnehmungen wurden diese aufsummiert, so daß "3" beispielsweise bedeutet, daß zwei konkrete Schäden erkannt worden sind (z.B.: Abwasserproblematik und Erosionsschäden).

Tab. 63: Wahrnehmung von Umweltschäden in Campos do Jordão (in % der Befragten-gruppe)

Bewertung[x]	Tagesbesucher	Zweitwohnungs-besitzer	Urlauber
0	54,0	25,0	42,0
1	12,0	11,5	13,0
2	29,0	40,4	37,4
3	5,0	21,2	7,6
4	-	1,9	-
n	100	52	131
0 + 1	66,0	36,5	55,0
2 + 3 + 4	34,0	63,5	45,0

[x] Erläuterung im Text

Da die Zweitwohnungsbesitzer bereits in den vorangehenden Fragen die Umweltsituation negativer beurteilt hatten, konnte erwartet werden, daß sie auch in der Gesamtbewertung der wahrgenommenen Schäden an der Spitze liegen würden. Tab. 63 bestätigt diese Vermutung, denn mit insgesamt 63,5 % der Befragten, die mindestens die Bewertungsnote "2" erhalten, erreicht diese Gruppe die weitaus höchste Problemwahrnehmung im Vergleich zu den beiden anderen Besuchergruppen. Die Kategorien "3" und "4" belegen sie mit zusammen 23,1 % sogar drei- bis viermal so häufig wie Tagesbesucher und Urlauber. Obwohl auch zwischen der Wahrnehmung der Urlauber und der Tagesbesucher noch signifikante Unterschiede bestehen, ist der Abstand zwischen ihnen doch geringer als zu den Zweitwohnungsbesitzern. Ferner ist als allgemeines Ergebnis festzuhalten, daß sehr viele der Befragten mindestens ein konkretes Umweltproblem benennen können und daß selbst bei der am schlechtesten bewerteten Gruppe - den Tagesbesuchern - noch mehr als ein Drittel in diese Gruppe fällt.

Tab. 64:   Anzahl der Probanden in Campos do Jordão, die den jeweiligen Standort kennen

Standort	Tagesbesucher	Zweitwoh-nungsbesitzer	Urlauber	gesamt
Capivari	93	52	130	275
Morro do Elefante	63	52	108	223
Parque de Diversões	91	46	106	243
Horto Florestal	40	47	86	173
Pico de Itapeva	49	49	95	193
Duchas de Prata	46	51	94	191

Mit der anschließenden Frage 19 ("Bitte bewerten Sie folgende Orte: ...") sollten die Einschätzung der touristischen Attraktivität und der Umweltsituation verschiedener touristischer Standorte erfaßt sowie anhand der Bitte um Vorschläge zur Verbesserung der Bedingungen an den jeweiligen Tourismuspunkten das Erkennen weiterer Problemfelder untersucht werden. Die Frage ist analog zu derjenigen in Peruíbe aufgebaut (vgl. Tab. 11 in Kap. 4.3.1) und beinhaltet die Standorte Capivari, Morro do Elefante, Parque de Diversões, Horto Florestal, Pico de Itapeva und Duchas de Prata. Die Probleme an diesen Punkten wurden bereits in Kap. 6.1 erläutert, wobei das Zentrum von Capivari insbesondere durch Abwasser- und Verkehrsbelastungen, der Morro do Elefante durch Erosion, Abholzungen und Besiedlungsprobleme und die Duchas de Prata durch einen verseuchten Fluß und ein allgemeines "Müllproblem" gekennzeichnet waren. Der Horto Florestal (= Parque Estadual de Campos do Jordão) und der Pico de Itapeva weisen sehr viel geringere Belastungen auf. Da sich jedoch beide Standorte innerhalb von Schutzgebieten befinden - der erste in seiner Gesamtheit als Parque Estadual und der zweite als einer APA zugehörig -, sind die Maßstäbe höher anzusetzen, so daß die Bereiche "Umweltbildungsmaßnahmen", "Abwasserentsorgung" (im Horto Florestal) oder "Müllbeseitigung" als verbesserungsbedürftig angesprochen werden müßten.

Tab. 64 gibt die Zahl der Probanden wieder, die den jeweiligen Standort kennen. Die unter der Kategorie "andere" genannten Besuchspunkte erreichen nicht in allen drei Befragtengruppen die mit 40 Probanden angesetzte Minimalzahl und wurden deshalb nicht mit in die Auswertung einbezogen.

Bei dem Vergleich der touristischen Attraktivität, die die Befragten den einzelnen Standorten beimessen, sticht besonders die große Anziehungskraft des Horto Florestal hervor, dem von allen drei Befragtengruppen die höchsten Bewertungsnoten gegeben werden. Die Noten von 1 (sehr geringe Anziehungskraft) bis 5 (sehr große Anziehungskraft) sind dabei in Abb. 39 zu vier Klassen zusammengefaßt: "Sehr gering/gering" beinhaltet die Noten "1" und "2", "mittel" repräsentiert die "3", "groß" die Wertung "4" und sehr groß die "5". Der Horto Florestal erhält sogar von 72,3% der Zweitwohnungsbesitzer eine "5" und weist damit die im Vergleich zu allen anderen Standorten weitaus höchste Attraktivität auf. Von den Tagesbesuchern und Urlaubern gaben jeweils ca. 50% die Note "5". An zweiter Stelle der Attraktivitätsliste finden sich der Aussichtspunkt Pico de Itapeva, der bei schönem Wetter einen beeindruckenden Rundblick über die Serra da Mantiqueira und in das Paraíbatal erlaubt, sowie das Zentrum Capivari. Bei den Urlaubern liegt dabei Capivari mit 10 Prozentpunkten vor dem Pico de Itapeva, bei den Tagesbesuchern ist dies umgekehrt.

Bei dem städtischen Aussichtsberg Morro do Elefante liegen die Bewertungen der drei Gruppen ebenfalls noch dicht beieinander, mit dem Unterschied zu den vorgenannten Punkten, daß nur noch ca. 50% der Befragten den Morro als sehr großen oder großen Anziehungspunkt einschätzen. Die Duchas de Prata und der Parque de Diversões werden hingegen nur noch von ca. 30% der Urlauber und Zweitwohnungsbesitzer und von 48% bzw. 44% der Tagesbesucher als attraktiv empfunden. Die Tagesbesucher geben zwar noch deutlich höhere Bewertungsnoten als die beiden anderen Gruppen, doch ist erstaunlich, daß selbst von dieser Besuchergruppe, für die der Parque de Diversões vornehmlich eingerichtet wurde und die ihn auch überwiegend frequentiert, nur von 44% als positiv angesehen wird und sogar über 30% der Tagesbesucher diesen Freizeitpark eher unattraktiv empfinden.

Die beste Bewertung hinsichtlich der Umweltsituation erhielten naturgemäß das Schutzgebiet Horto Florestal und der ebenfalls in natürlicher Umgebung gelegene Pico de Itapeva (Abb. 40). Die städtischen Touristenstandorte wurden vergleichsweise negativ bewertet, wobei sich allerdings deutliche Unterschiede in bezug auf die Befragtengruppen

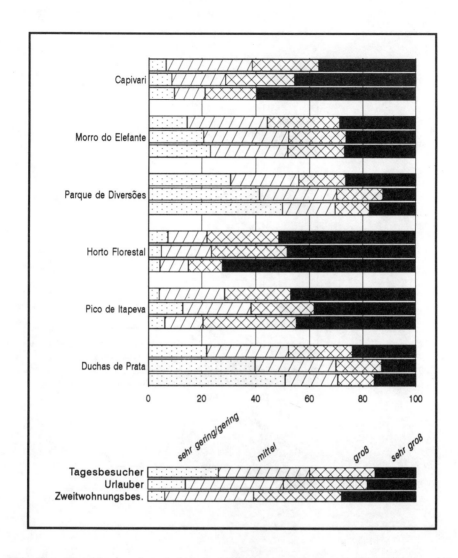

Abb. 39: Einschätzung der touristischen Attraktivität der Besuchsorte in Campos do
Jordão (in % der Antworten nach Befragtengruppe)

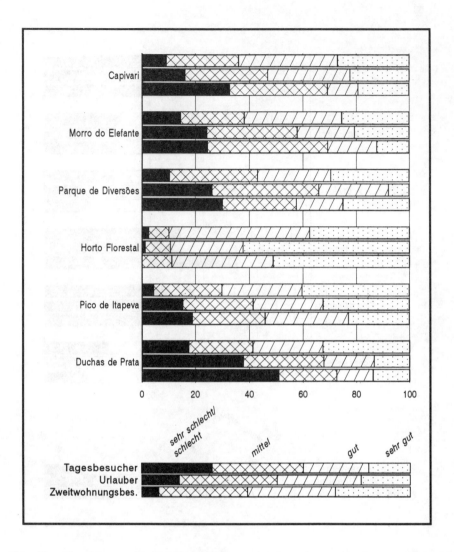

Abb. 40: Einschätzung der Umweltsituation an den Besuchsorten in Campos do Jordão
(in % der Antworten nach Befragtengruppe)

ergeben: Während die Zweitwohnungsbesitzer Capivari und den Morro do Elefante mit Abstand am schlechtesten beurteilen, bewerten die Tagesbesucher sowohl den von deutlich sichtbaren Erosionsschäden und Abholzungen gekennzeichneten Morro als auch die stark verschmutzten Duchas de Prata außerordentlich positiv.

Weiteren Aufschluß über das Erkennen von Umweltproblemen sollte die Bitte um Verbesserungsvorschläge zu den einzelnen Standorten (Frage 19) ergeben. Zu den Standorten Capivari und Morro do Elefante erfolgten in bezug auf die Verbesserung der Umweltsituation jeweils 20 Vorschläge, davon zu Capivari verhältnismäßig viele von den Zweitwohnungsbesitzern (insbesondere zur Verkehrsbelastung) und zum Morro überproportional viele von den Urlaubern (vor allem zur Wiederaufforstung des Hügels). Eine genauere statistische Auswertung lassen die Antworten anhand der geringen Fallzahlen weder zu diesen beiden touristischen Standorten noch zu den anderen abgefragten Punkten zu, für die noch weniger Verbesserungsvorschläge unterbreitet wurden.

Die im Vergleich zu Peruíbe geringe Zahl von Vorschlägen ist auf zwei Ursachen zurückzuführen: Zum einen treten die Hauptumweltprobleme in Campos do Jordão (Abholzung, Erosion, Abwasserentsorgung, Zersiedelung) nicht speziell an einzelnen Standorten oder in kleineren Teilräumen, sondern im gesamten für den Besucher (einschließlich der Zweitwohnungsbesitzer) "erfahrbaren" und damit sichtbaren Teil des Munizips auf. Zwar sind Erosionserscheinungen besonders deutlich am Morro do Elefante und die Abwasserproblematik auch in Capivari zu erkennen, doch sind diese Schäden und Belastungen charakteristisch für den Gesamtraum, weshalb sie von denjenigen Befragten, die diese Verhältnisse/Probleme wahrnahmen, bereits in den vorhergehenden Fragen zur zukünftigen Entwicklung des Ortes und insbesondere zu den Umweltschäden (Frage 18) genannt wurden. Aus diesem Grunde äußerten die Befragten in Frage 19 eher Wünsche zur Verbesserung der touristischen Infrastruktur an den Standorten als zu den Umweltbedingungen. Diejenigen, die Umweltschäden ansprachen, wiederholten im wesentlichen nur Dinge, die von ihnen bereits vorher zitiert worden waren, so daß sich für die Auswertung der Befragung keinerlei neue Aspekte ergaben.

Eine zweite Ursache für die geringe Zahl von Vorschlägen ist möglicherweise in den äußeren Umständen der Befragung zu finden: Im Vergleich zu den anderen Befragungen in Peruíbe, im PECJ und in der EEJI war es in Campos do Jordão sehr viel schwieriger, auskunftswillige Interviewpartner anzutreffen. Die Zahl der Absagen war erheblich höher als an den anderen Orten, und einige der Angesprochenen wollten sich nur auf ein "kurzes" Interview einlassen. Inwieweit sich dieser - meist nur vorgeschobene - Zeitmangel auf die Beantwortung insbesondere dieser etwas umfangreicheren Frage 19 tatsächlich auswirkte, läßt sich natürlich nicht belegen.

Folgende Ergebnisse zur Bedeutung der Umweltbedingungen in Campos do Jordão und zur Wahrnehmung von Umweltproblemen können festgehalten werden:

- Die höchste touristische Attraktivität messen alle drei Befragtengruppen den Standorten bei, die über eine weitgehend intakte Natur verfügen, allen voran der Horto Florestal (PECJ), gefolgt vom Pico de Itapeva, der ebenfalls weit entfernt von der Stadt über eine natürliche Umgebung verfügt. Das von den städtischen Behörden als vorrangiges Tourismusziel angesehene Zentrum von Capivari wird von den Zweitwohnungsbesitzern und Tagesbesuchern erst an dritter Stelle genannt. Die überragende Bedeutung des Horto Florestal zeigt sich ebenfalls anhand der letzten Frage (Frage 20: "Welcher der Standorte gefällt Ihnen am besten?"), denn innerhalb aller drei Befragtengruppen wählten von denen, die den Horto bereits besucht hatten, der weitaus größte Teil diesen eindeutig als den für sie interessantesten Ort aus.

- Die Bedeutung, die Zweitwohnungsbesitzer, Urlauber sowie - in geringem Maße - Tagesbesucher den Umweltbedingungen an dem Ort ihres Zweitwohnungssitzes bzw. Urlaubsortes beimessen, wird durch zweierlei Tatbestände unterstrichen: Zum einen nennen mehr als die Hälfte der Urlauber und Zweitwohnungsbesitzer die naturräumlichen Gegebenheiten als Hauptmotiv ihrer Wahl von Campos do Jordão als Aufenthaltsort (Tab. 56). Zudem werden als Hauptgrund für eine positive Bewertung des Ortes meist die guten Umweltbedingungen angegeben (Tab. 58). Zum zweiten fällt auf, daß schon bei der Frage nach der künftigen Entwicklung des Ortes Maßnahmen zur Verbesserung der Umweltbedingungen oder zumindest die Verhinderung weiteren Wachstums der Stadt mit an vorderster Stelle genannt werden (Tab. 60). Bei den direkten Fragen zur Umweltsituation und zu Umweltschäden wird sehr deutlich, daß ein großer Teil der Besucher und vor allem der Zweitwohnungsbesitzer die Probleme vor Ort erkennen und sich für eine Verbesserung der Umweltbedingungen aussprechen (Tab. 62 und 63). Es konnte festgestellt werden, daß die Zweitwohnungsbesitzer insgesamt am sensibelsten auf Umweltprobleme reagieren und daß die Urlauber in diesem Punkt noch weit vor den Tagesbesuchern einzuordnen sind. Es steht zu vermuten, daß der Grund für diese Unterschiede in dem Grad der Vertrautheit mit dem Munizip Campos do Jordão zu suchen ist.

Eine zweite mögliche Ursache für die Wahrnehmungsunterschiede könnte in dem Bildungsstand zu suchen sein. Der χ^2-Test ergibt für die Gruppe der Urlauber einen signifikanten Unterschied (95 % Sicherheitswahrscheinlichkeit; 2x2 sowie 3x2-Felder-Tafel): Die höheren Bildungsklassen weisen eine größere Wahrnehmung von Umweltproblemen auf. Bei den Tagesbesuchern ist bei den statistisch möglichen 3x2- und 2x2-Felder-Tafeln jedoch kein signifikanter Unterschied festzustellen (Irrtumswahrscheinlichkeit: 34,9 % bzw. 42,4 %). Bei den Zweitwohnungsbesitzern ist aufgrund des insgesamt sehr hohen Bildungsstandes (78,4 % fallen in die höchste Bildungsklasse) kein einwandfreier χ^2-Test möglich. Akzeptiert man eine unterbesetzte Zelle (erwarteter Wert: 3,9) bei der 2x2-Felder-Tafel, so ergibt sich ein signifikanter Unterschied mit einer Irrtumswahrscheinlichkeit

von 1,0%. Diese Ergebnisse lassen für Campos do Jordão keine eindeutigen Schlüsse auf die Rolle des Bildungsniveaus für die Wahrnehmung von Umweltschäden zu. Der Vergleich mit den Ergebnissen aus den anderen Befragungen in Kap. 7 wird weiteren Aufschluß über die Hintergründe der unterschiedlich ausgeprägten Problemwahrnehmung bringen.

6.4. Das Schutzgebiet Parque Estadual de Campos do Jordão aus der Sicht seiner Besucher

6.4.1. Einführung und Methodik

Es wurde bereits angesprochen, daß der Parque Estadual de Campos do Jordão (PECJ) zu den am besten ausgestatteten Schutzgebieten Brasiliens zählt. Er blickt auf eine mittlerweile über 50-jährige Tradition als Ausflugsziel der Bevölkerung und der Besucher Campos do Jordãos zurück. Jährlich besuchen 143.000 Personen den Park (Mittel der Jahre 1988-1991 nach Unterlagen der Parkverwaltung), von denen 10-15% mit dem Omnibus (*excursionsistas* oder Schulklassen) anreisen. Die höchsten Besuchszahlen weist der Monat Juli mit ca. 18.000 Personen auf, doch davon abgesehen gibt es keine ausgesprochen großen Schwankungen: Der PECJ ist das ganze Jahr über gut besucht, sofern das Wetter nicht zu schlecht ist.

In der zentralen Zone, die in Abb. 35 als Verwaltungszone gekennzeichnet ist, stehen den Besuchern folgende Einrichtungen zur Verfügung:

- direkt am Parkplatz ein kleines Besucherzentrum mit einem kleinen Herbarium, einer Käfer- und Schmetterlingssammlung (Präparate sind nur mit lateinischen Namen gekennzeichnet), einer kleinen Informationstafel, die die Ziele eines *Parque Estadual* nennt, einigen Plakaten zu brasilianischen Tieren (Affen- und Papageienarten) sowie sanitären Einrichtungen,

- ein (kur)parkähnliches Gelände um den Parkplatz herum, das eine Vielzahl nicht-einheimischer Bäume und Sträucher aufweist, die wie in einem botanischen Garten z.T. mit den lateinischen Namen und dem Herkunftsland/der Herkunftsregion beschildert sind. In diesem Bereich ist auch ein Karpfenteich, ein kleiner Forellenbach[3], eine

---

[3] Die Forellen gehören zu einer Fischforschungsanlage des Landwirtschafts ministeriums, die seit langem innerhalb des Parkgebietes untergebracht ist.

Kapelle, ein Kinderspielplatz (konventionell, nicht auf umwelterzieherische Ziele ausgerichtet) sowie ein Sägewerk, in dem die im PECJ für den eigenen Bedarf gefällten Kiefern (aus aufgeforsteten Flächen) verarbeitet werden. Das mit Wasserkraft angetriebene Sägewerk ist allerdings nicht zur Besichtigung freigegeben. Die Parkwächter - meist zwei Diensthabende in diesem Bereich - stehen den Besuchern für Auskünfte zum Park zur Verfügung.

- Ferner besteht für die Besucher die Möglichkeit, auf einem der drei ausgeschilderten Fußwege spazierenzugehen. Die Wegstrecke für den Trilha da Cachoeira, an dessen Ende ein kleiner Wasserfall besichtigt werden kann, beträgt hin und zurück ca. eine Stunde, der Trilha do Sapucaí erfordert 50 Minuten und der Trilha das Tres Pontes 15 Minuten. Zudem kann über einen 3-stündigen Aufstieg entlang eines Fahrweges der Steilabfall der Serra da Mantiqueira mit Blick in das Paraíbatal erreicht werden. Von dieser Möglichkeit wird jedoch von den Besuchern so gut wie nie Gebrauch gemacht.

- Eine weitere Infrastrukturleistung besteht in einem Picknickgelände am Rio Sapucaí-Guaçu, ebenfalls innerhalb der zentralen Verwaltungszone, das mit Bänken, Tischen und Grillplätzen ausgestattet ist.

Obwohl der PECJ bereits einige Möglichkeiten, zur naturnahen Freizeitgestaltung bietet, liegt nach Ansicht der Parkdirektorin eines der Hauptprobleme des Parks noch immer in der unzureichenden Information und Begleitung der Besucher im Sinne der umwelterzieherischen Zielsetzung eines *Parque Estadual* (zahlreiche Gespräche des Verf. mit der Parkdirektorin sowie anderen Parkangestellten 1991-93). Dies betrifft sowohl die Einzelbesucher als auch Gruppen, insbesondere Schulklassen. Die privaten Besucher finden im Informationszentrum des Parks, das ohne museumspädagogisches Konzept eingerichtet wurde, nur ungenügende Erläuterungen zum Schutzgebiet. So sind für den Normalbesucher, d.h. den Nicht-Biologen, keinerlei Informationen zum Ökosystem, zu speziellen Problemen oder Besonderheiten des Parks oder der Region, zu einzelnen Vegetationsformen (z.B. Araukarienwald) oder bedrohten Tierarten (z.B. "papageio-de-peito-roxo") aufbereitet. In dem zentralen Besuchsbereich, einschließlich der Wanderwege, sind ebenfalls keine näheren Erläuterungen zum Naturraum oder allgemein zum Schutzgebiet erhältlich, es sei denn über die wenigen Parkwächter.

Naturkundliche Führungen können aufgrund des Personalmangels für die privaten Besucher nicht angeboten werden, und auch für angemeldete Gruppen (Schulklassen oder universitäre Gruppen) gestaltet sich die Durchführung derartiger Veranstaltungen als sehr schwierig, da außer der Direktorin keiner der Parkangestellten über eine angemessene Ausbildung verfügt, und zwar weder in umweltpädagogischer Hinsicht noch allgemein schulisch.

Die Parkleiterin ist die einzige Kraft mit einem höheren Schulabschluß als 2° *grau*. Sie ist allein verantwortlich für alle Bereiche dieses hochrangigen Schutzgebietes, d.h. für alle Verwaltungsangelegenheiten, für wissenschaftliche Fragen und Projekte, für die Einhaltung der Schutzbestimmungen, für die Umweltbildung sowie, als Besonderheit des PECJ, für die forstwirtschaftlichen Aspekte, da ein beträchtlicher Teil des Parks aus aufgeforsteten Beständen, meist Kiefernarten besteht, die nach und nach genutzt werden, um die Flächen anschließend zu renaturieren. Obwohl der Park insgesamt über 82 Angestellte verfügt (Stand August 1992), ist die personelle Situation dennoch als sehr prekär zu bezeichnen, denn der überwiegende Teil von ihnen ist nur für sehr einfache Arbeiten einzusetzen, z.B. als Waldarbeiter, für einfache Reparaturarbeiten oder im Sägewerk. Nur 17 Personen wurden als Parkwächter eingestellt. Aufgrund des niedrigen Bildungsstandes der Angestellten sowie fehlender Fortbildungsprogramme durch die SMA ist der Einsatz dieser Personen im Umweltbildungsbereich nicht möglich.

Mit den Untersuchungen im PECJ wurden nun drei Hauptziele verfolgt: Zunächst steht die Frage im Mittelpunkt, welche Rolle der Park für die Besucher der Freizeitregion Campos do Jordão spielt. Hierfür wurden mittels einer Besucherbefragung die Struktur der Besucher, deren Aktivitäten im Park, Hauptmotive für den Besuch und die Beurteilung der Attraktivität des Schutzgebietes erfaßt. Der zweite Untersuchungskomplex umfaßt die Einschätzung der derzeitigen Besucherinfrastruktur durch die Besucher sowie die Erfordernisse und die Chancen für künftige Umweltbildungsmaßnahmen im Schutzgebiet. Das dritte Hauptziel der Befragung besteht in dem anschließenden Vergleich der Ergebnisse mit den Resultaten der in der EEJI durchgeführten Besucherbefragung (Kap. 7). Da der Fragebogen bis auf wenige Abweichungen, die aufgrund der verschiedenartigen äußeren Umstände (z.B.: Eintrittsgeld im PECJ) notwendig waren, mit dem der EEJI identisch ist, kann auf die erneute Erläuterung des Konzeptes und der Einzelfragen verzichtet werden (vgl. Kap. 5.3.1).

Die Durchführung der Befragung erfolgte im Oktober 1991 und im Juli 1992, so daß ein Zeitraum innerhalb und einer außerhalb der Ferienzeit berücksichtigt werden konnte. Der relativ große Abstand zwischen den beiden Erhebungszeitpunkten ist darin begründet, daß dem Verfasser sämtliche bis August 1991 durchgeführten Interviews (250 Fragebögen) gestohlen wurden. Die Befragung im Ferienzeitraum konnte dann erst im Juli 1992 wiederholt werden. Da sich während dieser Periode keinerlei für die Besucher bemerkbaren Veränderungen im Park ergaben, sind die Ergebnisse dennoch vergleichbar. Das Verhältnis der Besucher, die an Wochenend- und an Werktagen den Park aufsuchen, geht aus der Statistik der Parkverwaltung hervor. So konnte auch dieses Kriterium bei der Wahl der Wochentage, an denen befragt wurde, berücksichtigt werden, so daß Verfälschungen der Ergebnisse beispielsweise durch zuviele Wochenend-/Tagesbesucher oder Langzeittouristen, die während der Woche überproportional häufig vertreten sind, vermieden werden konnten.

Die Auswahl der Interviewpartner erfolgte nach dem gleichen Muster wie in der EEJI, nämlich zufällig, an dem zentralen Platz im Park, den alle Besucher aufsuchen, queren oder an dem sie ihr Auto abstellen, so daß die Stichprobe als repräsentativ für die Parkbesucher angesehen werden kann.

6.4.2. Die Struktur der Besucher

Die Besucher des *Parque Estadual* zeichnen sich durch ähnlich hohe Einkommen und ein ähnlich hohes Bildungsniveau aus wie die Besucher und Zweitwohnungsbesitzer der Stadt Campos do Jordão. Ein direkter Vergleich der in Tab. 65 dargestellten Einkommens-verhältnisse mit denen, die aus Abb. 37 hervorgingen, ist nicht möglich, da im Park nur nach dem persönlichen Einkommen des jeweiligen Befragten und nicht nach dem Fa-milieneinkommen gefragt wurde. Der Vergleich der Mittelwerte der persönlichen Einkom-men - die in der Stadt ebenfalls erfaßt wurden - zeigt jedoch, daß sich die Besucher des Parks in dieser Hinsicht nicht wesentlich von den Befragten in Capivari unterscheiden. Das Bildungsniveau der Parkbesucher ist als außergewöhnlich hoch zu bezeichnen und es entspricht in etwa demjenigen der in der Stadt befragten Urlauber (vgl. Abb. 38). Sowohl das Einkommens- als auch das Bildungsniveau unterscheiden sich ganz erheblich von denjenigen der Juréia-Besucher: Dort fallen doppelt so viele Befragte in die unterste Einkommensklasse (bis 500 US $) und ungefähr dreimal so viele in die beiden unteren Bildungsklassen (1 ° und 2 ° *grau*) wie im PECJ. Signifikant unterschiedlich ist gleichfalls die Altersstruktur der befragten Personen und deren mitreisender Gruppenmitglieder (Frage 10 des Fragebogens): Während in der Juréia 40 % der Besucher bis 20 Jahre alt sind und nur 8 % über 40 Jahre, sind dies im PECJ 37,5 % bzw. 21,3 % (Tab. 66).

Tab. 65: Persönliches Monatseinkommen und Bildungsstand der Befragten im PECJ

Einkommen in US $	% der Befragten	Bildungsstand	% der Befragten
≤ 500	26,2	*1 ° grau*	7,1
501-1.000	34,4	*2 ° grau*	16,6
1.001-1.500	15,9	*superior incom-*	
1.501-2.000	10,9	*pleto*	17,9
≥ 2.000	12,6	*superior completo*	58,4
n	294 (=100%)	n	308 (= 100%)

Tab. 66: Alterstruktur der Besucher im PECJ (n = 1478)

Altersklassen (Jahre)	Besucher (%)
≤ 10	15,6
11-15	10,4
16-20	11,5
21-30	22,7
31-40	18,5
41-50	12,7
51-60	5,3
> 60	3,3

75% der im Park angetroffenen Personen sind als Urlauber in Campos do Jordão untergebracht oder besitzen eine Ferienwohnung/ein Ferienhaus in der Stadt, und die restlichen
25% sind Tagesausflügler, die meist aus den nahegelegenen Städten des Paraíbatales oder
aus dem Großraum São Paulo angereist sind. Einige der Tagesbesucher verbringen den
ganzen Tag im Park, die meisten jedoch bleiben nur kurze Zeit und suchen anschließend
noch andere Touristenpunkte in Campos do Jordão auf. Insgesamt hielten sich 9,1% der
Befragten den überwiegenden Teil des Tages im Park auf (4,5 - 8 Stunden), der Großteil
der Besucher bleibt jedoch nur ca. 2 Stunden, um einen kleinen Rundgang zu machen
oder den Wasserfall zu besuchen (Tab. 67).

Tab. 67: Aufenthaltsdauer im PECJ (in %)

Stunden	< 1	1	bis 2	bis 3	bis 4	bis 8
Besucher	4,9	13,0	38,0	22,7	12,3	9,1

Tab. 68: Häufigkeit des Besuchs im PECJ (in %)

Anzahl	1. Mal	2. Mal	3. Mal	4.-10. Mal	häufiger
Besucher	44,2	17,2	8,4	13,6	16,6

Im Hinblick auf die Häufigkeit des Besuchs im Park sind zweierlei Ergebnisse auffällig

(Tab. 68): Zum einen ist die Zahl der Erstbesucher mit 44,2% sehr hoch, und zum zweiten verfügt der PECJ über eine beträchtliche Anzahl von Stammbesuchern, denn 13,6% kommen bereits zum wiederholten Mal in den Park (vier- bis zehnmal), und 16,6% der Besucher gaben an, mehr als zehnmal das Schutzgebiet besucht zu haben, davon ein großer Teil, der sehr regelmäßig kommt, d.h. mehrmals pro Jahr.

6.4.3. Besuchsmotiv und Kenntnisse über das Schutzgebiet

Das Hauptmotiv des Parkbesuchs sollte analog zur Vorgehensweise in der Juréia mit Hilfe einer geschlossenen und einer offenen Frage, die durch eine Zusatzfrage ergänzt wurde, erfaßt werden. Die geschlossene Frage ergab, daß neben den sehr häufig genannten allgemeinen Angaben, wie spazierengehen (86%) oder die Forellen anschauen (71%) einige andere Aktivitäten genannt wurden, die auf ein spezielleres Interesse an der Natur schließen lassen. So wollten 25% der Befragten eine "Wanderung machen" ("fazer trilhas"), wobei darunter allerdings im Normalfall ein Spaziergang von maximal einer Stunde zu verstehen ist. 38% beabsichtigten, den Wasserfall ("Cachoeira da Galharada") aufzusuchen, und 37% zeigten Interesse an einem Besuch des Informationszentrums. 14% der Besucher hatten vor, u.a. ein Picknick im Park zu veranstalten. Von ihnen stammt der weitaus größte Teil aus Campos do Jordão oder aus den umliegenden Städten, und sie nutzen den Park als Naherholungsziel am Wochenende.

Einen besseren Überblick über das tatsächliche Interesse an der Natur und/oder an dem Schutzgebiet als solchem ergeben die offenen Fragen (Frage 16 und 17: "Welches ist das Hauptmotiv Ihres Besuchs?" und "Warum sind Sie gerade hierher, in diesen Park gekommen?"). Jeweils 5,5% nannten als Hauptmotiv ein spezielles Interesse an Umweltfragen (z.B.: "den Kindern die Natur nahebringen", "den Park als Schutzgebiet kennenlernen" oder "Kanarienvögel beobachten") oder die Durchführung einer Wanderung (Abb. 41). 15% nannten "die Natur erleben" als Hauptziel. Insgesamt zeigt sich also ein ungefähres Viertel der Besucher an allgemeinen oder speziellen Umweltfragen interessiert. Die überwiegende Mehrheit kommt jedoch nicht mit speziellen Zielen oder Vorstellungen in den Park. Sie empfindet den PECJ "einfach so" als "angenehm" oder "schön" oder betrachtet ihn als einen unter mehreren touristischen Punkten in Campos do Jordão, "die man aufsucht".

Die Frage nach dem "Woher" der Information über das Schutzgebiet (Frage 20) macht die Bedeutung der Mundpropaganda für den Park deutlich (Tab. 69): Fast die Hälfte erhielt über andere Personen Kenntnis vom PECJ. Immerhin 17,9% gaben an, aus einem Tourismusprospekt, in der Regel aus dem Informationsfaltblatt der Stadt Campos do Jordão, das erste Mal von dem Park erfahren zu haben, was die Bedeutung der Werbung für das Schutzgebiet in der Stadt unterstreicht. Obwohl die Information über das Schutzgebiet innerhalb des Parks für europäische Verhältnisse noch viel zu wünschen übrig läßt, fühlten sich 51,3% der Besucher gut oder sehr gut informiert. Doch immerhin 21,5% gaben an, mit der Informationsvermittlung unzufrieden oder sehr unzufrieden zu sein (Frage 19a).

Tab. 69: Quelle der Information über den PECJ (in % der Befragten; Mehrfachantworten möglich)

Informationsquelle	% der Befragten
andere Personen	47,7
Tourismusprospekt	17,9
Hinweisschilder, Plakate	5,5
Reiseführer (guia 4 rodas)	3,6
Zeitungen, Zeitschriften	1,0
kennt PECJ schon sehr lange	17,2
anderes	7,1
Summe	100

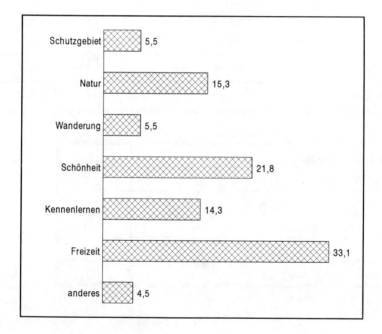

Abb. 41: Hauptmotiv des Besuchs im PECJ

233

Mit der Frage "Was, glauben Sie, ist ein *Parque Estadual*, welches sind seine Funktionen und Ziele?" sollte überprüft werden, über welche Kenntnisse die Befragten hinsichtlich der Aufgabenstellung des Schutzgebietes verfügen. Zu beachten ist dabei, daß in dem Besucherzentrum eine Tafel mit genau den Antworten auf diese Frage angebracht ist und zudem in dem Faltblatt über den Park darüber informiert wird, das auf Anfrage an der Rezeption erhältlich ist - sofern nicht gerade die Auflage vergriffen ist und auf Nachschub aus São Paulo gewartet wird. Anders als in der Juréia bestehen im PECJ also Möglichkeiten, sich über die Funktion des Schutzgebietes relativ einfach in Kenntnis zu setzen. In Tab. 70a sind die Funktionen sowie die Anzahl der "richtigen" und "falschen" Antworten zu dieser Frage aufgeführt.

Tab. 70: Kenntnisse der Besucher des PECJ über die Funktionen eines *Parque Estadual*

a) Funktionen (Mehrfachnennungen; Anteil der Befragten, der die jew. Funktion nennt)

	Funktion	% der Befragten
"richtige" Antwort	Naturschutz	68,5
	Freizeit/Tourismus	49,7
	Umweltbildung	47,4
	Forschung	9,7
	Schutz genetischer Ressourcen	0,3
"falsche" Antwort	Natur (unbestimmt)	11,7
"weiß nicht"		1,3

b) Gesamtbewertung der Antworten der Befragten (n = 308 ≙ 100%)

keine Funktion genannt	1,3
nur die Funktion "Freizeit/Tourismus" genannt	12,7
eine Funktion genannt (außer "Freizeit/Tourismus")	25,0
zwei Funktionen genannt	46,4
drei Funktionen genannt	13,3
vier Funktionen genannt	1,3

Danach wird die vorrangige Funktion eines *Parque Estadual*, der Schutz der Natur, von mehr als zwei Dritteln der Besucher erkannt, gefolgt von der Nennung der ebenfalls

234

wichtigen Ziele der Umweltbildung und der Möglichkeit, in natürlicher Umgebung seine Freizeit zu verbringen. Die Forschung wurde noch von fast 10% der Befragten erwähnt, wobei biologische Untersuchungen im Vordergrund standen, obwohl einige der Besucher, wohl angeregt durch das Interview, auch Forschungsprojekte im Zusammenhang mit den Besuchern als Zielsetzung nannten. Die Antwort "Natur", "Wald" oder "Vegetation der Region" konnte nicht als "richtige" Antwort gewertet werden, wenn auch auf Nachfrage nach der Aufgabenstellung eines Parks nicht das Ziel des Schutzes genannt wurde. Auch die alleinige Nennung des Tourismus als Zielsetzung konnte nicht als vollwertige Funktion gezählt werden, da nicht deutlich war, ob der/die Betreffende das Schutzgebiet nicht eher als einen Freizeitpark versteht. 12,7% der Besucher gaben nur diese Antwort (vgl. Tab. 70b). Insgesamt konnten jedoch mehr als 60% mindestens zwei Funktionen zitieren, und 4 Personen (1,3%) gaben sogar fast den vollständigen Katalog der Ziele an.

Im Vergleich zur Juréia halten sich die erkennbaren Problemfelder im PECJ in Grenzen, weshalb die Frage nach den beobachteten Umweltschäden im Park (Frage 18) von über 80% der Besucher dahingehend beantwortet wurde, daß keinerlei Probleme/Schäden festgestellt wurden. Hinzu kommen 7,4%, die Belangloses oder gar Absurdes als Schaden anführten, etwa, daß nicht ordentlich Laub geharkt wurde, zuviele Zweige auf den Wegen lagen oder daß dringend etwas gegen die üppig gedeihenden Flechten an den Bäumen getan werden müßte (letzteres wurde allerdings nur von einer Person geäußert). Das "allgemeine" Problem des weggeworfenen Abfalls auf den Wegen nannten 8,1%, und nur 5,2% der Besucher erkannten das wirklich gravierende und gleichzeitig offensichtliche Problem des müll- und abwasserverseuchten Flusses Sapucaí-Guaçu, der den Park durchfließt und den jeder Besucher unweigerlich queren muß, will er in den Park gelangen.

6.4.4. Beurteilung des Schutzgebietes und Möglichkeiten der Umweltbildung

Weiteren Aufschluß über die Kenntnisse zum PECJ sowie insbesondere zur Wahrnehmung seiner Unzulänglichkeiten ergeben die Antworten zu den Fragen 19b und 22: "Was schlagen Sie vor, um die Information über den Parque Estadual zu verbessern?" und "Welche Maßnahmen schlagen Sie für die zukünftige Entwicklung des Parks vor?". Da sich die Vorschläge zur allgemeinen Entwicklung bis auf wenige Ausnahmen allein auf die Verbesserung der Besucherinfrastruktur bezogen und sehr häufig die Verbesserung der Information über den Park angesprochen wurde, erfolgte die Auswertung der Frage 22 gemeinsam mit Frage 19b. So konnte bei der anschließenden Bewertung der Antworten (analog zur Auswertung der Juréia-Befragung) eine Doppelbewertung derselben Antworten zu den beiden Fragen vermieden werden. Tab. 71 gibt die Ergebnisse zu den Einzelvorschlägen wieder. Danach vermißten 18,5% der Befragten die Möglichkeit, an naturkundlichen Führungen teilzunehmen oder beklagten die mangelhafte Information durch die Parkangestellten. 8,8 % wünschten speziellere Informationen in Form von Kursen im

Park, insbesondere für Kinder. Beides weist allgemein auf den Wunsch nach mehr mündlichen Informationen hin. Bessere Stelltafeln an den Wegen forderten hingegen nur 6,2%, und eine inhaltliche Neugestaltung des Besucherzentrums, das im gegenwärtigen Zustand eigentlich kaum zur Information über den Park beitragen kann, erschien niemandem als notwendig - zumindest nicht bei diesen offen gestellten Fragen. Die Wünsche zur Ausgabe eines Informationsblattes über den Park konnten nicht als vollwertiger Verbesserungsvorschlag gewertet werden, da während der überwiegenden Zeit der Befragung ein Prospekt zu dem Schutzgebiet zur Verfügung stand, der allerdings bei der Rezeption angefordert werden mußte, und da außerdem die Antwort "ein Prospekt zum Park" meist "nur so" gegeben wurde, um überhaupt einen Vorschlag zu machen. Für letzteres spricht auch, daß diejenigen, die diese Antwort gaben, auf Nachfrage nicht wußten, daß ein Prospekt erhältlich ist.

Tab. 71: Vorschläge für die zukünftige Entwicklung des PECJ im Sinne der Zielsetzung eines *Parque Estadual*

Vorschläge	% der Nennungen	% der Befragten[1]
Informationsprospekt / Karte zum Park verteilen	26,3	19,5
naturkundliche Führungen, besser ausgebildetes Personal für die Besucherinformation	25,0	18,5
spezielle Informationen zur Ökologie (Durchführung von Kursen, Programm für Kinder, Filmvorführungen etc.)	11,8	8,8
ausführlichere Informationstafeln zum Park	8,3	6,2
Projekte zur Umweltbildung (nicht konkret)	5,7	4,2
mehr Information zu Forellen und Karpfen	4,4	3,2
Vorschläge von untergeordneter Bedeutung für den Park	18,4	13,6
Summe	228 (=100%)	308 (=100%)

[1] Einschließlich derer, die keinen oder einen den Zielen entgegenstehenden Vorschlag unterbreiteten

Im Anschluß wurden die Antworten zu den Fragen 19b und 22 einer Bewertung durch den Verfasser unterzogen, die sich nach den gleichen Kriterien wie in der EEJI richtete: Der Bewertungscode "1" kennzeichnet einen Vorschlag, der dokumentiert, daß der Befragte ganz offensichtlich keine Ahnung von den Aufgaben eines *Parque Estadual* hat, und der Code "6" wurde für besonders konkrete, gut durchdachte Vorschläge zur Verbesserung der Aufgabenerfüllung des Parks vergeben (Tab. 72). Der Code "7" konnte im Gegensatz zur Juréia, wo 4 Personen diese höchste Bewertung erlangten, für keine der Antworten gegeben werden. Dies liegt vor allem daran, daß die Problemlage im PECJ eine andere ist (insgesamt können weniger Beeinträchtigungen des Naturschutzes beobachtet werden), so daß sich auch das Spektrum der Vorschläge auf den Bereich der Umweltbildung konzentriert und die Forderungen oder Wünsche weniger stark ausdifferenziert sind (vgl. Tab. 71).

Insgesamt unterbreiteten etwas mehr als ein Viertel der Besucher mindestens einen sinnvollen Verbesserungsvorschlag. 23 Personen (7,5%) schlugen ganz konkrete Maßnahmen vor, etwa die Veranstaltung von naturkundlichen Wanderungen für Kinder oder Wochenendkurse zur Pflanzenwelt der Region für interessierte Besucher. 12,7% der Befragten ließen dagegen deutlich ihr Desinteresse bzw. ihre Unkenntnis durchblicken. Als Extrembeispiele seien die folgenden Antworten zitiert: "einen See mit Tretbooten schaffen" (so wie im Parque de Diversões in der Stadt Campos do Jordão) oder "den Wanderweg zum Wasserfall asphaltieren, damit er mit dem Auto erreicht werden kann". Die Mehrzahl der Besucher machte allerdings überhaupt keinen Vorschlag (Code "3") oder äußerte Wünsche, die nicht eindeutig positiv bewertet werden konnten (Code "4"), wie z.B. mehr Feuerstellen einzurichten oder das Eintrittsgeld zu erhöhen.

Tab. 72: Bewertung der Vorschläge zur Informationsverbesserung und zur zukünftigen Entwicklung des PECJ (Fragen 19 und 22)

Art der Vorschläge	Code-nummer	% der Befragten
Vorschlag dokumentiert vollständige Ahnungslosigkeit	1	1,3
den Zielen entgegenstehender oder widersprüchl. Vorschlag	2	11,4
kein Vorschlag	3	34,7
nicht eindeutig positiv zu bewertender Vorschlag	4	25,3
einfacher Vorschlag im Sinne der Zielsetzung	5	19,8
sehr konkreter Vorschlag oder 2 einfache Vorschläge	6	7,5

Daß die meisten Besucher keine tragenden Verbesserungsvorschläge oder Wünsche für die zukünftige Entwicklung des Schutzgebietes äußerten, dokumentiert den relativ hohen Grad der Zufriedenheit mit dem Park. Diese Einschätzung spiegelt sich, wie erläutert, ebenfalls in den Antworten zur Frage wider, wie sich die Besucher über das Gebiet informiert fühlen. Mehr als die Hälfte der Befragten hatte daraufhin "sehr gut" oder "gut" angegeben, und ein weiteres Viertel nannte "mittel" als Bewertung der Information. Unterstützt wird dieser Befund der allgemeinen Zufriedenheit mit dem Park durch die Ergebnisse der Frage 27, bei der die Befragten auf einer Skala von 1 bis 5 ihre Einschätzung der Attraktivität des PECJ als touristischer Standort angeben sollten. Eine sehr große Mehrheit entschied sich für die Note "5" (sehr große touristische Anziehungskraft: 53,2%) oder "4" (große Anziehungskraft: 26,6%). Nur insgesamt 5,8% hielten den Park für wenig oder sehr wenig attraktiv für den Tourismus in Campos do Jordão (Noten "1" und "2"). Diese Ergebnisse bestätigen die von den Besuchern und Zweitwohnungsbesitzern der Stadt Campos getroffene Bewertung der touristischen Attraktivität der verschiedenen Standorte (vgl. Abb. 39), nach der der PECJ (= Horto Florestal) als interessantestes Ziel im gesamten Munizip gilt.

Es stellt sich nun wiederum die Frage, ob sich denjenigen Besuchern, die die größte Kenntnis über den Park aufweisen und die die sinnvollsten Vorschläge zur Weiterentwicklung des Schutzgebietes unterbreiteten, bestimmte Merkmale zuordnen lassen. Zunächst zeigt sich, daß die Häufigkeit des Besuchs für die Beantwortung der Fragen nach dem Erkennen von Umweltschäden im Park, nach Verbesserungsvorschlägen und nach Kenntnissen über die Funktionen des Schutzgebietes keinerlei Relevanz besitzt. Erstbesucher und "Dauergäste" nehmen die Situation und die Defizite des PECJ in gleicher Weise wahr, ein häufigerer Besuch bringt in dieser Hinsicht keine neuen Erkenntnisse. Wohl aber unterscheidet sich das Wissen um die Aufgaben des Schutzgebietes sowie das Erkennen von Umweltproblemen signifikant nach dem Bildungsstand der Befragten: Je höher der Bildungsabschluß, desto größer ist die Kenntnis der Funktionen des Parks und der Umweltschäden. Daß bei der Frage nach Verbesserungsvorschlägen für die Informationsvermittlung jedoch diesbezüglich keine Unterschiede festzustellen sind, zeugt ähnlich wie bei den anderen Befragungen davon, daß Bildungsunterschiede allein keineswegs ausreichen, um unterschiedlich ausgeprägtes Umweltwissen und Problembewußtsein zu erklären. Um diese feineren Wahrnehmungsunterschiede analysieren zu können, müßten allerdings sehr viel umfangreichere Befragungen durchgeführt werden, als dies bei der Zielsetzung der vorliegenden Arbeit möglich war.

Festzuhalten bleibt, daß der Park insgesamt als sehr große Bereicherung für Campos do Jordão angesehen wird. Mit seiner derzeitigen Ausstattung bietet er Urlaubern, Zweitwohnungsbesitzern und Bewohnern des Ortes gleichermaßen attraktive Freizeitgestaltungsmöglichkeiten. In bezug auf das Umweltbewußtsein und die Nutzung des Parks für umwelterzieherische Zwecke muß betont werden, daß gerade angesichts des hohen

Bildungsniveaus der Besucher die Chancen zur Bewußtseinsförderung sehr viel stärker genutzt werden könnten. Das Interesse an Natur und am Schutzgebiet ist bei einem guten Teil der Besucher vorhanden, allein es fehlt an Anregungen und Maßnahmen zur Umweltbildung, und zwar sowohl zur selbstgeleiteten Beschäftigung mit der Natur als auch im Hinblick auf Führungen, Kurse etc.

7. ZUSAMMENFASSENDE BEWERTUNG DER ERGEBNISSE: BESTIMMUNGS-FAKTOREN EINER EFFEKTIVEN SCHUTZSTRATEGIE

Die übergeordneten Ziele der Arbeit bestanden darin, die Aufnahme neuer Schutzkonzepte in die Naturschutzpolitik des Bundesstaates São Paulo sowie deren Umsetzungsprobleme vor Ort zu untersuchen. Eine zentrale Frage dabei war, in welchem Maße bei den Behörden und in der Bevölkerung bereits ein Problembewußtsein in bezug auf Umweltschäden sowie auf die Notwendigkeit des Naturschutzes vorhanden ist, da die langfristige Sicherung der natürlichen Ressourcen nur über informierte, problembewußte Menschen, die zugleich auch ökonomisch abgesichert sind, möglich scheint (vgl. Kap. 1). Entsprechend wichtig sind in den neuen, den Menschen einbeziehenden Schutzkonzepten Sensibilisierungsmaßnahmen, die zu einer Akzeptanzsteigerung gegenüber Schutzbestimmungen führen sollen. Einen wichtigen Bestandteil dieses Konzeptes bildet die Forderung, Schutzgebiete, die bereits besiedelt sind, nicht "menschenfrei" zu machen, sondern vielmehr die Bewohner aktiv am Naturschutz teilhaben zu lassen, sie in die Schutzaufgaben einzubinden. Inwieweit dieser Aspekt bei der Durchführung von Schutzmaßnahmen berücksichtigt wird, sollte am Beispiel der EEJI untersucht werden. Ein weiteres Ziel der Arbeit, das auf der Forderung aufbaut, Schutzgebiete nicht mehr als Inseln zu betrachten, sondern sie in den Gesamtraum einzubinden, geht in die gleiche Richtung: die Beantwortung der Fragen, in welchem Maße Schutzgebiete mittels eines Zonierungskonzeptes nach außen abgepuffert sind und in welcher Form das Umland vom Schutz profitieren kann.

7.1. Zur Rolle der lokalen Behörden

Im Zuge der rasanten agraren und industriellen Entwicklung in Verbindung mit einem starken städtischen Wachstum wurden im Bundesstaat São Paulo alle natürlichen Waldbestände bis auf einen kleinen Rest vollständig vernichtet. Mitte der 70er Jahre wurden diese Zerstörungen auch auf Regierungsebene zur Kenntnis genommen, und es begann eine Phase der Unterschutzstellung großer Flächen des verbliebenen Atlantischen Regenwaldes (vgl. Kap. 3.2). Bis Ende der 80er Jahre wurden fast alle Waldbestände in hochrangigen Schutzgebieten (*Parques Estaduais* und *Estações Ecológicas*) vor dem unvermindert starken landwirtschaftlichen, städtisch-industriellen und verkehrstechnischen Flächenanspruch gesetzlich geschützt. Diese Strategie, möglichst viele Flächen formal der Nutzung zu entziehen, ist aus der Sicht des Naturschutzes als richtig und effektiv zu bezeichnen. Am Beispiel der Entwicklung im Küstenraum Peruíbes und der Estação Ecológica de Juréia-Itatins wurde aufgezeigt, wie wichtig ein hoher Schutzstatus sowie die Sicherung der Flächen vor der Verfügungsgewalt des Munizips für den erfolgreichen Schutz sind. Es ist mit sehr hoher Wahrscheinlichkeit anzunehmen, daß das Gebiet der Juréia nur deshalb vor der Expansion der Ferienhaussiedlungen bewahrt wurde, da dieser Küstenstreifen zunächst als Vorhaltefläche für ein Atomkraftwerk (in Besitz der Union)

240

und anschließend als bundesstaatlich verwaltetes Schutzgebiet dem Zugriff der Munizip-verwaltungen von Iguape und Peruíbe entzogen war. Alle übrigen halbwegs bebaubaren Küstenabschnitte im Litoral Paulista wurden von den lokalen Verwaltungen als Siedlungs-fläche ausgewiesen und trotz ihres seit 1965 bestehenden pauschalen Schutzstatus als *Área de Preservação Permanente* (Restinga- und Mangrovengebiete) für die Bebauung freigege-ben. Auch der zu Peruíbe gehörende Teil der EEJI wurde im Flächennutzungsplan von 1979 als urbane Zone ausgewiesen und hätte somit für die Bebauung zur Verfügung gestanden (vgl. Abb. 8).

Betrachtet man nur das Schutzziel "Sicherung einer Fläche vor der anthropogenen Nutzung", so bestätigt sich die These von NITSCH (1994b, S. 12), daß Schutzgebiete möglichst von höherrangigen Behörden ausgewiesen werden sollten, da auf der lokalen Ebene nur geringes Interesse an Naturschutz bestehe. In den beiden Untersuchungs-gebieten liegt dies darin begründet, daß das jeweilige Munizip für unter Schutz stehende Flächen keine Grundsteuer mehr einnehmen kann und daß vor allem vielfältige Partikular-interessen gegen eine Nutzungsbeschränkung sprechen, denn die lokalen Eliten werden in Peruíbe wie in Campos do Jordão (dort weniger offensichtlich) von Personen aus dem Bauwesen (Architekten, Bauingenieure, Immobilienhändler) gebildet.

In Peruíbe wurden bis heute keinerlei wirkungsvolle Maßnahmen zum Schutz der örtli-chen Vegetationsbestände, zur Eindämmung der Bodenspekulation, die für einen großen Teil der Waldvernichtung veranwortlich ist, oder zur Reinigung der häuslichen Abwässer in die Wege geleitet. Das Umweltsekretariat der Munizipverwaltung wurde nach der letzten Wahl (Ende 1992) sogar wieder aufgelöst und der Fachbereich dem Tourismusse-kretär mit übertragen. Dieser wußte (als örtlicher Bauunternehmer) beispielsweise weder, daß ein Teil des Munizips dem Parque Estadual da Serra do Mar angehört, noch sah er in irgendeiner Weise Verbindungen zwischen Umweltfaktoren (positiven wie negativen) und dem Tourismus. Die APA Peruíbe-Iguape-Cananéia steht unter bundesstaatlicher Verwaltung und berührt zwar die Interessen des Munizips, doch von diesem werden keinerlei Anstrengungen unternommen, das Schutzgebiet vom Papier in die Praxis zu überführen. Die aus Abb. 8 ersichtliche gewisse Abpufferung der EEJI nach außen besteht somit nur in der Theorie, denn von allen Seiten dringt die landwirtschaftliche Nutzung bis an die Grenzen der Juréia vor.

In Campos do Jordão besteht mittlerweile ein funktionierendes Umweltsekretariat, das auf der Grundlage der nationalen, bundesstaatlichen sowie munizipalen Umweltgesetze begonnen hat, Naturschutz auf lokaler Ebene in die Praxis umzusetzen. Die dafür notwen-digen Verwaltungsstrukturen sind geschaffen, so daß Anzeigen entgegengenommen und überprüft sowie Anträge auf Abholzungserlaubnis o.ä. bearbeitet werden können. Da Campos do Jordão nicht nur bei der Verhinderung von Vegetationszerstörungen durch Siedlungserweiterung, sondern auch bei der Abwasserentsorgung, der Müllbeseitigung und der Verhinderung von Erosionsschäden und Hangrutschungen einen großen Nachholbedarf aufweist, werden meßbare Ergebnisse der städtischen Umweltpolitik noch einige Zeit auf sich warten lassen.

Wichtig wäre vor allem die Realisierung der APA Campos do Jordão, d.h. die Erarbeitung eines Schutzkonzeptes einschließlich eines praxisnahen Zonierungsplanes sowie die anschließende Umsetzung der Schutzbestimmungen. Bislang werden zwar schon Regelungen des Dekretes zur Einrichtung der APA angewandt, etwa mit dem grundsätzlichen Verbot, die heimische Vegetation zu schädigen, doch erst mit Hilfe des Zonierungskonzeptes können Einzelmaßnahmen zum Schutz, zur Sanierung oder zur Förderung von umweltschonenden Nutzungsformen gefordert und durchgesetzt werden. Da die gesamte Munizipfläche sowohl vom Bundesstaat als auch vom Munizip als APA ausgewiesen wurde, stehen nicht wie in anderen Fällen Interessen verschiedener Verwaltungs- und Politikebenen gegeneinander, so daß "eigentlich" ausgesprochen gute Voraussetzungen für die Verwirklichung der Schutzziele herrschen müßten. Trotz der gemeinsamen Zielrichtung zieht sich der Implementierungsprozeß jedoch seit mittlerweile acht Jahren hin, was nicht nur auf Abstimmungsprobleme zwischen den Behörden, sondern auch auf mangelnde Erfahrungen im Planungsbereich zurückzuführen ist. Die Umweltplanungsabteilung CPLA des Umweltministeriums, die die Federführung für die Zonierung der APA übernommen hat, muß erst Erfahrungen in der "integrierten" Entwicklungsplanung sammeln, welche die Entwicklungs- und Schutzinteressen miteinander verbindet. Dieser Prozeß ist umso langwieriger, als im Bundesstaat São Paulo bisher keine Regionalplanung existiert, auf der aufgebaut werden könnte (Interviews mit Mitarbeitern der für "Regionalplanung" zuständigen Abteilung im Planungsministerium São Paulo, März 1994). Die in der Vergangenheit erarbeiteten "Regionalpläne" sind meist nur Datensammlungen ohne planungsrechtliche Verbindlichkeit, so daß sich die sog. Regionalplanung bislang auf die (klientelistisch orientierte) Förderung von Einzelprojekten beschränkte.

Eine andere Schutzbestimmung, die seit 1990 formal besteht, harrt gleichfalls noch ihrer Umsetzung in die Praxis: Der gesetzliche Schutz des 10km-Gürtels um hochrangige Schutzgebiete herum, der die Funktion einer Pufferzone übernehmen soll, ist für die Flächennutzungsplanung in beiden Untersuchungsgebieten bislang ohne Relevanz. Da die Öffentlichkeit in bezug auf Umweltschädigungen mittlerweile jedoch sensibilisiert wurde, wie sich anhand des Literaturüberblicks (Kap. 3.3), der Einrichtung der EEJI (Kap. 5.1) sowie der Ergebnisse aus der Befragung, die weiter unten diskutiert werden, zeigt, ist zu erwarten, daß die Berücksichtigung und Anwendung derartiger gesetzlicher Bestimmungen in erheblich kürzerer Zeit erfolgen wird, als dies noch bei dem *Código Florestal* von 1965 der Fall war. Doch läßt sich insgesamt feststellen, daß ein konkreter Gebietsschutz sehr viel leichter Erfolg zeigt als relativ abstrakte Schutzbestimmungen zu einzelnen Vegetationsformen, Baumarten oder Höhenstufen.

Von besonderer Bedeutung ist dabei die Nähe und die Durchsetzungskraft der unter Schutz stellenden Behörde. Im Fall der EEJI ist dies der Bundesstaat São Paulo, der ein besonderes Interesse an der effektiven Sicherung des Gebietes zeigt. Dank einer im Vergleich zu anderen großflächigen Reservaten gut funktionierenden Schutzgebiets-administration konnten die Außengrenzen soweit gesichert werden, daß keine neuen Siedler in die Estação Ecológica eindringen. Aufgrund des Personalmangels sowie der allgemein defizitären Überwachungsinfrastruktur ist es in dem äußerst schwer zu kon-trollierenden Gelände bislang allerdings nicht möglich, zu verhindern, daß sich *palmito*-Sammler und Wilderer Zugang zu dem Gebiet verschaffen. Da bis auf wenige Einzel-maßnahmen keine Zusammenarbeit der bundesstaatlichen Schutzbehörden mit den um-liegenden Munizipsverwaltungen stattfindet, ist die Schutzgebietsadministration bei den Kontrollaufgaben auf sich allein gestellt und kann weder logistische noch ideelle Unter-stützung durch die Munizipien erwarten. Hier zeigen sich bereits die Nachteile der mangelnden Einbindung der lokalen Behörden in den Schutzprozeß.

In Campos do Jordão basiert der Naturschutz zum einen auf dem Interesse der Stadtver-waltung, die mit einem munizipalen Dekret die APA Municipal de Campos do Jordão geschaffen hat und nun zusammen mit dem Bundesstaat, der die gleiche Fläche ebenfalls als APA unter Schutz gestellt hat, versucht, ein Schutzkonzept für dieses Gebiet zu entwickeln. Die Förderung der munizipalen Schutzbestrebungen wird beispielsweise dadurch dokumentiert, daß mittlerweile der Erhalt der Araukarien vornehmlich mit dem Argument, in einer APA stünde die natürliche Vegetation unter Schutz, begründet wird, obwohl diese Baumart bereits seit 1965 (*Código Florestal*) nur mit besonderer Erlaubnis gefällt werden darf. Auch hier zeigt sich die Bedeutung der lokalen Unterstützung für den Naturschutz und die geringe Relevanz nationaler, allgemeiner und ohne engere räumliche Abgrenzung erlassener Gesetze. (Die von der Union 1985 dekretierte APA da Serra da Mantiqueira besteht bislang ebenfalls ausschließlich auf dem Papier). Trotz jüngster positiver Entwicklungen auf lokaler Ebene wird deutlich, daß auch in Campos do Jordão der Schutz der natürlichen Vegetation sich erst in der Anfangsphase befindet und das Munizip insgesamt durchaus (noch) nicht als Musterbeispiel für effektiven Naturschutz gelten kann.

Die zweite Basis des Naturschutzes in Campos do Jordão bildet der PECJ. Da er im Besitz und unter der Verwaltung des Bundesstaates steht, betrachtete die Munizipver-waltung das Gebiet lange Zeit als für sie "verlorene" Fläche und war in der Vergangen-heit meist nicht an dem Aufbau von Beziehungen zu der Parkverwaltung interessiert. Das schlechte Verhältnis zwischen beiden Verwaltungen äußert sich beispielsweise darin, daß sich die Munizipverwaltung bis heute weigert, den Abfall der Parkbewohner und -besu-cher zu entsorgen, so daß die Parkverwaltung gezwungen war, innerhalb des Parque Estadual eine kleine Mülldeponie einzurichten. Zwar bestehen mittlerweile Kontakte zwischen beiden Seiten - der Park stellt sich z.B. auf einigen Festen in der Stadt Campos do Jordão vor und betreut Schülergruppen aus der Stadt -, doch angesichts des über 50-jährigen Bestehens des PECJ sind die Möglichkeiten gemeinsamer Programme oder Projekte für den Naturschutz in keiner Weise genutzt worden, was nicht allein mit fehlenden finanziellen Mitteln zu begründen ist.

Die wichtige Funktion der lokalen Interessen für den Naturschutz bestätigt sich - im negativen Sinne - auch in Peruíbe: Dort wäre es ohne weiteres möglich, beispielsweise die bereits national als Vegetationsform geschützte Restinga mit einem munizipalen Erlaß oder Gesetz ebenfalls unter besonderen Schutz zu stellen. Auf diese Weise würde auch vor Ort (und nicht nur im 70 km entfernten Santos) ein Ansprechpartner bei Gesetzesverstößen, z.B. für die Aufnahme von Anzeigen, existieren. Statt dessen geschieht in Peruíbe das genaue Gegenteil in Form von immer neuen Ausweisungen und Einrichtungen von *loteamentos* in Restingagebieten sowie der "Weigerung", konsequent gegen die extreme Verschwendung von Flächen aus Spekulationsgründen vorzugehen.

Die aktive Unterstützung naturschützerischer Maßnahmen der Union oder der Bundesstaaten auf munizipaler Ebene erfolgt offensichtlich erst dann, wenn ein gewisses Eigeninteresse am Naturschutz erkannt ist, unabhängig davon, ob pauschale Schutzbestimmungen bestehen oder nicht. Da die bundesstaatliche Regierung, und erst recht die Union, keine ausreichenden Strukturen zur Umsetzung und zur Kontrolle der bestehenden, anerkanntermaßen vergleichsweise fortschrittlichen Umweltgesetze besitzt, ist die Befolgung der Bestimmungen bislang weitgehend abhängig von dem Umweltbewußtsein auf lokaler Ebene, d.h. vor allem innerhalb der Verwaltungen und der Politik der Munizipien.

7.2. Konflikte und Lösungsansätze bei der Einrichtung von Schutzgebieten

Neben der Reaktion der öffentlichen Hand auf bestehende Umweltprobleme sollte in der Untersuchung einer Antwort auf die Frage nähergekommen werden, inwieweit die Bewohner und Besucher innerhalb von Schutzgebieten sowie in den umliegenden, im wesentlichen vom Tourismus lebenden Munizipien Umweltschädigungen wahrnehmen und beurteilen und wie sie die Bedeutung von Schutzmaßnahmen einschätzen. Am Beispiel der EEJI wurde aufgezeigt, welche akuten Konflikte sich aus der Einrichtung eines hochrangigen Schutzgebietes in bereits besiedeltem Raum ergeben (vgl. Kap. 5.2.3 bis 5.2.6 und Tab. 35). Zwar ist prinzipiell die Sicherung der für den Naturschutz äußerst wertvollen Flächen in Form einer *Estação Ecológica* als sehr sinnvoll zu bezeichnen, doch sind aufgrund der relativ spontanen Unterschutzstellung und des z.T. damit verbundenen langwierigen Prozesses, einen Managementplan zu erarbeiten, einige gewichtige Fragen bislang ungelöst geblieben. Da ca. 360 Familien innerhalb der EEJI wohnen, darunter ca. 100 Familien bereits seit sehr langer Zeit, ist die Regelung ihres Verbleibs in dem Gebiet sowie die Festschreibung von Richtlinien für die Nutzungsmöglichkeiten der natürlichen

Ressourcen eine vordringliche Aufgabe für die Schutzgebietsverwaltung. Daß dies noch nicht geschehen ist, liegt zum einen an ungeklärten Besitzverhältnissen, denn ein großer Teil der derzeitigen Bewohner ist als Landbesetzer (*posseiro*) in das Gebiet zugewandert oder hat seinen "Besitz" geerbt, ohne jedoch einen legalen Besitztitel nachweisen zu können. Dieses Problem, das die entscheidende Frage nach dem Verbleib bzw. der Ausweisung aus der Estação Ecológica bestimmt, ist nicht nur für die EEJI, sondern für die meisten Schutzgebiete Brasiliens relevant (vgl. BACHA 1992, S. 352f; SMA 1992, S. 8). Ein weiterer Grund für die Unsicherheit der Schutzbehörde in bezug auf die Verfahrensweise mit den Bewohnern besteht in dem Fehlen agrarökologischer Konzepte, mit deren Hilfe umweltverträgliche Nutzungsformen definiert und somit die Lebensgrundlagen für die Bewohner gesichert werden könnten.

Die derzeitige Situation der Bewohner ist insgesamt als hochgradig kontraproduktiv für den Naturschutz zu bezeichnen (vgl. Tab. 35), denn die negativen Folgen der Unterschutzstellung für die lokale Bevölkerung rufen seit mittlerweile acht Jahren z.T. heftige Konflikte zwischen Schutzgebietsverwaltung und -bewohnern hervor, die nicht nur zur Akzeptanzminderung, sondern zur Ablehnung jeglicher Schutzmaßnahmen führt. Der Verlust der Existenzgrundlage aufgrund von bestimmten Nutzungsverboten in der Estação Ecológica wirkt sich gerade auch deshalb sehr negativ auf die Akzeptanz des Naturschutzes aus, weil dabei die soziale Komponente gegen die ökologische ausgespielt wird: In einem Land mit derart gravierenden sozialen Problemen wie Brasilien stößt es auf wenig Verständnis, wenn gerade der ärmsten Landbevölkerung die Lebensgrundlage entzogen wird, um die Natur zu erhalten.

Neben den in Kap. 5.2.6 genannten Lösungsmöglichkeiten für die Verbindung von Schutzzielen mit Nutzungsformen (z.B. Erlaubnis traditioneller Wirtschaftsformen auf Subsistenzbasis, landwirtschaftliche Betriebe zur Erforschung umweltverträglicher Landnutzungsformen, Anstellung eines Teils der Bewohner als Schutzgebietspersonal) bietet der Tourismus bzw. - nach vollständiger Implementierung der Estação Ecológica - die dann nur noch erlaubten Umweltbildungsmaßnahmen eine mögliche Einnahmequelle. Vorstellbar sind Beschäftigungen in dem Bereich der agrarökologischen Bildung für Gruppen und interessierte Einzelbesucher, bei naturkundlichen Führungen und sonstiger Bereitstellung von Information für Besucher oder im allgemeinen Versorgungsbereich (z.B. als Angestellte in Forschungs- und Tagungsunterkünften). Daß derartige Informationen und Veranstaltungen von vielen Besuchern der EEJI gewünscht werden, zeigten die Ergebnisse der Besucherbefragung (vgl. Tab. 43; zu den weiteren Möglichkeiten der Umweltbildung vgl. Kap. 5.3.7). Derzeit bieten sich für die Bewohner der EEJI noch Verdienstmöglichkeiten über den Tourismus an den beiden Standorten Paraíso und Barra do Una. So nahm die Mehrzahl der befragten Besucher in einer der Bars einen Imbiß zu sich, in Barra do Una übernachteten sogar 57% der Befragten im Schutzgebiet, davon ungefähr die Hälfte in bezahlten Unterkünften (Campingplatz oder gemietetes Zimmer).

Da die Forderungen der Bewohner nach einer Verbesserung oder zumindest einer Garantie der bestehenden Entwicklungschancen sehr deutlich vorgebracht werden und sich nur die wenigsten - vornehmlich die traditionellen Bewohner des südlichen Küstenstreifens und der Flußniederungen im Inneren (vgl. Tab. 34) - mit reiner Subsistenzwirtschaft zufriedengeben, müssen die bereits spürbaren und die zukünftig drohenden weiteren Einkommensverluste in einer der genannten Weisen ausgeglichen werden. Andernfalls sähen sich noch mehr Bewohner gezwungen, das Gebiet zu verlassen. Zumindest die Abwanderung der traditionellen Bevölkerung liegt jedoch nicht im Interesse des Naturschutzes, da zum einen vielfältiges Wissen über die Region der Juréia verloren ginge und zum zweiten gerade die kenntnisreichen Bewohner in das Schutzkonzept für die EEJI eingebunden werden sollten, indem diese die Funktionen als maßvolle Nutzer der natürlichen Ressourcen und gleichzeitig als Wächter über diese Ressourcen gegenüber von außen eindringenden Personen wahrnehmen (vgl. Kap. 5.2.6).

Für die Einbeziehung der Bewohner in ein modernes Schutzkonzept bieten sich in der EEJI insgesamt also sehr vorteilhafte Bedingungen: Es sind noch traditionell wirtschaftende Familien vorhanden, die bei ausreichender Unterstützung durch das Umweltministerium (insbesondere Ausbildung und finanzielle Absicherung) für die Schutzaufgaben zu motivieren wären (vgl. die geschilderten Ansätze in Cachoeira do Guilherme und Despraiado), der Status einer *Estação Ecológica* erlaubt die Durchführung von z.B. agrarökologischen Projekten auf 10 % der Fläche, was bei der Umsetzung des vorgeschlagenen Zonierungsplanes (Abb. 31) garantiert wäre, und die Durchführung von Umweltbildungsmaßnahmen ist in dieser Schutzkatagorie ausdrücklich gefordert. Auch hinsichtlich der Verwirklichung von Umweltbildungsveranstaltungen bestehen sehr gute Voraussetzungen: Die EEJI ist an mehreren Stellen leicht zugänglich und die vielfältige Struktur des Ökosystems sowie die verschiedenartigen Schutz-Nutzungs-Konflikte bieten zahlreiche Anknüpfungspunkte für umwelterzieherische Maßnahmen. Die potentielle Nachfrage ist in größerem Umfang vorhanden, als jemals befriedigt werden könnte. Die derzeitigen Besucher des Schutzgebietes bilden eine außergewöhnlich interessante Zielgruppe aufgrund ihrer jungen Altersstruktur - nach Paraíso fahren besonders viele Jugendliche, nach Barra do Una viele Familien mit Kindern - sowie aufgrund der Tatsache, daß neben den oberen Sozialschichten, die auch in anderen Schutzgebieten häufiger anzutreffen sind, in die Juréia ebenfalls Mitglieder unterer sozialer Gruppen reisen. Die Besucher stammen zudem fast zu drei Vierteln aus dem Großraum São Paulo, so daß die Heranführung dieses Personenkreises an Umweltfragen für den langfristig angelegten Naturschutz als "sehr lohnend" erscheint.

7.3. Die Rolle von Umweltwahrnehmung und Umweltbewußtsein

Ein weiterer wichtiger Aspekt neben der Einbindung der Umlandgemeinden sowie der Bewohner und Besucher von Schutzgebieten in moderne Schutzkonzepte besteht in der allgemeinen Förderung des Umweltbewußtseins, und zwar sowohl innerhalb als auch außerhalb von unter Schutz gestellten Flächen. Um herauszufinden, welche Grundlagen bei der Bevölkerung in diesem Bereich bereits vorhanden sind und wo Maßnahmen zur Bewußtseinserweiterung am sinnvollsten ansetzen können, die der Akzeptanz von Naturschutzmaßnahmen dienen, wurden außer in der EEJI und im PECJ auch zwei Befragungen in den Parkrandgemeinden Peruíbe und Campos do Jordão durchgeführt (Kap. 4.3 und 6.3).

Die tatsächlichen Umweltschäden wurden in den Kapiteln 4.2 und 6.2.1 dargestellt, wobei sich zeigte, daß sowohl in Peruíbe als auch in Campos do Jordão eine extreme Verschwendung von Flächen für *loteamentos*, die allein auf der Bodenspekulation begründet sind, vonstatten geht. In Campos do Jordão wurde die Praxis der Ausweisung von neuen *loteamentos* bereits 1979 gestoppt. Dennoch sind bis heute noch riesige Freiflächen vorhanden, die für die Bebauung zur Verfügung stehen. In Peruíbe werden noch immer neue *loteamentos* eröffnet, obwohl auch dort der Bedarf für die Wohnraumvorsorge längst gedeckt ist. Die freigeräumten Flächen sowie die seit Jahrzehnten in der Phase der Bebauung befindlichen Stadtteile, die noch große Baulücken aufweisen, sind für jeden Bewohner und Besucher Peruíbes deutlich zu erkennen. Neben dieser unnötigen Zerstörung der Vegetation sind in beiden Munizipien weitere Umweltprobleme offensichtlich: die ungelöste Abwasserentsorgung (Kap. 4.2.3 und 6.2.1), Vegetationsschäden aufgrund landwirtschaftlicher Nutzungsausdehnung in Peruíbe (Kap. 4.2.1) sowie Erosionsschäden, Hangrutschungen und Luftverschmutzung in Campos do Jordão (Kap. 6.2.1). Informationen zur Natur und zur Umweltsituation werden in keinem der Orte bereitgestellt, und Umweltbildungsangebote sind ebenfalls nicht vorhanden.

Es zeigte sich, daß in Peruíbe deutlich weniger Befragte mindestens einen Umweltschaden wahrnehmen als in Campos do Jordão: je nach Befragtengruppe zwischen 12,8% und 38,8% bzw. zwischen 34,0% und 63,5% (vgl. Tab. 23 und 63). Direkt vergleichbar sind die Ergebnisse in den beiden Orten zwar nicht, da nicht die gleichen Grundbedingungen herrschen, eine Tendenz ist jedoch deutlich: Die Schädigungen in Campos do Jordão wurden insbesondere von den Zweitwohnungsbesitzern (63,5%) und den Urlaubern (45,0%) wahrgenommen, während sie in Peruíbe nur von 31,1% der Zweitwohnungsbesitzer und 12,8% der Urlauber erkannt wurden. Der Grund für die höhere Problemwahrnehmung in Campos do Jordão mag darin liegen, daß dort die Probleme der Zersiedelung, Erosion und Vegetationszerstörung aufgrund der topographischen Verhältnisse sehr viel offensichtlicher sind als in Peruíbe, und auch die Abwasserprobleme und Verkehrsbelastungen sind allgegenwärtig. In Peruíbe sind die Urlauber und auch die

Zweitwohnungsbesitzer stärker auf den Strand als auf das Munizip als Ganzes fixiert. Sie fahren "an den Strand" und nicht speziell "nach Peruíbe", anders als in Campos do Jordão, wo die ganze Stadt und deren Umgebung ("Landschaft", "Natur" etc., vgl. Tab. 56) im Blickfeld der Besucher steht und für den Besuch eine viel stärkere Rolle spielt als in Peruíbe und wo deshalb Beeinträchtigungen des Naturhaushaltes eher wahrgenommen werden.

Die unterschiedliche Problemwahrnehmung der einzelnen Gruppen ist wesentlich mit dem Grad der Vertrautheit vor Ort zu erklären. In Peruíbe nannten die Bewohner mehr Umweltschäden als die Zweitwohnungsbesitzer und diese wiederum erheblich mehr als die Urlauber. Erstaunlich ist dabei vielleicht, daß die Bewohner trotz ihres sehr viel niedrigeren Bildungsstandes "besser abschneiden" als die Ferienhausbesitzer. Ihre größeren Ortskenntnisse und ihr "Insiderwissen" um Probleme im Umweltbereich (vgl. Tab. 24) kann nicht durch die höhere Bildung der Zweitwohnungsbesitzer (und der Urlauber) ausgeglichen werden. Daß der Einfluß des Schulabschlusses geringer ist, als gemeinhin angenommen, wird jedoch vor allem dadurch belegt, daß auch innerhalb der Bewohnergruppe (sowie innerhalb der Urlaubergruppe) kein statistischer Zusammenhang zwischen den Variablen Bildungsniveau und Problemwahrnehmung festzustellen ist. Lediglich bei den Zweitwohnungsbesitzern ist dieser Zusammenhang gegeben. Aus den Befragungsergebnissen in Campos do Jordão lassen sich nur für die Gruppe der Urlauber signifikante Unterschiede bei der Problemwahrnehmung in bezug zum Bildungsstand nachweisen.

Insgesamt ist bei der Betrachtung der Ergebnisse zur Wahrnehmung von Umweltproblemen sowie zum Kenntnisstand der Besucher der beiden Schutzgebiete (EEJI und PECJ) festzustellen, daß angesichts der problematischen Umweltsituation in Peruíbe, in Campos do Jordão und in der EEJI nur wenige Besucher die Ernsthaftigkeit der Konflikte zwischen Schutz und Nutzungsinteressen tatsächlich erkennen. Vor allem wird deutlich, daß die befragten ihren eigenen Anteil an den Umweltschäden nur in sehr geringem Maße erkennen, was in Peruíbe besonders offensichtlich ist. Damit die grundsätzliche Offenheit der Bevölkerung gegenüber Umweltfragen, die nicht nur mit der vorliegenden Untersuchung, sondern auch durch einige andere Studien in Brasilien (vgl. Kap. 3.3) belegt ist, zu einem verstärkten Erkennen von Umweltproblemen, zur Erweiterung des "Umweltwissens" und damit insgesamt zu einer Steigerung des Umweltbewußtseins führt, ist es notwendig, die im Bundesstaat São Paulo mittlerweile angelaufenen Anstrengungen zur Erweiterung der Umweltbildung (vgl. Kap. 3.2.3) deutlich zu erhöhen. Hierfür müßten vor allem die Munizipverwaltungen einen wesentlichen Beitrag leisten. Aber auch die Schutzgebietsadministrationen sind gefordert, das in den beiden exemplarisch vorgestellten Gebieten zweifelsohne vorhandene große Potential für derartige Maßnahmen zu nutzen. Insbesondere müßte der PECJ diese Chance dringend ergreifen, da er keine größeren Schutzprobleme aufweist und mit der bislang vorhandenen Infrastruktur, wie Busparkplatz, ausgebauten Wanderwegen und Räumlichkeiten für ein Besucherzentrum, sowie seiner sehr guten Erreichbarkeit vom Tourismusort Campos do Jordão aus optimale Grundvoraussetzungen besitzt. Daß dies bislang nicht geschehen ist, liegt wesentlich an den fehlenden Ausbildungsprogrammen des Umweltministeriums São Paulo für Parkangestellte sowie allgemein an mangelnder personeller Ausstattung des Parks.

In beiden Untersuchungsräumen messen die befragten Personen sowohl in den jeweiligen Orten als auch in den beiden Schutzgebieten der Jureía bzw. dem PECJ eine äußerst große Bedeutung für den Tourismus in den Munizipien bei. Dadurch wird nicht nur das starke Interesse der Besucher an Schutzfragen belegt, das effektiv für die Förderung des Umweltbewußtseins in der Bevölkerung genutzt werden kann. Zusätzlich sollte dieser Befund dazu beitragen, die Ablehnung bzw. das Desinteresse der Munizipverwaltung gegenüber den Schutzgebieten abzubauen und eine stärkere Zusammenarbeit zwischen den Verwaltungseinheiten zu fördern. Dies liegt nicht nur im Interesse des Naturschutzes, sondern auch in dem der Munizipien, die auf die Nachfrage ihrer Besucher nach Umweltinformation und nach Besuchszielen in natürlicher, unzerstörter Umgebung reagieren und somit einer nachhaltigen Entwicklung bessere Dienste leisten könnten als bisher.

8. RESUMO

(Rainer Wehrhahn: Conflitos entre Conservação da Natureza e Desenvolvimento no âmbito do "Domínio de Matas Atlânticas" no Estado de São Paulo, Brasil. Pesquisas com vistas à percepção de problemas ambientais e mudança de conceitos de conservação)

As metas mais gerais do trabalho consistiram em pesquisar, "in loco", a tomada de novos conceitos conservacionistas no estado de São Paulo, bem como os problemas relativos à sua mudança. Uma questão central foi verificar até que ponto as repartições públicas e a população têm consciência de danos ambientais, bem como da necessidade da conservação da natureza, já que parece que a proteção de recursos naturais somente seja possível, com a simultânea conscientização das pessoas e resolução da questão econômica. As medidas de sensibilização dos novos conceitos conservacionistas são importantíssimas, para que conduzam a aumento da aceitação das determinações protecionistas. Algumas questões como as que seguem deviam ser respondidas: até que ponto unidades de conservação estão protegidas, através de um zoneamento e de que forma o entorno pode tirar proveito da conservação da natureza.

Foram escolhidas duas regiões dentro do estado de São Paulo: a região de Peruíbe - Estação Ecológica de Juréia-Itatins (EEJI), no Litoral Sul Paulista e a região de Campos de Jordão - Parque Estadual de Campos de Jordão (PECJ), na Serra da Mantiqueira. As duas regiões estão ao mesmo tempo perto de locais de grande dinâmica de desenvolvimento e grandes unidades de conservação que contêm fragmentos de vegetação natural que devem ser resguardados da exploração. A proteção natural nos dois exemplos está ameaçada pelos interesses de uso da terra e, isso não só dentro da unidade de conservação (EEJI), como também nas áreas limítrofes às áreas urbanas e de expansão urbana (em Peruíbe e Campos de Jordão).

Os dados levantados pela pesquisa consistiram de revisão bibliográfica e de cartas (a), da interpretação de imagens de satélites, fotografias aéreas e da elaboração pessoal de cartas (b), de entrevistas dirigidas com pessoas envolvidas com conservação da natureza e de troca de idéias com especialistas detetores de poder decisório (c), bem como da aplicação de 1200 entrevistas individuais em Peruíbe e Campos do Jordão, na EEJI e no PECJ, com questionários estandardizados (d). Acrescentou-se, ainda, a interpretação de 360 questionários aplicados pela Secretaria Estadual de Meio Ambiente do estado de São Paulo, dirigida aos moradores da EEJI (e). Os trabalhos de campo no Brasil foram desenvolvidos: de outubro de 1990 a outubro de 1991, em julho-agosto de 1992, fevereiro a maio de 1993 e março de 1994.

O desenvolvimento de Peruíbe é caracterizado por um consumo excessivo de áreas perto à costa, em virtude do tipo de apropriação típico, feito para construção de casas de veraneio que é acentuado pela desmesurada especulação imobiliária. Além disso deve ser considerada a expansão contínua do uso de terras para a agricultura nesta área. As duas formas de apropriação da terra ameaçam as áreas situadas ao sul de Peruíbe, inclusive a EEJI que até agora estavam resguardadas desses dois tipos de uso da terra. Os principais problemas relacionados com a conservação da natureza e seu asseguramento contra as pressões desenvolvimentalistas externas, como também da resolução dos conflitos entre os interessados com a posse das áreas e das autoridades conservacionistas, devem-se ao fato de a região já ser habitada, bem como da pressão dos assentamentos urbanos.

A cidade de Campos do Jordão é um local de veraneio para a classe de renda alta de São Paulo. Os problemas ambientais atuais originam-se, principalmente, devido ao intenso parcelamento do solo do município, como também com a total superação da capacidade da infra-estrutura urbana pelo turismo. Um fato essencial, para que haja chances de desenvolvimento do local, é que a natureza intacta seja preservada, já que o turismo e a construção de residências de veraneio buscam, essencialmente, a beleza da paisagem, os "bons ares" e a calma. O PECJ, adjacente à cidade, é de interesse para a pesquisa por duas razões: de um lado serve para testar a relação entre a cidade e unidade de conservação, em relação ao significado mútuo de integração com ordenamento espacial e planejamento ambiental. De outro lado pode-se avaliar as chances de implementar-se a conservação da natureza, principalmente em relação ao âmbito ambiental, em virtude do parque ter um tempo relativamente longo de existência e também ser relativamente bem equipado.

Até o final dos anos 80 quase todos remanescentes de vegetação natural no estado de São Paulo foram, legalmente, transformados em unidades de conservação, como Parques Estaduais e Estações Ecológicas. Essa estratégia possibilitou que muitas áreas fossem excluídas de uso e, do ponto de vista da conservação da natureza, pôde-se considerar como correto e efetivo. No exemplo do litoral de Peruíbe e da EEJI pôde-se assinalar como fim importante colocá-los em "status" de conservação tão restritivo, bem como a exclusão das áreas do âmbito do poder decisório municipal. Todas as áreas possíveis de serem construídas no Litoral Paulista foram declaradas áreas de assentamento urbano, apesar da existência da Lei de 1965 que declara como áreas de preservação permanente restingas e manguezais e assim devem ser consideradas como áreas "non aedificandi". Se se observa a meta preservacionista "proteção de uma área contra o uso antropogênico", constata-se a tese de que a área da conservação da natureza deva estar subordinada às mais altas instâncias administrativas, já que no âmbito das autoridades locais o interesse na sua proteção é bem pequeno. Nos dois locais pesquisados isso foi constatado, principalmente, em relação à diversidade de interesses privados das elites locais que se opoem a um detrimento do uso da terra.

No âmbito da EEJI pôde-se constatar que conflitos agudos surgem da declaração de unidade de conservação restritiva em área já habitada. Embora seja louvável, em princípio o asseguramento da conservação da natureza de área tão valiosa como Estação Ecológica, os longos processos relativos à conservação local e a elaboração de um plano de manejo, ainda, não estão solucionados. A regulamentação da estadia no local de moradores pelas repartições relacionadas com o meio ambiente é crucial, já que cerca 360 famílias habitam a EEJI, dentre as quais 100 há longo tempo. A situação dos moradores pode ser considerada contraprodutiva para a conservação da natureza, já que a administração da estação ecológica tem deflagrado, já há 8 anos conflitos sérios dentre os interesses administrativos e o dos moradores que, não só demostram que não estão dispostos a uma aceitação mínima das resoluções estatais, mas sim a uma total rejeição a qualquer medida protecionista. A perda de bases do suporte de existência, em virtude da proibição de usos na Estação Ecológica age, negativamente, para que haja aceitação da conservação da natureza, já que os componentes sociais contra-agem com os ecológicos: em um país em que existem graves problemas sociais defronta-se com pouca compreensão para com a conservação da natureza, principalmente, em relação às camadas mais pobres da população, quando se restingem as possibilidades de sua sobrevivência. Se já perceptíveis perdas de renda não foram solucionadas, mais e mais moradores ficam obrigados a abandonarem a região. Porém, pelo menos a emigração dos habitantes tradicionais não acontece em favor da conservação da natureza, de um lado porque um conhecimento diversificado da região é perdido e de outro da impossibilidade desse rico conhecimento ser integrado nas medidas protecionistas, já que eles, como utilizadores de recursos naturais, têm interesse na sua preservação e serviriam de fiscais contra invasores.

Ao lado das formas tradicionais de subsistência, da pesquisa de formas de agricultura que não degradem o meio ambiente e do uso de parte dos moradores como funcionários das repartições ambientais, o turismo oferecerá, depois da total implantação da EEJI uma possibilidade de arrecadação de renda. Os resultados da pesquisa junto aos visitantes demonstrou que há interesse por esse tipo de informação e atividades. A EEJI oferece, no total, condições excepcionais para a integração dos habitantes em um conceito moderno de conservação. Ainda existem famílias que envolvem atividades econômicas tradicionais de subsistência que poderiam ser apoiadas, através da Secretaria Estadual do Meio Ambiente, (principalmente educação e segurança financeira) para que se motivassem pela causa conservacionista. O "status" de uma estação ecológica permite, por exemplo, a implementação de projetos agro-ecológicos em até 10% de sua área que seriam designados em seu Plano de Zoneamento e a aplicação de medidas de educação ambiental são essenciais nesse tipo de unidade de conservação. Também existem condições da realização de atividades relativas à educação ambiental. A acessibilidade à EEJI é possível em diversos locais e a estrutura diversificada dos ecossistemas, como também os diversos conflitos entre uso e conservação oferecem um vasto campo para medidas relativas à educação ambiental. A demanda potencial está presente em amplo espectro e poderá ser suprida. Os visitantes atuais da área de proteção constituem um grupo de pesquisa interessante, em função de sua estrutura etária jovem, viajam ao Paraíso muitos jovens, à Barra do Una muitas famílias com crianças, como também em razão do fato de poder ser encontrados elementos de grupos de baixa renda, juntamente com elementos de classes sociais privilegiadas.

Em relação à percepção de problemas ambientais verificou-se que em Peruíbe, significativamente, menos entrevistados demonstraram percepção a danos ambientais que em Campos do Jordão: cada grupo de entrevistas 12,8% e 38,8%, respectivamente, 34,0% e 63,5%. Os danos em Campos do Jordão foram percebidos, principalmente, pelos que possuiam segunda resistência e visitantes, enquanto que em Peruíbe, principalmente, pelos moradores e os que tinham segunda residência. Os resultados da pesquisa demonstraram que o estádio educacional dos entrevistados tinha uma influência muito menor que o esperado, sobre o reconhecimento dos problemas e do interesse pela educação ambiental.

No total verificou-se que poucos na verdade reconheciam conflitos entre conservação da natureza e interesses para usos conflitantes. Este fato justifica que o estado de São Paulo intensifique seus esforços na ampliação da educação ambiental. As administrações municipais deveriam ter uma participação toda especial. Porém, também, as administrações ambientais locais, sem dúvida, deveriam usar as medidas potenciais existences para tal. Principalmente, o PECJ deveriam usar esta chance, já que não apresenta grandes problemas de proteção e possui uma infra-estrutura, ao lado da excepcional acessibilidade da Estância de Turismo de Campos do Jordão. Se isso, ainda não acontece, deve-se ao fato das falhas dos programas de educação da Secretaria Estadual do Meio Ambiente para funcionários de parques, na insuficiência de número de funcionários, na negligência para com o âmbito da educação ambiental, como com as dificulades de comunicação entre o Parque e o Município.

Em todos locais pesquisados constatou-se o significado que representam para o turismo, junto às pessoas entrevistadas. O interesse dos entrevistados por questões ambientais relacionou-se a isso e assim deveriam ser implementadas, junto à população, medidas de conscientização ambiental. Acrescente-se a esta constatação, a possibilidade de uma cooperação das autoridades municipais em relação à conservação da natureza, deixando de lado um desinteresse por esta questão. Isto representa não só um interesse da conservação da natureza, mas também em relação ao município que responderia pela demanda dos visitantes em relação às questões ambientais e por ambientes naturais não degradados e, assim cooperando com o desenvolvimento sustentado e podendo ter um desempenho melhor que até agora. Muito importante seria o estímulo a um plano de desenvolvimento regional integrado que promova as boas plataformas ambientalistas da Secretaria Estadual do Meio Ambiente e que realiza o que já existe, no papel, em relação ao tamponamento do entorno das unidades de conservação "sensu strictu" por exemplo como APAs ou que se regulamente a Resolução CONAMA 13/90.

9. LITERATUR

AB'SABER, A.N. (1989): Zoneamento Ecológico e Econômico da Amazônia. Questões de Escala e Método. In: Estudos Avançados 3 (5), S. 4-20.

ALLEGRETTI, M.H. (1990): Extractive Reserves: An Alternative for Reconciling Development and Environmental Conservation in Amazonia. In: ANDERSON, A.B. (Hrsg.): Alternatives to Deforestation. Steps toward Sustainable Use of the Amazon Rain Forest. New York. S. 252-264.

ALLEN, R. (1980): How to Save the World. Strategy for World Conservation. (IUCN-UNEP-WWF) London.

AMEND, S. (1990): Der Nationalpark "El Avila". Bedeutungswandel und Managementprobleme einer hauptstadtnahen Region in Venezuela. Mainzer Geographische Studien 33. Mainz.

AMEND, T. (1990): Marine und litorale Nationalparks in Venezuela. Anspruch, Wirklichkeit und Zukunftsperspektiven. Mainzer Geographische Studien 32. Mainz.

Anais do 2° Congresso Nacional sobre Essências Nativas. Conservação da Biodiversidade. 29 de Março a 3 de Abril de 1992, Instituto Florestal São Paulo. Revista do Instituto Florestal, Edição Especial. 4 Bände. São Paulo 1992.

ANDERSON, A.B. (Hrsg.)(1990): Alternatives to Deforestation. Steps toward Sustainable Use of the Amazon Rain Forest. New York.

ANDRADE, W.J. de; ZANCHETTA, D. & M. de J. ROBIM (1992): Proposta de um Sistema de Trilhas para o Parque Estadual de Campos do Jordão. In: Anais do 2° Congresso Nacional sobre Essências Nativas. Revista do Instituto Florestal, Edição Especial. São Paulo. S. 964-970.

ÂNGELO, S. (1989): Ilhas do Litoral Paulista. (Secretaria do Meio Ambiente) São Paulo.

ÂNGELO, S. (1992): Picinguaba: Três Décadas numa Vila de Pescadores do Litoral Norte do Estado de São Paulo. In: Boletim Paulista de Geografia 69, S. 61-73.

ARAGÓN, L.E. (Hrsg.)(1994): Proceedings of the International Symposium "What Future for the Amazon Region?" 48th International Congress of Americanists, Stockholm/Uppsala, July 4-9, 1994. Stockholm.

ARAÚJO FILHO, J.R. de (1950): A Baixada do Rio Itanhaém. Estudo de Geografia Regional. (Tese de Doutoramento, USP) São Paulo.

ARAYA, P. & C. CUNAZZA (1992): Habitantes de los Parques Nacionales de Chile: Características y problemas. In: AMEND, S. & T. AMEND (Hrsg.): ¿Espacio sin Habitantes? Parques Nacionales en América del Sur. Gland. S. 139-158.

Atlas da População do Estado de São Paulo (1991). Herausgegeben von Governo do Estado de São Paulo & Universidade de São Paulo. São Paulo.

BACHA, C.J.C. (1992): As Unidades de Conservação do Brasil. In: Revista de Economia e Sociologia Rural 30 (4), S. 339-358.

BÄHR, J. & R. WEHRHAHN (1994): Recent Trends in the Brazilian Urbanization Process. In: Acta Geographica Lovaniensia 34, S. 489-498.

BITAR, O.Y. u.a. (1990): O Meio Físico em Estudos de Impacto Ambiental. (IPT) São Paulo.

BOTHE, M. (1990): Umweltschutz und Verfassungsrecht in Brasilien. In: BOTHE, M. (Hrsg.): Umweltrecht in Deutschland und Brasilien. Beiträge zur 7. Jahrestagung 1988 der DBJV. Frankfurt/Main u.a. S. 99-114.

BORN, G.C.C. (1992): Comunidades Tradicionais na Estação Ecológica de Juréia-Itatins: Biodiversidade e Medicina Popular. In: Anais do 2° Congresso Nacional sobre Essências Nativas. Revista do Instituto Florestal, Edição Especial. São Paulo. S. 804-807.

BRESSAN Jr., A. (1992): Principais Resultados da Politica Ambiental Brasileira. In: Revista de Administração Publica 26 (1), S. 96-122.

BRITO, S.d.S. (Hrsg.)(1990): Desafio Amazônico: O Futuro da Civilização dos Trópicos. Brasília.

BUDOWSKI, G. & C. MacFARLAND (1984): The Neotropical Realm. In: McNEELY, J.A. & K.R. MILLER (Hrsg.): National Parks, Conservation, and Development: The Role of Protected Areas in Sustaining Society. Washington D.C. S. 552-560.

CALCAGNOTTO, G. (1987): Brasilianischer Industrialisierungsstil und Folgen für die Umwelt: Die Beispiele Cubatão, Rio de Janeiro und Agrarmodernisierung. In: KOHLHEPP, G. & A. SCHRADER (Hrsg.): Ökologische Probleme in

Lateinamerika. Tübinger Geographische Studien 96 (= Tübinger Beiträge zur Geographischen Lateinamerika-Forschung 4). Tübingen. S. 199-211.

CALCAGNOTTO, G. (1990): Umweltpolitik und nachholende Industrialisierung: Das Beispiel Brasilien. In: Nord-Süd aktuell 4 (1), S. 86-92.

CALVO, Y.C. (1990): The Costa Rica National Conservation Strategy for Sustainable Development: Exploring the Possibilities. In: Environmental Conservation 17 (4), S. 355-358.

CÂMARA, I. de G. (1990): Conservação da Mata Atlântica. In: CÂMARA, I. de G. (Hrsg.): Mata Atlântica - Atlantic Rain Forest. São Paulo.

CANELADA, G.V.M. & P. JOVCHELEVICH (1992): Manejo Agroflorestal das Populações Tradicionais na Estação Ecológica de Juréia-Itatins. In: Anais do 2° Congresso Nacional sobre Essências Nativas. Revista do Instituto Florestal, Edição Especial. São Paulo. S. 913-919.

CANO, W. & C.A. PACHECO (1991): El Proceso de Urbanización del Estado de São Paulo y sus Implicancias para la Dinámica Demográfica Regional. In: Revista EURE 17 (51), S. 43-57.

CARVALHO, C.G. de (1991): Introdução ao Direito Ambiental. 2. Aufl. São Paulo.

CARVALHO, J.C.M. (1966): A Conservação da Natureza e Recursos Naturais na Amazônia Brasileira. Rio de Janeiro.

Censo Demográfico do Brasil (1960, 1970, 1980, 1991). Rio de Janeiro

CETESB (Companhia de Tecnologia de Saneamento Ambiental)(Hrsg.)(1984a): Área de Proteção Ambiental (APA) de Campos do Jordão. São Paulo. 3 Bde.

CETESB (Companhia de Tecnologia de Saneamento Ambiental)(Hrsg.)(1984b): Planejamento Ambiental para Comunidades de Baixa Renda: Vila Santo Antônio - Município de Campos do Jordão. São Paulo.

CETESB (Companhia de Tecnologia de Saneamento Ambiental)(Hrsg.)(1991): Programa de Despoluição da Bacia do Alto Tietê e Reservatório Billings na Região Metropolitana de São Paulo. Primeiro Relatório Diagnóstico. São Paulo.

CETESB (Companhia de Tecnologia de Saneamento Ambiental)(Hrsg.)(1992): Ação da

256

CETESB em Cubatão. São Paulo.

CETESB (Companhia de Tecnologia de Saneamento Ambiental)(Hrsg.)(1993): Relatório de Balneabilidade das Praias Paulistas 1992. São Paulo.

CETESB (Companhia de Tecnologia de Saneamento Ambiental)(Hrsg.)(1994): Relatório de Balneabilidade das Praias Paulistas. Dados Preliminares (unveröffentlichte Daten). São Paulo.

CONAMA (Hrsg.)(1992): Resoluções CONAMA 1984 a 1991. (IBAMA) Brasília.

CORTESÃO, J. & A. de ALCÂNTARA (1989): Juréia. A Luta pela Vida. São Paulo.

COY, M. (1988): Regionalentwicklung und regionale Entwicklungsplanung an der Peripherie in Amazonien. Probleme und Interessenkonflikte bei der Erschließung einer jungen Pionierfront am Beispiel des brasilianischen Bundesstaates Rondônia. Tübinger Geographische Studien 97 (=Tübinger Beiträge zur Geographischen Lateinamerikaforschung 5). Tübingen.

DEAN, W. (1985): Forest Conservation in Southeastern Brazil - 1900 to 1955. In: Environmental Review 9, S. 55-69.

DIEGUES, A.C. (1988): Management of Wetlands: The Iguape-Cananéia-Paranaguá Estuary (Brazil): A Case Study. Programa de Pesquisa e Conservação de Áreas Úmidas no Brasil. Série Trabalhos e Estudos. São Paulo.

DIEGUES, A.C. (1992): Desenvolvimento Sustentável ou Sociedades Sustentáveis. Da Crítica dos Modelos aos Novos Parádigmas. In: São Paulo em Perspectiva 6 (1-2), S. 22-29.

DIEGUES, A.C. (1993): Populações Tradicionais em Unidades de Conservação: O Mito Moderno da Natureza Intocada. (NUPAUB - Série Documentos e Relatórios de Pesquisa No. 1) São Paulo.

DIEGUES, A.C. & SMA (Hrsg.)(1987): Conservação e Desenvolvimento Sustentado de Ecossistemas Litorâneas no Brasil. São Paulo.

DOUROJEANNI, M.J. (1984): Future Directions for the Neotropical Realm. In: McNEELY, J.A. & K.R. MILLER (Hrsg.): National Parks, Conservation, and Development: The Role of Protected Areas in Sustaining Society. Washington D.C. S. 621-625.

ELLENBERG, L. (1993): Naturschutz und technische Zusammenarbeit. In: Geographische Rundschau 45(5), S. 290-300.

ERZ, W. (1987): Naturschutz im Wandel der Zeit. In: Geographische Rundschau 39(6), S. 307-315.

EYRE, L.A. (1990): The Tropical National Parks of Latin America and the Caribbean: Present Problems and Future Potential. In: Yearbook of the Conference of Latin Americanist Geographers 16, S. 15-33.

FIETKAU, H.-J.; KESSEL, H. & W. TISCHLER (1982): Umwelt im Spiegel der öffentlichen Meinung. Frankfurt/Main, New York.

FELDMANN, F. (Hrsg.)(1992): Guia de Ecologia. São Paulo.

FRANCO, R.M. (1991): A Situação Ambiental no Brasil. In: La Situación Ambiental en América Latina. Algunos Estudios de Casos. (CIEDLA) Buenos Aires. S. 141-186.

FRANZ, H.P. (1991): Biosphärenreservate. Konzeption, Kriterien, Funktionen. In: Geographische Rundschau 43 (4), S. 211-214.

FUNATURA (Hrsg.)(1989): Sistema Nacional de Unidades de Conservação - SNUC. Aspectos Conceituais e Legais. o.O.

GARRATT, K. (1984): The Relationship between Adjacent Lands and Protected Areas: Issues of Concern for the Protected Area Manager. In: McNEELY, J.A. & K.R. MILLER (Hrsg.): National Parks, Conservation, and Development: The Role of Protected Areas in Sustaining Society. Washington D.C. S. 65-71.

GERMAN, Ch. (1987): "Meio ambiente" als Problembereich der brasilianischen Innenpolitik. In: KOHLHEPP, G. & A. SCHRADER (Hrsg.): Ökologische Probleme in Lateinamerika. Tübinger Geographische Studien 96 (= Tübinger Beiträge zur Geographischen Lateinamerika-Forschung 4). Tübingen. 279-292.

GOLDENSTEIN, L. (1970): Estudo de um Centro Industrial Satélite: Cubatão. (Diss. Universidade de São Paulo). São Paulo.

Governo do Estado de São Paulo (Hrsg.)(1985): Plano Diretor de Desenvolvimento Agrícola do Vale do Ribeira. São Paulo.

GUIMARÃES, R.P. (1991): The Ecopolitics of Development in the Third World: Politics and Environment in Brazil. Boulder, Colo.

GUIMARÃES; R.P. (1992a): Patrón de Desarrollo y Medio Ambiente en Brasil. In: Revista de la CEPAL 47, S. 49-65.

GUIMARÃES, R.P. (1992b): Politicas de Meio Ambiente para o Desenvolvimento Sustentável: Desafios Institucionais e Setoriais. In: Planejamento e Políticas Públicas 7, S. 57-80.

GUTBERLET, J. (1991): Industrieproduktion und Umweltzerstörung im Wirtschaftsraum Cubatão/São Paulo. Eine Fallstudie zur Erfassung und Beurteilung ausgewählter sozio-ökonomischer und ökologischer Konflikte unter besonderer Berücksichtigung der atmosphärischen Schwermetallbelastung. Tübinger Geographische Studien 106 (=Tübinger Beiträge zur Geographischen Lateinamerikaforschung 7). Tübingen.

HAGEMANN, H. (1985): Hohe Schornsteine am Amazonas. Umweltplünderung, Politik der Konzerne und Ökobewegung in Brasilien. Freiburg.

HAUFF, V. (Hrsg.)(1987): Unsere gemeinsame Zukunft. Der Brundtland-Bericht der Weltkommission für Umwelt und Entwicklung. Greven.

HEIN, W. (1990): Umwelt und Entwicklungstheorie - Ökologische Grenzen der Entwicklung in der Dritten Welt. In: Nord-Süd aktuell 4(1), S. 37-52.

HEINEN, J.T. (1993): Park-People Relations in Kosi Tappu Wildlife Reserve, Nepal: A Socio-economic Analysis. In: Environmental Conservation 20 (1), S. 25-34.

HENKE, H. (1990): Grundzüge der geschichtlichen Entwicklung des internationalen Naturschutzes. In: Natur und Landschaft 65 (3), S. 106-112.

HOGAN, D.J. (1994): Population, Poverty and Pollution in Cubatão, São Paulo. Paper für die "International Conference on Population and Environment in Industrialized Regions", Warschau und Cracow 27.-30.6. 1994.

HOGAN, D.J. & P.F. VIEIRA (Hrsg.)(1992): Dilemas Socioambientais e Desenvolvimento Sustentável. Campinas.

HOMMA, A.K.O. (1993): Extrativismo Vegetal na Amazônia. Limites e Oportunidades. Brasília.

HOUGH, J.L. (1988): Obstacles to Effective Management of Conflicts between National

Parks and Surrounding Human Communities in Developing Countries. In: Environmental Conservation 15 (2), S. 129-136.

HOUGH, J.L. & M.N. SHERPA (1989): Bottom Up vs. Basic Needs: Integrating Conservation and Development in the Annapurna and Michirn Mountain Conservation Areas of Nepal and Malawi. In: Ambio 18 (8), S. 434-441.

HUECK, K. (1966): Die Wälder Südamerikas. Stuttgart.

IBDF & FBCN (Hrsg.)(1979): Plano do Sistema Nacional de Unidades de Conservação do Brasil. Brasília.

IBDF & FBCN (Hrsg.)(1982): Plano do Sistema Nacional de Unidades de Conservação do Brasil (II. Etapa). Brasília.

IBGE (Hrsg.)(1988): Mapa da Vegetação do Brasil. Rio de Janeiro.

IBGE (Hrsg.)(1992): Produção Agrícola Municipal. São Paulo.

IBGE (Hrsg.)(1993): Anuário Estatístico do Brasil 1992. Rio de Janeiro.

IPT (Instituto de Pesquisas Technológicas)(Hrsg.)(1981): Mapa Geomorfológico do Estado de São Paulo. São Paulo.

ISHWARAN, N. (1991): The Role of Protected Area Systems in a Growing Environmental Sector in Less Developed Countries. In: ERDELEN, W; ISHWARAN, N. & P. MÜLLER (Hrsg.): Tropical Ecosystems. Systems Characteristics, Utilization Patterns, and Conservation Issues. Proceedings of the International and Interdisciplinary Symposium Held in Saarbrücken, 15-18 June 1989. Weikersheim. S. 151-159.

IUCN (Hrsg.)(1980): World Conservation Strategy. Gland.

JACOBI, P. (1993): A Percepção de Problemas Ambientais Urbanas em São Paulo. In: Lua Nova, Revista de Cultura e Política. 31, S. 47-55.

JAHNEL, T.C. (1986): O Posseiro e a Posse de Terra no Processo de Ocupação. Peruíbe - São Paulo. (Tese de Mestrado, Universidade de São Paulo) São Paulo.

JOURNAUX, A. (1987): L'Environnement dans la Plaine de Cubatão-Santos. (Brésil). Un Defi à l'Amenagement. In: Régions, Villes et Amenagement (Paris), S. 603-610.

JUCHEM, P.A. (1992): Umweltverträglichkeitsprüfung in Brasilien. In: UVP-report 4, S. 184-185.

KfW & GTZ (Kreditanstalt für Wiederaufbau & Deutsche Gesellschaft für Technische Zusammenarbeit)(1992): Sektorpapier Tropenwald Brasilien: Amazonas. In: Lateinamerika. Analysen-Daten-Dokumentation 9 (19), S. 69-97.

KOHLHEPP, G. (1989): Ursachen und aktuelle Situation der Vernichtung tropischer Regenwälder im brasilianischen Amazonien. In: BÄHR, J.; CORVES, Ch. & W. NOODT (Hrsg.): Die Bedrohung tropischer Wälder. Ursachen, Auswirkungen, Schutzkonzepte. Kieler Geographische Schriften 73. Kiel. S. 87-110.

KOHLHEPP, G. (1991a): Umweltpolitik zum Schutz tropischer Regenwälder in Brasilien. Rahmenbedingungen und umweltpolitische Aktivitäten. In: Konrad-Adenauer-Stiftung Auslandsinformationen (7), S. 1-23.

KOHLHEPP, G. (1991b): Regionalentwicklung und Umweltzerstörung in Lateinamerika. Am Beispiel der Interessenkonflikte um eine ökologisch orientierte Regionalpolitik in Amazonien. In: KOHLHEPP, G. (Hrsg.): Lateinamerika - Umwelt und Gesellschaft zwischen Krise und Hoffnung. Tübinger Geographische Studien 107 (=Tübinger Beiträge zur Geographischen Lateinamerikaforschung 8). Tübingen. S. 207-222.

KOHLHEPP, G. (1992): Tragfähige Schutz- und Nutzungskonzepte für tropische Regen-wälder in Amazonien aus ökologischer, sozioökonomischer und umweltpolitischer Sicht. In: REINHARD, W. & P. WALDMANN (Hrsg.): Nord und Süd in Amerika. Gemeinsamkeiten, Gegensätze, Europäischer Hintergrund. Freiburg. S. 49-63.

KOHLHEPP, G. & A. SCHRADER (Hrsg.)(1987a): Homen e Natureza na Amazônia. Simpósio Internacional e Interdisciplinar. Tübinger Geographische Studien 95 (=Tübinger Beiträge zur Geographischen Lateinamerikaforschung 3). Tübingen.

KOHLHEPP, G. & A. SCHRADER (Hrsg.)(1987b): Ökologische Probleme in Lateinamerika. Tübinger Geographische Studien 96 (=Tübinger Beiträge zur Geographischen Lateinamerika-Forschung 4). Tübingen.

LEAL FILHO, W. (1992): Using the Press for Environmental Education in Brazil. In: Nature & Ressources 28 (2), S. 38-46.

LEDEC, G. & R. GOODLAND (1988): Wildlands. Their Protection and Management in Economic Development. Washington D.C..

261

LEHMKUL, J.F.; UPRETI, R.K. & U.R. SHARMA (1988): National Parks and Local Development: Grasses and People in Royal Chitwan National Park, Nepal. In: Environmental Conservation 15 (2), S. 143-148.

LEITE, C.M.C. (1991): Uma Análise sobre o Processo de Organização do Território: O Caso do Zoneamento Ecológico-econômico. In: Revista Brasileira de Geografia 53 (3), S. 67-90.

LENTZ, C. (1992): Quantitative und qualitative Erhebungsverfahren im fremdkulturellen Kontext. Kritische Anmerkungen aus ethnologischer Sicht. In: REICHERT, C. & E. MOCHMANN (Hrsg.): Empirische Sozialforschung über Entwicklungsländer: Methodenprobleme und Praxisbezug. Saarbrücken u.a. S. 317-339.

LOPES, R.M. & F.D. POR (1990): Tipos Fluviais da Área de Juréia-Itatins e Baixo Ribeira (São Paulo). In: 2° Simpósio de Ecosistemas da Costa Sul e Sudeste Brasileira: Estrutura, Função, Manejo. Águas de Lindóia. S. 89 - 94.

LUTZENBERGER, J. & M. SCHWARTZKOPFF (1988): Giftige Ernte. Tödlicher Irrweg der Agrarchemie, Beispiel: Brasilien. Greven.

MACHADO, P.A.L. (1990): Direito Ambiental Brasiliero. In: BOTHE, M. (Hrsg.): Umweltrecht in Deutschland und Brasilien. Beiträge zur 7. Jahrestagung 1988 der DBJV. Frankfurt/Main u.a. S. 9-20.

MACHADO, P.A.L. (1992): Direito Ambiental Brasileiro. 4. Aufl. São Paulo.

MACHADO, P.A.L. (1994): Estudos de Direito Ambiental. São Paulo.

MacKINNON, J.; MacKINNON, K.; CHILD, G. & J. THORSELL (Hrsg.)(1986): Managing Protected Areas in the Tropics. (IUCN) Gland.

MAGALHÃES, J.P. (1982): Recursos Naturais, Meio Ambiente e sua Defesa no Direito Brasileiro. Rio de Janeiro.

MARQUESINI, A.M.B.G. & D.M. ZOUAIN (1992): Revisitando a Abordagem Jurídica da Questão Ambiental: Como as Constituições Estaduais tratam o Meio Ambiente. In: Revista de Administração Pública 26 (1), S. 19-49.

McNEELY, J.A. (1984): Introduction: Protected Areas Are Adapting to New Realities. In: McNEELY, J.A. & K.R. MILLER (Hrsg.): National Parks, Conservation and

Development: The Role of Protected Areas in Sustaining Society. Washington D.C. S. 1-7.

McNEELY, J.A. & K.R. MILLER (Hrsg.)(1984): National Parks, Conservation and Development: The Role of Protected Areas in Sustaining Society. Washington D.C.

MEDEIROS, D.B. (1965): Guarujá. In: A Baixada Santista. Aspectos Geográficos. Vol. III: Santos e as Cidades Balneárias. São Paulo. S. 113-152.

MENDES Jr., L.O.; ANTONIAZZI, M.; VIEIRA, M.C.W. & P. SUSEMIHL (Hrsg.)(1991): Relatório Mantiqueira. (FEDAPAM) São Paulo.

MENDONÇA, R. & A.L.F. de MENDONÇA (1993): Aspectos da Presença Humana na Estação Ecológica de Juréia-Itatins. São Paulo (unveröff. Manuskript).

MENDONÇA, A.L.F. de & A. SIQUEIRA (1991): Cadastro Geral dos Ocupantes - EEJI. São Paulo (unveröff. Bericht).

MILANELO, M. (1992): Comunidades do Parque Estadual da Ilha do Cardoso e a Ameaça do Turismo Emergente. In: Anais do 2° Congresso Nacional Sobre Essências Nativas. Revista do Instituto Florestal, Edição Especial. São Paulo. S. 1109-1111.

MILLER, K.R. (1984): The Bali Action Plan: A Framework for the Future of Protected Areas. In: McNEELY, J.A. & K.R. MILLER (Hrsg.): National Parks, Conservation and Development: The Role of Protected Areas in Sustaining Society. Washington D.C. S. 756-764.

MORÁN, E.F. (1990): Ecologia Humana das Populações da Amazonia. Petrópolis.

MOREIRA NETO, D. de F. (1991): A Competência Legislativa e Executiva do Município em Matéria Ambiental. In: Revista de Informação Legislativa 28 (111), S. 123-138.

MWALYOSI, R.B.B. (1991): Ecological Evolution for Wildlife Corridors and Buffer Zones for Lake Manyara National Park, Tanzania, and its Immediate Environment. In: Biological Conservation 57 (2), S. 171-186.

NITSCH, M. (1993):Vom Nutzen des systemtheoretischen Ansatzes für die Analyse von Umweltschutz und Entwicklung - mit Beispielen aus dem brasilianischen Amazonasgebiet. In: SAUTTER, H. (Hrsg.): Umweltschutz und Entwicklungspolitik. Schriften des Vereins für Socialpolitik, N.F. 226. Berlin. S. 235 -269.

NITSCH, M. (1994a): Riscos do Planejamento Regional na Amazônia Brasileira: Observações com Respeito à Lógica Complexa do "Zoneamento". Contribuição para a Conferência "Amazônica e a Crise da Modernização", Museu Goeldi, Belem, 29.9. - 1.10.1993. (Diskussionspapier des Lateinamerika-Instituts der FU Berlin) Berlin, Belem.

NITSCH, M. (1994b): Nutzung und Schutz tropischer Regenwälder. Zur Problematik der großflächigen Zonierung im brasilianischen Amazonasgebiet. Überarbeiteter Vortrag im Rahmen der Vorlesungsreihe "Umweltforschung an der FU Berlin: Langfristige Umweltveränderungen - Probleme und Lösungsansätze" am 13.12.1993.

NOHL, W. & K.-D. NEUMANN (1986): Landschaftsbewertung im Alpenpark Berchtesgarden - Umweltpsychologische Untersuchungen zur Landschaftsästhetik. (Deutsche) MAB-Mitteilungen Nr. 23. Bonn.

OLIVAIS, P.A. (1984): Problemas do Meio Ambiente. Uma Revisão. Rio de Janeiro.

OLIVEIRA, E.R. (1992): Populações Humanas na Estação Ecológica de Juréia-Itatins. Versão Preliminar. (Manuskript) São Paulo.

OLIVEIRA CUNHA, L.H. & M.D. ROUGEULLE (1989): Comunidades Litorâneas e Unidades de Proteção Ambiental; Convivência e Conflitos: O Caso de Guaraqueçaba (Paraná).(Programa de Pesquisa e Conservação de Áreas Úmidas no Brasil. Estudo de Caso, No.2). São Paulo.

OPASCHOWSKI, H.W. (1991): Ökologie von Freizeit und Tourismus. Freizeit- und Tourismusstudien 4. Opladen.

PÁDUA, S.M. (1994): Conservation Awareness through an Environmental Education Programme in the Atlantic Forest of Brazil. In: Environmental Conservation 21, S. 145-151.

PÁDUA, M.T.J. & A.F. COIMBRA FILHO (1979): Os Parques Nacionais do Brasil. o.O.

PAULO FILHO, P. (1986): História de Campos do Jordão. Aparecida.

PEREIRA WIEDMANN, S.M. (1992): Estatuto Jurídico de los Habitantes de Parques Nationales Brasileiros. In: AMEND, S. & T. AMEND (Hrsg.): ¿Espacio sin Habitantes? Parques Nationales en América del Sur. Gland. S. 115-123.

PETRONE, P. (1966): A Baixada do Ribeira: Estudo de Geografia Humana. Boletim da FFLCH-USP 283, São Paulo.

PLACHTER, H. (1990): Naturschutz. Stuttgart.

POR, F.D. (1992): Sooretama. The Atlantic Rain Forest of Brasil. The Hague.

Prefeitura Municipal de Campos do Jordão (Hrsg.)(1963): Plano Diretor de Campos do Jordão. Campos do Jordão.

Prefeitura Municipal de Campos do Jordão (Hrsg.)(1978): Plano Diretor da Prefeitura Municipal de Campos do Jordão. Campos do Jordão.

Prefeitura Municipal de Peruíbe (Hrsg.)(1979): Plano Diretor. Peruíbe.

Prefeitura Municipal de Peruíbe (Hrsg.)(1991): Lei Orgânica do Município de Peruíbe. Peruíbe.

Prefeitura Municipal de Santos (Hrsg.)(1992): Área de Proteção Ambiental Santos-Continente. Santos.

PRICE, M. (1994): Ecopolitics and Environmental Nongovernmental Organizations in Latin America. In: The Geographical Review 84 (1), S. 42-58.

REDFORD, K.H. & Chr. PADOCH (Hrsg.) (1992): Conservation of Neotropical Forests. Working from Traditional Resource Use. New York.

RENTSCH, G. (1988): Die Akzeptanz eines Schutzgebietes, untersucht am Beispiel der Einstellung der lokalen Bevölkerung zum Nationalpark Bayerischer Wald. Münchener Geographische Hefte 57. Kallmünz/Regensburg.

RIBEIRO, M.A. (1992): A Crise Ambiental Brasileira. In: Revista de Administração Pública 26 (4), S. 52-80.

RICHTER, W.v. (1991): Problems and Limitations of Nature Conservation in Developing Countries. A Case Study in Zaire. In: ERDELEN, W; ISHWARAN, N. & P. MÜLLER (Hrsg.): Tropical Ecosystems. Systems Characteristics, Utilization Patterns, and Conservation Issues. Proceedings of the International and Interdisciplinary Symposium Held in Saarbrücken, 15-18 June 1989. Weikersheim. S. 185-194.

RIZZINI, C.T.; COIMBRA FILHO, A.F. & A. HOUAISS (1988): Ecossistemas

Brasileiros - Brazilian Ecosystems. Rio de Janeiro.

ROBIM, M. de J. & R.M. PFEIFER (1989): Correlações de Características do Parque Estadual de Campos do Jordão, SP. In: Acta Botânica Brasileira 2 (1), S. 175-181. (= Anais do XXXIX. Congresso National de Botânica).

ROBIM, M. de J.; PASTORE, J.A.; AGUIAR, O.T. de & J.B. BAITELLO (1990): Flora Arbórea Arbustiva e Herbácea do Parque Estadual de Campos do Jordão (SP). In: Revista do Instituto Florestal 2 (1), S. 31-53.

ROSA, P.S. da (1991): A Preservação da Mata Atlântica e a Inconstitucionalidade do Decreto N° 99.547/90. In: Revista de Administração Pública 25 (4), S. 33-42.

ROSA, P.S. da (1992): O Direito Ambiental. In: Tempo e Presença 14 (261), S. 27-28.

SACHS, I. (1980): Stratégies de l'Écodéveloppement. Paris.

SANCHES, R.A. (1992): Ethnozoological Study in Traditional Communities of the Juréia-Itatins Ecological Station. Paper Presented in the III. International Congress of Ethnobiology, México City, November 1992.

SANDNER, G. (1987): Begriff und Stellenwert des "Medio Ambiente" in der nationalen und übernationalen Entwicklungsplanung in Lateinamerika. In: KOHLHEPP, G. & A. SCHRADER (Hrsg.): Ökologische Probleme in Lateinamerika. Tübinger Geographische Studien 96 (= Tübinger Beiträge zur Geographischen Lateinamerika-Forschung 4). Tübingen. S. 7-18.

SCHENKEL, C.S. & V.C. KANIAK (1992): Sistema de Unidades de Conservación en Brasil. In: AMEND, S. & T. AMEND (Hrsg.): ¿Espacio sin Habitantes? Parques Nacionales en América del Sur. Gland. S. 107-113.

SCHIPULLE, H.P. (1989): Nossa Natureza: Chance für Neuorientierung der brasilianischen Amazonaspolitik. In: Entwicklung und Zusammenarbeit (8/9), S. 25-29.

SEADE - Fundação Sistema Estadual de Análise de Dados (Hrsg.)(1988): Características Gerais do Processo de Industrialização Paulista. São Paulo.

SEADE - Fundação Sistema Estadual de Análise de Dados (Hrsg.)(1989 und 1991): Anuário Estatístico do Estado de São Paulo. São Paulo.

Secretaria de Economia e Planejamento do Estado de São Paulo (Coordenadoria de Ação

Regional)(Hrsg.)(1978): Plano Regional do Litoral. São Paulo.

Secretaria de Economia e Planejamento do Estado de São Paulo (Coordenadoria de Ação Regional)(Hrsg.)(1987): Indicadores do Desempenho Econômico das Regiões de Governo e dos Municípios do Estado de São Paulo. São Paulo.

SEDLACEK, P. (Hrsg.)(1989): Programm und Praxis qualitativer Sozialgeographie. Wahrnehmungsgeographische Studien zur Regionalentwicklung 6. Oldenburg.

SEIBERT, P. et al (1975): Plano de Manejo do Parque Estadual de Campos do Jordão. Boletim Técnico 19 (Instituto Florestal). São Paulo.

SEMA - Secretaria Especial de Meio Ambiente (1977): Programa de Estações Ecológicas Brasileiras. Brasília.

SEMA - Secretaria Especial de Meio Ambiente (1987): Áreas de Proteção Ambiental. Abordagem Histórica e Técnica. Brasília.

SEYBOLD, H. (1992): Umweltwahrnehmung und Umwelterziehung in Städten. In: Rundgespräche der Kommission für Ökologie, Bd. 3. (Bayerische Akademie der Wissenschaften) München. S. 59-67.

SILVA, W. S. da & N. FORNASARI FILHO (1992): Unidades de Conservação Ambiental e Áreas Correlatas no Estado de São Paulo. (IPT, Boletim 63) 2. Aufl. São Paulo.

SILVEIRA, J.D. (1950): Baixadas Litorâneas Quentes e Úmidas. São Paulo.

SMA (Secretaria do Meio Ambiente, Estado de São Paulo)(Hrsg.)(1989a): Áreas Naturais sob Proteção no Estado de São Paulo. (Série Cartográfica) São Paulo.

SMA (Secretaria do Meio Ambiente, Estado de São Paulo)(Hrsg.)(1989b): Proposta de Projeto a KfW Núcleo Picinguaba P.E.S.M. São Paulo (unveröffentlichter Bericht).

SMA (Secretaria do Meio Ambiente, Estado de São Paulo)(Hrsg.)(1989c): O Meio Ambiente na Constituição do Estado de São Paulo. In: Journal Eco, Edição Especial, Outubro 1989.

SMA (Secretaria do Meio Ambiente, Estado de São Paulo)(Hrsg.)(1990a): Macrozoneamento do Complexo Estuárino-Lagunar de Iguape e Cananéia. Plano de Gerenciamento Costeiro. São Paulo.

SMA (Secretaria do Meio Ambiente, Estado de São Paulo)(Hrsg.)(1990b): A Serra do Mar: Degradação e Recuperação. São Paulo.

SMA (Secretaria do Meio Ambiente, Estado de São Paulo) (Hrsg.) (1991a): Desenvolvimento Sustentado. Síntese de Conferências e Panéis do 1° Seminário de Desenvolvimento Sustentado. Realizado em Outubro de 1989. São Paulo.

SMA (Secretaria do Meio Ambiente, Estado de São Paulo) (Hrsg.) (1991b): Educação Ambiental em Unidades de Conservação e de Produção. São Paulo.

SMA (Secretaria do Meio Ambiente, Estado de São Paulo)(Hrsg.)(1992a): Áreas de Proteção Ambiental do Estado de São Paulo - APAs. Propostas de Zoneamento Ambiental. São Paulo.

SMA (Secretaria do Meio Ambiente, Estado de São Paulo)(Hrsg.)(1992b): Plano de Ação Emergencial. Implantação e Manejo de Unidades de Conservação. São Paulo.

SMA (Secretaria do Meio Ambiente, Estado de São Paulo)(Hrsg.)(1992c): Serra do Mar: Uma Viagem à Mata Atlântica. São Paulo.

SMA (Secretaria do Meio Ambiente, Estado de São Paulo) (Hrsg.) (1992d): Progama de Educação Ambiental do Vale do Ribeira. São Paulo.

SMA (Secretaria do Meio Ambiente, Estado de São Paulo)(Hrsg.)(1992e): Política Municipal de Meio Ambiente. Orientação para os Municípios. 2. Aufl. São Paulo.

SMA (Secretaria do Meio Ambiente, Estado de São Paulo)(Hrsg.)(1992f): Inventário Ambiental do Estado de São Paulo. São Paulo.

SMA (Secretaria do Meio Ambiente, Estado de São Paulo)(Hrsg.)(1992g): Região Sudeste. Perfil Ambiental e Estratégias. São Paulo.

SMA (Secretaria do Meio Ambiente, Estado de São Paulo)(Hrsg.)(1992h): São Paulo 92: Environmental Profile and Strategies. São Paulo.

SMA (Secretaria do Meio Ambiente, Estado de São Paulo) - CPLA (Coordenadoria de Planejamento Ambiental (Hrsg.)(1989): Levantamento e Análise dos Quadros Ambientais e Propostas Físico-Territoriais de Zoneamento Ambiental para a Área de Proteção Ambiental - APA, Municipio de Campos do Jordão. Diagnóstico Ambiental. 2 Bde. São Paulo (unveröff. Bericht).

SMA (Secretaria do Meio Ambiente, Estado de São Paulo) - Equipe Litoral Sul (Hrsg.)(1989a): Base da Polícia Florestal Reforça Fiscalização na Juréia. São Paulo (unveröff. Bericht).

SMA (Secretaria do Meio Ambiente, Estado de São Paulo) - Equipe Litoral Sul (Hrsg.)(1989b): Despraiado: Diagnóstico da Ocupação Humana e Formulação de sua Compatibilização com a Preservação Ambiental. São Paulo (unveröff. Bericht).

SMA (Secretaria do Meio Ambiente, Estado de São Paulo) - Equipe Litoral Sul (Hrsg.)(1991b): Projeto Agroecológico. Sub-Projeto: Reconhecimento e Definição do Meio Físico. São Paulo (unveröff. Bericht).

SMA (Secretaria do Meio Ambiente, Estado de São Paulo) - Equipe Litoral Sul (Hrsg.)(1991c): Projeto Agroecológico - Microzoneamento Agrícola. São Paulo (unveröff. Bericht).

SMA (Secretaria do Meio Ambiente, Estado de São Paulo) - Equipe Litoral Sul (Hrsg.)(o.J.): Áreas de Preservação Permanente da E.E.J.I. São Paulo (unveröff. Bericht).

SMA (Secretaria do Meio Ambiente, Estado de São Paulo) - Grupo de Parques e Reservas (Hrsg.)(1986): Assentamentos Humanos em Unidades de Conservação. São Paulo (unveröff. Bericht).

SOFFIATI NETO, A.A. (1989): O Meio Ambiente nas Novas Constituições dos Estados Brasileiras. In: Revista de Administração Municipal 36 (190), S. 34-53.

SOUZA, M.T. (1993): Vítima de Atropelamento. In: Construção (São Paulo) (2.352), S. 4-7.

SUDELPA (Superintendência do Desenvolvimento do Litoral Paulista)(Hrsg.)(1987): Plano Básico de Desenvolvimento Auto-Sustentado para a Região Lagunar de Iguape e Cananéia. São Paulo.

SZAGUN, G; MESENHOLL, E. & M. JELEN (1994): Umweltbewußtsein bei Jugendlichen: emotionale, handlungsbezogene und ethische Aspekte. Frankfurt/Main u.a.

TALBOT, L.M. (1980): The World's Conservation Strategy. In: Environmental Conservation 7(4), S. 259-268.

URBAN, D. (1986): Was ist Umweltbewußtsein? Exploration eines mehrdimensionalen

Einstellungskonstruktes. In: Zeitschrift für Soziologie 15 (5), S. 363-377.

VALVERDE, O. (1989): Grande Carajás: Planejamento da Destruição. Rio de Janeiro.

VIANNA, L.P. & M.C.W. BRITO (1992): Vila de Picinguaba: O Caso de uma Comunidade Caiçara no Interior de uma Área Protegida. In: Anais do 2° Congesso Nacional sobre Essências Nativas. Revista do Instituto Florestal, Edição Especial. São Paulo. S. 1067-1073.

VICTOR, M.A.M. (1975): A Devastação Florestal. São Paulo.

VIEIRA, P.F. (1992): A Problemática Ambiental e as Ciências Socias no Brasil (1980-1990). In: HOGAN, D.J. & P.F. VIEIRA (Hrsg.): Dilemas Socioambientais e Desenvolvimento Sustentável. Campinas, S. 103-148.

VIOLA, E. (1988): The Ecologist Movement in Brazil (1974-1986): From Environmentalism to Ecopolitics. In: International Journal of Regional and Urban Research 12 (2), S. 211-227.

VIOLA, E.J. & H.R. LEIS (1992): A Evolução das Políticas Ambientais no Brasil, 1971-1991: Do Bissetorialismo Preservacionista para o Multissetorialismo Orientado para o Desenvolvimento Sustentável. In: HOGAN, D.J. & P.F. VIEIRA (Hrsg.): Dilemas Socio-ambientais e Desenvolvimento Sustentável. São Paulo. S. 73-102.

WEHRHAHN, R. (1994): São Paulo: Umweltprobleme einer Megastadt. In: Geographische Rundschau 46 (6), S. 359-366.

WIMMER, F. (1988): Umweltbewußtsein und konsumrelevante Einstellungen und Verhaltensweisen. In: BRANDT, A.; HANSEN, U.; SCHOENHEIT, I. & K. WERNER (Hrsg.): Ökologisches Marketing. Frankfurt, New York, S. 44-85.

WÖHLER, K. (1993): Umweltbewußtsein und Umweltverhalten von Touristen. "Sanftes" Tourismuspotential - Eine empirische Studie. In: Zeitschrift für Umweltpolitik und Umweltrecht 16 (2), S. 311-342.

WÖHLCKE, M. (1989): Der Fall Lateinamerika. Die Kosten des Fortschritts. München.

ZICHE, J. (1992): Some Critical Aspects in Gathering Socio-economic Data in Rural Areas of Non-Western Societies. In: REICHERT, C. & E. MOCHMANN (Hrsg.): Empirische Sozialforschung über Entwicklungsländer: Methodenprobleme und Praxisbezug. Saarbrücken u.a. S. 307-316.

ANHANG A: FOTOS

1. Die Küstengebirgskette Serra do Mar bildet das größte Refugium des
   Atlantischen Regenwaldes in Südostbrasilien. Vordergrund: Autobahn;
   Hintergrund: Eisenbahntrasse Santos - São Paulo (Juli 1992)

2. Küstenlinie von Peruíbe, Blickrichtung NO. Im Vordergrund das Zentrum,
   dahinter die einförmige Bebauung mit Ferienhäusern (Mai 1993)

3. Für die Bebauung vorbereitete Erschließungsfläche (*loteamento*) in Peruíbe (März 1993)

4. Guaraú. Der Ortsteil Peruíbes inmitten der Berge des Schutzgebietes EEJI verfügt noch über wertvolle Restingaflächen, die allerdings bereits für die Erschließung freigegeben sind (Mai 1993)

5. Peruíbe: Die über den Strand entwässernden Gräben weisen z.T. hohe
Abwasserbelastungen auf (März 1993)

6. Estação Ecológica de Juréia-Itatins: Mangroven- und Restingaflächen in der
Tiefebene des Rio Una do Prelado ou Comprido. Aufnahmestandort: Barra do
Una, Vordergrund: ARIE Ilha do Ameixal, Blickrichtung S (März 1993)

7. Estação Ecológica de Juréia-Itatins: Landwirtschaftliche Nutzung zwischen **Barro Branco** und Paraíso (Februar 1991)

8. Strand von Barra do Una (EEJI; März 1993)

9. Natürliches Schwimmbecken am Wasserfall Paraíso/Itinguçu (EEJI; April 1991)

10. Imbißstände in Paraíso (EEJI; März 1993)

11. Araukarienbestand im Parque Estadual de Campos do Jordão, Serra da Mantiqueira (Februar 1993)

12. Hütten der unteren Bevölkerungsschichten in Abernéssia, Campos do Jordão (Mai 1993)

13. Zentrum von Capivari, Campos do Jordão (Juli 1992)

14. Zersiedelung im Munizip Campos do Jordão, im Vordergrund Erosionsschäden am Morro do Elefante (März 1993)

15. Verkehrsstau am Fuß des Morro do Elefante, Campos do Jordão (Juli 1992)

16. Durch Müll und Abwässer verschmutzer Rio Sapucaí-Guaçu kurz vor dem
    Eintritt in den Parque Estadual de Campos de Jordão (März 1993)

17. Parque Estadual de Campos do Jordão: Zentraler Platz mit Besucherzentrum in der Verwaltungszone (August 1992)

18. Duchas de Prata, Campos do Jordão (Juli 1992)

19. Alto do Capivari, Campos do Jordão: Neu errichtete Apartmentanlage und Zweitwohnungskomplex (*condominio fechado*) auf einem Bergrücken in 1.800 m Höhe (Mai 1993)

20. Wohnbebauung in rutschungsgefährdeter Lage, Abernéssia, Campos do Jordão (Mai 1993)

ANHANG B: Fragebögen

Peruíbe

Campos do Jordão

Estação Ecológica de Juréia-Itatins

Parque Estadual de Campos do Jordão

Questionário para visitantes e moradores de Peruíbe/São Paulo

Rainer Wehrhahn, Instituto de Geografia da Universidade de Kiel/R.F.A.

N° _____   Entrevistador/a:

_____

Local: _____ Data: _____ Hora: _____ Tempo: _____

- -

1. Idade: ___ 2. Sexo: ( )m ( )f 3. Salário (pess.): _____ (familiar): _____
4. Instrução: ( )1° grau   ( )2° grau   ( )superior   ⇒   ( )completo ( )incompleto
5. Residência (Município e Estado):_____
6. **Só para NÃO-RESIDENTES em Peruíbe:**
   a) meio de transporte: ( ) auto   ( ) ônibus público   ( ) outro:_____
   b) Hospedagem (município):_____
   c) Local de hospedagem em Peruíbe: ( ) hotel   ( ) pensão   ( ) camping
      casa/apt.: ( ) própria   ( ) alugada/o   ( ) de amigos/familiares   ( ) outro:____
   d) Permanência prevista na cidade (em dias): _____
   e) Quantas vezes você já esteve na cidade ? _____
   f) Você já visitou outras cidades balneárias no Brasil? Quais?_____

   _____
   g) Onde você faz a maioria das compras de alimentação?
      ( ) em Peruíbe   ( ) na cidade de residência   ( ) outro: _____
7. **Só para NÃO-RESIDENTES c/ CASA OU APARTAMENTO PRÓPRIA/O:**
   Qual é o motivo principal para ter construido/comprado um apt./uma casa em
   Peruíbe? O que o atraiu mais em Peruíbe?

   _____
   Quando construiu/comprou a casa/o apartamento? _____
8. **Só para os OUTROS NÃO-RESIDENTES :**
   Qual é o motivo principal de sua visita? O que o atraiu mais em Peruíbe?

   _____
9. **Só para RESIDENTES em Peruíbe:** Desde quando está morando aqui? _____
   Em que bairro? _____
10. Por quê você veio a essa praia?_____
11. Você costuma visitar outras praias? ( ) não   ( ) sim
    Se sim: Quais? _____ Por quê?_____

12. Qual é sua impressão de Peruíbe? Está gostando ou não? Por quê ?

_____

13. O que você proporia para o desenvolvimento turístico em Peruíbe?

_____

14. Se você vem regularmente a Peruíbe, notou mudanças da primeira vez até hoje? Positivas ou negativas? _____

_____

15. O que você acha da situação do meio ambiente em Peruíbe?

_____

16. Como você classificaria a situação do meio ambiente em Peruíbe?

1	2	3	4	5

altamente   muito bem

danificado   preservado

17. Você reparou danos ou destruições do meio ambiente em Peruíbe? Se sim, quais?

_____

18.

Avaliação dos pontos	visitou (1)	interesse turístico (2)	situação do meio ambiente (3)	propostas de melhoramento no lugar
Cidade				
Praia central				
Guaraú				
Juréia (EEJI)				
Paraíso				
Barra do Una				
Perequê				

ESCALAS: (1) s = sim   n = não   v = vai visitar

(2)   (3)

1	2	3	4	5

pouco   muito

1	2	3	4	5

altamente   muito bem

danificado   preservado

Fragebogen für die Besucher von Campos do Jordão:
Questionário para visitantes da ESTÂNCIA DE CAMPOS DO JORDÃO
Rainer Wehrhahn, Instituto de Geografia da Universidade de Kiel/R.F.A.

N° _____   Entrevistador:_____
Local: _____ Data: _____ Hora: _____ Tempo:

- -

I. DADOS GERAIS

1. Idade: ___ 2. Sexo: ( )m ( )f 3. Salário (pess.): _____ (familiar):
_____

4. Instrução: ( )1° grau ( )2° grau ( )superior ⇒ ( )completo ( )incompleto
5. Residência (Municípioe Estado): _____
6. Meio de transporte: ( ) auto   ( ) moto   ( ) ônibus turístico
                         ( ) ônibus público   ( ) outro: _____
7. Quantas pessoas participam na visita? _____
    Idade: ___ -10 ___ -15 ___ -20 ___ -30 ___ -40 ___ -50 ___ -60 ___ > 60

8. Hospedagem (Mun., Est.):_____
9. a) Local de hospedagem: ( ) hotel   ( ) pensão   ( ) camping
    casa/apt.: ( ) própria ( ) alugada/o ( ) de amigos/familiares ( ) col. de férias
    ( ) outro: _____
   b) Qual é o preço da diária por pessoa? _____ Crz.   ( ) sem refeição
      ( ) com café da manhã ( ) com 2 refeições ( ) com 3 refeições
10. Permanência prevista na cidade (em dias): _____
11. Quantas vezes você já esteve na cidade ? _____

II. ATIVIDADES E MOTIVOS DA VISITA

12.   Qual é o motivo principal de sua visita? O que o atraiu mais em Campos do
     Jordão?_____
13. Como você recebeu a informação sobre Campos do Jordão?
    ( ) já venho aqui faz muito tempo   ( ) de outras pessoas   ( ) guia turístico
    ( ) prospecto turístico da cidade ( ) TV ( ) agência de turismo ( ) jornal ( ) outro:
14. Você já visitou outros centros turísticos no Brasil? Quais? _____
_____

15. Que atividates exerce durante a permanência na cidade?

( ) visitar amigos/parentes ( ) visitar os pontos turísticos ( ) tour decavalo/charrete

( ) esporte (cooper, tênnis etc.) ( ) patinação ( ) ativ. no parque de div. ( )teleférico

( )assistir a um concerto ( ) participar da vida noturna ( ) almoçar/jantar em restaur.

( ) tomar vinho/chocolate ( ) fazer compras (malha, vestidos etc.)

( )comprar souvenirs ( ) outras: _____

16. Qual é a sua impressão de Campos? Está gostando ou não? Porquê?

_____

17. O que você proporia para o desenvolvimento turístico em Campos?

_____

18. a) O que você acha da situação do meio ambiente em Campos?

_____

b) Como você classificaria a situação do meio ambiente em Campos do Jordão?

1	2	3	4	5

altamente   muito bem
danificado   preservado

c) Você reparou danos ou destruições do meio ambiente em Campos?

_____

19. Avaliação dos pontos turísticos:	visitou (1)	interesse turístico (2)	situação do meio am- biente (3)	propostas de melhora- mento no lugar
Capivari				
Morro do Elefante				
Parque de diversões				
Horto Florestal (PECJ)				
Pico de Itapeva				
Duchas de Prata				
outros:				

ESCALAS: (1) s = sim   n = não   v= Vai visitar
        (2)   (3)

1	2	3	4	5

pouco   muito

1	2	3	4	5

altamente   muito bem
danificado   preservado

20. Qual desses pontos você gostou mais? _____

Fragebogen für die Besucher der Estação Ecológica de Juréia-Itatins
Questionário para visitantes da Estação Ecológica de Juréia-Itatins
Rainer Wehrhahn, Instituto de Geografia da Universidade de Kiel/R.F.A.

N° _____

Local: _____ Data: _____ Hora: _____ Tempo: _____

- -

1. Idade: ___ 2. Sexo: ( )m ( )f 3. Salário: _____
4. Instrução: ( ) até 1° grau ( )2° grau ( )superior ⇒ ( )completo ( )incompleto

5. Residência (Município e Estado): _____

6. Hospedado em (município):_____

7. Local de hospedagem:
 a) na própria EE: ( ) camping ( ) alojamento ( ) outro
 b) fora do EE: ( ) camping ( ) hotel ( ) pensão
 ( ) apartamento/casa de veraneio ( ) casa de amigos ou familiares
 ( ) outro: _____

8. Permanência prevista na cidade (em dias): _____
 Permanência prevista na EE (em horas): _____
9. a) Quantas vezes você já esteve na cidade? ___
 b) Quantas vezes você já esteve na EE ? ___
 c) Quantas vezes você já esteve na EE no ano passado? ___

10. Quantas pessoas participam na visita? _____
 Idade: ___ -10 ___ -15 ___ -20 ___ -30 ___ -40 ___ -50 ___ -60 ___ >60

11. Meio de transporte: ( ) auto ( ) moto ( ) ônibus público ( ) ônibus turístico
 ( ) outro: _____ Se for uma visita organizada: Nome e local da empresa:

12. Quanto tempo precisou para chegar aqui (do local de hospedagem atual) (em horas
 e minutos)? _____
13. Despesas de viagem (ida e volta)? _____ p/p

14. Outras despesas com a visita: ( ) p/pessoa ( ) p/grupo

meio de informação		alimentação trazido de fora	
equipamento p/visita		alimentação na EEJI	
outras:			

15. Que atividades exerce durante a permanência na EE?

( ) passear de carro ( ) caminhar ( ) fazer cooper ( ) banhar-se ( ) mergulhar

( ) bodyboard, surf   ( ) tomar um banho de sol   ( ) brincar ( ) pescar

( ) fazer piquenique   ( ) visitar a cachoeira   ( ) almoçar/jantar num restaurante/bar

( ) informar-se / reconhecer a natureza

( ) outras atividades: _____

16. Qual é o motivo principal da sua visita?

_____

17. Porque justamente aqui?

_____

18. Você reparou/observou algum dano ou destruções do meio ambiente dentro da EE?

    ( ) não   ( ) sim

    Se sim: Quais e onde? _____

19.a) Como você se sente informado sobre a EE?

    ( ) muito bem   ( ) bem   ( ) regularmente   ( ) mal   ( ) pessimamente

    b) O que você proporia para melhorar a informação sobre a EE?

_____

20. De onde você recebeu a informação sobre a EE?

    ( ) já venho aqui faz muito tempo   ( ) de outras pessoas

    ( ) dum jornal   ( ) de associações de meio ambiente

    ( ) dum prospeto turístico   ( ) de placas/posters

    ( ) outros:

21. O que você acha que é uma EE?

_____

_____

22. Você sabe o que pode fazer e o que não pode fazer na EE?

_____

_____

23. Você seria a favor ou contra um maior contrôle na EE?

                             <u>a favor</u>   <u>contra</u>

mais fiscalização

limitação de visitantes

outras medidas

24. As suas ideias duma EE são concretizadas aqui na Estação Ecológica de Juréia-Itatins?

( ) sim, porque _____

( ) não, porque _____

25. O que você proporia para o desenvolvimento na EE?

_____

_____

26. Que importância você daria à EE como ponto de interesse turístico para os municípios?

1	2	3	4	5

pouco   muito

(obs.: _____)

Fragebogen für die Besucher des Parque Estadual de Campos do Jordão:
Questionário para visitantes do Parque Estadual de Campos do Jordão e da
Rainer Wehrhahn, Instituto de Geografia da Universidade de Kiel/R.F.A.

N° _____

Local: _____ Data: _____ Hora: _____ Tempo: _____

- -

1. Idade: ___ 2. Sexo: ( )m ( )f 3. Salário: _____
4. Instrução: ( ) até 1° grau ( )2° grau ( )superior ⇒ ( )completo ( )incompleto

5. Residência (Município e Estado): _____

6. Hospedado em (município):_____

7. Local de hospedagem:
  a) no próprio PE: ( ) camping ( ) alojamento ( ) outro
  b) fora do PE: ( ) camping ( ) hotel ( ) pensão
  ( ) apartamento/casa de veraneio ( ) casa de amigos ou familiares
  ( ) outro: _____

8. Permanência prevista na cidade (em dias): _____
  Permanência prevista no PE (em horas): _____
9. a) Quantas vezes você já esteve na cidade? ___
  b) Quantas vezes você já esteve no PE? ___
  c) Quantas vezes você já esteve no PE no ano passado? ___

10. Quantas pessoas participam na visita? _____
  Idade: ___ -10 ___ -15 ___ -20 ___ -30 ___ -40 ___ -50 ___ -60 ___ >60

11. Meio de transporte: ( ) auto ( ) moto ( ) ônibus público ( ) ônibus turístico
  ( ) outro: _____ Se for uma visita organizada: Nome e local da empresa:

12. Quanto tempo precisou para chegar aqui (do local de hospedagem atual) (em horas
  e minutos)? _____
13. Despesas de viagem (ida e volta)? _____ p/p

14. Outras despesas com a visita: ( ) p/pessoa ( ) p/grupo

meio de informação		alimentação trazido de fora	
equipamento p/visita		outras:_____	

15. Que atividades exerce durante a permanência no PE?
( ) passear de carro ( ) caminhar ( ) fazer cooper ( ) fazer trilhas ( ) tomar um banho
    de sol   ( ) brincar ( ) fazer piquenique ( ) visitar a cachoeira
    ( ) visitar a criação de trutas/o viveiro ( ) visitar o centro de visitantes
    ( ) informar-se / reconhecer a natureza
( ) outras atividades: _____

16. Qual é o motivo principal da sua visita?
    _____

17. Porque justamente aqui?
    _____

18. Você reparou/observou algum dano ou destruições do meio ambiente dentro do
    PE?
    ( ) não   ( ) sim
    Se sim: Quais e onde? _____

19.a) Como você se sente informado sobre o parque?
    ( ) muito bem   ( ) bem   ( ) regularmente   ( ) mal   ( ) pessimamente
    b) O que você proporia para melhorar a informação sobre o parque?
    _____

20. De onde você recebeu a informação sobre o PE?

    ( ) já venho aqui faz muito tempo   ( ) de outras pessoas
    ( ) dum jornal   ( ) de associações de meio ambiente
    ( ) dum prospeto turístico   ( ) de placas/posters
    ( ) outros:

292

21. a) O que você acha que é um PE? Qual a finalidade?

_____

_____

22. O que você proporia para o desenvolvimento no PE? (sugestões para o melhoramento do PE)

_____

_____

23. O que você acha do ingresso aqui no PE?

_____

24. Até quanto você seria desposto a pagar para poder entrar e ficar aqui durante um dia? (explicar!!)

_____ obs.:

25. Você já visitou outras unidades de conservação? ( ) não   ( ) sim
    Se sim: Quais e onde (estado, país):

_____

26. Que importância você daria ao PE como ponto de interesse turístico para o município?

1	2	3	4	5

pouco   muito

(obs.: _____)

Band IX

*Heft 1 S c o f i e l d, Edna: Landschaften am Kurischen Haff. 1938.

*Heft 2 F r o m m e, Karl: Die nordgermanische Kolonisation im atlantisch-polaren Raum. Studien zur Frage der nördlichen Siedlungsgrenze in Norwegen und Island. 1938.

*Heft 3 S c h i l l i n g, Elisabeth: Die schwimmenden Gärten von Xochimilco. Ein einzigartiges Beispiel altindianischer Landgewinnung in Mexiko. 1939.

*Heft 4 W e n z e l, Hermann: Landschaftsentwicklung im Spiegel der Flurnamen. Arbeitsergebnisse aus der mittelschleswiger Geest. 1939.

*Heft 5 R i e g e r, Georg: Auswirkungen der Gründerzeit im Landschaftsbild der norderdithmarscher Geest. 1939.

Band X

*Heft 1 W o l f, Albert: Kolonisation der Finnen an der Nordgrenze ihres Lebensraumes. 1939.

*Heft 2 G o o ß, Irmgard: Die Moorkolonien im Eidergebiet. Kulturelle Angleichung eines Ödlandes an die umgebende Geest. 1940.

*Heft 3 M a u, Lotte: Stockholm. Planung und Gestaltung der schwedischen Hauptstadt. 1940.

*Heft 4 R i e s e, Gertrud: Märkte und Stadtentwicklung am nordfriesischen Geestrand. 1940.

Band XI

*Heft 1 W i l h e l m y, Herbert: Die deutschen Siedlungen in Mittelparaguay. 1941.

*Heft 2 K o e p p e n, Dorothea: Der Agro Pontino-Romano. Eine moderne Kulturlandschaft. 1941.

*Heft 3 P r ü g e l, Heinrich: Die Sturmflutschäden an der schleswig-holsteinischen Westküste in ihrer meteorologischen und morphologischen Abhängigkeit. 1942.

*Heft 4 I s e r n h a g e n, Catharina: Totternhoe. Das Flurbild eines angelsächsischen Dorfes in der Grafschaft Bedfordshire in Mittelengland. 1942.

*Heft 5 B u s e, Karla: Stadt und Gemarkung Debrezin. Siedlungsraum von Bürgern, Bauern und Hirten im ungarischen Tiefland. 1942.

Band XII

*B a r t z, Fritz: Fischgründe und Fischereiwirtschaft an der Westküste Nordamerikas. Werdegang, Lebens- und Siedlungsformen eines jungen Wirtschaftsraumes. 1942.

Band XIII

*Heft 1 T o a s p e r n, Paul Adolf: Die Einwirkungen des Nord-Ostsee-Kanals auf die Siedlungen und Gemarkungen seines Zerschneidungsbereiches. 1950.

*Heft 2 V o i g t, Hans: Die Veränderung der Großstadt Kiel durch den Luftkrieg. Eine siedlungs- und wirtschaftsgeographische Untersuchung. 1950. (Gleichzeitig erschienen in der Schriftenreihe der Stadt Kiel, herausgegeben von der Stadtverwaltung).

*Heft 3 M a r q u a r d t, Günther: Die Schleswig-Holsteinische Knicklandschaft. 1950.

*Heft 4 S c h o t t, Carl: Die Westküste Schleswig-Holsteins. Probleme der Küstensenkung. 1950.

Band XIV

*Heft 1 K a n n e n b e r g, Ernst-Günter: Die Steilufer der Schleswig-Holsteinischen Ostseeküste. Probleme der marinen und klimatischen Abtragung. 1951.

*Heft 2 L e i s t e r, Ingeborg: Rittersitz und adliges Gut in Holstein und Schleswig. 1952. (Gleichzeitig erschienen als Band 64 der Forschungen zur deutschen Landeskunde).

 Heft 3 R e h d e r s, Lenchen: Probsteierhagen, Fiefbergen und Gut Salzau: 1945 - 1950. Wandlungen dreier ländlicher Siedlungen in Schleswig-Holstein durch den Flüchtlingszustrom. 1953. X, 96 S., 29 Fig. im Text, 4 Abb.   5,—DM

*Heft 4 B r ü g g e m a n n, Günther: Die holsteinische Baumschulenlandschaft. 1953.

Sonderband

*S c h o t t, Carl (Hrsg.): Beiträge zur Landeskunde von Schleswig-Holstein. Oskar Schmieder zum 60. Geburtstag. 1953. (Erschienen im Verlag Ferdinand Hirt, Kiel).

Band XV

*Heft 1 L a u e r, Wilhelm: Formen des Feldbaus im semiariden Spanien. Dargestellt am Beispiel der Mancha. 1954.

*Heft 2 S c h o t t, Carl: Die kanadischen Marschen. 1955.

*Heft 3 J o h a n n e s, Egon: Entwicklung, Funktionswandel und Bedeutung städtischer Kleingärten. Dargestellt am Beispiel der Städte Kiel, Hamburg und Bremen. 1955.

*Heft 4 R u s t, Gerhard: Die Teichwirtschaft Schleswig-Holsteins. 1956.

Band XVI

*Heft 1 L a u e r, Wilhelm: Vegetation, Landnutzung und Agrarpotential in El Salvador (Zentralamerika). 1956.

*Heft 2 S i d d i q i, Mohamed Ismail: The Fishermen's Settlements of the Coast of West Pakistan. 1956.

*Heft 3 B l u m e, Helmut: Die Entwicklung der Kulturlandschaft des Mississippideltas in kolonialer Zeit. 1956.

Band XVII

*Heft 1 W i n t e r b e r g, Arnold: Das Bourtanger Moor. Die Entwicklung des gegenwärtigen Landschaftsbildes und die Ursachen seiner Verschiedenheit beiderseits der deutsch-holländischen Grenze. 1957.

*Heft 2 N e r n h e i m, Klaus: Der Eckernförder Wirtschaftsraum. Wirtschaftsgeographische Strukturwandlungen einer Kleinstadt und ihres Umlandes unter besonderer Berücksichtigung der Gegenwart. 1958.

*Heft 3 H a n n e s e n, Hans: Die Agrarlandschaft der schleswig-holsteinischen Geest und ihre neuzeitliche Entwicklung. 1959.

Band XVIII

Heft 1 H i l b i g, Günter: Die Entwicklung der Wirtschafts- und Sozialstruktur der Insel Oléron und ihr Einfluß auf das Landschaftsbild. 1959. 178 S., 32 Fig. im Text und 15 S. Bildanhang.   9,20 DM

Heft 2 S t e w i g, Reinhard: Dublin. Funktionen und Entwicklung. 1959. 254 S. und 40 Abb.   10,50 DM

Heft 3 D w a r s, Friedrich W.: Beiträge zur Glazial- und Postglazialgeschichte Südostrügens. 1960. 106 S., 12 Fig. im Text und 6 S. Bildanhang.   4,80 DM

Band XIX

Heft 1 H a n e f e l d, Horst: Die glaziale Umgestaltung der Schichtstufenlandschaft am Nordstrand der Alleghenies. 1960. 183 S., 31 Abb. und 6 Tab.
                                                                                           8,30 DM

*Heft 2 A l a l u f, David: Problemas de la propiedad agricola en Chile. 1961.

*Heft 3 S a n d n e r, Gerhard: Agrarkolonisation in Costa Rica. Siedlung, Wirtschaft und Sozialgefüge an der Pioniergrenze. 1961. (Erschienen bei Schmidt & Klaunig, Kiel, Buchdruckerei und Verlag).

Band XX

*L a u e r, Wilhelm (Hrsg.): Beiträge zur Geographie der Neuen Welt. Oskar Schmieder zum 70. Geburtstag. 1961.

Band XXI

*Heft 1 S t e i n i g e r, Alfred: Die Stadt Rendsburg und ihr Einzugbereich. 1962.

Heft 2 B r i l l, Dieter: Baton Rouge, La. Aufstieg, Funktionen und Gestalt einer jungen Großstadt des neuen Industriegebiets am unteren Mississippi. 1963. 288 S., 39 Karten, 40 Abb. im Anhang.   12.00 DM

*Heft 3 D i e k m a n n, Sibylle: Die Ferienhaussiedlungen Schleswig-Holsteins. Eine siedlungs- und sozialgeographische Studie. 1964.

Band XXII

*Heft 1 E r i k s e n, Wolfgang: Beiträge zum Stadtklima von Kiel. Witterungsklimatische Untersuchungen im Raum Kiel und Hinweise auf eine mögliche Anwendung in der Stadtplanung. 1964.

*Heft 2 S t e w i g, Reinhard: Byzanz - Konstantinopel - Istanbul. Ein Beitrag zum Weltstadtproblem. 1964.

*Heft 3 B o n s e n, Uwe: Die Entwicklung des Siedlungsbildes und der Agrarstruktur der Landschaft Schwansen vom Mittelalter bis zur Gegenwart. 1966.

Band XXIII

*S a n d n e r, Gerhard (Hrsg.): Kulturraumprobleme aus Ostmitteleuropa und Asien. Herbert Schlenger zum 60. Geburtstag. 1964.

Band XXIII

Heft 1 W e n k, Hans-Günther: Die Geschichte der Geographischen Landesforschung an der Universität Kiel von 1665 bis 1879. 1966. 252 S., mit 7 ganzstg. Abb.
14,00 DM

Heft 2 B r o n g e r, Arnt: Lösse, ihre Verbraunungszonen und fossilen Böden, ein Beitrag zur Stratigraphie des oberen Pleistozäns in Südbaden. 1966. 98 S., 4 Abb. und 37 Tab. im Text, 8 S. Bildanhang und 3 Faltkarten. 9,00 DM

*Heft 3 K l u g, Heinz: Morphologische Studien auf den Kanarischen Inseln. Beiträge zur Küstenentwicklung und Talbildung auf einem vulkanischen Archipel. 1968. (Erschienen bei Schmidt & Klaunig, Kiel, Buchdruckerei und Verlag).

Band XXV

*W e i g a n d, Karl: I. Stadt-Umlandverflechtungen und Einzugbereiche der Grenzstadt Flensburg und anderer zentraler Orte im nördlichen Landesteil Schleswig. II. Flensburg als zentraler Ort im grenzüberschreitenden Reiseverkehr. 1966.

Band XXVI

*Heft 1 B e s c h, Hans-Werner: Geographische Aspekte bei der Einführung von Dörfergemeinschaftsschulen in Schleswig-Holstein. 1966.

*Heft 2 K a u f m a n n, Gerhard: Probleme des Strukturwandels in ländlichen Siedlungen Schleswig-Holsteins, dargestellt an ausgewählten Beispielen aus Ostholstein und dem Programm-Nord-Gebiet. 1967.

Heft 3 O l b r ü c k, Günter: Untersuchung der Schauertätigkeit im Raume Schleswig-Holstein in Abhängigkeit von der Orographie mit Hilfe des Radargeräts. 1967. 172 S., 5 Aufn., 65 Karten, 18 Fig. und 10 Tab. im Text, 10 Tab. im Anhang. 12,00 DM

Band XXVII

Heft 1 B u c h h o f e r, Ekkehard: Die Bevölkerungsentwicklung in den polnisch verwalteten deutschen Ostgebieten von 1956-1965. 1967. 282 S., 22 Abb., 63 Tab. im Text, 3 Tab., 12 Karten und 1 Klappkarte im Anhang. 16.00 DM

Heft 2 R e t z l a f f, Christine: Kulturgeographische Wandlungen in der Maremma. Unter besonderer Berücksichtigung der italienischen Bodenreform nach dem Zweiten Weltkrieg. 1967. 204 S., 35 Fig. und 25 Tab. 15.00 DM

Heft 3 B a c h m a n n, Henning: Der Fährverkehr in Nordeuropa - eine verkehrsgeographische Untersuchung. 1968. 276 S., 129 Abb. im Text, 67 Abb. im Anhang. 25.00 DM

Band XXVIII

*Heft 1 W o l c k e, Irmtraud-Dietlinde: Die Entwicklung der Bochumer Innenstadt. 1968.

*Heft 2 W e n k, Ursula: Die zentralen Orte an der Westküste Schleswig-Holsteins unter besonderer Berücksichtigung der zentralen Orte niederen Grades. Neues Material über ein wichtiges Teilgebiet des Programm Nord. 1968.

*Heft 3 W i e b e, Dietrich: Industrieansiedlungen in ländlichen Gebieten, dargestellt am Beispiel der Gemeinden Wahlstedt und Trappenkamp im Kreis Segeberg. 1968.

Band XXIX

Heft 1 V o r n d r a n, Gerhard: Untersuchungen zur Aktivität der Gletscher, dargestellt an Beispielen aus der Silvrettagruppe. 1968. 134 S., 29 Abb. im Text, 16 Tab. und 4 Bilder im Anhang.　　　　12.00 DM

Heft 2 H o r m a n n, Klaus: Rechenprogramme zur morphometrischen Kartenauswertung. 1968. 154 S., 11 Fig. im Text und 22 Tab. im Anhang.　　12.00 DM

Heft 3 V o r n d r a n, Edda: Untersuchungen über Schuttentstehung und Ablagerungsformen in der Hochregion der Silvretta (Ostalpen). 1969. 137 S., 15 Abb. und 32 Tab. im Text, 3 Tab. und 3 Klappkarten im Anhang.　　12.00 DM

Band 30

*S c h l e n g e r, Herbert, Karlheinz P f a f f e n, Reinhard S t e w i g (Hrsg.): Schleswig-Holstein, ein geographisch-landeskundlicher Exkursionsführer. 1969. Festschrift zum 33. Deutschen Geographentag Kiel 1969. (Erschienen im Verlag Ferdinand Hirt, Kiel; 2. Auflage, Kiel 1970).

Band 31

M o m s e n, Ingwer Ernst: Die Bevölkerung der Stadt Husum von 1769 bis 1860. Versuch einer historischen Sozialgeographie. 1969. 420 S., 33 Abb. und 78 Tab. im Text, 15 Tab. im Anhang　　　　24,00 DM

Band 32

S t e w i g, Reinhard: Bursa, Nordwestanatolien. Strukturwandel einer orientalischen Stadt unter dem Einfluß der Industrialisierung. 1970. 177 S., 3 Tab., 39 Karten, 23 Diagramme und 30 Bilder im Anhang.　　　　18.00 DM

Band 33

T r e t e r, Uwe: Untersuchungen zum Jahresgang der Bodenfeuchte in Abhängigkeit von Niederschlägen, topographischer Situation und Bodenbedeckung an ausgewählten Punkten in den Hüttener Bergen/Schleswig-Holstein. 1970. 144 S., 22 Abb., 3 Karten und 26 Tab.　　　　15.00 DM

Band 34

*K i l l i s c h, Winfried F.: Die oldenburgisch-ostfriesischen Geestrandstädte. Entwicklung, Struktur, zentralörtliche Bereichsgliederung und innere Differenzierung. 1970.

Band 35

R i e d e l, Uwe: Der Fremdenverkehr auf den Kanarischen Inseln. Eine geographische Untersuchung. 1971. 314 S., 64 Tab., 58 Abb. im Text und 8 Bilder im Anhang.　　　　24,00 DM

Band 36

H o r m a n n, Klaus: Morphometrie der Erdoberfläche. 1971. 189 S., 42 Fig., 14 Tab. im Text.　　　　20,00 DM

Band 37

S t e w i g, Reinhard (Hrsg.): Beiträge zur geographischen Landeskunde und Regionalforschung in Schleswig-Holstein. 1971. Oskar Schmieder zum 80. Geburtstag. 338 S., 64 Abb., 48 Tab. und Tafeln.　　　　28,00 DM

Band 38

S t e w i g, Reinhard und Horst-Günter W a g n e r (Hrsg.): Kulturgeographische Untersuchungen im islamischen Orient. 1973. 240 S., 45 Abb., 21 Tab. und 33 Photos.　　　　29,50 DM

Band 39

K l u g, Heinz (Hrsg.): Beiträge zur Geographie der mittelatlantischen Inseln. 1973. 208 S., 26 Abb., 27 Tab. und 11 Karten.　　　　32,00 DM

Band 40

S c h m i e d e r, Oskar: Lebenserinnerungen und Tagebuchblätter eines Geographen. 1972. 181 S., 24 Bilder, 3 Faksimiles und 3 Karten.　　　　42,00 DM

Band 41

K i l l i s c h, Winfried F. und Harald T h o m s: Zum Gegenstand einer interdisziplinären Sozialraumbeziehungsforschung. 1973. 56 S., 1 Abb.　　　　7,50 DM

Band 42

N e w i g, Jürgen: Die Entwicklung von Fremdenverkehr und Freizeitwohnwesen in ihren Auswirkungen auf Bad und Stadt Westerland auf Sylt. 1974. 222 S., 30 Tab., 14 Diagramme, 20 kartographische Darstellungen und 13 Photos.   31.00 DM

Band 43

*K i l l i s c h, Winfried F.: Stadtsanierung Kiel-Gaarden. Vorbereitende Untersuchung zur Durchführung von Erneuerungsmaßnahmen. 1975.

Kieler Geographische Schriften
Band 44, 1976 ff.

Band 44

K o r t u m, Gerhard: Die Marvdasht-Ebene in Fars. Grundlagen und Entwicklung einer alten iranischen Bewässerungslandschaft. 1976. XI, 297 S., 33 Tab., 20 Abb.
      38,50 DM

Band 45

B r o n g e r, Arnt: Zur quartären Klima- und Landschaftsentwicklung des Karpatenbeckens auf (paläo-) pedologischer und bodengeographischer Grundlage. 1976. XIV, 268 S., 10 Tab., 13 Abb. und 24 Bilder.   45.00 DM

Band 46

B u c h h o f e r, Ekkehard: Strukturwandel des Oberschlesischen Industr“reviers unter den Bedingungen einer sozialistischen Wirtschaftsordnung. 1976. X, 236 S., 21 Tab. und 6 Abb., 4 Tab. und 2 Karten im Anhang.   32,50 DM

Band 47

W e i g a n d, Karl: Chicano-Wanderarbeiter in Südtexas. Die gegenwärtige Situation der Spanisch sprechenden Bevölkerung dieses Raumes. 1977. IX, 100 S., 24 Tab. und 9 Abb., 4 Abb. im Anhang.   15.70 DM

Band 48

W i e b e, Dietrich: Stadtstruktur und kulturgeographischer Wandel in Kandahar und Südafghanistan. 1978. XIV, 326 S., 33 Tab., 25 Abb. und 16 Photos im Anhang.
      36.50 DM

Band 49

K i l l i s c h, Winfried F.: Räumliche Mobilität - Grundlegung einer allgemeinen Theorie der räumlichen Mobilität und Analyse des Mobilitätsverhaltens der Bevölkerung in den Kieler Sanierungsgebieten. 1979. XII, 208 S., 30 Tab. und 39 Abb., 30 Tab. im Anhang.   24,60 DM

Band 50

P a f f e n, Karlheinz und Reinhard S t e w i g (Hrsg.): Die Geographie an der Christian-Albrechts-Universität 1879-1979. Festschrift aus Anlaß der Einrichtung des ersten Lehrstuhles für Geographie am 12. Juli 1879 an der Universität Kiel. 1979. VI, 510 S., 19 Tab. und 58 Abb.   38.00 DM

Band 51

S t e w i g, Reinhard, Erol T ü m e r t e k i n, Bedriye T o l u n, Ruhi T u r f a n, Dietrich W i e b e und Mitarbeiter: Bursa, Nordwestanatolien. Auswirkungen der Industrialisierung auf die Bevölkerungs- und Sozialstruktur einer Industriegroßstadt im Orient. Teil 1. 1980. XXVI, 335 S., 253 Tab. und 19 Abb.   32,00 DM

Band 52

B ä h r, Jürgen und Reinhard S t e w i g (Hrsg.): Beiträge zur Theorie und Methode der Länderkunde. Oskar Schmieder (27. Januar 1891 - 12. Februar 1980) zum Gedenken. 1981. VIII, 64 S., 4 Tab.und 3 Abb.   11,00 DM

Band 53

M ü l l e r, Heidulf E.: Vergleichende Untersuchungen zur hydrochemischen Dynamik von Seen im Schleswig-Holsteinischen Jungmoränengebiet. 1981. XI, 208 S., 16 Tab., 61 Abb. und 14 Karten im Anhang.   25,00 DM

Band 54

A c h e n b a c h, Hermann: Nationale und regionale Entwicklungsmerkmale des Bevölkerungsprozesses in Italien. 1981. IX, 114 S., 36 Fig.   16,00 DM

Band 55

D e g e, Eckart: Entwicklungsdisparitäten der Agrarregionen Südkoreas. 1982. XXVII, 332 S., 50 Tab., 44 Abb. und 8 Photos im Textband sowie 19 Kartenbeilagen in separater Mappe.   49.00 DM

Band 56

B o b r o w s k i, Ulrike: Pflanzengeographische Untersuchungen der Vegetation des Bornhöveder Seengebiets auf quantitativ-soziologischer Basis. 1982. XIV, 175 S., 65 Tab. und 19 Abb.   23,00 DM

Band 57

S t e w i g, Reinhard (Hrsg.): Untersuchungen über die Großstadt in Schleswig-Holstein. 1983. X, 194 S., 46 Tab., 38 Diagr. und 10 Abb.   24,00 DM

Band 58

B ä h r, Jürgen (Hrsg.): Kiel 1879 - 1979. Entwicklung von Stadt und Umland im Bild der Topographischen Karte. 1:25 000. Zum 32. Deutschen Kartographentag vom 11. - 14. Mai 1983. III, 192 S., 21 Tab., 38 Abb. mit 2 Kartenblättern in der Anlage. ISBN 3-923887-00-0   28.00 DM

Band 59

G a n s, Paul: Raumzeitliche Eigenschaften und Verflechtungen innerstädtischer Wanderungen in Ludwigshafen/Rhein zwischen 1971 und 1978. Eine empirische Analyse mit Hilfe des Entropiekonzeptes und der Informationsstatistik. 1983. XII, 226 S., 45 Tab., 41 Abb. ISBN 3-923887-01-9.   30,00 DM

Band 60

P a f f e n †, Karlheinz und K o r t u m, Gerhard: Die Geographie des Meeres. Disziplingeschichtliche Entwicklung seit 1650 und heutiger methodischer Stand. 1984. XIV, 293 S., 25 Abb. ISBN 3-923887-02-7.   36.00 DM

Band 61

*B a r t e l s †, Dietrich u. a.: Lebensraum Norddeutschland. 1984. IX, 139 S., 23 Tabellen und 21 Karten. ISBN 3-923887-03-5.   22.00 DM

Band 62

K l u g, Heinz (Hrsg.): Küste und Meeresboden. Neue Ergebnisse geomorphologischer Feldforschungen. 1985. V, 214 S., 66 Abb., 45 Fotos, 10 Tabellen. ISBN 3-923887-04-3   39.00 DM

Band 63

K o r t u m, Gerhard: Zückerrübenanbau und Entwicklung ländlicher Wirtschaftsräume in der Türkei. Ausbreitung und Auswirkung einer Industriepflanze unter besonderer Berücksichtigung des Bezirks Beypazari (Provinz Ankara). 1986. XVI, 392 S., 36 Tab., 47 Abb. und 8 Fotos im Anhang. ISBN 3-923887-05-1.   45.00 DM

Band 64

F r ä n z l e, Otto (Hrsg.): Geoökologische Umweltbewertung. Wissenschaftstheoretische und methodische Beiträge zur Analyse und Planung. 1986. VI, 130 S., 26 Tab., 30 Abb. ISBN 3-923887-06-X.   24,00 DM

Band 65

S t e w i g, Reinhard: Bursa, Nordwestanatolien. Auswirkungen der Industrialisierung auf die Bevölkerungs- und Sozialstruktur einer Industriegroßstadt im Orient. Teil 2. 1986. XVI, 222 S., 71 Tab., 7 Abb. und 20 Fotos. ISBN 3-923887-07-8.
                                                                                 37,00 DM

Band 66

S t e w i g, Reinhard (Hrsg.): Untersuchungen über die Kleinstadt in Schleswig-Holstein. 1987. VI, 370 S., 38 Tab., 11 Diagr. und 84 Karten. ISBN 3-923887-08-6.   48,00 DM

Band 67

A c h e n b a c h, Hermann: Historische Wirtschaftskarte des östlichen Schleswig-Holstein um 1850. 1988. XII, 277 S., 38 Tab., 34 Abb., Textband und Kartenmappe. ISBN 3-923887-09-4.   67,00 DM

Band 68

B ä h r, Jürgen (Hrsg.): Wohnen in lateinamerikanischen Städten - Housing in Latin American cities. 1988, IX, 299 S., 64 Tab., 71 Abb. und 21 Fotos.
ISBN 3-923887-10-8.   44,00 DM

Band 69

B a u d i s s i n -Z i n z e n d o r f, Ute Gräfin von: Freizeitverkehr an der Lübecker Bucht. Eine gruppen- und regionsspezifische Analyse der Nachfrageseite. 1988. XII, 350 S., 50 Tab., 40 Abb. und 4 Abb. im Anhang.
ISBN 3-923887-11-6.   32,00 DM

Band 70

H ä r t l i n g, Andrea: Regionalpolitische Maßnahmen in Schweden. Analyse und Bewertung ihrer Auswirkungen auf die strukturschwachen peripheren Landesteile. 1988. IV, 341 S., 50 Tab., 8 Abb. und 16 Karten. ISBN 3-923887-12-4.
                                                                                       30,60 DM

Band 71

P e z, Peter: Sonderkulturen im Umland von Hamburg. Eine standortanalytische Untersuchung. 1989. XII, 190 S., 27 Tab. und 35 Abb. ISBN 3-923887-13-2.
                                                                                       22,20 DM

Band 72

K r u s e, Elfriede: Die Holzveredelungsindustrie in Finnland. Struktur- und Standortmerkmale von 1850 bis zur Gegenwart. 1989. X, 123 S., 30 Tab., 26 Abb. und 9 Karten. ISBN 3-923887-14-0.
                                                                                       24,60 DM

Band 73

B ä h r, Jürgen, Christoph C o r v e s & Wolfram N o o d t (Hrsg.): Die Bedrohung tropischer Wälder: Ursachen, Auswirkungen, Schutzkonzepte. 1989. IV, 149 S., 9 Tab., 27 Abb. ISBN 3-923887-15-9.
                                                                                       25.90 DM

Band 74

B r u h n, Norbert: Substratgenese - Rumpfflächendynamik. Bodenbildung und Tiefenverwitterung in saprolitisch zersetzten granitischen Gneisen aus Südindien. 1990. IV, 191 S., 35 Tab., 31 Abb. und 28 Fotos. ISBN 3-923887-16-7.
                                                                                       22.70 DM

Band 75

P r i e b s, Axel: Dorfbezogene Politik und Planung in Dänemark unter sich wandelnden gesellschaftlichen Rahmenbedingungen. 1990. IX, 239 S., 5 Tab., 28 Abb.
ISBN 3-923887-17-5.   33.90 DM

Band 76

S t e w i g, Reinhard: Über das Verhältnis der Geographie zur Wirklichkeit und zu den Nachbarwissenschaften. Eine Einführung. 1990. IX, 131 S., 15 Abb.
ISBN 3-923887-18-3.   25.00 DM

Band 77

G a n s, Paul: Die Innenstädte von Buenos Aires und Montevideo. Dynamik der Nutzungsstruktur, Wohnbedingungen und informeller Sektor. 1990. XVIII, 252 S., 64 Tab., 36 Abb. und 30 Karten in separatem Kartenband. ISBN 3-923887-19-1.
                                                                                       88,00 DM

Band 78

B ä h r, Jürgen & Paul G a n s (eds): The Geographical Approach to Fertility. 1991. XII, 452 S., 84 Tab. und 167 Fig. ISBN 3-923887-20-5.
                                                                                       43,80 DM

Band 79

R e i c h e, Ernst-Walter: Entwicklung, Validierung und Anwendung eines Modellsystems zur Beschreibung und flächenhaften Bilanzierung der Wasser- und Stickstoffdynamik in Böden. 1991. XIII, 150 S., 27 Tab. und 57 Abb. ISBN 3-923887-21-3.
                                                                                       19,00 DM

Band 80

A c h e n b a c h, Hermann (Hrsg.): Beiträge zur regionalen Geographie von Schleswig-Holstein. Festschrift Reinhard Stewig. 1991. X, 386 S., 54 Tab. und 73 Abb. ISBN 3-923887-22-1. 37,40 DM

Band 81

S t e w i g, Reinhard (Hrsg.): Endogener Tourismus. 1991. V, 193 S., 53 Tab. und 44 Abb. ISBN 3-923887-23-X. 32,80 DM

Band 82

J ü r g e n s, Ulrich: Gemischtrassige Wohngebiete in südafrikanischen Städten. 1991. XVII, 299 S., 58 Tab. und 28 Abb. ISBN 3-923887-24-8. 27,00 DM

Band 83

E c k e r t, Markus: Industrialisierung und Entindustrialisierung in Schleswig-Holstein. 1992. XVII, 350 S., 31 Tab. und 42 Abb. ISBN 3-923887-25-6. 24,90 DM

Band 84

N e u m e y e r, Michael: Heimat. Zu Geschichte und Begriff eines Phänomens. 1992. V, 150 S. ISBN 3-923887-26-4. 17,60 DM

Band 85

K u h n t, Gerald und Z ö l i t z - M ö l l e r, Reinhard (Hrsg.): Beiträge zur Geoökologie aus Forschung, Praxis und Lehre. Otto Fränzle zum 60. Geburtstag. 1992. VIII, 376 S., 34 Tab. und 88 Abb. ISBN 3-923887-27-2. 37,20 DM

Band 86

R e i m e r s, Thomas: Bewirtschaftungsintensität und Extensivierung in der Landwirtschaft. Eine Untersuchung zum raum-, agrar- und betriebsstrukturellen Umfeld am Beispiel Schleswig-Holsteins. 1993. XII, 232 S., 44 Tab., 46 Abb. und 12 Klappkarten im Anhang. ISBN 3-923887-28-0. 23,80 DM

Band 87

S t e w i g, Reinhard (Hrsg.): Stadtteiluntersuchungen in Kiel. Baugeschichte, Sozialstruktur, Lebensqualität, Heimatgefühl. 1993. VIII, 337 S., 159 Tab., 10 Abb., 33 Karten und 77 Graphiken. ISBN 3-923887-29-9. 24,00 DM

Band 88

W i c h m a n n, Peter: Jungquartäre randtropische Verwitterung. Ein bodengeographischer Beitrag zur Landschaftsentwicklung von Südwest-Nepal. 1993. X, 125 S., 18 Tab. und 17 Abb. ISBN 3-923887-30-2. 19,70 DM

Band 89

W e h r h a h n, Rainer: Konflikte zwischen Naturschutz und Entwicklung im Bereich des Atlantischen Regenwaldes im Bundesstaat São Paulo, Brasilien. Untersuchungen zur Wahrnehmung von Umweltproblemen und zur Umsetzung von Schutzkonzepten. 1994. XIV, 293 S., 72 Tab., 41 Abb. und 20 Fotos. ISBN 3-923887-31-0. 34,20 DM